《教育研究》40年典藏

教育学原理

教育研究杂志社 编

教育科学出版社
·北京·

编者的话

  岁月忽如流,行年向不惑。1979 年,伴随改革开放大潮,《教育研究》应运而生。2019 年,在庆祝中华人民共和国成立 70 周年之际,我们迎来了《教育研究》创刊 40 周年。

  回望来时路,《教育研究》一开始就确立了"既要探索教育本身的以及与经济关系的种种规律,为实现四个现代化服务,又要使教育科学研究现代化"的使命。40 年来,《教育研究》紧扣时代脉搏,坚持正确方向,突出专业特色,秉承科学精神,严守学术标准,发表了一大批高质量的学术论文,成为研究中国特色社会主义教育理论的重要阵地、引领教育科学繁荣发展的学术高地、助推教育学者专业成长的共同园地,为推动我国教育事业进步做出了应有贡献。

  总结反思是最好的纪念,传承创新是最好的庆祝。我们在已发表的论文基础上,遴选一批原创性强、贡献度大、影响力广的论文,集结出版《〈教育研究〉40 年典藏》,涵盖教育学原理、德育、课程与教学、教育史、基础教育、高等教育、职业技术教育与成人教育、教育心理、教师教育、教育经济与管理、国际与比较教育等 11 个学科和领域。其意义不仅在于分享发展成就,还在于保存文化档案,更在于打开未来可能。

  砥砺奋进时,我们思考最多的是,《教育研究》将为教育进步贡献什么新思想,为教育学科发展贡献什么新理论,为教育学术史贡献什么新经典,为中文教育学术期刊走向世界贡献什么新示范,从而实现真正的卓越。

教育研究杂志社
2019 年 11 月 28 日

目 录

论"结构主义教育"
  张焕庭　/ 1
30年来我国对教育规律的探索
  刘佛年　/ 7
关于教育是生产力的问题
  于光远　/ 13
关于教育的本质属性问题
  胡德海　/ 22
论现代教育的本质
  成有信　/ 30
马克思的异化理论与人的全面发展
  王逢贤　/ 36
马克思的异化理论与人的全面发展学说
  厉以贤　/ 50
开展教育社会学的研究
  费孝通　/ 61
用社会学的观点来研究教育问题
  雷洁琼　/ 68
教育的本质与归属
  靳乃铮　/ 72
马克思关于教育对社会生产发展作用的学说
  孙喜亭　/ 83

马克思的人的全面发展学说的动态考察
　　陈信泰　张武升　／92
略论世界新的技术革命与智力开发
　　何钟秀　关西普　／105
全面地历史地研究马克思主义关于人的全面发展的理论
　　陈桂生　／116
科学与教育学
　　陈元晖　／131
对新时期劳动教育问题的再认识
　　王北生　／143
我国教育哲学建设的回顾与前瞻
　　黄　济　陆有铨　／148
教育理论研究的回顾与展望
　　张敷荣　／161
"人"在呼唤
　　胡克英　／176
要为21世纪社会主义中国设计我们的教育事业
　　钱学森　／183
让学生真正成为教育的主体
　　王道俊　郭文安　／191
教育整体改革实验应该科学化
　　王汉澜　王德如　／199

目 录

"科学技术是第一生产力"与"教育为本"
  潘懋元 / 208

论教育与社会的资源交换
  谢维和 / 214

教育哲学是实践哲学
  金生鈜 / 225

论教育之适应与超越
  鲁　洁 / 239

人、世界、教育：意义的失落与追寻
  刘铁芳 / 247

让课堂焕发出生命活力——论中小学教学改革的深化
  叶　澜 / 260

中国教育学百年
  瞿葆奎 / 271

怎样理解"教育与生产劳动相结合"
  萧宗六 / 329

我们究竟需要什么样的教育取向研究
  吴康宁 / 340

政策型研究者和研究型决策者
  袁振国 / 348

教育学的学科反思与重建
  项贤明 / 358

"人的全面发展"内涵新析
　　扈中平　　/ 368
论教育实践的逻辑
　　石中英　　/ 380
素质教育的概念、内涵及相关理论
　　"素质教育的概念、内涵及相关理论"课题组　　/ 394
论教育学的生命立场
　　冯建军　　/ 410
教育学的时代使命
　　郑金洲　　/ 422
教育社会学研究对象探索中需要澄清的三个问题
　　张人杰　　/ 429
教育的文化范式及其选择
　　孙杰远　　/ 439
认识何以可能——现象学教育学研究的思索
　　宁　虹　　/ 448
试论教育回归人性的基本方式
　　涂艳国　周贵礼　　/ 459
中国社会发展的"教育尺度"与教育基础
　　李政涛　　/ 468
后　记　/ 485

论"结构主义教育"

张焕庭

"结构主义教育"是当前西方资产阶级国家中比较流行的一种教育思想流派。这个流派的主要代表人物是瑞士的皮亚杰和美国的布鲁纳。早在20世纪50年代,皮亚杰在研究儿童心理发展过程中提出了"结构"的概念。他认为,人认识客观事物的过程不是什么"尝试错误"的过程,而是在主观上有一定的"认识结构"的。这个"认识结构"的内容是以图式、同化、调节和平衡的形式表现出来的。儿童最初的认识活动是以图式进行的。图式是先天的,或者说是遗传的。皮亚杰称其为"遗传性的图式"。以后,图式在适应环境的过程中不断变化和丰富起来。在认识过程中,同化是个体把客观事物纳入主体的图式内,引起了图式的量的变化。当主体的图式不能同化客体时,主体就调节原有的图式,创立新的图式,使同化和调节两方面的作用平衡起来。根据皮亚杰的观察,儿童每遇新事物,总是试用原有的图式同化它,如获成功,便得到暂时的认识上的平衡。反之,儿童便进行调节,调整原有图式或创立新图式去同化新事物,直到达到认识上的新平衡。这就是结构主义教育学派的基本理论。皮亚杰认为结构的这些基本理论是教育原则的心理论证。教育儿童应按照儿童认识活动的结构的特点进行,忽视了它,或超越了它,都不会有好的教学效果。因此,称它为"结构主义教育"学派。

到了20世纪60年代,美国的布鲁纳在皮亚杰结构论的影响下,大力发展了"结构主义教育"的学说,同时,又提出了"知识的结构论""学科的结构论"等观点,并把它推广到全美中小学教育中。布鲁纳竭力号召中小学教师,不仅要善于发现学生认识事物的结构,而且要善于发现知识和学科本身的结构。学生只有掌握了知识和学科的结构,才能在此基础上扩大和加深知识,才能形成学习上的大量普遍的"迁移"。传统教育却做不到这一点,因为它在教学中把儿童和成人一样看待,忽视儿童的年龄特征,不了解儿童认识活动的结构的特点。近来,有人片面强调"操作性条件作用"和"积极强化"在教育上的意义。他们认为人性是完全可以随意设计和塑造的,只要具备操作条件,积极强化,什么样的人都可以培养出来,正如雕塑家塑造一块泥巴一样。因而,他们非常强调"教学机器""程序教学",完全抹杀儿童的主动性和他们的认知特点。这是教育上的一种危机。

布鲁纳积极倡导用"结构主义教育"的基本理论改造现行的教学过程,改造现行的课程和教学方法,以期发现人才、培养人才。目前美国一些新兴的"活动学校""活动课程"和"开放教育"等,都是以这个学派的结构理论为依据的。

这个学派对我国教育界也是很有影响的。近来有许多教育家、心理学家和一些特级教师,为了积极做好基础教育工作,广开才路,也在注视这个学派的积极意义,努力开展儿童和青少年的认识过程的特点及其规律的研究活动。"古为今用、洋为中用"这个原则在我们的教育科学研究工作中,也是很重要的。因此,我们应当实事求是地给这个学派以恰当的评价,取其有益的东西作为借鉴。我们认为"结构主义教育"学派的积极意义表现在以下几个方面。

儿童期的特征在教育上的意义。任何人都知道,在一个人的一生中,儿童时期是充满乐趣和希望的时期,也是具有最高可塑性的时期。这就是说,儿童时期的意义就是在逐步适应自然和社会环境过程中,把外部的东西转化为内部的东西。教育工作者应深入了解儿童认识活动的特点和规律。据此,编选教材，选用教法，组织教学，把一定的教育和教学要求循序渐进地传授给他们，使他们的思想行为尽快地转化为合乎要求的思想行为。儿童的智力发展是由简单到复杂、由低级到高级的过程，具体表现在感知、记忆、思维的活动上。它的发展既有连贯性又有阶段性，在认识过程的每一阶段，各具不同的特点。儿童经常运用一定的组织形式，或者说一定的结构，通过反反复复的活动，把周围的事物同化为自己的认识。教育工作者应密切注意儿童认识发展的特点和活动方式，及时予以相适应的教育。例如，小学一年级学生掌握数的运算，开始时要把两个数相加，他们首先是用手指逐个计算，并在计数时出声念出来。经过一个阶段以后，他们进行运算时就不需要再数手指，出声地念数也就逐渐被不出声地心算所代替。所以，教育工作者要发挥教育的效力就应按照儿童不同年龄阶段的思维发展的特点，用不同的形式进行教学，不能只顾自己的逻辑顺序和讲解便利。

在学习中，儿童对某项知识的认识和理解不是通过一次学习完成的。一般地说，儿童经过若干时间的复习、操作、试验和应用，才能理解得比较深刻，记忆得比较牢固。智力发展水平较高的特殊儿童，他们的认识结构可能比较灵活，反应的方式比较简约而又迅速。例如，音乐家莫扎特、哲学家穆勒、文学家王勃、控制论的创造者维纳等，他们在四五岁时就有些成就，但是他们还是家长和教师的良好教育的结果。在教学中，一个新词或者一个新概念不是学习一次就能懂会用的，往往需要我们结合儿童的实际生活，灵活多样地精讲多练。尤其是对于比较抽象的概念，更需要了解儿童的形象思维和抽象思维在发展中的关系，把握他们的思维结构，抓住基本环节，深入浅出地讲解清楚。用皮亚杰的话来说，教学应从学生的立场出发，使同化作用和调节作用二者的活动不断地取得新的平衡。

智力发展与教育。智力是一个比较复杂的问题。什么是智力？众说纷纭，到目前还没有一个大家公认的科学概念。皮亚杰和布鲁纳对于智力的结构及其发展都做了大量的比较深刻的论述。虽然皮亚杰着重遗传，布鲁纳着重教育，二人有所不同，但是对智力的结构及其发展阶段的解说基本上是相同的。他们都认为智力活动是一种连续不断的构造过程。"智力是最高形式的适应，是事物不断地同化于活动本身和那些同化的图式适应客观事物本身的调节两者之间的平衡。"皮亚杰的智力发展理论渗透着数理逻辑，布鲁纳的则基本上是心理的。智力的发展具有个别差异，像短距离的跑步竞赛一样，有的人从起跑时就冲刺，有的人最后冲刺，也有的人分步冲刺。因此，每个人的成就有先有后。例如，达尔文、爱因斯坦等人的智力发展比较后进。超常儿童可能有些例外。最近有人从"三维空间"分析智力结构（即从操作、成果、内容方面分析）并以此提出智力的类型。以上这些解说，对我们来说启发很大：一方面，它们可以使我们从多方面去研究智力的结构、性质、特点及其与认识过程的相互关系；另一方面，它们使我们尽快地改变教育内容与方法，使我们的教育和教学既能适应儿童智力发展的特点，又能促进它的变化，转化它的形式，以利早出人才、多出人才。同时，它们使我们看到智力的鉴定，单靠智力测验，或单靠考试是不够的，还需要把二者结合起来从各方面来鉴别。

学习迁移问题。这是一个老问题，大家比较熟悉。在学科或工作内容之间，某些类似的地方都能迁移。布鲁纳说："已经学会怎样敲钉子，往后我们就更能学习怎样敲平头钉或削木片。"但是把迁移当作教学过程的核心，却是布鲁纳的创见。他认为，在教学中要做好迁移工作，就必须把基础学科的基本理论结构弄透彻。这就是说，把每一学科中的"根本原理""基本结构"搞清楚，找出那些既有广泛意义，又强有力的、适用性大的概念的结构并阐述明白，以便用作理解其他类似问题的模式。这样，以后学习起来就能触类旁通、举一反三，从而不断扩大和加深知识。布鲁纳极力强调认知过程的建设性，认为学生的学习是主动的，而非被动的。因此，当提出一门学科的基本结构时，要适当安排一些"令人兴奋"的观念，以引导学生自己去发现它。这就是布鲁纳所倡导的"发现法"的由来。

但是，"结构主义教育"学派的基本观点是值得商榷的。首先，把图式作为认识结构的核心，而且这个核心是遗传的，同化、调节、平衡等都要组合到这个遗传的核心中去，这是一种形而上学的观点。他说："经验的客观性是调节作用和同化作用协调的成就。那就是说，是主体智慧活动的结果。而不是什么原始材料从外界强加给它的。"可见，教育对人的认识结构只能提供一些可以同化的原料而已。应该看到，遗传的东西从演化的角度来说也是具有获得性的。辩证唯物主义告诉我们，遗传与教育和环境，是辩证统一的。遗传仅仅提供了一种可能性，要把它转化为各种能力，还是要靠教育和环境的影响。虽然"结构主义教育"者在阐明结构的表现形式时，也强调同化、调节、平衡与图式的相互作用，强调主体与客体的相互关系，及"环境造成了认识结构的变化"，这其中含有一定的辩证法的因素，但是他们从主观唯心论的立场、观点出发，就不可能对人的认识结构做出科学的解释。"结构主义教育"学派所主张的图式，并非新创，18世纪的德国二元论哲学家康德就提倡过"先验逻辑的图式"，并以此解说人的认识。可以说这个学派的"图式"就是康德的认识论的翻版。

"结构主义教育"学派十分强调儿童期的意义。他们以儿童本身为中心，做了大量的试验和研究，取得了很多的成就。他们竭力主张儿童的主动性是受兴趣或需要支配的，同化作用是以兴趣为动力的。智力活动必有赖于兴趣。因此，他们断定教育只能发现最适宜的方法和环境，帮助儿童自己去组织活动。"学校一切活动应来自儿童的兴趣和需要"，儿童的兴趣和需要趋向哪里，教师就跟到哪里。换句话说，教育应以儿童为中心。正如美国的实用主义教育家杜威所说："一切教育活动的基础在于儿童的本能的冲动的态度和活动，不在于外来材料的供给和应用。"杜威这种以儿童为中心的教育思想的影响是极其深远的，这种教育的结果，是使学生的发展程度低落，学生成绩下降，致使美国许多家长和进步的教育家都感到惊恐。"结构主义教育"学派以儿童的自我为中心的教育主张和片面强调"从普遍观念或基本原理出发，作为理解事物的唯一的模本"，就不可避免地走向杜威的儿童中心教育的险境。

应该指出，儿童的"认识结构""智力结构"与成人不同，各个年龄阶段的儿童的思维方式也不同。如何科学地解释这些结构的特点，以及如何划分儿童发展的年龄阶段，还需要深入儿童教育实际活动不断地学习和总结经验。皮亚杰用数理逻辑符号和运算作为划分儿童认识发展阶段的标志。布鲁纳则按照这个标志做了一些补充。这无非是说，教育并非主要的手段，施教应沿着儿童思维的发展阶段进行，教育本身不应有目的地要求他们。他们这种拘于形式的机械的划分儿童发展阶段是不合乎唯物辩证法的。实际上，教育是一种有目的、有计划、有组织地把一定的文化科学知识、技能及先进经验传授给下一代的活动，把下一代培养成为合乎一定社会的政治经济要求的人才。在教育实施中，从儿童和青少年身心发展的实际情况出发，安排教育内容和教学方法，不断地改造他们的认识结构、智力结构、道德结构等，使他们成为全面发展的人，是应该的、合理的。但教育的一切措施不能都以儿童的"认识结构"为准。很显然，作为个体认识过程的一种能力和特性的智力，一方面同产生心理现象的大脑及神经系统的遗传分不开，另一方面同大脑反映的客观现实的影响分不开，二者是密切结合在一起的。一句话，智力是遗传的特性与后天的影响的"合金"。智力的发展是以掌握科学知识和技能为中介的。教育与教学是智力发展的主要契机。虽然智力发展与掌握知识、技能不是等同的，也不是同步的，但是它们是相互依存、互相促进的。把智力及其发展看作先天的、单纯的图式变化是不科学的，把教育当作儿童发展的"低音"是不符合实际的，因而也是不正确的。

总之，"结构主义教育"学派是从儿童心理发展的角度论教育的。它所讨论的中心问题是儿童本身的发展和教育的适应问题。可以说，"结构主义教育"学派是一种新兴的儿童中心教育学派。

（本文原载《教育研究》1979年第1期）

30年来我国对教育规律的探索

刘佛年

30年来我虽搞过几年教育学，但对这些年教育学的发展史仍很生疏，这里谈的仅是一些极肤浅的印象。

新中国成立初期的教育学仍旧称为"新民主主义教育学"，因为当时人们认为我们仍在继续完成新民主主义的革命任务。这种教育学试图用马克思主义的观点来分析和解决教育问题。它对教育和政治、经济的关系进行了分析，指出在各种阶级社会中教育是有阶级性的，并用这种观点阐明新民主主义教育在新民主主义革命各历史阶段的任务。在教育内容和方法上，它提倡理论和实际相结合的原则。在抗日根据地和解放区，教育内容大都能适应革命战争的需要。在教育方法方面，在批判《武训传》之前，教育学著作中对陶行知先生的某些主张，特别是他对旧教育方法的批判意见是尊重的。但是，"生活教育"所提倡的以生活活动为中心的教学方式似只作为系统的课堂教学的补充，并没有代替系统教学。在发展教育事业方面，根据地和解放区有极其丰富的、卓有成效的经验。党和政府运用群众路线，从实际的需要与可能出发，发动群众办学，民办与公办并举，以干部教育为主，办学的形式多种多样，不求一律。这些光辉的经验符合客观规律，其基本精神一直到现在还在起作用。总之，当时总结的新民主主义教育中的规律也许并不怎么丰富，但都是经过实践检验的，在我国一定的历史条件下是行之有效的。

大约从1952年起，我们全面学习当时苏联的教育学。它也用阶级分析的方法研究教育的社会本质，但对现代资本主义教育只强调它的反动性，缺乏全面的、深入的分析，特别是对生产力的发展和教育的关系很少涉及。它造成一种印象，似乎现代资本主义国家教育中的经验一无可取，因而使我们长时期不去研究它们。它也不研究职业的结构、人口的增长、城乡的差别、家庭的变化、生活的条件以及其他种种社会现象和教育的关系，把对这些问题的研究一律视为资产阶级社会学而加以排斥。关于教育与儿童心理发展的关系，教育学中有了更多的介绍。但是关于儿童心理的年龄特点大都限于现象的描述，很少系统地研究智力和道德心理的发展规律。关于儿童个别差异以及儿童的心理病态与健康等方面的研究也相当贫乏。

教育的目标是培养德、智、体全面发展的人。但是，当时苏联教育学教科书引用马克思的《临时中央委员会就若干问题给代表的指示》一文中的一句话来论证智育在人的教育中应该占第一位，这是不恰当的。如果我们强调智育的重要性，坚持学校工作应以教学为中心，这是正确的，但是如果认为在德、智、体的重要性上，智育是第一位的，德育和体育是第二位、第三位的，就不一定妥当。后来"四人帮"以反所谓"智育第一"为名，主张任何情况下学校的一切工作都是为了转变学生的思想，在实践中产生极坏的后果。因为马克思的话中并没有含有这样的意思。在当时的教育学中还提到美育和综合技术教育（或劳动教育）。以后有人对美育进行批判。其实人的发展虽然主要是德、智、体三个方面，但提出美育并不能算是错误。因为就思维的性质、情感的因素等方面看，美育是确有它的特殊性的。排斥美育的结果是我们的教育学者对这方面很少进行研究，美育在实践中也得不到应有的重视。此外，关于全面发展和因材施教的讨论可能是有益的，因为当时中学没有分科，也没有选修课，还要求学生门门都得5分，在因材施教方面所采取的措施是很不够的，即使在目前这仍是很值得注意的一个问题。

当时教育学中提出的一些教学原则是可取的。其中有些原则有很长的历史,经过了许多时代的实践检验,凡是违背这些原则的做法,常常导致教学质量的降低。当然,对这些教学原则应做正确解释。例如量力性原则,如果理解为教的东西应该是学生经过努力能接受的东西,那是正确的;如果理解为教师不应当不断努力争取提高教学速度与难度,那就是错的。教学原则是随着教学实践的发展而发展的。已有的原则需要加深、完善,新的原则需要增添。现在可以看到的当时的教学原则的一个缺点,是它们比较偏重现有的知识、技能的掌握,而比较忽视能力的发展。这样的教学愈来愈不适应迅速发展变化的社会的需要。所以,当时的教学原则虽然在提高教学质量方面起了很大的作用,但注入式教学、机械练习和死背呆记仍很流行。

在道德品质的教育方面,有些原则是直接从马卡连柯那里继承下来的,而马卡连柯又是从他的教育实践中总结出来的。这些原则经受了大量实践的检验,证明效果是良好的。当时我国大多数中小学生的道德面貌、纪律、文明行为等都是好的。学校的良好风气影响了社会,社会风气也影响学校。

在国民教育制度方面,虽然当时的教育学教科书也接受了苏联的教育学所提出的国家性、统一性等五个原则,但在实践中我们仍旧保持了民办与公办并举的原则,学校形式也保持了灵活多样的特点。

从1958年到1960年,对原来学习的苏联教育学,我们是采取批判态度的,认为它的缺点是脱离政治、脱离生产劳动、脱离实际。毛泽东同志在1958年提出了"教育为无产阶级政治服务,与生产劳动相结合"的方针。对这个方针的意义、作用的解释并非都是正确的。这个时期的教育学对教育为无产阶级政治服务的解释虽然还包括为阶级斗争和经济建设服务等方面,但是在这以后,教育为政治服务就逐渐被理解为仅仅为阶级斗争服务,表现在教育内容方面就是突出了政治思想教育,而政治思想教育的内容又主要是阶级斗争方面的教育。阶级斗争的对象和范围又不断扩大化，大量人民内部矛盾被当作阶级斗争。这就使许多青年在"文化大革命"开始后一个相当长的时期内识不破林彪、"四人帮"一伙的阴谋。在政治思想教育中，特别是在大搞政治运动的时候，经常滥用所谓"大民主"的方法，很少进行民主讨论，或者进行实事求是的调查研究，只靠引证马克思主义经典作家的语录或政策文件作为主要论据。这些做法也反映在教育学中。

当时的教育学极端重视教育与生产劳动相结合，认为这是区别社会主义教育和一切剥削阶级教育的根本点。这种说法是不恰当的。教育与生产劳动相结合的作用是重大的。但谁都知道，生产劳动与教育结合，或教育与生产劳动相结合都是在资本主义社会萌芽的，以后又随着资本主义生产的发展而有所发展。如果说它的发展受到某些资产阶级偏见的一定的阻碍，可能更妥当一些。同时，也不能过分夸大它的作用。当时有一种提法，似乎不需要生产高度发达、教育程度的普遍提高，只要教育同生产劳动结合得好，就能消灭体力劳动与脑力劳动的差别，就能实现共产主义的理想。这就造成一种偏向，以为劳动的时间愈多愈好，在实践中全日制学校教育常常变成以劳动为主，而不是以教学为主。

这时期的教育学还很重视党的领导和群众路线的原则。抽象地看，这些原则都是正确的。但是如果形而上地片面强调了某一方面，就会把正确的东西变成谬误。例如在这类教科书中片面强调外行领导内行的必要性与合理性，主张在日常教学工作中大搞群众运动，以及鼓吹教育事业大发展的必要性而不顾客观经济条件的限制，都属于这种片面性的错误。

当时编写教育学教科书的意图是写出一种中国自己的教育学来，所以大家非常注意阐述当时我国的教育政策。教育学是为教育实践服务的，注重研究国家现行的教育政策是必要的。但教育学是研究教育的客观规律的，它是一种科学。它应该研究政策是否有充分的客观依据、实行政策的条件和效果等；它应该总结实行政策中的经验，发现并研究解决实践中产生的各种问题；它也可以根据调查研究的结果纠正政策中的错误。它不能只是在概念上做文章来宣传教育政策，并把一些还没有经过实践检验的措施说得完美无缺，成绩辉煌。我们也不能因为要写具有我国特点的教育学而把古今中外的其他教育规律说得一无是处，否定教育中有共同规律，只承认我国政策中所提到的那些规律。

这些意见在1961年时有的同志就提出来了。在以后编的教育学教科书中有些偏向被纠正过来了。例如，在古今中外的问题上，对古代、外国的教育规律并没有采取一概排斥的态度，有些行之有效的教学和道德教育的规律又恢复了它们应有的地位。对许多问题的提法基本上是依据中央制定的大学、中学、小学的工作条例。它们是在总结新中国成立以来的教育工作经验的基础上拟定的，基本上反映了许多行之有效的教育规律，如强调学校工作以教学为主、课堂教学是教学的主要形式、教师的主导作用等，这些都是正确的。那几年编的一套中小学教材所依据的原则基本上也是正确的，质量是比较好的，这些原则在教育学里也得到了反映。问题是，当时的教育学还未能很好地摆脱从概念上阐述政策的旧框框，从实践中总结的经验和提出的问题还太少。它缺乏一种探讨的态度，而经常使用绝对化的命令式的口吻。事实上，我们对规律的认识不会是完美无缺的。这种认识是应该在实践中、在讨论中不断发展和完善的。我们的教育学往往缺乏应有的生动活泼的气息，这多少是由于脱离了实践这个使理论永不干枯的源泉。

在"文化大革命"中，由于林彪、"四人帮"的干扰和破坏，对教育规律的探索工作完全停顿下来了。他们完全否定前17年的教育，也就否定了过去的教育所依据的一切教育规律。他们的所作所为都是和教育规律"对着干"的。这样就破坏了我们的全部教育事业，极大地损害了在校学习的一代青少年。

现在要拨乱反正，教育工作者的一致呼声是要按教育规律办教育。我们不仅要重申那些在我国经过实践检验的教育规律，还要研究和掌握新的规律。新的形势提出了各种新的问题，为了解决问题，就得探索规律。目前这样的问题多得很,需要许多人去研究、探索。

我们要用马列主义、毛泽东思想指导探索教育规律的工作。马克思主义的一条基本原则是要用实践作为检验真理的唯一标准。掌握了这一原则,才能解放思想,发扬调查研究、实事求是的科学精神,贯彻"百家争鸣"的方针,开展自由讨论。在这样的氛围中,探索教育规律的工作才会蓬勃开展起来。

(本文原载《教育研究》1979年第4期)

关于教育是生产力的问题

于光远

教育的劳动是不是生产劳动

教育是不是生产力？或者说，作为传授知识和技能的手段的教育，是不是生产力？首先要解决的一个带根本性的问题，就是教育这种劳动是不是生产劳动？

马克思在写《资本论》第 1 卷前，曾经拟过《资本论》第 1 卷的提纲。这个提纲倒数第二篇的题目是"关于剩余价值的理论"，最后一篇是"关于生产劳动的理论"。此后马克思出版《资本论》第 1 卷的时候，没有这两部分。后来剩余价值理论和生产劳动理论，就编到剩余价值理论的著作里面了。由此可以看到，马克思当初把生产劳动理论和剩余价值理论并列，是作为两个基本的理论问题，准备加以历史的考察，有分析有批判地进行专门论述的。可是我们过去对剩余价值理论非常注意，而对生产劳动理论，除 1962 年、1963 年报刊上发表了几篇文章以外，没有再进行什么研究，以致它成为我们政治经济学里一个薄弱的领域。

关于生产劳动的理论，马克思是分两层讲的。一层是从简单劳动的角度来考察的生产劳动，另一层是作为特定的生产关系来考察的生产劳动。前者是从人与自然间物质变换关系来看的生产劳动，后者是必须能够体现特定生产关系的生产劳动。那么，从简单劳动的角度来考察的生产劳动和作为特定的生产关系的生产劳动之间的关系如何呢？我认为，作为特定的生产关系的生产劳动比简单劳动过程中的生产劳动的范围更为狭窄，因此，它必须以简单劳动过程中的生产劳动作为前提。有些劳动，从简单劳动过程看它应该属于生产劳动，但在某些社会里，在一定社会条件下，这个劳动不能成为生产劳动，因为它不是代表那个特定生产关系的生产劳动，要成为体现特定生产关系的劳动往往还要加上其他条件。马克思说过，资本家把裁缝请到家里给自己缝裤子，就不是资本主义生产劳动。因为资本主义生产劳动必须是为资本家生产剩余价值的劳动，必须是生产资本的劳动，必须是与资本相交换的劳动，而到资本家家中为他缝制裤子的劳动仅为资本家提供使用价值，没有给他生产什么剩余价值。而从简单劳动过程来看，这个裁缝当然是生产劳动者。马克思也讲了写《失乐园》的弥尔顿，他自己写书不是为了赚钱，那不算资本主义生产劳动。反之，为书商而提供编辑、写作的劳动，就是一种生产劳动。一个自行卖唱的歌女，是非生产劳动者；但同一个歌女，如果她由资本家来雇佣、在资本家指挥下卖唱，她便是一个生产劳动者。关于这个问题，有一种观点认为，尽管在资本主义社会里，马克思讲它是生产劳动，但从简单劳动过程来看，它还不是生产劳动。我同意这种看法。我认为资本主义的生产劳动，首先是简单劳动中的生产劳动。关于简单劳动过程中的生产劳动，马克思在《资本论》第1卷第5章里，讲过它是物质资料的生产劳动。不错，是可以这样来理解，因为这是基本的生产劳动。但是马克思没有讲只有生产物质资料的劳动才是生产劳动。相反，马克思讲过，许多劳务的生产在资本主义社会里不占多大比例，不重要，虽然这些劳务生产也是能够满足需要的。马克思当时之所以没有着重讲劳务生产，我考虑是因为当时资本主义的发展程度还没有到今天服务行业成了第三产业这般重要的地步。因此，马克思当时只是谈到这个问题，而没有专门去论述。今天不同了，现在第三产业占这么大比重，如果还把这种劳动叫非生产劳动，问题就比较大了，而且从理论上也说不过去。如美术家画一幅画，这种劳动花在这幅画里边，它可以给人们美的享受。再如有一台戏同样可以满足人们的需要，给人美的享受。演戏也是劳务，戏演完就没有了。但是戏的效用和画的效用在本质上没有什么区别，如果一定要说演戏是非生产劳动，戏拍成电影才变成了生产劳动，这怎么说得过去呢？因此，劳动对象的物化与否，从简单劳动过程来说不应该是生产劳动的必要条件。所以生产劳动的范围是很宽泛的。生产物质资料的劳动只是其中的一种劳动。这种劳动最后出来的产品凝结着过去的劳动、物化的劳动，这是一种生产劳动。还有另一种生产劳动，就是生产一种能够供社会消费的，但又跟劳动者密不可分，不能够把它独立出来的产品，比如演戏就是这种劳动。关于教育的劳动是不是生产劳动，马克思讲过，一个教员要成为生产劳动者，单是在儿童头脑上用功夫是不够的。这里肯定了教员的劳动是生产劳动，但是，因为这里讲的生产劳动是指资本主义生产劳动，所以讲单是在儿童头脑上用功夫是不够的。对这一点还是要做比较多的解释。

马克思在《资本论》第1卷第14章中讲过这样一段话："就劳动过程是纯粹个人的劳动过程来说，同一劳动者是把后来彼此分离开来的一切职能结合在一起的。当他为了自己的生活目的对自然物实行个人占有时，他是自己支配自己的。后来他成为被支配者。单个人如果不在自己的头脑的支配下使自己的肌肉活动起来，就不能对自然发生作用。正如在自然机体中头和手组成一体一样，劳动过程把脑力劳动和体力劳动结合在一起了。后来它们分离开来，直到处于敌对的对立状态。产品从个体生产者的直接产品转化为社会产品，转化为总体工人即结合劳动人员的共同产品。总体工人的各个成员较直接地或者较间接地作用于劳动对象。因此，随着劳动过程本身的协作性质的发展，生产劳动和它的承担者即生产工人的概念也就必然扩大。为了从事生产劳动，现在不一定要亲自动手；只要成为总体工人的一个器官，完成他所属的某一种职能就够了。上面从物质生产性质本身中得出的关于生产劳动的最初的定义，对于作为整体来看的总体工人始终是正确的。但是,对于总体工人中的每一单个成员来说,就不再适用了。"[1]现在的劳动,不是从单个人来看,而是从整个社会来看的。整个社会里面从事生产的人是结合起来的。这个生产物是结合劳动者的生产物,结合劳动者的各个分子也都成为生产者了,只是远近不等地参加了对劳动对象的处理。劳动过程的协作性质发展了,生产劳动和它的负担者——生产劳动者的概念也跟着扩大起来。比方说,一个工人在车床旁边处理劳动对象,那当然是生产劳动者了。但是,搞设计的人,他是不是生产劳动者呢?他也是生产劳动者。因为没有设计,机床就做不出来,他只是离劳动对象远一点。既然设计者是生产劳动者,研究机械原理的科学家和研究管理的经济学家也都是生产劳动者。那么,培养这些人的教育工作者呢?也应该是生产劳动者。你不培养,人才哪里来呢?所以,随着协作的发展,生产劳动者的概念也扩大了。教员成为工人阶级的一部分,其理论的前提就是教员是生产劳动者。总之,现在社会分工发展了,本来是一个人生产的事或者变成了一个生产单位的事,然后又从一个生产单位的事变成了不同部门的事。这并没有引起生产劳动本质的变化。本来大家都是生产劳动者,无非是今天分工细了,变成有一部分人离劳动对象较近,另外有一部分人离劳动对象较远,有些差别就是了。教育的劳动虽是较间接地作用于劳动对象的劳动,但作为总体工人一个器官的劳动,应该肯定它还是生产劳动。

从这个观点来看,新中国成立初期我们从苏联学来的关于生产劳动的理论、关于生产劳动的统计,给我们的工作带来了很大损失。如果不解决这个理论问题,就会出现一系列实际问题。比如,为了把消费城市变成生产城市,就大量地减缩文化娱乐业、饮食业;在企业里的技术人员叫作非生产劳动者,也要减缩比例;教育经费也被当作非生产经费、非生产开支;等等。因此,这种生产劳动的理论应该从根本上加以改变。关于生产劳动和非生产劳动的界限,值得重新讨论。

资本主义的生产劳动者包括教员在内,这是没有问题的。不过,作为资本主义的生产劳动者,还要有一个条件,就是给资本家带来剩余价值。马克思说:"如果可以在物质生产领域以外举一个例子,那末,一个教员只有当他不仅训练孩子的头脑,而且还为校董的发财致富劳碌时,他才是生产工人。校董不把他的资本投入香肠工厂,而投入教育工厂,这并不使事情有任何改变。"[2] 因此,作为一个特定的生产关系来考察的生产劳动者的概念,绝不仅包括劳动者与劳动生产物间的关系,而且包括一种特殊社会的历史的生产关系,马克思认为劳动者的标志是必须成为资本增值的直接手段。这话简单说来是这样的:你要作为资本主义社会里的生产劳动者,你的劳动光从简单生产劳动上看是生产劳动还是不够的,还要加上一条,就是给资本家创造剩余价值。所以在资本主义生产中教育是否属于生产劳动,要看它是否表现资本主义生产关系,只要是这样就可以给予肯定的回答。今天判断我们的教育劳动是否属于社会主义劳动,当然不能再用这个标准,而是要看它是不是在社会主义的经济组织中进行这种劳动,是否以满足社会对教育的需要作为自己劳动的目的。如果是的,那我们就该承认这种劳动属于社会主义劳动。

教育是不是生产力?

教育作为生产力,跟科学成为生产力的情况还不一样。科学跟艺术一样,是精神财富的生产。科学首先是精神财富,然后变成物质的力量,变成直接的生产力。把科学转化成生产力要先变成技术革新、技术发明,即经过一个推广应用的过程。科学变为直接生产力还有一种过程。这就是在教育中传授科学研究的成果。因为人掌握了科学,并把它用于生产实践和科学实验,才能使科学变为直接的生产力。马克思说过:"自然并没有制造出任何机器、机车、铁路、电报、自动纺棉机等等。它们都是人类工业底产物;自然的物质转变为由人类意志驾御自然或人类在自然界里活动的器官。它们是由人类的手所创造的人类头脑底器官;都是物化的智力。固定资本底发展表明：一般的社会知识、学问，已经在多么大的程度上变成了直接的生产力，从而社会生活过程底条件本身已经在多么大的程度上受到一般知识底控制并根据此种知识而进行改造。它表明：社会生产力已经在多么大的程度上被生产出来，不但在知识底形态上，而且作为社会实践底直接器官、作为实际生活过程底直接器官而被生产出来。"[3]马克思的论述明确指出，社会生产力的发展，依赖于人类的知识才能，依赖于人类对科学知识的掌握和应用。

至于教育变为直接生产力的过程就是教育本身，就是培养作为生产力最重要的要素的人，提高他们的生产知识、劳动技能的水平。教育是作用于人的，教育的产品就是教育者的劳动转化为受教育者的智慧、才能、品德、性格，经过这么一转化，人就成为生产力的一个要素，而教育也就成为直接的生产力。教育作为一种生产与其他的生产相比是有其特殊性的。它的劳动对象，就是受教育者。它的产品，就是受教育者的智慧、才能、品德、性格。对于教育来说，它的劳动手段、它的工具也是不一样的。它除了物质工具以外，还有非常重要的精神工具，就是能够用知识传授。

在现代化的生产上，作为传授知识、技能的手段的教育，已表现为巨大有效的生产力。我看到一个材料，从1900年到1959年这60年当中，美国有研究者对投资的效果做了比较：一个是投资在物质上，即改进机器、设备等，60年当中利润增加了3.5倍；同一时期，投资在教育上，增加的利润是17.5倍。就是说，同样的钱投资在教育上比投资在物质上所起的作用要大。因此，现在外国都非常重视智力开发或叫人才投资。我国在进行现代化经济建设中，也从反面证明了，教育是不可缺少的重要生产力。我国从外国引进了不少先进的工业设备，但由于没有人能开动，或操作者缺少必要的科学文化知识，常常把机器搞坏，以致这些花了国家大量财力引进的先进设备，并没有形成先进的生产力。另外，我们在工程建设中，常有厂址选择不当、设计方案有误，因而给国家造成巨大损失的事例。造成这种现象的原因虽然很多，但我们教育的质量和发展水平不高，是最根本的原因之一。因此，现在已有越来越多的人认识到，作为传授知识、技能的手段的教育，需要有一个大发展和大提高，这样才能有社会主义生产力的提高。教育上不去，"四化"是没有希望的。

发展教育生产力要讲求经济效果

教育既然是生产力（就其实质来说，甚至还是发展生产力的生产力），那我们全社会就需要抛弃那种认为教育事业是消费型事业的过时观点，对教育予以高度重视和从各个方面大力支持，力争在较短的时间内把教育搞上去，给"四化"添上翅膀。同时，我们搞教育工作的人自己也先要把教育事业看成生产事业来办，尽可能用较低的劳动消耗，取得更好的教育效果。

目前，我们处于调整时期，教育经费不会增加很多，使用也不会平衡的。在今天这样的情况下，怎样把教育的生产搞得更好，这是需要从经济的角度进行探索的。现在校舍不足是个很大的问题。如何提高校舍的利用系数？这是个经济学的问题。还有，怎么充分发挥教师的主动性？这是教师能力方面的经济学问题。再比如，走读怎么搞好？这个问题又同住房、交通等问题联系起来了。现在职工住房很少，一家才十几平方米，在家怎么学习？这就要想办法开设夜间图书馆，为什么图书馆夜间就要关门呢？礼堂空在那儿，也可以利用。外国人住房比我们宽敞得多，但许多到国外考察的同志回来说，那儿校舍的利用系数比我们高得多。还有电化教育也大有用武之地。一个水平高的教师给三四十人讲课花这么大力气，在电视上给成千上万人讲课也是花这么大力气。如果配上录音、录像，讲课的经济效益就可以大大增加。现在我们师资短缺，就要研究师资的利用系数，讲求教育经济效果，这是教育经济学的问题，也是人才经济学的问题。如果人才使用制度有所改进，也可以解决许多问题。

教育不能只从学校的范围看，要从整个社会的范围看，从国家的范围看。比如，一个青年，是让他进大学所需的国家投资多呢，还是就业所需投资多？就是投资，还要看办什么样的学校、什么样的系。办理科，要有实验设备，所需要的投资就多，而办文科就少。现在缺少做经济工作的人，多办点经济系不是很好吗？为了求得最好的经济效果，现在从西方到东方，都非常重视经济学人才的培养。我在1978年搞到了一些比较数据：苏联1976年在校的经济系大学生是60.9万人，我们经济系的大学生是0.9万人，只相当于苏联的七十分之一。美国经济管理系的在校大学生就有60万人，另外，还有22万—24万的经济系的大学生，加起来共计80多万人。这是我们的90多倍。可是，美国的总人口才2亿多，我们是10亿，这个比例差距太大了。我们的工厂经理、公社主任，以及许多搞经济工作的，他们天天做经济学的事情，却没有学过经济学，不懂得按经济的规律、原则、方法办事，这怎么行啊？我看今后每个工厂都要配备经济师、经济工程师，那我们的大学得办多少经济系啊？前些年有什么法律虚无主义，现在强调法制，可是学法律的人却很少，特别是学经济法的少，为什么不可以多办些法律系呢？

此外，像我们的教育制度、教育行政结构、学校的内部管理（像怎样付工资、添设备、建校舍，如何进行管理，等等），都有一个如何实现低消耗、高效能的问题。

为了大力发展我们的教育生产力，我们就需要大力开展教育经济学的研究。关于教育经济学的问题可以分作两部分：一部分是理论上没有争论的，从这点出发，教育经济学的基础才能建立起来；一部分是有争论的问题，这些问题都涉及马克思主义经济理论的一些基本的问题。基本的问题有一部分是马克思和列宁在当时的条件下没有可能研究，也不需要那样来研究的。教育经济学是整体经济中的一个部门的经济学，它又是个特殊的学科。从我们的需要看，我感到教育经济学总的理论里面是不是还要有一个社会主义教育经济学，这又是教育经济学里面的一个学科。此外还需要有一个中国社会主义教育经济学。这里面有一般原理跟具体实际结合的问题，所以需要有这样几个层次。我们要把它当成客观的科学来研究，然后才可以得出实践的结论，如教育政策、教育方案或者意见，把它变成主观的东西。我们要这样做，也应该这样做。到这一步，教育经济学理论才能在实践上发生作用，才可以指导我们的实际行动，还可以用来进行教育，如在师范大学教育系开一门社会主义教育经济学课。

总之，在今天的形势下，要把教育这个薄弱环节搞上去，一方面，要充分论证教育在国民经济中的地位和作用，论证教育的重要性；另一方面，教育内部要很好地研究如何最合理地、最经济地使用现有财力、物力和手段，克服现在存在着的不合理的、不经济的一些做法。这些工作需要各方面来关心、支持，要花大力气开展教育经济学的研究工作。

参考文献

[1] 马克思. 资本论：第1卷 [M]. 北京：人民出版社，1975：555–556.

[2] 同 [1] 556.

[3] 马克思. 政治经济学批判大纲：第3分册 [M]. 北京：人民出版社，1963：358.

（本文原载《教育研究》1980年第5期）

关于教育的本质属性问题

胡德海

一

教育是人类的一种重要的社会实践活动。作为一种社会现象，它和人类本身的历史一样源远流长，并且永远和人类社会同在。教育在历史上已经存在了100万年以上了。教育在它漫长的发展过程中，始终跟社会生产紧密联系，并且随着经济的发展而发展，随着生产力的进步而进步，经历过许多具有划时代意义的变化和发展。但是，我们可以毫不夸张地说，教育从开始产生发展到今天，从来没有像在第二次世界大战以后，特别是自20世纪50年代中期以来，受到过世界特别是一些经济发达国家如此高度和普遍的重视，也从来没有获得过如此迅猛的发展。之所以出现这种情况，原因是多方面的，但也可以用一句话来概括，就是在这二三十年中，科学技术的飞速发展推动着教育的发展，而教育的发展又反过来极大地促进了科学技术的发展和经济的繁荣，以至于在人们的头脑中教育地位和教育的价值观念已发生了根本的改变。千百年来，教育在人们的心目中，总被看作是一种消费事业，但是，近二三十年来，人们则普遍地把它视为一种"生产部门"，是一种"工业"，并作为一种有利可图的事业来对待了。我认为，教育在人们思想上、认识上由"消费部门"的地位到"生产部门"的地位的转变，这是教育在这个阶段的一个极显著的变化和一个根本的特点，并将会在整个教育历史进程中具有深远的里程碑的意义。

我们知道，办教育是要花钱的。没有一定的人力、物力和财力，是办不成教育的。但是，花钱办教育，究竟划不划得来、合不合算、有没有经济价值呢？这种问题如果在自然经济的奴隶社会和封建社会，自然不容易提出，就是提出来了，也是不可能得到正确答案的。然而，在资本主义经济规律支配下的资本主义社会，这样的问题是必定要提出来的。因为资产阶级办教育，也和办其他社会事业一样，要受着资本主义经济规律的支配，要考虑到经济上合不合算、划不划得来，也就是说必然要考虑到一个是否无利可图的问题。而且，事实上，早在200年前，资产阶级著名的经济学家亚当·斯密就已在他写的一本叫《国富论》的书里讲到这个问题。他说，学习一种才能，须受教育，须进学校，须做学徒，所费不少，这样费去的资本，好像已经实现并且固定在学习者的身上。这种才能，对于他个人自然是财产的一部分，对于他所属的社会，也是财产的一部分。因此，他认为学习固然要花一笔费用，但这种费用，可以得到偿还，赚取利润。类似的论述，在其他资产阶级经济学家的著作中还有。总之，在他们看来，花费一笔经费办教育，增进工人的才能和熟练程度，可以提高劳动生产率，花费掉的这笔钱，也同其他资本一样，是有利可图的。资产阶级经济学家的这些论点符不符合客观事实？历史实践已经证明了它是符合实际的。但是，由于亚当·斯密等资产阶级经济学家所处的时代，相对来说社会生产力水平还不很高，科学技术还没有高度发达，他们在当时的历史条件下，还拿不出具体的有力的数据来论证自己论断的正确性。因此，他们的如上论点也就一时还难以为社会所普遍承认。"教育不是消费事业，教育是一种生产事业"这样一种正确的观念，也就未能为社会所广泛接受。

然而，在第二次世界大战结束后，特别是自20世纪50年代中期以来，随着科学技术的飞速发展，知识的空前爆炸，生产力的迅猛发展，社会生活水平的广泛提高，情况就不同了。第二次世界大战后，作为战败国的日本和西德，它们都很快地摆脱了战后的困难，用很短的时间使自己的经济结束了重建阶段而进入全面发展时期。它们都现身说法，反复申明教育才是实现自己民族复兴的根本途径、经济发展的基本源泉。20世纪五六十年代是先进资本主义工业国家经济发展的"黄金时代"，科学技术的发展所带来的生产力的发展、国防实力的增强和经济的繁荣，使它们深刻认识到"知识就是力量""斗争决定于智慧""资源存在于大脑"这样一些以前并不真正懂得的道理，以及必须重视"人力资源开发"的重要意义。这时，应运而生的教育经济学、教育社会学之类的社会科学，从各个不同角度揭示和论证了作为生产力的教育的本质属性，并且向人们不断地提供有关办教育对生产的巨大的经济价值具体而确切的科学数据。于是，人们的眼界大开，教育可以获取高额利润的观念深入人心，教育也就在人们的头脑里真正打了一个从消费事业到生产事业的"翻身仗"。有的国家从此就干脆把教育也称为"工业"或叫"发展特快的工业"，把教育和工业一体看待，把它纳入整个国家和社会经济发展的轨道。

当代经济发达的国家按照资本主义的基本经济规律——剩余价值规律去看待教育、办教育，并且事实上也发展了教育，从中牟取了高额利润，同时也就促进了资本主义经济的发展，增加了社会财富，把社会生产力推进到一个历史上从未有过的高度。这是"二战"后特别是20世纪50年代中期以来二三十年中非常值得我们重视和研究的一个重要事实。各国教育迅猛发展的现状和趋势，凝聚着人类管理教育事业的成绩和经验，记录着教育发展的历史步伐，足使其他国家借鉴和仿效。因此，它在全世界产生的影响，是非常深远的。

但是，它在思想上、理论上给予我们的深刻启示，我认为是尤为重要的。因为我们从中看到了，在人们思想观念上教育从消费事业到生产事业的转变，并不是一个偶然的事件。它不仅进一步告诉我们，教育的发展必须适应经济的发展，而经济的发展尤其有赖于教育的发展；而且有力地证明了，教育和生产之间，特别是教育和社会化大生产之间，本来就存在着一种内在的适应性。资产阶级依靠办教育赚取了高额利润，真正起作用的倒并不是资本主义的剩余价值规律，真正的原因是在人类生产活动中，作为培养提高劳动者的知识技能的手段的教育，乃是一种不可缺少的生产力。二三十年来，在资本主义大工业生产的条件下，在经济发达的国家里，教育就是作为一种生产力来为社会增加财富并同时也为资本家提供高额利润的。教育的生产性是教育根本的社会职能，同时也是教育的真正本质所在。这种教育的社会职能当然不光在资本主义国家是这样发挥和表现的，而是由于反映了教育根本的性质而具有普遍的意义。相反，由于资本主义社会存在着社会化大生产和私人占有制之间根本的矛盾，教育生产性这种社会职能的发挥是受着资产阶级的阶级性的某些制约和限制的。只有在已经克服了社会化大生产和私人占有制之间根本矛盾的社会主义公有制国家里，教育作为一种社会生产力才会获得更加广阔无垠的发展，教育的生产性的社会职能才会得到比在资本主义世界里更加自由和充分的发挥。而这，乃是马克思主义政治经济学和教育学所曾告诉我们的一条毋庸置疑的原理和规律。

二

20世纪50年代中期以后，唯上、唯书而不唯实长期风行，教条主义渗透到学术的骨髓之中。譬如，在教育学中就只能讲教育是阶级斗争的工具，而不能讲教育也是生产斗争的手段；只能讲教育必须为无产阶级政治服务，而不能讲教育应与国民经济的发展相适应。这种恶劣的学风和形而上学的公式，否定了教育根本的社会属性，模糊了人们对教育本质的正确分析和认识，从而从根本上歪曲了教育的真面目和它所具有的根本的社会职能。用这样的思想方法和观点来看待教育，指导教育工作，不能不导致在教育实践上造成许多错误，使理论和实践陷入严重混乱之中，阻碍我们的教育和世界经济发达国家的教育并驾齐驱。

新中国成立以后,我们的教育明明是一块社会主义教育阵地,却一直被看作是无产阶级和资产阶级生死搏斗的一条重要的战线;明明是造就社会主义事业所需的亿万人才和提高全民族科学文化水平的源泉,却被视为整个阶级斗争的晴雨表。教育部门真是灾难深重。然而,这并非偶然,它也是一种非马克思主义教育观的合乎逻辑的结果和必然的发展。作为教育理论工作者的我们,对此不能不加以深切的反省。

现在,党中央的思想路线、政治路线和组织路线是完全正确的。建设一个高度民主、高度文明的社会主义中国,我们教育工作者责无旁贷,而且担负着更为艰巨的责任和直接的使命。但是我认为,我们要把我们的社会主义教育事业纳入社会主义四个现代化的正确轨道,我们的教育理论研究工作的确还有许多事要做,首先就是要对教育本质的问题做一番实事求是的正本清源的探讨,以拨教育本质之乱,反社会主义教育的社会属性之正。

三

上面实际上已经明确地表明了本文的观点:教育是一种生产力。并且,教育在今日之所以被视为一种生产事业,乃是教育本质属性的表现。下面进一步来论述这个问题。

教育是一种社会现象,也是人类社会生活的一种实践形式。教育在社会生活中,不是孤立存在的。从教育发展的历史来看,教育从其开始产生起,就是在与生产斗争的密切联系中得以存在和获得发展的。所谓教育是一个永恒的范畴,也就是说,它永远和生产斗争一样是人类开展社会生活所不可缺少的,并永远和生产劳动紧密联系在一起。说到底,教育之所以是一个永恒的范畴,乃是从生产劳动是人类社会生活中的永恒范畴这一特性而来的。基于这种客观存在的根本事实,我认为,教育的根本的社会属性就是生产性。教育之所以能够在人类社会中永存，正是因为任何社会都离不开生产劳动，同样都离不开教育的这种社会职能的发挥。

众所周知，在人类历史上，教育是人类脱离了动物界，一进入社会生活的时期就开始了。教育从属于和服务于一定的阶级，是人类社会发展到一定阶段的产物。人类社会发展到私有制阶段，随着社会上的人分裂成对立的阶级，教育才开始带有阶级性，才逐渐成为统治阶级用来培养自己阶级接班人的工具。按照历史唯物主义的观点，教育同阶级斗争相联系，只是历史上的一种极短暂的现象，最多不过几千年。随着社会的进步，随着人类阶级划分的消灭，教育的阶级性这种社会属性也就要随之而消失。所以，纵观人类社会的发展历史，教育并不总是同阶级斗争相联系，教育的阶级性也并不是与生俱来的，而且也绝非永恒存在的。

因此，对于教育的阶级性及其在全部历史上表现的种种史实和记录，我们只能看作是一种历史现象，并且也不能用这种局部的现象来概括教育的全貌，以支流来代替主流。严格说来，教育是阶级斗争工具的提法，只能是在无产阶级还没有掌握政权，解决阶级矛盾、夺取政权是共产党的最紧迫的中心工作的时候提出来的。而在无产阶级取得了政权以后，尤其是在完成了生产资料的社会主义改造以后，剥削阶级作为阶级已被消灭，阶级矛盾和阶级斗争客观地成为社会主义社会非主要矛盾的历史条件下，如果还把早已掌握在无产阶级和人民手里的教育事业，只理解为阶级斗争的工具，那就势必会禁锢自己的思想和手脚，就必然从根本上阻碍了教育的发展，使教育永远被禁锢在教条主义的牢笼之中得不到解放，最终将损害整个社会主义建设事业的发展。而这就等于把教育事业引进了死胡同。

在相当长的时期内，我国的教育也的确被教条主义引进了死胡同，以致造成了我国教育史上史无前例的灾难。为现实的阶级斗争服务，被作为教育的唯一的社会职能，甚至被作为我国社会主义教育工作的指导方针。在这种观点支配下，学生在课堂听老师上课，用教科书学习，都被视为脱离实际、脱离政治，导致了否定学校、否定教师、否定知识、否定教育，直至否定人类文明。他们不懂得，教育要为无产阶级政治服务，乃是指要为无产阶级的根本利益服务，即是要为社会主义事业服务。这对教育来说，是一个根本性的要求，也是一个含义广泛的命题，然而却不一定要和无产阶级政治等同起来，主要的倒是应表现在为生产斗争和科学实验服务，为社会主义建设事业造就人才和极大地提高全民族科学文化水平这些方面。因为只有这样，才符合为无产阶级政治服务的真正本意。所以，把社会主义教育事业服务的对象只归结为一个领域，并且对它做机械的错误的理解，是严重片面的，是不科学的。

教育具有特殊的功能和作用，它以其特殊的手段和方式为社会生活和其他领域服务。教育只有真正做好了它范围内的工作，才谈得上为社会生活服务，也才谈得上为无产阶级的根本利益服务，为无产阶级政治服务。否则，就会事与愿违。这不但有损于教育本身的发展，也必将有损于整个社会生活的发展。这是我国相当长时期的教育发展的曲折历程深刻地告诉我们的。

同样，如果认为教育是一种上层建筑，那么它就要为经济基础服务。在社会主义阶段，它就应当主要地表现在提高劳动生产率、发展生产力以及提高人民的社会主义觉悟和道德水平这些方面。它就要和社会主义经济建设事业一道，担当起保证最大限度地满足整个社会经常增长的物质和文化需要的重任，而绝不应是其他。这也是清楚的。

从长远的历史来看，作为上层建筑的政治，本身不是目的，而主要是各个历史时期实现经济目的的手段，同时也是实现各个历史时期其他社会目的的手段。社会主义的政治，和社会主义的教育一样，同样是实现劳动人民经济文化目的的手段。当然，这并不是说社会主义教育可以脱离无产阶级政治，政治是实现人民经济文化需要的最重要最强有力的手段，其他手段包括教育在内，在特定历史条件下，是应该使自己的活动和政治的要求相协调相一致的。但是，政治和教育各有其本身的规律和各自的特点，绝对不能用政治去代替教育，把教育和政治等同起来、混淆起来。所以，把教育的社会属性只当作阶级斗争这一历史现象的反映，在理论上是站不住脚的。

四

教育本质问题是马克思主义教育学中一个带根本性的理论问题，具有指导教育实践的普遍意义。它在我们这样的国家里，曾经关系着教育事业的成败兴衰。近二三十年来，人们在思想观念上把教育从"消费部门"归到"生产部门"的根本转变，从其实质来说，乃是人们对教育的本质认识的结果。这对教育来说，是必不可少的思想解放，它标志着今后教育将会得到更加迅猛蓬勃的发展。

但是，我们教育上的许多重要理论问题，不是研究得不深不透，似是而非，便是尘封土掩，一片荒芜，未及耕耘与发掘。而马克思主义经典作家，也没有来得及在这些问题上给我们以太多现成的答案。而且，正如列宁曾经引用过的恩格斯的一段话说的："不是自然界和人类去适应原则，而是原则只有在适合于自然界和历史的情况下才是正确的。"因此，对我们来说，更多的责任是解放思想，实事求是，深入体察国情，关注世界教育发展潮流，研究新情况，解决新问题，以充实、发展马克思主义教育科学，把我国社会主义教育事业引向健康发展的康庄大道。

(本文原载《教育研究》1981年第3期)

论现代教育的本质

成有信

在人类文明史开始以来的社会里,教育的本质是它的生产性和阶级性的统一,现代教育的本质则是它的大生产性和它的阶级性的统一。资本主义教育的本质是它的大生产性和资产阶级阶级性的统一,社会主义教育的本质是它的大生产性和无产阶级阶级性的统一。在我们看来,这是理解教育,特别是现代教育的基点,离开了这个基点,就会曲解和歪曲教育的本质[1]。

关于教育的本质,另外还有两种提法。一种提法是,教育是上层建筑,现代教育也是上层建筑;另一种提法是,(现代)教育是生产部门。

这两种提法尽管都有一些道理,但我认为都是不够全面和不够准确的。

首先,我们来分析一下教育上层建筑说。

古代教育——奴隶制社会和封建社会的教育——的本质总的来说是它的生产性和阶级性的统一。不过,这两个特性是被相对分裂的两种形式的教育分别体现的:学校教育主要体现了它的阶级性,劳动者教育主要体现了它的生产性。

古代学校教育由于是仅仅培养新一代剥削统治者的,而不是培养劳动者的,它和生产及生产劳动不但没有直接联系,而且是完全分离的。它随着经济基础的变化而变化,因而具有浓厚的上层建筑的特征。我们的某些同志看到了这一点，因而说古代学校教育是上层建筑，这是很有道理的。但不能抓住这一点就推而广之，说教育是上层建筑。因为就古代教育来说，它还包括古代劳动者教育，而古代劳动者教育是培养体力劳动者的，和生产有直接联系（不仅直接联系，而且还没有分离开来），随生产的变革而变革，而不是随生产关系的变革而变革，因而不能说整个古代教育都是上层建筑。如果说的是从古到今的整个教育，那么它还包括现代教育，现代教育又有和生产保持着直接联系的一面，它的这一面不是随生产关系的变革而变革的，因而不能说现代教育整个来说是上层建筑。

可见，说古代学校教育是上层建筑是有道理的，说教育的某些部分有上层建筑的特点也是有道理的，而把整个古代教育、现代教育，即把整个教育都说成上层建筑则是不正确的。

其次，我们再分析一下（现代）教育生产部门说。

这里我们先从古代教育说起。

古代学校教育和生产是没有直接联系的，是和生产完全脱离的，因此，谁也不会说古代学校教育是生产部门，或说它有什么生产性。

至于古代劳动者教育，那么，我们知道，古代劳动者教育还没有从劳动部门中分离出来，教育和生产还是在同一过程中进行的。因此说古代劳动者教育是生产部门是没有什么特殊意义的，因为当时的这种教育只是生产部门的一种职能。

问题发生在现代教育中，就是说，现代教育是不是生产部门？

如果说现代教育有生产部门的特点，那是完全正确的。如果说，现代教育整个说来是生产部门，或现代教育仅仅是生产部门，那就不正确了。

对现代科学技术在现代化大生产中的作用的研究证明：现代科学技术和直接生产二者是密切地结合在一起而构成了现代生产的综合体，因而现代科学技术就成了现代生产力——现代化大生产的新因素，并且，它在现代生产的发展中还起着主导作用。

对现代生产、现代科学技术和现代教育的相互关系的研究证明：和参加古代生产的劳动者不同，参加现代化大生产的脑力劳动者和体力劳动者，是在生产劳动过程之外的现代学校教育中接受科学文化基础知识，发展其智力和培养相应的能力的。没有现代教育培养的各种不同水平的劳动力，现代生产就无法进行。从这个意义上来看，像现代机器制造业是为现代生产提供生产资料——机器设备的先行部门一样，教育乃是为现代生产提供劳动力——具有现代科学文化知识和技能的劳动者的先行部门。

教育直接或间接地把自然科学"物化"在劳动力上和生产资料上，使之成为直接的生产力。从这一点看，就如交通运输业是其他生产部门的纽带一样，教育乃是联结科学和工农业生产部门的纽带。

以现代科学技术为基础的现代生产的迅速发展，推动着"知识爆炸"和"知识老化"。为了解决这个问题，出现了所谓的"终身教育"。这就是说，即使是具有高度科学文化水平的生产工作者，也只有不断学习新的知识，才能维持其适应现代化大生产的能力，这就好像劳动者只有不断地消费生活资料才能维持其劳动能力一样，乃是"生产和再生产的一个要素"[2]。

如果说，在古代，劳动者的教育所具有的生产性乃是一种小生产性，具有这个小生产性的教育的过程和小生产的过程还没有分离开来，它们还是在同一过程中进行，还是合而为一的话；如果说，在古代，学校教育不但和生产已完全分离了开来，而且它根本就没有什么生产性，甚至连小生产性也没有，是和生产完全隔绝的话；那么，在现代，教育和生产一方面是分离着的，就是说，它们是两个相互独立的过程，另一方面它们又是密切联系着的，就是说，现代教育是根据现代化大生产要求的规格去培养劳动力的，并把科学直接地或间接地"物化"在生产力的要素上。这就是现代教育的现代化大生产性质。而现代教育的这个性质正是它区别于古代教育的最本质的特征。

综上所述，从教育执行着生产和再生产现代劳动力的职能、教育是恢复和增强现代劳动者的劳动能力的要素、教育是现代生产的先行部门、教育具有把科学"物化"在劳动力和生产资料之上的纽带作用的观点看，说教育是现代生产的一个部门，是完全正确的[3]。

特别是在当前的情况下，一方面，现代教育的这些新的职能和新的作用已经十分明显，看不到它就会给我们的社会主义事业造成重大损失；另一方面，培养新一代的剥削统治者作为古代学校教育的唯一职能在我国统治了几千年，以及由此形成的教育是上层建筑的观点在我们理论界曾统治了多年之后，着重研究和大力宣传现代教育的新职能和新作用，亦即现代教育的现代化大生产性质这一最本质的特性，从而使广大干部和群众深刻理解和认识它，是具有重大理论意义和实践意义的。这样做，有助于把我们从对古代学校教育的传统观点中解放出来，有助于我们正确认识现代学校教育的本质特性、新的职能和作用，有助于我们把现代教育放在国民经济和国民生活应有的位置上来，使它在我们的社会主义四个现代化的过程中发挥其伟大的作用。

总之，我们认为，现在着重宣传和研究社会主义现代教育的这个特点、这个职能和这些作用，是必要的。

但是，正如说现代教育是一个生产部门，只能理解为现代教育具有生产部门的特性，不能理解为现代教育就仅仅是生产部门或现代教育整个来说是生产部门，说教育是生产斗争的工具，也只能理解为教育具有生产性，而不能理解为教育就只有生产性这样一个特性。

也正如教育是传播无产阶级世界观和意识形态的宣传部门，只能理解为教育具有宣传部门的特性，不能理解为教育就仅仅是宣传部门。又正如有文明史以来的社会里的教育是阶级斗争的工具，只能理解为教育是具有阶级性的，不能理解为教育就只有阶级性这样一个特性。

当前，在强调现代教育的现代化大生产性质、在强调现代教育在整个社会生产中具有生产部门的作用的同时，对教育的阶级性，对教育适应生产关系的特性，对教育还是有一个宣传部门的作用，对教育培养一定阶级所要求的具有一定思想品质和一定社会活动能力的人的作用，也不能忽视和忘记。因为，对于社会主义教育来说，忘记了这一点，就失去了社会主义教育的思想政治方向，就是忘记了社会主义现代教育区别于资本主义现代教育的本质。对于资本主义教育来说，我们忘记了这一点，忘记了它的资产阶级性质，就会失去我们对资本主义教育的原则立场。

能不能说，由于教育的现代化大生产性质和阶级性都是现代教育的本质特性，因而两者对决定现代教育的本质就具有同等的重要性呢？我觉得不能这样说。

历史唯物主义认为，生产力和生产关系两者的统一构成了一定社会的生产方式。而两者对社会来说都是重要的，缺一不可。但生产力和生产关系相比，生产力最终决定生产关系，从而最终决定社会的性质。

对于现代教育也是这样。教育的现代化大生产性质和教育的阶级性的统一构成了现代教育。而这两者对于现代教育来说都是重要的，缺一不可。但两者相比，教育的现代化大生产性质却是更重要的。因为在现代社会里，社会要求于新一代的大多数人的，首先是成为劳动者。这就是说，现代教育的大生产性是第一位重要的特性，阶级性是第二位重要的特性。原因很简单，因为总的来说，人们必须首先学会劳动，然后才能谈得上学习做人的道理。正如马克思所说的："人们首先必须吃、喝、住、穿，就是说首先必须劳动，然后才能争取统治，从事政治、宗教和哲学等等。"[4]

其实，这是一般规律，在原始时代即是这样，只不过所要求的思想品质没有阶级性罢了。古代剥削阶级社会的劳动者教育对新一代劳动者的要求也是这样。只有古代学校教育是一个例外，阶级性是它的唯一特性。这是因为这个教育仅仅执行培养新一代剥削统治者的职能。不过，对整个古代教育来说，教育的生产性仍然是第一位重要的特性，因为生产性教育的任何中断，都会导致整个社会的灭亡。对于现代社会来说，现代教育的大生产性具有更重要的意义，因为没有大生产性的教育，现代生产和现代社会就不会存在下去，当然更谈不上现代社会的进步和发展。

但是，对于我们这些没有经历过资本主义现代社会、现代生产和现代教育的社会主义社会里的人们来说,古代学校教育的这个例外、这个传统,却给我们造成了一种假象,似乎阶级性在有文明史以来的社会的教育里从来就是,也永远是具有第一位重要性的,而满足人们生活所必需的生产活动及培养参加这种生产活动的劳动者的教育的生产性反而成了第二位重要的,甚至是不重要的。用这个古代剥削阶级教育思想的传统看待现代教育,把特殊夸大成一般,这是根本性的问题,值得认真讨论。

参考文献

[1] 成有信. 社会主义教育本质是大生产性和阶级性的统一[J]. 北京师范大学学报,1980(5):55-59.

[2] 马克思. 资本论:第1卷[M]. 北京:人民出版社,1975:628.

[3] 汪海波,吴敬琏,周叔莲. 知识分子在现代生产中的作用[J]. 经济研究,1980(4):24-32.

[4] 马克思,恩格斯. 马克思恩格斯选集:第3卷[M]. 北京:人民出版社,1972:41.

(本文原载《教育研究》1981年第7期)

马克思的异化理论与人的全面发展

王逢贤

人的全面发展问题,是马克思主义关于人的学说和我国教育理论体系中一个极为重要的课题。长期以来,国内外对人的全面发展问题的研究,歧义互见。这个问题的正确解决,不仅可以促进整个教育理论的发展,而且对于解决教育实践中的各种问题都有指导意义。

一、马克思主义关于人的学说是阐明人的全面发展含义和条件的理论基础

要研究人的全面发展问题,本来应该像马克思那样,运用异化的理论和方法,首先从研究人的学说入手。可是,长期以来,一些教育论著不同程度地忽视了这一点,致使我国教育理论的发展走了弯路。

过去对人的全面发展的研究,多是直接地引用马克思从人是劳动力的角度所提出的一些论断。例如,马克思说过:"我们把劳动力或劳动能力,理解为人的身体即活的人体中存在的、每当人生产某种使用价值时就运用的体力和智力的总和。"[1]有人据此认为"体力和智力获得充分的自由发展和运用"就是人的全面发展的全部含义。有人还从这里简单地引申出:"体力劳动和脑力劳动相结合是人的全面发展的本质特征。"其实,从马克思的异化理论和人的学说来看,人的全面发展问题,并不是这样简单的。

马克思的异化概念的基本含义，指的是从人自身分离出来的各种力量，逐渐跟人疏远，从而反过来成为控制、支配人的异己力量的过程。马克思的异化理论，是揭示人的异化产生和克服（或称扬弃）的一种科学方法论，是研究人的学说和人的全面发展学说的一种历史辩证法。可是，20多年来，我们把马克思主义关于人的学说同资产阶级人道主义混同起来，把马克思主义人道主义当作修正主义批判，因而用异化理论研究人的学说和人的全面发展便成了禁区。谁要是研究人的学说，或根据人的学说去研究人的全面发展问题，就会被看成在贩卖资产阶级人性论和资产阶级人道主义教育思想，反对马克思主义的阶级论。现在这种坚冰已经打碎。我们应该以马克思的异化理论和人的学说为理论基础，重新学习和研究人的全面发展问题。

从马克思主义三个组成部分的产生和发展过程看，它们始终都是围绕着人的问题，以人的问题为中心的。马克思运用他的异化理论和方法，通过对资本主义社会人的存在同人的本质的矛盾的分析，揭露了劳动异化等各种人的异化现象。他指出人作为历史的、社会的、实践的人，具有人性和阶级性，并剖析了人性与神性、兽性的区别，人道主义和封建主义、法西斯主义的区别。在科学地论证了人的本质问题的基础上，他发现了唯物史观和剩余价值，使马克思主义三个组成部分的理论成熟起来，进一步揭示了人的异化产生和克服的历史规律。根据这个历史规律，他科学地论证了资本主义制度的反人道性质和异化产生的根源，指出"有产阶级和无产阶级同是人的自我异化"；论证了共产主义革命的最终目的，不仅在于推翻资本主义制度，消灭一切剥削阶级，而且更重要的还在于消灭无产阶级自身，大力发展社会生产力，创立一个能够满足人们日益增长的物质需要和精神需要的新世界，也就是最终扬弃人的异化，使全社会的成员都得到彻底解放和全面发展，成为自由的文明幸福的人。这就是马克思所说的"共产主义是私有财产即人的自我异化的积极的扬弃，因而是通过人并且为了人而对人的本质的真正占有；因此，它是人向自身、向社会的（即人的）人的复归，这种复归是完全的、自觉的而且保存了以往发展的全部财富的"[2]。

马克思的异化理论对人的异化产生和最终扬弃的历史规律的揭露，清楚地表明马克思主义关于人的学说的核心就是真正的人性论和人道主义。只有马克思主义关于人的学说，才能全面地历史地揭示人的本质，关心人的命运，把人真正当作人来看待，认为人不是被任意肢解、愚弄和运用的工具，人自身的自由和幸福就是人最高价值之所在。这样，关心人、相信人、爱护人、尊重人、解放人、发展人、最大限度地满足人对物质和精神文明的需要，就成为真正的共产主义革命者从事一切革命和生产活动的出发点和归宿。也只有这样彻底的人道主义原则，才能把生产斗争、阶级斗争和科学实验都当作克服人的异化的手段，把压迫人、剥削人的现象及其根源视为最不人道的，从而认为用革命的办法，包括用革命的暴力反对反革命的暴力，都是最人道的。也只有这样的彻底的人道主义才能把消灭革命的无产阶级自身，把人类的彻底解放，使"人以一种全面的方式，也就是说，作为一个完整的人，占有自己的全面的本质"[3]，作为一切共产主义者终生为之奋斗的崇高目的。

根据马克思的异化理论和人的学说，全面地看人的本质，人不仅是劳动力，是物质和精神财富的生产者，而且也是这些财富的消费者和享用者；人不仅是生产力的一个要素，而且也是一切社会关系的总和；人不仅有人性和阶级性，而且每个人也有不同的个性；人不仅是环境和教育的产物，是受自然和社会的客观规律支配的客体，而且也是能动地驾驭历史规律，通过革命的实践改变环境和教育的主体。总之，在马克思主义关于人的学说看来，人是目的，而不是手段。

二、马克思主义关于人的全面发展的含义究竟是什么

近年来，关于人的全面发展的含义，有的人认为就是指体力和智力统

一的和谐的发展，有的人认为主要是指智力或才能的多方面发展。至于是否包括道德和审美情趣的发展，是否包括马克思所说的"作为一个完整的人，占有自己全面的本质"的内容，则很少论及。

马克思主义关于人的学说和异化理论，可以使我们对人的本质问题，得到比较全面的认识。人的全面发展是相对于人的片面发展而言的。人的片面发展，也就是人的异化，"人的自我丧失"。人的全面发展，也就是人对各种异化的彻底扬弃，"人占有自己全面的本质"，"人的复归"。所以，我们在阐明人的全面发展的含义时，只有处处都同人的异化和片面发展现象相比较，才能准确地弄清这个问题。

从马克思在《1844年经济学哲学手稿》中对劳动异化的集中分析，到他以后在各种著作中对人的各种异化现象的深入分析，我们可以看到克服人的异化的可能性。人获得全面发展，应包括这样几个有机联系的含义。

其一，是人的体力和智力同时获得充分的自由发展。这主要是由人作为劳动力这一本质决定的。

劳动使人从动物转化为人，使人把自己从某些必然规律的支配下解放出来，开始作为自己的自由的主体而存在于社会上。本来，劳动产品作为人的目的和能力的结合，是人的本质的一种具体体现和肯定。可是劳动对象和劳动产品的异化，劳动者自身体力和智力的异化，使劳动者生产的财富越多，他自己反而越贫困，体力和智力的劳动越畸形。马克思说，人作为劳动力就是劳动能力，即人在生产活动中所"运用的体力和智力的总和"。在劳动中，不论人缺乏相应的体力或智力，还是原有的体力或智力受到摧残，对人来说都是痛苦和损失，都是一种异化和不自由。所以，人的全面发展首先应该是使人克服劳动异化，使"体力和智力获得充分的自由发展和运用"。这一点一直是人们所公认的。

其二，是人的才能和志趣获得充分的多方面的发展，人成为"各方面都有能力的人，即能通晓整个生产系统的人"[4]。这是大工业生产发展的客观规律对人的劳动能力提出的要求。

马克思在《资本论》中根据大工业发展中出现的"两个生死攸关的问题",认为人的才能的全面发展同现代大工业的技术基础的革命性联系在一起,是一种社会生产的普遍规律。虽然大工业的资本主义形式再生产了旧的分工,阻碍着人的才能的全面发展,但这种规律像马克思所说的那样"带着自然规律在任何地方遇到障碍时都有的那种盲目破坏作用而为自己开辟道路",所以对资本主义社会条件下的人的发展方向,马克思明确指出:现在的工业也渐渐不能使用只熟悉某一个生产部门或某一个部门的一部分的人了,至于"由整个社会共同地和有计划地来经营的工业,就更加需要各方面都有能力的人",即"能通晓整个生产系统的人"。只有这样的人,才有条件根据社会的需要或他们自己的爱好,轮流从一个生产部门转到另一个生产部门,不再受固定职业的束缚,开始扬弃劳动异化这个人的异化的基础。因为,异化劳动和私有制二者的关系虽然是互为因果的,但总的看来是异化劳动产生私有制[5]。扬弃劳动异化,把人从机器的单纯附属品中解放出来,就能基本上体现人的本质。人的智力和才能的全面发展,虽然是人的全面发展的重要方面,但并不是它的全部含义。

其三,是人的道德精神和审美情趣的发展。这一点,目前有人持有异议,这是不足为怪的。因为马克思单从人是劳动力的角度论人的发展时,确实在许多场合讲的是体力和智力的全面发展,没有同时提到道德和审美情趣的发展。但是,我们也应看到马克思在分析劳动过程时,确实没有忽略人的道德因素。他说,人在劳动过程中"除了从事劳动的那些器官紧张之外,在整个劳动时间内还需要有作为注意力表现出来的有目的的意志,而且,劳动的内容及其方式和方法越是不能吸引劳动者,劳动者越是不能把劳动当作他自己体力和智力的活动来享受,就越需要这种意志"[6]。目的和意志均属道德范畴。可见,即使从人是劳动力的角度,也不能把道德排除在人的全面发展含义之外。

现在我们再看,当马克思把人作为劳动力同时又作为"社会关系的总和"进行分析时,道德是人的全面发展不可缺少的含义。关于这个问题,马克思曾说:"一个人的发展取决于和他直接或间接进行交往的其他一切人的发展。"[7]"只有在集体中,个人才能获得全面发展其才能的手段,也就是说,只有在集体中才可能有个人的自由。"[8]既然如此,人的存在和发展,就像一个齿轮在一架机器中那样,不以人的主观意志为转移。当别的"齿轮"转动时,你也必须随之转动,这就把每个人带进各种社会关系之中,其中包括道德和审美的关系。马克思在讲到人的异化时,不仅指人被当作工具使用时,完全献出了自己的体力和一切才能,而且也包括道德关系、审美关系和其他对外部世界的无限丰富关系的异化现象。在资本主义社会条件下,人们在道德和审美方面得到的不是愉悦和幸福,而是人格的屈辱和精神上的痛苦。马克思说的"人的自我丧失",不仅指智力和体力的丧失,而且也包括道德和审美需要的丧失。在这方面连资产阶级也不例外,因为"精神空虚的资产者为他自己的资本和利润欲所奴役"[9]。恩格斯也曾用嘲笑的口吻说:"庸人把唯物主义理解为贪吃、酗酒、娱目、肉欲、虚荣、爱财、吝啬、贪婪、牟利、投机,简言之,即他本人暗中迷恋着的一切龌龊行为。"[10]大量的事实表明,一个极端自私自利的人,不仅在真理面前会利令智昏、惶恐不安,而且在人与人之间、人与自然之间的伦理关系和审美关系面前,也会丧失真正人的愉悦和幸福的感受。这正如马克思所揭露的,"它使人和人之间除了赤裸裸的利害关系,除了冷酷无情的'现金交易',就再也没有任何别的联系了",它把人的纯朴感情"淹没在利己主义打算的冰水之中","把人的尊严变成了交换价值"[11]。马克思还说过:在资本主义条件下,"忧心忡忡的穷人甚至对最美丽的景色都没有什么感觉;贩卖矿物的商人只看到矿物的商业价值,而看不到矿物的美和特性"[12]。这就告诉我们,人作为社会关系的总和,必然是一定道德和审美的主体。人只有具有共产主义道德精神和审美情操,并能体验到这方面的满足和愉悦,才能摆脱私有制给人的本质带来的二重化、工具化等异化现象。从这种意义上,马克思和恩格斯又指出:"私有制只有在个人得到全面发展的条件下才能消灭,因为现存的交往形式和生产力是全面的,所以只有全面发展的个人才可能占有它们,即才可能使它们变成为自由的生活活动。"[13]由上述可见,我们没有任何理由把人的道德和审美情操的发展排除在马克思主义关于人的全面发展含义之外。

其四,是人利用客观规律改造自然和社会的自觉程度,达到了"从心所欲,不逾矩"的境界,真正获得了自由,成为自身的主人。

自由是人的价值和人的全面发展的根本标志。马克思主义诞生以前的思想家往往脱离开人的社会实践,脱离开人对客观规律的自觉认识和运用,抽象地去谈论关于人的自由的梦幻。马克思主义肯定自由是人的价值、人的本质的体现。不过这种自由不是人的恣意妄为,而是从对客观规律的自觉认识和运用中获得的。这就是恩格斯所说的:"人们周围的、至今统治着人们的生活条件,现在却受到人们的支配和控制,人们第一次成为自然界的自觉的和真正的主人,因为他们已经成为自己的社会结合的主人了。人们自己的社会行动的规律,这些直到现在都如同异己的、统治着人们的自然规律一样而与人们相对立的规律,那时就将被人们熟练地运用起来,因而将服从他们的统治。人们自己的社会结合一直是作为自然界和历史强加于他们的东西而同他们相对立的,现在则变成他们自己的自由行动了。一直统治着历史的客观的异己的力量,现在处于人们自己的控制之下了。……只是从这时起,由人们使之起作用的社会原因才在主要的方面和日益增长的程度上达到他们所预期的结果。这是人类从必然王国进入自由王国的飞跃。"[14]这就是说,只有在共产主义社会这样的"真实的集体的条件下,个人在自己的联合中并通过这种联合获得自由"[15]。从马克思、恩格斯对人的自由的本质所做的精辟分析中,我们就能比较容易地理解人的全面发展的这个极为重要的含义,即"个人的全面发展,只有到了外部世界对个人才能的实际发展所起的推动作用为个人本身所驾驭的时候,才不再是理想、职责等等,这也正是共产主义者所向往的"[16],也只有这时才能使"人以一种全面的方式,也就是说,作为一个完整的人,占有自己全面的本质"[17],使自己真正获得解放。马克思说:"任何一种解放都是把人的世界和人的关系还给自己。"[18] 这也就是对人的异化的彻底扬弃，使人的本质真正得到复归，使人的个性真正获得自由和谐的发展，使人成为文明幸福的人。

从上述人的全面发展的全部含义中可以看出，各个含义之间是密切联系在一起的，它们互为条件，共同构成一个充分自由的和谐的全面发展的人。

这样看来，那种把马克思主义关于人的全面发展的含义，仅仅理解为"体力和智力的统一发展"或者"主要是智力的全面发展"，把道德和审美情操排除在全面发展之外是不正确的。至于把"体力劳动和脑力劳动相结合"当作人的全面发展的本质特征，也是形而上学的。因为这里把智力和体力在人身上的存在和发展水平，同脑力劳动和体力劳动的实践过程完全等同起来，使人会用是否同时地、等量地参加体力劳动和脑力劳动的实践活动，作为衡量一个人的体力和智力是否全面发展的标准。这种认识，一方面在理论上无视了脑体劳动分工长期存在的必要性，否认脑体劳动差别的缩小以至消灭是在减轻和减少体力劳动的基础上逐步实现的客观规律；另一方面在实践上很容易导致用减少脑力劳动、降低文化科学技术水平的办法去消灭脑体劳动之间的差别。我国"文化大革命"期间，学生参加体力劳动"越多越好"、知识分子要"同工农画等号"的惨痛历史教训完全证明，表面上把参加脑力劳动和体力劳动机械地拼在一起，不仅不能使人在各方面都得到全面发展，而且会成为人的异化的一种新的形式，加剧人的片面发展。

三、共产主义社会是实现人的全面发展的理想条件，当代发达的资本主义国家和社会主义国家对人的全面发展提出新课题

马克思主义创始人根据人的异化产生和克服的历史规律，对人的全面发展的全部含义所做的科学论述，其中就包含着彻底实现人的全面发展的条件，这是大家熟知的。只有到了生产力高度发展，消灭了私有制，消灭

了阶级的共产主义社会，全体社会成员才能获得全面发展；也只有全体社会成员都获得全面发展，才能实现共产主义。二者是互为条件的。问题在于应该如何看待当代发达的资本主义国家和社会主义国家对人的全面发展提出的新课题。

人们都会看到，在发达的资本主义国家里，马克思在100多年前所说的"大工业的本性决定了劳动的变换、职能的更动和工人的全面流动性"，以及人的全面发展这一客观规律，随着当代科技和生产力的高速发展、生产结构和社会结构的迅速变化、教育事业的日益发达，暴露得越来越明显了。而马克思当时所说的资本主义制度用再生产旧的分工形式阻挠工人的流动和全面发展的情况，也有了很大变化。比如：像西方学者所说的"社会的中心问题已经从社会物质生活的贫困转移到精神上的苦闷"，甚至有人认为"在发达的国家中工业无产阶级已经不再是革命的主体了"；脑力劳动越来越多地代替体力劳动，工人受教育人数之多、年限之长、程度之高，已使三大差别缩小到微乎其微的程度；资本家由过去主要从体力劳动中榨取绝对剩余价值转移到更多地从脑力劳动中榨取相对剩余价值；生产结构和社会结构的迅速变化，现代交通工具和教育手段的高速发展，加速了职工的流动和多种才能的发展；随着现代生产设备的迅速更新和劳动生产率的空前提高，人们不仅改善了生活条件，而且有了更多的空闲时间；人们在发展自己的体力和智力，发展各种才能和爱好，从事社会活动和旅游活动，有了更多的自由。这里列举的情况是否准确，当然是需要进一步调查和讨论的。但有些情况确实是马克思主义创始人在创立人的全面发展学说时，没有预料到的。

这些新情况，是否说明在资本主义社会中，就可以实现人的全面发展呢？从马克思主义关于人的全面发展的全部含义看，生产力和文化科学教育发达的资本主义国家，确实为人的全面发展提供了比以往更多的有利条件。在许多人身上，体力、智力和各种才能爱好，确实都有了较充分的发展，他们在驾驭自然规律方面，也取得比以往更多的自由。这种情况预示着，如果这些国家取得了社会主义革命的胜利，这些肯定会成为缩短人的全面发展过程的良好基础，但决不能认为在资本主义制度下就可以彻底实现人的全面发展。因为尽管当代大工业生产发展的规律，使资本家不能任意再生产旧的分工，束缚工人的流动和体力、才能的多方面发展，可是只要私有制和"金钱万能"还存在，失业、罢工、社会犯罪、宗教狂热、通货膨胀、能源危机、政变、镇压、环境污染、军备竞赛、战争等现象就会存在，而劳动异化、阶级异化、宗教异化、精神异化等所有异化现象，都会继续存在下去。这样所有的人都不能从忧心忡忡的桎梏中解放出来，所谓"福利国家""学习化的社会""民主的乐园"等种种说法，实质上无非是掩盖剥削和美化资本主义制度的一种新的宣传形式而已。

在基本上消灭了私有制，实行生产资料公有制的社会主义国家，是否可以像马克思主义创始人原来设想的那样，彻底实现人的全面发展呢？实践表明，这也是不可能的。因为至今为止，社会主义革命事实上总是在生产力比较落后的国家发生的，这就不可避免地保留着许多旧社会的痕迹，如生产力的不发达，生产结构和社会结构中存在旧式分工，三大差别的存在，科学文教事业的落后，封建主义、官僚主义和各种不正之风的存在，国际交往中资产阶级思想和生活方式的渗入，等等。由这些东西产生的人的各种异化现象，不是短时期内就能消除的。

不过，我们还应清醒地看到，要彻底解决社会主义社会存在的各种弊病，扬弃人的各种异化因素，所需要的社会条件，同社会主义向共产主义过渡的条件是一样的。如果不看到这一点，把共产主义社会才能实现的奋斗目标，当作现阶段社会主义的行动纲领，那只能是空想。列宁在十月革命胜利后，批评这种"左"倾幼稚病时说："如果目前就企图提前实现将来共产主义充分发展、完全巩固和形成、完全展开和成熟的时候才能实现的东西（即培养出全面发展的、受到全面训练的人，也就是会做一切工作的人——引者注），这无异于叫四岁的小孩去学高等数学。"[19]

这样说，并不是否认社会主义制度的优越性和向共产主义过渡中不断增长的共产主义因素给人的全面发展带来的有利条件。事实说明，新中国成立以来，在党的正确领导和正确路线指引下，各行各业不断涌现优秀人物，他们又红又专、干一行爱一行，在工作中具有创造性，经得起各种风浪的考验，克服了各种异化力量的冲击，已成长为能够在较大范围内驾驭客观规律的自由幸福的人。如果说由社会主义向共产主义过渡需要经过从量变到质变、由部分质变到完全质变的过程，那么人的全面发展也同样需要经过这样一个历史过程。

四、应允许把"全面发展"作为数量概念，去形容不同历史条件下多方面发展的人

语言是交际的工具，同样的词语在不同历史时期具有不同的含义。这是正常的现象。用"全面发展"这一概念来形容概括人的发展程度，在马克思主义产生以前就开始了。在古今中外的一些论著中，我们常常可以看到人们用"完整的人""全知全能的人""多才多艺的人""和谐发展的人"等概念，去赞颂不同历史时期出现的"伟人""巨人"。在教育思想史上，有人曾把亚里士多德、孔子、洛克、斯宾塞、蔡元培等提出的"德、智、体、美"多方面教育思想，称为那个时期的"全面发展"教育思想。美国的现代教育学者中，有人把杜威的"儿童观"、皮亚杰的重视儿童的智能价值和伦理价值、布鲁纳的结构主义等教育思想，都看成"全面发展"的教育思想。日本、美国和我国的一些教育学者和人才学者，还把那些一专多能的通才人物，把教育的每个组成部分内部各种任务的实现，也称为"全面发展"[20]。苏联的教育学教科书至今还认为"人的全面发展，就是智力和体力，道德和审美的统一发展"[21]。新中国成立以来，在党和政府的教育文献和各种阐述教育方针的文章中，一直把"德、智、体几方面"或"德、智、体、美、技等几方面"都得到发展作为各级各类教育的总目标。

从上述不同历史时期、不同阶级、不同国家在教育上对"全面发展"这一概念的使用情况来看,多半是从数量方面来形容人的多方面发展。虽然其中包含着对人的发展一定程度的定性分析,但总的看来主要是对人的发展进行的定量分析。

马克思主义教育理论根据马克思主义关于人的全面发展的全部含义,对古今中外把"全面发展"当作数量概念使用的情况,进行历史的阶级的分析和评论,并同它划清严格的界限,是非常必要的。特别是对那种曲解马克思主义关于全面发展含义的观点进行批评、澄清,也是应该的。

但是,马克思主义者对不同历史时期、不同国家约定俗成的一些习惯语言和概念,应该予以尊重。如应该允许人们把"全面发展"的概念,主要用来对人的发展进行定量分析,用来表达人的发展的多方面内容。不应不分青红皂白,把凡是跟马克思主义关于人的全面发展含义不同的"全面发展"词句,一概列为批判的对象,甚至对新中国成立以来所使用的"全面发展教育"的概念也要加以批评否定。马克思主义创始人对这个问题的态度同僵硬的非历史主义观点是截然不同的。请看恩格斯在《自然辩证法导言》中,是如何实事求是地运用"完整"的人、"巨人"等概念去形容文艺复兴时期那些出类拔萃的人物的。他写道:"这是一次人类从来没有经历过的最伟大的、进步的变革,是一个需要巨人而且产生了巨人——在思维能力、热情和性格方面,在多才多艺和学识渊博方面的巨人的时代。给现代资产阶级统治打下基础的人物,绝不受资产阶级的局限。""他们没有成为分工的奴隶","没有受到片面化的影响","那时,差不多没有一个著名人物不曾作过长途的旅行,不会说四五种语言,不在几个专业上放射出光芒。列奥纳多·达·芬奇不仅是大画家,而且也是大数学家、力学家和工程师。他在物理学的各种不同部门中都有重要的发现"。他接着又列举了丢勒、马基雅维利和路德等一些"巨人",称颂他们具有"完人的那种性格上的完整和坚强"。[22]恩格斯在这里把"多才多艺""完人""巨人"的概念同"片面化"的概念相对应,恰如其分地分析了文艺复兴时期多方面发展的人物。有谁能说这会同共产主义社会全面发展的人相混淆呢？同样，我国用"全面发展"这个概念，来表述从幼儿园到大学的培养目标，概括德、智、体几方面都得到发展的学生，也是无可非议的。

马克思主义教育理论一方面要注意马克思主义关于人的全面发展含义不被曲解，另一方面又要尊重历史，从不同历史时期"全面发展"的特定含义中，批判地吸取一些对丰富马克思主义关于人的全面发展含义有益的东西。

总之，在我国目前的社会条件和教育条件下，还不能培养出共产主义社会中那样全面发展的人，但决不能据此否认马克思主义关于人的全面发展学说对我国社会主义教育的巨大指导意义。我国的社会主义性质及其发展规律，要求我们既要把培养理想的全面发展的人作为奋斗目标，又需要从我国的实际情况出发，在这一远大目标指导下，努力培养社会主义"四化"建设所需要的全面发展的新人。这实际上就是充分利用和创造有利条件，加速人的全面发展的历史进程。

参考文献

[1] 马克思, 恩格斯. 马克思恩格斯全集：第 23 卷 [M]. 北京：人民出版社, 1972：190.

[2] 马克思, 恩格斯. 马克思恩格斯全集：第 42 卷 [M]. 北京：人民出版社, 1979：120.

[3] 同 [2] 123.

[4] 马克思, 恩格斯. 马克思恩格斯选集：第 1 卷 [M]. 北京：人民出版社, 1972：223.

[5] 马克思. 1844 年经济学哲学手稿 [M]. 北京：人民出版社, 1963：62-64.

[6] 同 [1] 202.

[7] 马克思, 恩格斯. 马克思恩格斯全集：第 3 卷 [M]. 北京：人民出版社, 1960：515.

[8] 同 [7] 84.

[9] 马克思, 恩格斯. 马克思恩格斯选集：第 3 卷 [M]. 北京：人民出版社, 1972：331.

[10] 马克思, 恩格斯. 马克思恩格斯选集：第 4 卷 [M]. 北京：人民出版社, 1972：228.

[11] 同 [4] 253.

[12] 同 [2] 126.

[13] 同 [7] 516.

[14] 同 [7] 323.

[15] 同 [7] 40.

[16] 同 [7] 330.

[17] 同 [7] 123.

[18] 同 [7] 145.

[19] 列宁. 列宁选集: 第4卷 [M]. 北京: 人民出版社, 1972: 205.

[20] 刘佛年. 全面发展和教学改革 [J]. 教育研究, 1980 (5): 16-25.

[21] 巴拉诺夫, 沃莉科娃, 斯拉斯捷宁, 等. 教育学 [M]. 北京: 人民教育出版社, 1979: 31.

[22] 同 [9] 445-446.

(本文原载《教育研究》1981年第7期)

马克思的异化理论与人的全面发展学说

厉以贤

我国教育理论界在研究马克思关于人的全面发展学说时,很少注意马克思的异化理论与人的全面发展学说之间的联系。因此,探讨它们之间的关系,有助于正确和深入理解人的全面发展学说。

一

马克思开始从革命民主主义者转变为共产主义者时,关心和研究了人的问题。他最先考察的是人的异化和人的片面发展现象。1844年马克思在《德法年鉴》上发表文章,提出了自己关于异化和无产阶级的历史使命的思想。他指出:无产阶级是人类解放这一历史使命的承担者,无产阶级"本身表现了人的完全丧失,并因而只有通过人的完全恢复才能恢复自己"[1]。

异化(alienation)这个概念,有人考证,它来源于拉丁词 alienatio(异化、外化、一物交给别人占有、脱离)和 alienare(转让、异化、分离、让异己的力量统治、让别人支配)。对哲学家来说,异化则经常是指把人的特性、关系、行动转化成独立于人之外、与人相对立而又统治人的生活的物的特性、关系和行动。通俗地讲,异化就是异己化,即人自身所创造的各种力量和事物反过来变为支配、统治和控制人自身的异己力量和事物。异化是一种社会关系，一种社会状态。异化并不是人类本身所固有的，它是一种受社会制约的历史现象。

最先明确论述并较多讨论异化问题的是黑格尔。继黑格尔之后，费尔巴哈则把异化概念运用于对宗教的批判。

黑格尔和费尔巴哈关于异化的思想，对马克思曾发生过一定的影响。但是，马克思一方面肯定了黑格尔和费尔巴哈思想中的合理因素，一方面又批判和克服了他们的消极观点。马克思从唯物主义立场出发，把异化作为一种历史的辩证法。

马克思在《1844年经济学哲学手稿》里，把注意力集中于资本主义条件下的异化劳动和非人化的现象。这样就内在地把异化和人的片面发展联系了起来。

马克思认为，生产劳动是人类有意识的生命活动，是人类改造客观世界的一种自由的活动，是人类能动的类生活。可是在资本主义社会，劳动对劳动者来说却成了一种异己的外在的东西，成为不属于劳动者的本质的东西，发生了一系列的异化。

第一，劳动者同他自己的劳动产品相异化。

马克思指出："工人在他的对象中的异化表现在：工人生产得越多，他能够消费的越少；他创造价值越多，他自己越没有价值、越低贱；工人的产品越完美，工人自己越畸形；工人创造的对象越文明，工人自己越野蛮；劳动越有力量，工人越无力；劳动越机巧，工人越愚钝，越成为自然界的奴隶。"[2] 他又说："劳动为富人生产了奇迹般的东西，但是为工人生产了赤贫。劳动创造了宫殿，但是给工人创造了贫民窟。劳动创造了美，但是使工人变成畸形。劳动用机器代替了手工劳动，但是使一部分工人回到野蛮的劳动，并使另一部分工人变成机器。劳动生产了智慧，但是给工人生产了愚钝和痴呆。"[3]

第二，劳动者同他的劳动本身异化。

这是指劳动者同自己的生产行为本身，同自己的生产活动本身相异化,也就是说,本来作为人的本质的劳动,对劳动者来说却成了不属于他本质的一种异己的外在的东西。劳动不是自觉自愿的,而是一种强制性的行动和束缚劳动者发展的力量。劳动者在劳动过程中把自己从自己本身中异化出去,这就是劳动者的自我异化,意味着劳动是从外面强加给劳动者的,劳动者的智力从劳动中分化出去,转过来又统治他自身。

第三,劳动者同人的类生活异化。

马克思指出,生产劳动是人的能动的类生活。通过生产劳动,自然界才表现为劳动者的作品。异化劳动从人那里夺去了他的生产的对象,也就把人对动物所具有的优点变成了缺点。异化劳动把自我活动、自由活动贬低为手段,也就把人的类生活变成人的异己的本质,贬低为维持个人生存的手段。这种异化现象把人变成了"非人"。

第四,人和人的异化。

异化劳动的上述三个方面都直接通过人和人的异化表现出来,表现为工人和资本家之间的异化了的、敌对的关系。

通过对异化劳动的剖析,马克思得出结论:"私有财产是外化劳动即工人同自然界和自身的外在关系的产物、结果和必然后果。"[4]

在私有制社会尤其是资本主义社会,异化和人的片面发展是普遍存在的现象。马克思指出:"有产阶级和无产阶级同是人的自我异化。但有产阶级在这种自我异化中感到自己是被满足的和被巩固的,它把这种异化看做自身强大的证明,并在这种异化中获得人的生存的外观。而无产阶级在这种异化中则感到自己是被毁灭的,并在其中看到自己的无力和非人的生存的现实。"[5]

马克思认为,在私有制下,分工成为一种统治人的、不受人控制的异己的力量。私有制是异化劳动的产物,私有制又强化着异化。由此,马克思引出一个重要的结论:"共产主义是私有财产即人的自我异化的积极的扬弃,因而是通过人并且为了人而对人的本质的真正占有;因此,它是人向自身、向社会的(即人的)人的复归,这种复归是完全的、自觉的而且保存了以往发展的全部财富的。"[6]所谓人的自我异化的积极扬弃，人对人的本质的真正占有，人的复归，也就是人的全面发展，即人的彻底解放。

二

对于"个人全面发展"这一概念，马克思、恩格斯是在《德意志意识形态》一书中明确加以使用的。异化问题和人的片面发展问题在这里进一步具体化了。他们说明："只要分工还不是出于自愿，而是自发的，那末人本身的活动对人说来就成为一种异己的、与他对立的力量，这种力量驱使着人，而不是人驾驭着这种力量。"[7]"个人的全面发展，只有到了外部世界对个人才能的实际发展所起的推动作用为个人本身所驾驭的时候，才不再是理想、职责等等，这也正是共产主义者所向往的。"[8]

在《德意志意识形态》里，马克思、恩格斯不仅明确地把社会分工看作是人的异化现象和片面发展的根源，同时还把分工和私有制认作一件事。他们指出："其实，分工和私有制是两个同义语，讲的是同一件事情，一个是就活动而言，另一个是就活动的产品而言。"[9]出现社会分工后，随之发生异化劳动，有限的生产力和私有制关系"使得人们的发展只能具有这样的形式：一些人靠另一些人来满足自己的需要，因而一些人（少数）得到了发展的垄断权；而另一些人（多数）经常地为满足最迫切的需要而进行斗争，因而暂时（即在新的革命的生产力产生以前）失去了任何发展的可能性"[10]。就人类整体说来，整个人类历史是人类通过劳动不断征服自然、不断发展人类能力的历史，但这一历史又是靠着牺牲大多数个人的发展而取得的。这大多数个人发展上的牺牲就表现为屈从于分工，屈从于异化劳动。分工和异化劳动"使他变成片面的人，使他畸形发展，使他受到限制"[11]。

分工还引起阶级的产生。阶级的划分又和劳动形式紧密联系。阶级统治对于个人便成为一种异己的统治力量。人的异化和发展的局限性不仅在于一个阶级被排斥于发展之外，而且还在于把这个阶级排斥于发展之外的另一个阶级的发展也有局限性。

人的异化、人的片面发展与自由发展是相互对立的范畴。在《德意志意识形态》里，马克思、恩格斯指出，共产主义社会是"个人的独创的和自由的发展不再是一句空话的唯一的社会"[12]。同时，他们还论证了要消除人的异化现象，使人获得自由，实现人的全面发展，必须以生产力的高度发展为前提。

在这一时期，马克思、恩格斯只是笼统地说明，到了共产主义社会将消灭分工。在他们后期的著作中，如在《反杜林论》里，恩格斯就把消灭分工的笼统提法代之以"消灭旧的分工"的口号，在《论住宅问题》里恩格斯则谈到在共产主义社会还将存在"合理的分工"。所谓"合理的分工"，即这种分工已不再成为一种异己的与人对立的力量，人的能力和精神将得到多方面的充分的自由的发展。扬弃异化和实现人的全面发展的思想在马克思、恩格斯那里是密切联系在一起的。

三

许多人认为异化的概念仅仅是马克思早期著作中使用的概念，甚至是前马克思主义的概念，《共产党宣言》问世后，成熟的马克思则把它抛弃了。其实不然。马克思关于异化的观点始终贯穿在他的学说中，也贯穿在他的经济学理论中。在《政治经济学批判大纲》里，异化概念贯串全书。在《资本论》中，关于商品拜物教的探讨，关于剩余劳动和剩余价值的观点，关于人的发展学说，都贯串着异化的概念。

如果说在《德意志意识形态》里马克思、恩格斯是把社会分工作为人的异化和片面发展的根源和基础，那么在《资本论》里马克思则进一步具体考察了生产机构内部的分工，他以资本主义生产方式下作为生产力要素的工厂工人为对象，阐述了人的异化和片面发展的过程。

马克思在考察资本主义技术尺度和基础时，得出了现代工业技术基础是革命的结论。马克思写道："大工业又通过它的灾难本身使下面这一点成为生死攸关的问题：承认劳动的变换，从而承认工人尽可能多方面的发展是社会生产的普遍规律，并且使各种关系适应于这个规律的正常实现。大工业还使下面这一点成为生死攸关的问题：用适应于不断变动的劳动需求而可以随意支配的人员，来代替那些适应于资本的不断变动的剥削需要而处于后备状态的、可供支配的、大量的贫穷工人人口；用那种把不同社会职能当作互相交替的活动方式的全面发展的个人，来代替只是承担一种社会局部职能的局部个人。"[13]在这里，马克思主要从生产机构内部分工的变化和发展角度，说明了实现人的全面发展是社会主义生产发展的普遍要求。

四

综上所述，我们可以得出以下结论：

第一，马克思异化理论和人的全面发展学说具有共同的出发点，解决人的问题是马克思主义学说的中心任务。马克思认为非人化现象的消除，异化的扬弃，人的片面发展的克服，需要通过无产阶级的阶级斗争。但是，阶级斗争不是人类生存的目的本身，阶级斗争最终应在人类历史中被消灭。

第二，马克思异化理论和人的全面发展学说具有共同的落脚点，它们的最终目的都是实现人的彻底解放，消除一切异化，使全人类获得彻底解放。

第三，人的异化和人的片面发展，在马克思看来，具有共同的基础和根源，即不合理的分工。人的异化和人的片面发展都是同分工的产生和发展联系在一起的。扬弃异化，克服人的片面发展，实现全面发展的规律性，也必须从分工发生的历史、社会发展的规律中去探求。

第四，人的异化和人的片面发展具有共同的本质特点，这就是非人化，人的肉体和精神（包括道德、智力、劳动能力等）的非人化，把人变成不属于他自己的、被异己的力量所统治和奴役的物和商品，人的智力和体力、人的多方面的能力和志趣的发展被压抑和被牺牲了。但是，也必须分清楚，异化和人的片面发展不是等同的概念，人的片面发展只是异化的一种表现。

第五，马克思关于人的全面发展学说是一个完整的理论体系，涉及丰富而又广泛的领域，异化理论是相邻的理论之一。如果把马克思的全面发展学说仅仅归于政治经济学的范畴，就不可避免地会做出片面的解释。对马克思的这一学说，必须与哲学、政治经济学、科学社会主义等方面联系起来加以研究。马克思关于人的全面发展学说反映在马克思、恩格斯的一系列著作中，在不同的著作中马克思、恩格斯可能侧重强调了某一方面的观点，如在《资本论》中主要分析了手工工场到大机器生产过程中劳动者的片面和全面发展问题。因此，如果不把马克思、恩格斯的著作联系起来考察，只是从某一著作，例如从《资本论》中就得出这一学说的全面结论和质的规定性，把这内容丰富而又广泛的学说说成一种在"特定的历史时期"具有"特定的历史内容""特定的对象、特定的含义"的东西，则是很不慎重和很不正确的。如果把一部著作说成"最详尽、最完整、最有代表性"的，从而不承认和排斥马克思、恩格斯其他著作中的观点和论断，则更是荒谬了。

第六，马克思对人的全面发展概念有多方面的解释。作为生产力要素的人的全面发展，主要是指劳动者的体力和智力以及才能、志趣的多方面的充分的发展，人成为有多方面能力的人，不是机器的活的附属物、器官和工具。作为社会关系总和的人的全面发展，主要是指人的肉体和精神（包括道德、智力、各种能力以及人类各种需要）的全面发展。人的全面发展的最终目标是社会全体成员即全人类的全面发展，即人的自由发展和彻底解放，一直统治着历史与人相对立的异己力量处于人的控制下，人的发展真正能为自己所驾驭，人类从必然王国进入自由王国。

所谓一个人的发展,它所表示的无非是人发展什么和发展到什么程度,这只能解释为他的各种能力、智力、体力、精神道德等各个方面怎么发展和发展到什么样的程度,而不能解释成劳动(体力劳动和脑力劳动)的发展或是劳动的结合。只有当我们把体力劳动和脑力劳动相结合理解为人的劳动能力获得了多方面的、充分的、统一的发展时,它才能与人的全面发展联系起来。在原始社会,体力劳动和脑力劳动是结合在一个人身上的——尽管是原始的结合,但终究不是分离。可是,我们谁也不把原始社会的人称作全面发展的人,因为他们的能力、智力、体力、精神等各方面的发展都处在极为低下的水平。因此,全面发展的含义是能力、智力、体力、精神等多方面既相统一而又充分的发展。可是,有人不承认这是马克思本人的思想,并断言:如果承认这一含义,就把马克思的学说"抽象化了、理想化了、神秘化了";如果同意这一表述,全面发展就会变成"一个想实现而又永远也实现不了的目标"。全面发展指人的多方面发展,这是马克思、恩格斯的本来思想。他们写道:"根据共产主义原则组织起来的社会,将使自己的成员能够全面地发挥他们各方面的才能"[14],"承认劳动的变换,从而承认工人尽可能多方面的发展是社会生产的普遍规律"[15]。人的全面发展也指人充分的、自由的发展,亦是马克思、恩格斯的原有思想。在《反杜林论》中,恩格斯曾做如下表述:"通过社会生产,不仅可能保证一切社会成员有富足的和一天比一天充裕的物质生活,而且还可能保证他们的体力和智力获得充分的自由的发展和运用。"[16]根据什么断言马克思、恩格斯自己表述的科学含义把马克思的学说"抽象化了、理想化了、神秘化了"呢?"多方面的、统一的、充分的、自由的"(发展)的概念,在马克思、恩格斯看来,如同"全面"(发展)的概念一样,都是相对的概念,有时他们自己也加上限定词,如"尽可能多方面的发展"等。根据什么断言马克思、恩格斯的表述是"一个想实现而又永远也实现不了的目标"呢?马克思、恩格斯还把人的全面发展看作是一个历史过程,它的最高阶段如他们所描述的:"个人的全面发展,只有到了外部世界对个人才能的实际发展所起的推动作用为个人本身所驾驭的时候,才不再是理想、职责等等,这也正是共产主义者所向往的。"在能否实现马克思、恩格斯上述目标的问题上有两种截然相反的观点。一种观点肯定这一目标是能够实现的,是共产主义者所向往的,必须向这个目标前进,不过需要经过许多岁月。另一种是极个别人的观点,他们说什么"这种社会何时到来,这是我们这些现代庸人所不能想象的。因为马克思、恩格斯在这里只是做推理的设想,有空想的成分而无现实意义"。大家都懂得,正是马克思把人的全面发展,即人的彻底解放,同无产阶级的历史使命联系了起来。马克思设想的共产主义社会,除了生产力、科学技术和道德极大发展,物质产品极大丰富以外,一切统治人的奴隶般的分工将被消灭,一切压制和统治着人的异化现象将被扬弃,人将能真正主宰和驾驭自己。这是人类从必然王国进入自由王国的飞跃。"完成这一解放世界的事业,是现代无产阶级的历史使命",使无产阶级"认识到自己行动的条件和性质,这就是无产阶级运动的理论表现即科学社会主义的任务"[17]。把马克思的科学共产主义理论十分轻率地用一句话讽刺为"现代庸人所不能想象的""推理的设想",把一切共产党人和共产主义者为之奋斗的历史使命斥责为"空想"和"无现实意义",把马克思的不同著作对立起来,用《资本论》中的马克思去反对和批判《德意志意识形态》中的马克思,这种态度是很不可取的。

第七,扬弃异化和克服人的片面发展是同一个历史过程,这个过程同消除物的关系对人的统治、偶然性对人的压抑的过程是一致的。生产力的发展是物质前提,因为人们只能在现有的生产力所决定和所容许的范围内取得发展。资本主义是扬弃异化、走向人的全面发展的一个必然经过的、不可避免的、合乎规律的历史阶段。消除异化、实现社会全体成员的全面发展是共产主义理想。由于人的全面发展的含义是多方面的,因此人的全面发展亦是通过多方面的内容和途径逐步实现的。恩格斯在《共产主义原理》里曾指出,只发展自己能力的一方面而偏废了其他各方面,只熟悉整个生产中的某一个部门或者某一个部门的一部分的生产者,"就是现在的工业也渐渐不能使用这样的人了"。"教育可使年轻人很快就能够熟悉整个生产系统，它可使他们根据社会的需要或他们自己的爱好，轮流从一个生产部门转到另一个生产部门。"[18]因此，不能把个人的初步的全面发展的实现看作是高不可攀的事情。

第八，人的全面发展、扬弃人的异化和人的全面发展的教育不是同一范畴。尽管它们之间有着直接的、紧密的联系，如克服异化、实现人的发展需要教育的条件，但两者终究不是同义语。何况教育本身又受着生产力、社会制度、分工等条件的制约。许多人把人的全面发展学说和人的全面发展教育等同起来，把人的全面发展学说本身误认为就是人的全面发展教育学说。理论上的曲解，必然在实践中造成混乱。因此人们不断争论，为什么马克思在《临时中央委员会就若干问题给代表的指示》中，只把教育理解为三件事：智育、体育、技术教育？德育和美育应不应该列入全面发展教育的概念？为什么毛泽东同志提出的教育方针只列入德育、智育、体育三个方面，这个教育方针是不是全面发展的教育方针？……人们就这些问题写了许多文章，发表了许多意见，其中大多很有启发性。可是如果不分清人的全面发展学说和人的全面发展教育两者之间的区别和联系，那么，许多问题是不可能获得正确结论的。在这里只想强调以下三点。其一，由于人的全面发展具有多方面的含义，因此全面发展的教育亦应包含多方面的含义。如教育的内容应包括德育、智育、体育、美育、综合技术教育和劳动教育等；在教育的制度上应加强成人教育，逐步实施终身教育、回归教育等；教育的形式、措施、方法等都要有利于人的全面发展。其二，由于人的全面发展是一个历史过程，所以全面发展的教育必须从历史的现实出发，而不应仅从理想出发。马克思在资本主义条件下提出要对劳动者及其子女进行智育、体育、技术教育，并要求以工厂法的形式确立下来，这是从历史现实出发处理有关人的发展的教育问题的典范。在我国实施全面发展的教育，也必须从我国当前现实出发。把全面发展教育理解为智育是核心，把德育排除于外，在理论上和实践上都是不应该的。从现实出发当然包括考虑今后发展的需要,只顾目前而不顾将来,落后于时代或超越历史都不是正确的态度。其三,在我国现阶段,教育固然可以在一定程度上克服人的异化和初步实现人的全面发展,但扬弃异化、实现人的全面发展很根本和很重要的因素还是生产力和生产关系的交互作用。扬弃异化、实现人的全面发展应是我们发展经济、改善制度、改革教育的指导思想。

参考文献

[1] 马克思,恩格斯.马克思恩格斯全集:第1卷[M].北京:人民出版社,1956:466.

[2] 马克思,恩格斯.马克思恩格斯全集:第42卷[M].北京:人民出版社,1979:92-93.

[3] 同[2]93.

[4] 同[2]100.

[5] 马克思,恩格斯.马克思恩格斯全集:第2卷[M].北京:人民出版社,1957:44.

[6] 同[2]120.

[7] 马克思,恩格斯.马克思恩格斯全集:第3卷[M].北京:人民出版社,1960:37.

[8] 同[7]330.

[9] 同[7]37.

[10] 同[7]507.

[11] 同[7]514.

[12] 同[7]516.

[13] 马克思,恩格斯.马克思恩格斯全集:第23卷[M].北京:人民出版社,1972:534-535.

[14] 马克思,恩格斯.马克思恩格斯选集:第1卷[M].北京:人民出版社,1972:223.

[15] 同[13]534.

[16] 马克思,恩格斯.马克思恩格斯选集:第3卷[M].北京:人民出版社,1972:322.

[17] 同[16]323.

[18] 同[14].

(本文原载《教育研究》1981年第10期)

开展教育社会学的研究

费孝通

这次人大、政协（会议）主要是围绕经济问题进行讨论的，也进行了文化教育问题的讨论。我自己的看法是，文化教育是发展经济的必要基础。我10月份到江苏农村去，亲眼看到经济方面的形势一片大好。这三年里，农民的平均收入提高了将近3倍，从100多元提高到300多元。当然，这个数字不一定那么准确，但大体是不错的。这个地方原来就是鱼米之乡。经过了过去那一段曲折，现在农业在全国已占前列，而且又恢复了传统的丝绸工业，有了许多小工厂，丝厂的出丝率正在赶超日本。可是，使人惊讶的是，我访问的那个公社唯一的中学却停了。为什么停呢？教员走了，没有教员。地方的基层干部工作都很积极，一见面不像过去那样，或是跟你说一套门面话，或是跟你发一阵牢骚，而是想同你谈谈如何把经济搞上去，要你帮他们出点主意，精神面貌很好。但是我所接触到的大队一级以下的年轻干部，头脑清楚，但很少受过中等教育，而且据他们说也很少有机会到外面大城市去跑过，因此他们自己已经感到很不容易接受现在的科学和技术。所以，我的感觉是，农村的发展已经使农民逐步意识到发展文化和科技的需要了。

在当前农村的一片大好形势里，科技怎样下乡已经成了一个急迫的现实问题了。让我举一个小事情说说：这个村子里丝厂发生了能源问题，煤不够用。他们见到我就要我帮他们弄两车皮煤。我说："好啊！但两车皮煤能解决你几天的问题呢?一百车皮也解决不了一年的问题呀!你本地有没有能源呢?"接着我去他们家里访问,他们请我喝茶,我一看有一个炉子整天在烧着。我问烧什么,他们告诉我是烧泥炭。每家每户门口都有一大堆泥炭。我对他们说:"是不是可以把泥炭用在工厂里呢?"他们说:"火力不够,不能烧锅炉。"我想泥炭既然能烧茶烧饭,加以浓缩,也应该能烧锅炉吧。这个问题科学是应当能够解决的。我自己不懂这一门学问,解决不了这个问题。一同去的一位同志,在四川搞过沼气,所以问他们能不能搞沼气来解决能源问题。他们说:"沼气我们试过,不行。因为技术不过关,常常漏气。"这是因为没人教他们,靠他们自己做,又做不好,所以失败了。从这些小事上可见,他们不是没有能源,而是缺乏知识。

我到了南京,碰见搞科技的人就问:"能不能用泥炭烧锅炉?"他们回答我说:"这个问题西德都没有解决。"言下之意我是明白的。这说明我们搞科技的人的一种思想状态。我想,西德没有解决,可能因为他们不需要,或是在经济上划不来,因为一定的科学研究需要一定的社会条件。他们不搞这个问题,并不是说技术上不能解决这个问题。再者外国人不能解决,我们是不是就不能解决呢?后来我带了一包泥炭到北京,托人给北京一所大学的一位同志,可是到现在还是毫无下文。我揣测也许是因为这个问题不那么尖端,写篇论文也不那么值钱,也不见得能捞到学位,所以被搁置下来。这里面我们可以发现许多问题。至于沼气问题,这在技术上是已经解决了的问题。现在不仅中国在搞,到处都在推广,就连联合国也派人来学,像印度这些国家都在搞了。这是因为它适合农村的小规模的应用,可以发电,可以点灯。可是农民没有很好掌握这种技术,搞不好。这样看来,由于没有技术指导,已经有了的科学技术也不能推广。总之,要发展乡村里的工业,能源确是个必须解决的问题。假若我们能够解决农村的能源问题,那么江苏的农村工业可以飞速发展。现在江苏农村缺煤,都要到淮河流域,甚至到山西去拉煤。这样成本当然高。

我们从这些小事情里可以看到,农民的文化程度不提高的话,要搞

开展教育社会学的研究

"四化"是很困难的。胡耀邦同志讲,搞"四化"需要知识。知识就是力量。但是,怎么得到知识,怎么积累知识,怎么传递知识呢?这样,科技教育的问题就跟上来了。

过去我们讲的教育学主要是讲学校教育,讲如何在学校里教育学生。比如我们要研究小学里讲的课程是否符合小学生生理和智力发展的特点。这是教育学的问题。教育学就是运用教育的科学知识来教育学生。但是教育学的目的是研究在已经存在的一定条件下,即在学校里,怎样使学生学得好。教育学研究的范围不超出一定的学校。我没有学过教育学,我这样理解不知是否正确。现在我们在学校里进行教学的方法,确实有许多违反教育的客观规律的地方。可是,当前我们听到的问题却已经远远超出学校的范围了。学校范围之外的许多社会因素正影响着我们当前的教育事业。

以我自己的家来说,儿童的教育这两年来也觉得很紧张。我家是六口之家,三代人,老夫妻两口,女儿女婿两口,一个外孙女,一个外孙。外孙女去年进的中学,外孙快要小学毕业了。我家里从去年开始,晚上经常发生问题,大人要孩子看书,孩子要看电视,可是功课繁重,每天的作业做不完。小的那个明年要考中学,但整天想玩,天天挨骂。母子一闹,我就发慌。我看这样不很对头,孩子把念书看成件苦差了。我想帮孩子说几句,可明年考不上重点中学,又该怎么办?对这个问题我感到很棘手。我另一个外孙女,因为不能进大学,到现在不敢见我,这真奇怪。为什么不能见我呢?可见她这种心理状态已经有点失常。

在这种空气下,学校也不好办。家长们千方百计要把孩子送进大学,可中学毕业生中能进大学的只有百分之几。有在中小学里念书的孩子的人家几乎都处在紧张状态之中,跳不出来。大家都承认这种现象是不合理的,对国家和个人都不好,但情况越来越严重。这个问题必须解决,而且不能拖得太久。所以我认为,确实需要大家来出出主意,想想办法。我们相信在我们社会主义社会里面,在党的领导之下,这种矛盾是能够妥善解决的。

解决这些问题的办法在哪里呢？我想：首先要发动大家研究这些问题，大家出主意，由党集中起来，领导大家下决心去改变当前这种不合理的情况。我们是一辈子搞教育的人，对于这些问题，总要出点主意。我们民盟这几天开会，有人建议组织成员讨论中小学问题，向党献计献策。我们更希望学社会学的人和学教育学的人联合起来进行一些实地调查，摸清情况、分析问题和提出解决办法。

当前我国的中小学问题确是个紧急的问题。要发展经济，必须有它的文化教育基础。大家知道，日本、西德、新加坡，第二次世界大战后经济发展得比较快。它们有个共同之点，就是为了恢复经济，它们在战后都是立刻紧抓教育事业，特别是中小学的教育。我前年去访问日本，日本朋友告诉我，大战后期日本东京被炸得很厉害，竟成一片废墟。日本政府财政困难，各行各业都减薪，可对教员，特别是对中小学教员不降工资，教育经费不但不减少，而且增加。他们说，要复兴，就得从教育着手。我看这很对。现在看来，他们做对了，没有文化水平较高的工人队伍，他们怎能利用现代技术来大发展呢？

新加坡也很有意思，它是个无原料的国家。可是它处在世界海运的交通要道上，它只有利用这个地位来搞加工工业，以谋经济发展。要搞加工工业就得有扎实的经济基础，而发展科技要靠教育。李光耀上台后，听说首先对小学教师进行考试，及格的工资提高到讲师一级，拿高薪。这一下子就为新加坡的小学教育奠定了基础。由于有这个基础，它的科技才能步步上升。很多人把新加坡今天的经济发展，归功于李光耀的这一个教育政策。

没有一个现代化国家人民是没有较高的文化基础的。我前年去访问加拿大，参观了一户农家，他们家耕种一千英亩地，全部机械化。我问主人："怎么知道有这些新机器的？"他说："我看杂志呀。"我问他："你怎么知道如何使用这些机器的？"他说："我看说明书呀。"他说："机器日新月异，我不跟上不行，我也能跟得上。"他是大学毕业的，有文化基础。

我也在我们少数民族地区看到一些由于缺少文化，科技用不上的事例。我去年到广西龙胜，在一次和少数民族基层干部座谈中听到这么件事：政府给龙胜高山区的苗族群众送去了化肥。他们拿到化肥后，大量地往地里撒，结果禾苗枯死了。为什么多撒呢？因为他们原是刀耕火种，用惯草木灰，草木灰是越多越好。他们把化肥当作草木灰撒，所以出了问题。送化肥去的人，不可能一家一家地教，教也不一定能教懂，这里有个文化水平问题。有一定的文化水平才能接受一定的科学知识。我还听到一件事：政府送了一台用电作动力的机器去，他们当然很高兴。可其中一个保险丝老断。他们就换了一根铁丝，结果机器坏了。他们不懂保险丝的作用，他们不识字，有说明书也没用。所以，没有一定的文化基础，科技是上不去的。这只是两个生动的具体例子。大的还有呢，我们成几亿元几亿元地吃亏、浪费，实质上还不同样是这个问题吗？要改变这种情况，就必须抓好教育。可我们现在的教育，还不是顺利地向上发展，还存在不少问题。

今天我想同社会学者和教育工作者讨论一下，是不是可以说当前我们所碰到的教育问题已经远远地超出了过去我们所讲的教育学的范围了？就是说，我们已不能把教育问题看成一个学校范围内的问题了。也可以说，学校范围之内已经解决不了这些问题了。这些问题牵涉很多社会因素，这些因素必须科学地加以分析，把这许多因素逐步地分析清楚之后才能进行综合治理。这就是教育社会学的分析。怎样进行分析呢？不妨首先把大家从各个角度提出的意见、看法汇集起来，"梳梳辫子"，整理出一系列要用实际观察来证实或否定的调查项目。然后挑选样本，即有代表性的个人、家庭和学校，按调查项目深入观察和访问。把这些调查结果做定性和定量的分析后，得出综合性的结论，以求尽可能地如实反映客观事物。

我们民主党派今年搞了几条建议，向党献计献策。现在回过头来看，这些建议的水平还不高，因为只有意见，而定量定性的事实不够。现在很多人说，中学毕业教中学，小学毕业教小学。这是许多人的印象。究竟有多少中学毕业生教中学、多少小学毕业生教小学,我们都说不出来。这就是找到了问题,但是没有跟上科学的调查,取得定量的数据。我们时常把一些突出的东西拿来讲给大家听,以引人注意,就像我刚才讲的"施化肥事件"一样。这些个别的事实只能给我们以启发,并为我们提出研究问题,可是不能用它去做结论。如果停留在用生动和突出的事件来说明问题这样的水平上,那是危险的。因为我们容易犯夸大的毛病,结果会导致脱离实际的偏向。所以,深入工作就必须强调定量分析。

这样的科学分析,一般讲来,我们做得是不够的。社会调查不是简单的事情。大家都知道要调查,这很好,但不能停留在印象上面,不能停留在一些耸人听闻的东西上面,要实事求是地做到有数量规定的调查。今年10月,为了准备去英国的讲演稿,我去访问江村,因为没有时间自己动手去深入调查,所以用了一些当地现成的数据。这些数据的准确性是不太高的。同一个项目,我可以得到不同的数据,而且差距很大。这也不稀奇,因为我们没有教人家怎么做。而且我们也应当承认我们的文化水平包括我自己的在内,还没有提高到注重数字的高度。我常常提到一件事作为教训:我们这一届政协委员或人大代表证件上所写的年龄与我们事实上的年龄有的相差达两年。因为工作人员填写证件的时候,大概是照抄两年前的存案,他们没有想到人的年龄是按年增加的。后来我提议还是改写出生年月比较好。但这也不一定准确,因为没有一个人知道自己是哪一天出生的,自己的出生年月都是听别人说给他的,有时就不很准确。又像人口,北京市没有登记的"黑户口"有多少?所以讲定量分析,还有很多问题必须深入下去。我们处理问题,有时可以根据户籍人口,有时却需要实际人口。我是说,怎样运用数据和我们的科学水平有关。我自己的文章里这方面的错误不少。这种马马虎虎、糊里糊涂、大概如此的态度的根源,我认为是和小农经济有密切的关系的。

对当前这样重大的教育问题,我们必须进行认真的科学调查研究。我们至少要抓几个典型、几个具体的例子,加以解剖、比较,正确地将事实反映出来。这个工作是很重的,而不做这个工作,盲目性就很大。我们都是好心好意,但不仔细,结果常常是好心得不到好报。要解决我们当前的教育问题,还是要靠我们提高对这个问题的认识,认真进行研究。首先是大家要统一思想,弄清问题,把大家的积极性发挥出来,然后一步一步地提出意见,进行调查,综合研究,做出结论。这样才能提供给我们的决策机构利用。我们的党和国家是需要我们正确反映情况的。我们不能要求领导同志事事亲自调查研究。我们做了这些工作,领导同志决策时也就有所依据。比较现代化的各国政府,都有所谓"智囊团"的组织。我们是社会主义国家,所有研究机关都应当是党的"智囊团"。我们现在的力量不大,但是有多大力量就得用出多大力量,而且力量是越用越强的。尽管我们年老,但"老马"还得要走路,带出一批接班人来。

我们不能停留在教育学的范围内解决教育问题,必须扩大我们的研究的范围。这样,我们需要的知识就更多,所以不得不推进到同教育有联系的社会各方面去,即把教育作为一种社会的制度,作为整个社会的一部分,把它同其他有关部分都联系起来,从教育学扩展到教育社会学。这是客观的需要。过去我们当教员时,可以不闻校外事。现在搞教育的人,不能不管这些影响教育的社会因素了。不然,一片好心,也搞不好教育。所以,我们还得认识当前的形势,从当前形势提出的问题入手,目的是尽快实现四个现代化。

(本文原载《教育研究》1982年第3期)

用社会学的观点来研究教育问题

雷洁琼

从社会学的观点来看,教育社会学可以说是社会学的一个分支,因为社会学是研究人类社会本身构成中的一定的系统或体系的,同时也研究社会的变迁,是一个总体。但是社会系统中有各种制度:政治制度、经济制度等。教育制度是其中的一个构成部分。教育学是一门独立的科学,教育社会学则是用社会学的观点来研究教育问题。从整个学科来讲,教育社会学是一个边缘学科;从社会学的观点来看,它是社会学的一个分支。因此,教育社会学研究的问题有两个方面:一方面应该从社会对于教育的要求、影响来研究,另一方面应该从教育制度和教育工作中的问题对社会产生的影响来研究。

对于片面追求升学率这个问题,叶圣陶老先生很担忧。他感觉片面追求升学率已经成为一根指挥棒,指挥了教育行政人员,指挥了教员,指挥了家长,指挥了学生。因此,他在《中国青年》杂志上写了《我呼吁》这篇文章。他向与教育有关的人呼吁。这说明,这个问题不光是个教育问题。叶老也讲,这个问题也不是教育部门独家所能解决的。它涉及就业的问题。只有5%的学生能考上大学,其他95%考不上的人就要待业,这样,家长自然很担心。因此社会上对于学校的评价,就以多少学生考上大学作标准。升学率低的学校觉得没有面子,教员也受到许多方面的压力。许多特级教师、模范教师,都被当作"把关"教师。"把关"就是一定要保证学生能升大学。他们说,当"把关"教师非常担心,考不上,受到的压力就很大,家长指责,行政人员指责。至于学生,更是拼了命去争取考上大学,不然,考不上被人家看不起。再加上报纸把考上的人的相片也登上,叫"状元"。本来考上大学只是通过一个关口,但是报纸就吹起什么什么"状元"来。当然,有"状元"的学校就光荣,没有"状元"的学校就非常失望,被人看不起。出版界对别的青少年读物不想印,就想印复习题,结果印了一大堆。高中二年级学生常常停课来学这些复习题。所以,从这一点看,片面追求升学率不完全是一个教育问题,而是一个社会问题。这种思潮的形成,同就业的问题有很大关系,刚才有的同志都讲过了。另外,也跟前几年盲目地发展普通高中有关系。这种学校出来的学生,除了考大学外,没有别的路可走,他们没有一技之长。当然,现在已在改了,很多地方成立了职业中学,但要办很多职业中学,也不是一下可以做得到的。所以,片面追求升学率是很多原因造成的。这对于我们社会的影响确实是很大的。这个问题教育部门当然解决不了。但这个有关教育的问题可以说已经影响到整个社会。

现在很多人提到重点班、重点学校的问题。成立重点学校,搞重点班,有它的原因和历史背景,这也不完全是一个教育问题,而是一个严重影响到社会的问题。因为把小孩分在不同的班上,在差班的学生就产生自卑感。教员也是这样,在重点学校,教重点班,就觉得很光荣,而在非重点学校,教差班,就觉得很难看。我们调查了一下,好多犯罪的青少年,都是非重点班的,因为他们有一种自卑感。所以,这也不完全是教育的问题。为什么呢?因为一个孩子不能被选到重点班进行培养,就会影响到社会对他的评价。现在有几个省、市提出来,要取消重点小学,取消中学重点班。这个问题也要很好地研究解决。

也要看到,有些社会问题也影响到教育。比方,顶替制度就影响到教员、学生。以前在年轻人中间流传一种说法:"学会数理化,走遍全天下。"现在说:"学了数理化,不如有一个老爸爸。"读书无用论在这批青年人头脑里又起了作用。有一个具体例子：上海有两个女孩子一定要还没有到退休年龄的母亲退休，家庭的矛盾非常大，结果母亲只好退了。母亲退休后，两姊妹就打起来了，争着去顶替母亲的岗位。所以对顶替制度，我个人感到也对我们的学校教育有影响。还有，有的好教员，因为怕自己的子女没工作，没有到年龄就退休。这样影响到学校的工作，因为儿女不能顶替父母去教书。据说，这个现象在农村里很严重。当然，顶替制度开始实施的目的是解决一部分待业问题，但是这个制度却产生许多副作用。所以，这次政协会上许多人提出必须废除顶替制度。

还有一个问题，是沿袭下来的：学校办社会，而不是社会办学校。我记得马寅初同志跟我说过："我们北大除了监狱和法院之外，什么都有。"现在我到北大一看，确实是这个情况。这样行政人员哪有力量去抓教学、科研呢？所以，一个学校要八个书记、八个校长。从幼儿园、托儿所，到小卖部，书记、校长什么都要管。不是社会办学校而是学校办社会，这也是同整个社会的问题有关系。

听说要建立教育社会学，我个人觉得非常好。将来，教育人员不光是研究教育学科，研究怎么样教好一个学生的问题，而且要去了解社会发展的情况，研究怎样使我们的教育制度能够更适应我们社会发展的需要。

我们现在提倡职工教育，这很好。因为我们要实现"四化"，工人没有一定的专业知识是不行的。初中毕业，甚至初中还没有毕业就去当大企业的工人，是不能胜任的。从前途来看，要真正实现"四化"，培养有专业知识的工人非常之重要。我去年到美国，特别参观了他们的职业学校。对职业学校，我们恐怕只是把一些废旧的机器给它们。但我参观的两所美国职业学校，他们使用的机器、仪器是最新式的。因为这是培养工人的场所，青年人在那儿学习后，就可以立即到工厂工作。假使把破破烂烂的机器给他们，他们学习完了到工厂还是不顶用。当然，他们的制度和我们的不同。他们说，这些机器大部分是资本家捐的，因为资本家要雇佣这些工人。我参观了一个小城市的职业学校，这所职业学校要为13所中学服务。

学生一边在中学学文化，一边来受职业训练。我们现在开始对中等教育结构进行改革，我觉得我们应该研究这个问题，使我们的教育适应经济的发展。

美国的大学也这样，是根据社会的需要来改变的。我念书的时候，美国刚刚成立社区大学，学生两年毕业。因为那时青年们升学、就业的压力很大，需要学点专业知识，办两年制大学就是为了解决这个问题的。这次我去看，这种社区大学已经变为主要是老年的工人补习、进修的场所，晚上的学生比白天的学生多。晚上上学的都是在职人员。因为技术的革新，过去所学的不适用了。这些学校晚上开的都是技术课，而白天则是为一般青年开文化课。所以，我个人感到，教育的制度应该根据社会的发展来做适当的改变，不能老是十年一贯制。

(本文原载《教育研究》1982年第3期)

教育的本质与归属

靳乃铮

关于教育本质的讨论已进行几年了,许多会议上进行了争论,不少同志发表了文章,从各个角度提出了许多精辟之见。然而,遗憾的是,教育的本质究竟是什么,这个问题却并没有解决,甚至一度有暂时尚无条件解决之议。事情果是这样困难,还是别有原因呢?我认为,根本症结就在于争论中不少同志背离了确定事物本质的基本原则,误解了"本质"这一概念的基本含义,以致错把表明教育的外在关系的归属或功能问题,当作教育的本质来论争,结果必然是各执一端,互说不服,莫衷一是。本文想就此谈一点不成熟的看法,或许有助于另辟蹊径的新探讨。

一、怎样确定事物的本质

要确定事物的本质,首先应弄清本质这个概念的科学含义。一般地说,事物的本质就是关于该事物的质的规定性,是决定此事物区别于他事物的根本原因。事物的本质有三个要点:第一,事物的本质是由事物的内部矛盾、内部联系所构成,而不是由该事物与外部联系的方面构成。第二,本质所反映的内在矛盾是一贯的、稳定的、深刻的,而不是随外部条件随时变化的。第三,事物本质的改变,就是质的规定性的改变,就是对该事物的彻底否定。这本来都是众所周知的事,可惜在讨论教育的本质时却把它忘怀了。现在我们来对照一下，看看问题是否就出在这里。

(一) 关于教育的本质就是社会上层建筑问题

这种观点的错误，首先就在于它违背了本质乃事物的内在矛盾所构成的规定。持此论者所论证的不是教育自身所固有的内在矛盾特征，而是教育与经济基础的制约关系，以及教育与其他上层建筑之间的关系。因此，虽然连篇累牍，亦不乏精辟之见，但是差了路径，终究触不到教育的内在矛盾，自然不可能揭露教育的真正本质。

其次，违背了本质是此事物区别于彼事物的根本原因的规定。他们本来论证的，只是教育应属于上层建筑范畴的社会现象的道理，并未触及教育的本质，却硬要由此得出结论：教育既然属于上层建筑，上层建筑也就是教育的本质。照此逻辑，那么那些原本就完全属于上层建筑的社会现象，如政治、法律、道德、宗教、艺术等，其本质岂不更都应该是上层建筑？这样一来，教育与政治、法律、道德、宗教、艺术等，岂不混同为一个本质，成了同一件事物？又如何区分它们之间的本质差别呢？显然的逻辑矛盾，反映着事实上的严重错误。因为，一切属于上层建筑的社会现象，其本质却并不就是上层建筑，正像属于动物的人，其本质却不是动物一样。

最后，背弃事物本质的一贯性和稳定性。把教育的本质定为上层建筑，把不同社会条件下教育阶级性的变化，又认为是教育本质的根本改变，岂不意味着不同社会条件下的教育，就不再是同一件事物？自然，教育也就没有什么一贯的稳定的本质。我们也就只能讨论具体的地主阶级教育、资产阶级教育、农民阶级教育或无产阶级教育的本质，而不能讨论什么贯穿古今中外一切教育现象的那个普遍教育的本质。可是，我们大家追求的恰恰是这个本质。可见，违背了确定事物本质的基本原则，所造成的混乱是无法消解的。

(二) 关于教育的本质就是生产力问题

这同样会有上述错误。首先，把教育的本质说成就是生产力，也不是从教育自身的内在矛盾出发,也不是从生产力的内在矛盾结构出发,而是从教育与生产力的关系出发,论证的是教育应属于生产力的道理。这样,把本意认为应属于生产力范畴的事物,说成其本质就是生产力,同样会混淆生产力范畴中各种现象之间的区别和联系。既然教育(这个新挤进生产力家族来的成员)的本质是生产力,那些原属于生产力组成部分的生产资料、生产工具、劳动者、劳动对象及科学技术等的本质,更应当是生产力。这样,许多原本不同的事物,却是同一个本质。本质不能成为区分事物的根本原因,反而成了混同万象的主要根源,岂非咄咄怪事?

其次,如果说教育的本质就是生产力,自然就意味着世界上所有存在过的教育都应是生产力,都是为发展生产服务的。然而不幸的是,历史和现实中,却有大量不为生产服务、不发展生产力的教育。例如,我国古代封建社会的学校,传的是三纲五常之道,授的是四书五经之业,解的是"辟邪说正人心"之惑,培养的是手不能提、肩不能担的官僚士绅,是不劳而获的"食于人"者。他们不仅不事生产,而且残酷地剥削生产者,破坏生产,难道说这种学校教育就不是教育吗?现代的军事学校、宗教学校,也是不研究什么为提高人民生活水平所必须开展的生产问题的,有的还可能传授什么破坏生产的经验,但也不能说这就不是教育。我们千万不可忘记的是,教育既可以把科学知识"物化"为生产力,也可以把科学知识"物化"为消耗和破坏生产力的力。照此看来,同一个教育,岂不有两个截然相反的本质?所以,教育本质是生产力的说法,也是违背本质应有的一贯性和稳定性的。

最后,认为教育的本质是生产力,就无法解释教育要为生产建设服务、与生产劳动相结合,以及教育最终要受生产力制约等一系列逻辑混乱问题。

(三) 关于教育本质的其他异说

也有一些同志认为,教育的本质是一种培养人的社会实践活动。有的同志还认为教育是一种精神生产。显然,这些说法也都是对教育职能的外部表现的概括,而不是对教育的内在矛盾特征的揭示。因此,这些说法虽然也反映了教育的某些属性,却不可能成为贯穿人类自古以来一切教育现象的本质,不可能成为使教育区别于其他一切社会现象的根本依据。例如,把教育的本质定为"培养人的社会实践活动",就很难说明教育与文学、艺术、道德等其他也具有培养职能的社会实践活动的本质差别。特别是,如果把教育的本质简单地说成"社会实践活动",那就更加荒谬。社会实践种类繁多,最概括的分法也有生产斗争、阶级斗争、科学实验三大革命实践。而每一类中又包括着种种不同的实践活动。如果教育的本质就是社会实践活动,那么万事万殊的实践活动的本质,岂不都可以是社会实践活动?这岂不又是万象混一的咄咄怪事?同样,把教育的本质说成"精神生产",就无法处理许许多多具有精神生产职能的社会现象之间的区别和联系。文学、艺术、哲学、史学等都是精神生产,难道它们与教育共有一个本质?

由此可见,一切关于教育本质的观点,只要在确定事物本质的原则面前加以检验,其是非曲直是可以立见分晓的。

二、什么是教育的本质

要正确确定教育的本质,必须信守关于确定事物本质的原则,必须抓住教育这一社会现象的内在矛盾结构,揭示其从整体上决定教育的性能和方向的一贯稳定的因素。

(一) 教育是传递人类社会生活经验的工具

众所周知,人类为了社会的延续和发展,为了后代的幸福,必须把前人所积累的生活经验传递给下一代。换句话说,就是人类为了扩大再生产和人类自身再生产,都需要把人类已有的生产斗争知识和技能传授给下一代,以适应既有的生产力;同时又要传授既有的社会意识形态,以适应既定的生产关系。这种把社会生活经验传递给下一代，传递给无经验者的活动就是教育。反过来说，教育就是传递社会生活经验的工具。

随着人类社会的发展，生产生活经验的积累日多，传递这些经验的要求愈切，传递的方式也会愈加复杂。但是，无论传递原始社会简单的打石、磨骨、采集、渔猎技术，还是传授封建社会脱离生产劳动的儒家经典、八股文章，或者是传递与现代化生产紧密联系的现代科学技术知识，教育作为专门传递人类社会生活经验工具的性质却并无改变。任何时代，教育所面临的根本矛盾，就是人类无社会生活经验和有社会生活经验（或说是自然的人和社会的人、无知和有知）的矛盾。这些矛盾只有通过教育，也就是通过社会生活经验的传递来解决。所以可以说，教育就是专为传递社会生活经验而产生、而存在、而发展的。教育的内在矛盾结构也正是适应这一矛盾要求形成的。这就是：社会生活经验的传递者（即教育者）→社会生活经验（即教育内容）→社会生活经验的接受者（即被教育者）。教育是由三方面构成的有机整体。这个结构方式也说明，它就是一个社会生活经验的传输系统。所以，我们把教育本质的核心看作是专门传递社会生活经验的工具，是正确地反映了教育的内在矛盾结构，并确能使教育区别于其他一切社会现象。自古至今，一切教育现象归根来说，都是传递社会生活经验的活动。一切教育形式，都依从于上述教育的基本矛盾结构。一切教育职能，都是由于这一工具所传社会生活经验不同而显示的不同作用。由此也可看出，我们所确认的教育本质的一贯性和确定性。

这里需要说明：社会生活经验是个广泛的概念，既包括物质生活经验，也包括精神生活经验；既包括直接经验，也包括间接经验；既包括生产技能，包括社会意识形态，也包括人类所创造的全部文明成果。只有非社会的本能性生活经验是无须专门传递的，如饮食男女。但是，即便这些生活内容，只要赋予了社会意义的那些部分，如性卫生、饮食卫生等科学知识和道德观念，则又是需要教育专门传递的。这也显示了教育这一工具的广泛功能。

（二）教育向来是从属于一定社会的（在阶级社会是从属于一定阶级的）

教育作为传递社会生活经验的工具，虽然是具有相对独立性和永恒性的，但却不是超然物外、孤立发展的。教育要传递什么样的生活经验，怎样传递生活经验，通过什么组织形式，达到什么样的目标，总是根据一定社会的需要（在阶级社会里根据一定阶级的需要）和条件而确定的；否则，它就不能存在和发展。教育对社会的这种依赖关系深刻地一贯地影响着教育的观点、目的、内容和制度，以及教育的发展规模等方面。教育的历史性和阶级性，也正是根据这种影响的性质划分出来的。例如，封建社会的教育，正是因为受到封建主义制度和地主阶级的影响，其教育目的、教育制度、教育内容等均具有封建主义性质，而被称为封建主义的教育。资本主义社会条件下的教育，亦因其受资本主义社会制度和资产阶级影响，而成为资本主义教育或资产阶级教育。社会对于教育的影响是不可避免的，永远存在的。我们在认识教育的本质时，必须把教育总是要接受一定社会的影响（在阶级社会里接受一定阶级的影响）这种与生俱来的特点，看作是它的本质属性之一，从而才能正确理解各社会形态下教育的不同作用和性质。无视这种属性是极其错误的。

但是，如果把不同社会、阶级对教育的影响作为确定教育本质的根本依据也是错误的。因为不同社会形态对教育的影响并没有改变教育的内在矛盾结构和矛盾性质，没有改变它是传递社会生活经验的工具。这是需要特别注意的。正如马克思、恩格斯在《共产党宣言》中所指出的："共产党人并没有发明社会对教育的影响；他们仅仅要改变这种影响的性质，要使教育摆脱统治阶级的影响。"这里所说的影响，就是一定社会或一定阶级在教育上打下的烙印，而烙印并非本质。正如人们在一定社会阶级中生活，各种思想无不打上阶级的烙印一样，人们不因有了阶级烙印，就改变了人类的本质。教育也不会因为受到阶级影响，有了阶级烙印就改变本质。本质是深刻的、稳定的,社会的影响、阶级的烙印则是可变的。唯其如此,《共产党宣言》所说的"要使教育摆脱统治阶级的影响"也才是可能的。由此也可看到,不少同志引用马克思、恩格斯的这段话,作为说明教育本质是上层建筑的根本依据,显然是错误的。

(三) 教育从来是以培养人的社会生活能力为目的的

传递社会生活经验是为了培养社会生活能力。这也是教育的一贯特点。自古迄今,无论任何阶级、国家、集团或个人提出怎样不同的教育目的,无论是培养什么"治术人才""善战的武士",还是"驯服柔顺的奴仆""照章办事的官吏",或是什么科技人才、革命者、劳动者,总归都是要培养一种一定社会或一定阶级所需要的社会生活能力。这种生活能力既可能是为了适应现有生活,也可能是为了准备未来生活,或是为了对现实生活的改造。尽管不同社会进行教育的目的不同,在阶级社会里教育还有鲜明的阶级性,但自教育产生以来,它总是要有一定的目的这一点,却成为教育的一贯稳定的本质属性之一。

无视教育的目的性是错误的。对人的一切无目的的影响,是不应称为教育的。例如,"蓬生麻中,不扶而直。白沙在涅,与之俱黑"(《荀子·劝学》),"习俗移志,安久移质"(《荀子·儒效》),严格说来,都不在我们论证的教育之列。但是,如果人们有目的、有计划地去利用这些外在环境条件来影响人,以期获得某种经验或改变某些品质,增长社会生活能力,它又成为教育范畴的事。可见,教育的目的性也是其区别于自然和社会环境的自发影响的根本原因之一。

综上所述,教育就是根据一定社会的要求,传递社会生活经验,以培养人的社会生活能力的工具。这就是教育区别于其他一切社会现象的一贯的稳定的本质,也是关于教育这一概念的基本定义。只有这样来概括教育的本质,才符合古今中外几千年来教育发展的史实和规律,才能用一个普遍的概念贯通古今中外一切教育现象,从而看清教育由简单到复杂、由低级到高级，随着社会条件曲折前进、适应变化的脉络和规律，才能认识教育的连续性和永恒性，才能说明为什么有的教育家政治态度与教育思想是统一的，而有的却并不一致等复杂事实。

有的同志担心，强调教育的工具性本质，会影响对教育的阶级性的理解，陷入"教育超阶级"的泥淖。其实，这种担心是多余的。关于教育本质的工具性，并非我们杜撰，而是早被马列主义经典作家所承认、所使用。例如，列宁在《什么是"人民之友"以及他们如何攻击社会民主党人？》一文中就讲了，教育是使年青一代身心发展的工具，是历史发展进程中保证老一代与年青一代之间继承联系的手段。他还讲到，在资产阶级国家里，学校是"资产阶级的统治工具"，在无产阶级国家里，学校则是"无产阶级专政的工具"。显然，在这里列宁早已指出：（1）教育的工具性本质。他们所说的手段、工具、武器，基本都是一个意思。（2）教育这个工具只是因为掌握在不同国家和阶级手里，而有不同的作用和性质。在资产阶级手里，是巩固阶级剥削和压迫的工具，到了无产阶级手里，清除掉资产阶级影响，则又成为消灭阶级剥削和压迫的工具。由此我们可以认识教育的工具性与阶级性在一定条件下的统一关系。它可以是无阶级性的，也可以是有阶级性的，还可以由一种阶级性改变为另一种阶级性。马克思、恩格斯之所以在《共产党宣言》中指出要改变统治阶级对教育的影响，我们之所以在革命实践中对旧教育采取改造政策，而不是消灭政策，正是基于这种认识。（3）教育这个工具是有多方面职能的，既是使年青一代身心发展的工具，又是生产斗争和阶级斗争的工具。在一定条件下，它还可以成为同时发挥三方面职能的工具。我们要把这众多的职能概括起来，用一句最能体现教育本质的话来表示，便只能说：教育是传递人类社会生活经验的工具。

三、教育的归属问题

近年来，我们关于教育本质的争论，实际触及的却并非本质，而是关于教育的归属问题。本质与归属是不同的范畴。本质解决的是此事物区别于彼事物的根本原因问题。归属是寻找各事物的相同属性进行归类问题。

教育作为一种社会现象,是归属于上层建筑,还是归属于生产力,或是属于什么"多质性"的"混血儿"而"无家可归"?这是个老问题。早在20世纪50年代初,一些学校内部就有所争论。当时主要表现为对"教育是属于社会上层建筑范畴的社会现象"一说的怀疑,并指出了教育与生产力的密切关系。近年来,我们又开展了持久的公开讨论,力图在历史唯物论所确定的生产力与生产关系、经济基础与上层建筑范畴内解决"教育的本质",实即解决它的归属问题。但是,却又偏不承认这是归属问题,而硬是当作本质问题来解决。文不对题,必然旷日持久,相争不下。

确定教育归属的困难,主要有三个方面:一则教育本身具有广泛的功能和联系;二则把一切社会现象截然分为经济基础与上层建筑,非此即彼的看法也有局限;三则本来应当根据事物的本质属性来定归属,由于教育的本质不明,归属当然更成问题。现在根据上述所说的教育本质,来谈谈对归属问题的浅见。

(一) 教育不能从属于生产力

其原因首先在于教育从来不是,也不可能是生产力的直接构成部分,而只是发展生产力所必需的工具之一。众所周知,生产力包括三种要素:(1) 具有一定科学技术知识、生产经验和劳动技能的劳动者;(2) 同一定的科学技术相结合的,以生产工具为主的劳动资料;(3) 劳动对象。对照教育的本质,显然可见:教育在第一个要素里只能起到把科学知识、生产经验传递给劳动者的作用。它自身既不等于科学知识,也不等于劳动者,而是把二者结合起来的工具之一。在后两个因素中,它既不属于以生产工具为主的劳动资料,更不属于劳动对象,这都是不言而喻的。有的同志提出,"科学是生产力,教育是传递科学知识不可缺少的手段,因而,教育也是生产力"。照此推演下去,吃饭、睡觉是劳动者进行劳动所必不可少的条件，语言又是教育赖以进行的必不可少的条件，它们是否也都要纳入生产力范畴呢？这样推演下去，愈推演愈宽泛，何时是个底呢？这样立论是站不住脚的。

其次，教育并非都是为发展生产服务的。如前所述，它既是传递生产斗争经验的工具，也是传递阶级斗争经验的工具；既可以把知识"物化"为生产力，也可以把知识"物化"为破坏生产力的力。孔子的不许问稼、问圃的教育，斯巴达的武士教育，欧洲中世纪的骑士教育和宗教教育，以及现代的某些军事教育，都不是为生产服务的，甚至是反对为生产服务的，它们岂能一股脑儿归入生产力呢？那么，将来随着阶级的消灭，现代科学技术的发展，教育的性质会不会越来越靠近生产，终归于变成生产力呢？这种臆断也是很片面的。因为这里忽略了一个基本事实，即无论何时，人既是生产者，又是消费者。而教育却既传递生产经验，也传递消费经验；既培养生产力，也培养消费力。不管你愿意与否，事实却从来如此。因而，有的同志说"当被高度的思想觉悟和高度的文化、科学、技术所武装的人，成为过去任何时候都无法比拟的生产力中最有威力、最生气勃勃的部分"，这时，切莫忘记人也会成为物质和精神产品消费的最有威力的最生机勃勃的部分。而教育却总是要同时为这两方面服务的。

（二）教育也不可能归属到上层建筑中去

众所周知，所谓上层建筑，是指建立在经济基础上的政治、法律、哲学、道德、宗教、艺术等观点以及和这些观点相适应的政治、法律等制度。照此定义，组成教育的因素中许多是不属于上层建筑的。以学校教育为例，也只有关于教育的观点（包括理论、方针等）和与之相适合的教育制度属于上层建筑范畴。而大量的教育内容、教育方式和方法、教学经验与教学组织等却是不属于上层建筑的。此外，还有很大一部分教育直接依附于生产过程，主要是传递生产经验，是作为将前人积累起来的生产能力传递给下一代的工具而存在的，它们很少受经济基础变化的影响，更难把它们也归入上层建筑中去。例如，从原始社会开始的在生产过程中进行的生产教育以及奴隶社会、封建社会的民间生产技术教育，历来都是采取师徒相承、父子相继、口授心传、边做边学的方式进行的。几千年相沿相续，很少变化。再如，目前正在随着现代科学技术的迅猛发展而蓬勃发展起来的程序教学、计算机辅助教学和其他各种电化教学设施，以及反映着现代化生产的变动性而提出的继续教育（或终身教育）等，由于其从属于生产和科技发展的需要，反映了生产和科技发展的客观规律，相对而言，依附于生产科技发展的成分增多，而受政治经济制度的影响消减，因而有超越国界流传的趋势。所以，教育从来不是完全属于上层建筑的，将来更不会如此。

（三）教育是独特的社会现象

教育既不属于生产力也不属于上层建筑，也不能一分为二，一半归生产力，一半归上层建筑，而只能承认它是一种独特的社会现象。这样教育岂不真的成了"无家可归"的独夫孤魂了吗？实际并非独此一家、别无分号。语言作为人类交流思想的工具，就是被公认为既不属于经济基础也不属于上层建筑的独特的社会现象。教育作为传递人类社会生活经验的工具，在其工具性特点上，在既不属于经济基础也不属于上层建筑的无可归属上，与语言是十分相像的。

但是，教育和语言在归属上的相似，并不能抹杀它们在本质属性上的相异。例如，语言作为人类交流思想的工具受生产力、经济基础或上层建筑的影响很少，而教育作为人类传递社会生活经验的工具恰恰是受到各方面的制约甚多。一个受各方面影响少而成为特殊现象，一个却因为受各方面制约多而无可归属也成为特殊现象，两者是从不同的来路而并列在一起的。我们切切不可忘记这种差别。

（本文原载《教育研究》1982年第6期）

马克思关于教育对社会生产发展作用的学说

孙喜亭

马克思认为，物质资料的生产和再生产是人类社会存在和发展的基础。离开了生活资料的生产、生产工具和其他劳动资料的生产，人类就不可能生存，也就不可能有政治、宗教、科学、艺术等活动。马克思还分析了物质资料的生产方式，即生产力与生产关系的矛盾运动。这个矛盾运动是社会发展的基本动力，它决定着社会意识的发展与性质。因此，生产的发展、物质资料的生产方式，是教育发展变化以及形成特定形态的决定因素。这是我们考察教育这一社会现象的基本观点。

马克思和恩格斯关于社会物质生产决定整个社会生活、社会意识的原理，绝不像资产阶级学者所诬蔑的那样，是什么"经济唯物论"。关于这一点，恩格斯在1890年给约·布洛赫的信中说得明白："根据唯物史观，历史中最终决定性的因素是现实生活的生产和再生产。无论马克思或我都从来没有肯定过比这更多的东西。如果有人加以歪曲，说经济因素是唯一决定性的因素，那末他就是把这个命题变成毫无内容的、抽象的、荒谬的空话。"[1] 1894年在给瓦·博尔吉乌斯的信中，恩格斯又说："并不是只有经济状况才是原因，才是积极的，其余一切都不过是消极的结果。"[2] 所以，研究教育还要研究它对社会发展的能动作用，以充分发挥教育的社会职能。

毋庸讳言，在相当长的时间内，我们把生产方式对教育的决定作用，归结为生产关系的决定作用。这就必然导致教育只有上层建筑的属性,教育只有阶级属性的结论。同样,只能把教育对社会发展的全面作用,归结为对巩固生产关系的作用,巩固阶级统治的作用。这就自然导致教育只是阶级斗争工具的结论。教育与生产关系之间有作用与反作用的关系,这固然是重要的,但它终究还是一个方面的关系,而不是其全部。本文就在这一认识的基础上,谈谈教育在社会生产发展中的作用。

一、教育会生产劳动能力

马克思指出,具有一定生产经验与技能的劳动力的再生产是任何社会实现社会再生产的必要的条件。那么,什么是劳动力呢?马克思说:"我们把劳动力或劳动能力,理解为人的身体即活的人体中存在的、每当人生产某种使用价值时就运用的体力和智力的总和。"[3]这种体力和智力是从哪里来的呢?固然,"后代的肉体存在是由他们前代决定的",然而,一个生命体要发展成合乎一定社会的社会生产所需要的劳动力,就必须得到必要的生活资料,以保证他机体的正常成长。同时还必须对他进行一定的教育和训练,使他获得智力的发展以及运用体力于生产的技能。所以,教育和训练是劳动力生产和再生产的基本途径。

"教育会生产劳动能力"[4],这是马克思关于教育的一个重要论断。我们可以从以下几个角度理解它的含义。

第一,教育会生产劳动能力,是说教育可以将一"简单的"劳动力,加工成"发展的"和"专门的"劳动力。一般壮工、搬运工等简单劳动的劳动者并不需要特别的训练,而钟表匠、机器工人等劳动者,则非要经过学徒制或现代学校的训练才行。训练和教育既可改善人的体力劳动的能力,又可发挥人的智力能力,训练和教育过程,就是使劳动力技术化、专门化的过程。

第二,教育会生产劳动能力,是说教育可以将经验手艺型的劳动力转化为科学知识型的劳动力。手工生产的技术基础是手艺,掌握一种手艺当然也要有必要的训练;机器生产的技术基础则是科学技术,从事现代生产非要懂得科学原理不可。手工劳动的技术是保守的,现代生产的技术是革命的。任何科学技术在生产中的应用,都会引起生产过程的更新,从而引起"劳动的变换、职能的更动和工人的全面流动性"[5]。要想使经验手艺型的劳动力转化为科学知识型的劳动力,就非要经过现代教育不可。

第三,教育会生产劳动能力,是说教育可以将可能的劳动力培养成现实的劳动力。劳动首先是人和自然之间物质交换的过程,是人调整和控制人与自然之间的物质交换过程。人为了占有自然物质,就得使他身上的自然力——臂和腿、头和手运动起来,这就是人的劳动。但一个生命体并不等于一个劳动力。劳动力必须具有一定的生产知识、一定的生产经验和一定的劳动技能,否则就无法和自然进行物质交换。所以,知识、技能是劳动力的质的规定。人来到世间,遗传素质给他带来了巨大的潜能,要想使沉睡于自身的潜能发挥出来,就得进行教育和训练。可见,教育是使可能的劳动力变为现实的劳动力的手段。

第四,教育会生产劳动能力,是说教育是造就脑力劳动力的唯一途径。随着社会生产力的发展,社会生产中的智力因素越来越多。现代生产的特性使一部分人从直接劳动过程中分化出来,成为专门从事脑力劳动的劳动者,如科研人员、设计人员、工程技术人员、管理人员等。脑力劳动者的专门知识,不仅来自直接的生产实践,更主要的是来自专门的教育和培养。随着现代生产的发展,现代高等专业学校就承担着培养脑力劳动者的职能。所以,高等教育实际是以造就脑力劳动力为其主要特征的。

当然,教育承担生产劳动能力的职能,并不是在任何社会形态的生产条件下都如此。在以手工工具为标志的古代生产条件下,传授生产经验和掌握手艺的训练,是在劳动过程中进行的,其主要形式是学徒制。随着现代科学技术的发展,社会再生产要求劳动者必须具有现代科学与文化。由此,就出现了现代教育与现代学校。这时的教育承担着造就劳动力的职能,成为社会再生产的一个必要的前提条件,教育与社会生产有了本质的直接的联系。

二、教育是现代生产的一个必备的前提条件

马克思指出,"工艺学校和农业学校""职业学校"是"在大工业基础上自然发展起来"并构成现代生产的"一个要素"。[6]教育构成现代生产的一个必备的要素,是由现代生产的特性决定的。马克思指出,现代生产的特性就是现代科学技术在生产上广泛的采用。

马克思在《资本论》中考察了生产劳动必须具备的三个简单要素,而现代生产使劳动过程中三个要素具有了新的特质,这些特质正说明教育是现代生产必备的条件。下面分别略述。

第一,劳动资料。马克思说:"生产方式的变革,在工场手工业中以劳动力为起点,在大工业中以劳动资料为起点。"[7]作为现代生产要素之一的机器的特性是什么呢?马克思认为,一切发展了的机器都是由三个部分构成的:动力系统、传导系统、工作系统。机器中的发动机和传导装置,都是为了使工具机运转起来,使工具机能够作用于劳动对象,以便按照人的预定目的改变劳动对象。工具机是机器的最重要的一部分。

机器,它"物化"着现代科学技术,它将人类认识客观世界的成果物化了。机器的更新、变化,必然引起整个生产过程的变化,引起工人职能的变化与流动,引起生产结构、劳动组织、企业规模的变化。这一客观状况,必然要求生产工人、工程技术人员、管理人员知识化、技术化、专业化。而达到这一要求的前提条件,则是教育。

第二,劳动对象。随着社会生产的发展和科学技术的发展,劳动对象已不仅是土地、海洋中的鱼类、原始森林中的树木、地下矿藏中的矿石等天然物,也不只是经过劳动加工的原料。由于科学技术的发展,人们逐步地发现了周围自然界物体的许多新的属性,逐渐扩大了劳动对象的范围。

劳动对象的种类越来越多样化，并且我们能够对天然的劳动对象加以综合利用，还将天然的劳动对象加工成人造材料、合成材料、复合材料等。这些材料同样物化着人类的智慧，它是科学技术的产物。以这种材料为劳动对象的生产，其前提条件是劳动者要有文化、懂科学、懂技术。

第三，劳动力。通常我们在谈到人是主要生产力的时候，只是指人依靠一定的生产经验和劳动技能使生产工具动作起来，以实现物质财富的生产。这一表述当然是正确的。但从现代生产的角度来看，这个定义是不完善的，它没有反映出现代生产发展的水平。（1）这里劳动力的质量只限于生产经验和劳动技能。而现代生产要求劳动者还必须具备生产技术和工艺规程方面的基础理论知识。（2）上述定义把生产工人只限于会使生产工具动作起来的人，而以现代生产的要求来看，生产工人已经不限于直接使生产工具动作起来的人了，还包括工程技术人员、设计人员、科研人员及管理人员。马克思说："产品从个体生产者的直接产品转化为社会产品，转化为总体工人即结合劳动人员的共同产品。总体工人的各个成员较直接地或者较间接地作用于劳动对象。因此，随着劳动过程本身的协作性质的发展，生产劳动和它的承担者即生产工人的概念也就必然扩大。为了从事生产劳动，现在不一定要亲自动手；只要成为总体工人的一个器官，完成他所属的某一种职能就够了。"[8]这就说明，生产工人已经不只是直接使生产工具动作起来的人了，而且包括了作用于产品的一切脑力劳动者。新的技术和工艺规程的出现，生产过程的科学化和劳动的智力化，表现在工程技术人员的增多、工人知识结构的变化和科学技术水平的提高等方面。在一些工业较发达的国家，科研、设计、工程技术人员已占国民经济部门工作人员总数的30%以上，而且随着技术革命第三次重大突破，直接生产的工人明显减少，而科技人员迅速增加。这一大批占国民经济部门总人数1/3以上的专业人才从哪里来呢？十分明显，这非通过教育不可，而且非通过高等教育不可。这已是工业发展的事实了。

现代生产的客观特性要求总体工人都必须具备现代科学文化知识，具备现代技术知识。这就是教育构成现代生产的必备条件的客观根据,也是我们党将教育放在实现物质文明建设的战略地位的客观根据。

三、教育是科学技术转化为社会生产力的必经途径

说到教育对现代生产的作用,它是以科学技术为基础的。马克思认为科学技术是"一般社会生产力"[9],还说"生产力里面也包括科学在内"[10]。所谓一般社会生产力,它与社会劳动生产力不同,是生产力在认识形态上的表现,是人类改造自然的实践经验即生产经验的总结,是一种知识形态的生产力。

大家知道,科学技术来自生产实践经验,而又高于生产实践经验;来自直接劳动过程,而又高于劳动过程,或者说,与直接的生产过程相分离。没有分离,经验就不能发展为科学,同样也就不能有效地促进生产的发展。

在以手工工具从事生产的阶段,范围有限的生产知识、生产经验与技能是和直接的劳动过程本身联系在一起的。整个说来,生产知识未超出制作方法的积累范围,尽管这种积累是一代代地加以充实和缓慢地、一点点地扩大的,但仍然是和直接的劳动过程统一在一起的,是和劳动者结合在一起的。因而,这种生产方式的继承与交替,这种经验的传递与传授,同样没有分化为独立的因素,仍在直接的生产过程中实现,这就是"艺徒制"产生与存在的客观基础。

随着社会生产力的发展与社会生产需要的增长,科学逐渐地从生产经验中升华出来,成为生产过程的"独立的因素"。只有科学成为独立的形态,巨大的自然力才变成"社会的劳动的因素"。马克思说:"自然因素的应用是同科学作为生产过程的独立因素的发展相一致的。"[11]他还说:"自然并没有制造出任何机器、机车、铁路、电报、自动纺棉机等等。它们都是人类工业底产物;自然的物质转变为由人类意志驾御自然或人类在自然

界里活动的器官。它们是由人类的手所创造的人类头脑底器官;都是物化的智力。"[12]这就看出一般的知识、科学对生产发展的巨大的推动作用。也可以说,社会生产力的发展,以及整个社会生活的发展,是依赖于科学知识发展的。

科学从直接生产过程中分离出来成为独立因素的过程,同时也是生产经验与直接劳动者相分离的过程。而科学应用于生产的过程,也就是和生产在高一级的形态上结合的过程。科学和生产结合的结果,是使生产过程发生了一系列的新的变化:生产的工艺过程、劳动组织完全改变了,自然力代替了人力,自觉运用科学于生产代替了凭经验办事的常规,等等。这些变化给工人带来两方面的影响:一是工人局部的生产经验与局部技术,在科学面前,在巨大的自然力面前,变成微不足道的附属品而失去了在生产中的作用。二是由于科学是脱离直接生产过程的产物,是生产经验的发展,是认识能力的发展成果,因而学懂科学也得有个暂时脱离直接生产过程的独立的学习过程,单靠在生产过程中的学习是不够的,这就是"现代学校"产生与发展的客观基础。科学的产生是现代学校产生的前提。科学在生产中的应用,使现代学校的产生成为历史发展的必然。所以,科学技术是现代生产与现代学校共同的基础,而现代学校则是现代科学运用于现代生产的桥梁,没有这一桥梁,知识形态的生产力是无法转化为直接的生产力的。总之,现代教育就是将知识形态的生产力转化为总体工人"智力"的生产力的过程,也就是说,教育是将科学转化为生产力的桥梁。

四、教育现代化是教育发挥推动社会生产发展职能的关键

为了发挥教育推动社会生产发展的职能,教育本身就需要实现现代化。关于这个问题,马克思在许多著作中有过原则性的论述。概括说,下面几点较为主要。

第一,马克思认为大工业的本性决定了劳动的变换、职能的变更和工

人全面的流动性，从而承认工人尽可能多方面的发展，是现代生产不可违背的客观规律，大工业把人的全面发展的问题当作对现代生产至关重要的问题提出来了。

在马克思看来，人的全面发展问题，不是什么神秘的问题。人的全面发展就是"工人尽可能多方面的发展"，也就是成为"适应于不断变动的劳动需求而可以随意支配的人员"。只要工人能够从理论与实践的统一中掌握现代生产的基本原理，以及掌握操作的基本技能，就可以适应大工业技术基础的要求，就可以不受生产内部分工的局限。所以从理论与实践的统一中掌握生产基本原理，是全面发展的实质。可见，马克思关于人的全面发展的学说，主要是经济学概念，它是与手工工场使人终身成为某种局部劳动的自动工具的畸形发展相对应的概念。

第二，马克思认为，实施教育与生产劳动相结合是现代教育的基本特征，它既是提高社会生产的一种方法，又是培养全面发展的人的唯一途径。马克思主义认为，现代物质生产要想达到现代科学技术水平所要求的高度，它的前提就是现代教育；而现代教育要想达到现代科学技术所要求的高度，它的基础又是现代生产。为此，就必须将教育和生产劳动结合起来。就教育现代化来看，必须以新水平的科学基本理论与现代技术武装学生，必须以现代生产实践的感性知识丰富学生，必须以现代生产的实际技术操作、训练学生。那种把教育同生产劳动相结合误解为教育就是同简单手工劳动结合的观点，是与大工业的本性及发展趋势不相容的。手工劳动的技术基础是手艺，而不是科学。如果不将现代科技知识传授给学生，不以现代生产实践知识丰富学生，使学生懂得生产过程的原理与基本操作技能，那种教育就不能成为提高社会生产的一种方法。同理，那种人也不是马克思说的全面发展的人。

第三，马克思认为，为了适应现代化生产的需要，必须建立现代学校体制。他十分重视职工教育，认为"工人阶级在不可避免地夺取政权之后，将使理论的和实践的工艺教育在工人学校中占据应有的位置"[13]。同时，他认为初等学校、工艺学校、农业学校、职业学校等，是随着工厂劳动的推广，必然要出现的教育形式。工人的子女，在这些学校里应受到"有关工艺和各种生产工具的实际操作的教育"[14]。所以，马克思将综合技术教育列为现代教育的基本内容。由此看来，教育现代化应沿着两条途径发展：一是教育结构要和现代生产相适应，一是专业、课程的知识结构要和现代生产相适应。结构改革十分重要，而知识结构的改革更为重要。在知识结构上，科学基础理论、工艺技术知识、操作技能等几个主要方面，是现代教育内容的标志。工匠式的过早专门化教育是不符合马克思的教育学说的。

参考文献

[1] 上海师范大学教育系. 马克思恩格斯论教育 [M]. 北京：人民教育出版社，1979：283.

[2] 同 [1] 307.

[3] 马克思，恩格斯. 马克思恩格斯全集：第23卷 [M]. 北京：人民出版社，1972：190.

[4] 马克思，恩格斯. 马克思恩格斯全集：第26卷（第1册）[M]. 北京：人民出版社，1972：210.

[5] 同 [1] 163.

[6] 同 [1] 164.

[7] 同 [3] 408.

[8] 同 [3] 556.

[9] 同 [4] 422.

[10] 马克思. 政治经济学批判大纲：第3分册 [M]. 北京：人民出版社，1963：350.

[11] 马克思. 机器。自然力和科学的应用 [M]. 北京：人民出版社，1978：206.

[12] 同 [10] 358.

[13] 同 [1] 164.

[14] 同 [1] 164.

（本文原载《教育研究》1983年第2期）

马克思的人的全面发展学说的动态考察

陈信泰　张武升

教育理论界在讨论人的全面发展的理论基础、人的全面发展的含义和本质特征，以及研究人的全面发展的出发点等方面都存在着重大分歧。我们认为，如果对马克思的人的全面发展学说做动态的考察，把人的全面发展学说作为一个发展过程，并把这个过程与马克思主义的产生、形成和发展的过程联系在一起研究，而不是把马克思的某一著作中的语句孤立于马克思主义的整体发展过程之外，这些理论问题是可以解决的。因此，本文试对马克思的人的全面发展学说做一动态考察。

我们认为，马克思关于人的全面发展学说也有一个发展过程。事物总是当作过程出现，作为过程而向前发展的。马克思关于人的全面发展学说的发展过程与马克思主义的发展过程是一致的。马克思主义有一个产生、形成和发展的过程，因而，他关于人的全面发展学说，也有一个产生、形成和发展的过程。关于马克思主义的产生、形成和发展过程，理论界虽也有不同的看法，但我们认为列宁研究的结论是正确的。列宁的观点是："马克思在 1844—1847 年离开黑格尔走向费尔巴哈，又进一步从费尔巴哈走向历史（和辩证）唯物主义"[1]。列宁的观点与恩格斯所讲的"通过费尔巴哈对黑格尔哲学的克服，而走向共产主义"[2]的观点是一致的。循着这一线索，我们可以把马克思主义形成和发展的过程划分为三个不同的阶段：第一阶段是从马克思博士毕业到《黑格尔法哲学批判》写作时期，这期间马克思的世界观总的来说是属于黑格尔唯心主义的；第二阶段是从出版《德法年鉴》到《1844年经济学哲学手稿》写作时期，这期间马克思由黑格尔的唯心主义转向费尔巴哈的唯物主义；第三阶段是从《关于费尔巴哈的提纲》的写作、与恩格斯合著《德意志意识形态》起到最后，这期间马克思彻底完成"两个转变"，是马克思主义的形成和成熟时期。但是，对这种划分，只能做辩证的而不是形而上学的理解。因为在任何时候，马克思都不是一个黑格尔主义者或费尔巴哈主义者，在接受他们影响的任何方面，他都有高出和超越他们的地方。

作为马克思主义的创始人，马克思在创立自己学说的自始至终，都对人的问题，包括人的发展和全面发展问题给予高度重视，提出许多论述。这些论述在马克思主义产生、形成和发展的不同阶段具有不同特点。在马克思主义产生、形成之前，也就是在《关于费尔巴哈的提纲》和《德意志意识形态》写作之前，马克思还没有形成人的"全面发展"这一科学概念。这时马克思论述的是人的发展和解放问题。而人的发展与解放又是以人的本质为基础的，是直接从人的本质中推导出来的。

1841年，马克思大学毕业，写了题为《德谟克里特的自然哲学与伊壁鸠鲁的自然哲学的差别》的博士论文。在博士论文中，马克思用无神论反对宗教，用人的本质对抗神性。他认为人的本质就是自我意识。从这种人的本质定义出发，马克思呼唤人的自我意识的自由发展。所谓自我意识的自由发展，就是冲破宗教神性对人的各种精神力量的封锁和压抑，但他对自我意识的认识却是唯心主义的。对此，列宁指出："马克思按其当时的观点，还是一个黑格尔唯心主义者。"[3]在《莱茵报》工作时期，马克思仍然很注重和强调人的精神力量。他认为事物的本质就是理性和自由，由此认为人的本质就是理性与自由。他说"自由确实是人所固有的东西"[4]，还断言自由是人的本质的崇高属性。与此相适应，马克思还强调发展人的理性与自由，并想以此来改造现存的国家制度，建立一个"相互教育的自由人的联合体"[5]。但是，由于马克思没有研究政治经济学，没有发现人类社会发展的必然规律，因而，也就不能发现人的发展规律。这时马克思认识的"自由"基本上属于唯心主义的抽象的自由，不可能像他后来所做的那样给自由以科学定义。自由总是受物质生活条件制约的，人只能在现有生产力和生产关系所允许的范围内取得自由。人的自由与社会的发展有着密切的关系。离开了社会生产力和生产关系来谈论人的自由，就是空洞的、抽象的自由。

马克思在《莱茵报》工作时期碰到了使他困惑的经济问题，即马克思所说的"第一次遇到要对所谓物质利益发表意见的难事"[6]。这促使马克思关心经济问题，从物质利益关系角度去看待人和人的发展问题。他开始研究经济学，写出了《黑格尔法哲学批判》。在这里，马克思主要批判了黑格尔的国家观，得出了市民社会决定国家的重要结论。但是，马克思在国家观上初步获得唯物主义胜利时，对人的本质观却没有什么进展。他认为人的本质不是"人的胡子、血液、抽象的肉体的本性，而是人的社会特质"[7]。而人的社会特质则是理性、自由的产物，是理性和自由的表现。实质上，人的社会特质就是指人的理性与自由。在这个问题上，马克思并没有做出唯物主义的解释。

在出版《德法年鉴》期间，马克思在世界观上逐步由唯心主义转向唯物主义，在政治倾向上逐步由民主主义转向共产主义。这期间，马克思发表了两篇重要文章：《论犹太人问题》和《〈黑格尔法哲学批判〉导言》。在《论犹太人问题》中，马克思第一次提出了人类解放的理论。他区分了政治解放与人类解放的不同，指出了政治解放的不彻底性，认为人类解放才是从根本上动摇私有制这个"大厦支柱"的，即彻底消灭人类自我异化。[8]在《〈黑格尔法哲学批判〉导言》中，马克思第一次对无产阶级的伟大历史使命做了精辟的论述，指出德国的解放"在于形成一个被彻底的锁链束缚着的阶级"，这个阶级"就是无产阶级"[9]，并且提出无产阶级的历史任务就是"否定私有财产"[10]。

然而马克思这些精辟的论述，对人类解放和无产阶级历史使命的论证仍不是从资本主义社会经济结构中固有的矛盾特别是阶级矛盾出发的，而是从人的本质的异化与消灭出发的。他认为，人类解放"是从宣布人本身是人的最高本质这个理论出发的解放"[11]。无产阶级之所以担负着严正的历史使命，不在于其经济地位，而在于它本身表现的"异化"和"丧失"。无产阶级"表现了人的完全丧失，并因而只有通过人的完全恢复才能恢复自己"[12]。

与此相适应，马克思论述了人的本质。马克思不再把理性和自由当作人的本质，并批判了所谓自由、人权。他把人的本质看作"人自身"，认为"人本身是人的最高本质"[13]。马克思的这一命题来源于费尔巴哈的人本主义哲学。费尔巴哈把人的存在、人自身看成人的本质，他说："人类向来由自身决定。"[14]

《1844年经济学哲学手稿》是马克思的一部重要著作，它在马克思主义的形成过程中起了重要作用，同时，对人的全面发展的学说的形成也起了重要的作用。在《1844年经济学哲学手稿》中，马克思汲取了自克罗茨纳赫以来研究经济学的成果，把人的本质规定为有意识的、自由的、自觉的活动，即劳动。从劳动出发，马克思论述了人的本质的社会性。因为只有劳动，才能把人与人彼此联系起来，人的本质才得以实现。没有这种联系，劳动就不能进行。然而，资本主义社会的劳动是异化的劳动，作为人的本质，也就是异化的本质。劳动不是人的本质的"确证"，相反，它变成一种异己的对立物来控制人，使人变成"非人"。马克思认为，异化劳动产生了私有制，而私有制一出现便加剧了人的异化。异化的人，就是片面的人，"私有制使我们变得如此愚蠢而片面"[15]。

从人的异化与人的片面性出发，马克思论述了人的解放和共产主义问题，指出"共产主义是私有财产即人的自我异化的积极的扬弃，因而是通过人并且为了人而对人的本质的真正占有；因此，它是人向自身、向社会的（即人的）人的复归"[16]，从而认为被共产主义扬弃了异化的人将"以一种全面的方式，也就是说，作为一个完整的人，占有自己的全面的本质"[17]。按马克思的意思，人"占有自己的全面的本质"指的是人的一切感觉和特性的解放。他说："私有财产的扬弃，是人的一切感觉和特性的彻底解放。"[18] 在这里，"人占有自己的全面的本质"，已经非常接近人的"全面发展"这一科学概念。因为全面发展的人必须是本质完善的人，而不是片面发展的人。但是，这还不是人的全面发展概念本身。因为，第一，提出这一命题的出发点单纯是人和人的本质，其理论基础是费尔巴哈的人本主义。单纯从人的本质出发，就不能科学地解释不同社会的人的发展状况，也不能科学地解释同一社会中不同人的不同发展状况。人本主义是对唯物主义的肤浅解释，归根结底仍属于历史唯心论。第二，人如何占有自己全面的本质，达到全面发展？异化理论没有找到科学的革命途径。它仅仅是从否定之否定这一辩证法命题推导来的。第三，人的全面本质的含义，还不能同后来的科学的人的"全面发展"概念等同。人的"全面本质"，指的是人的一切感觉和特性，主要是指人的诸种自然力的运用和发展。全面发展的人，不仅指人的自然力的发展，还包括作为社会的人的道德、思想和各种才能、志趣的发展。

1845年，马克思开始对以前的哲学信仰进行"自我清算"。在《关于费尔巴哈的提纲》中，马克思彻底地批判了费尔巴哈唯物主义的不彻底性，指出费尔巴哈把人孤立于社会历史发展过程之外进行考察的唯心主义方法。马克思指出："人的本质并不是单个人所固有的抽象物。在其现实性上，它是一切社会关系的总和。"[19] 马克思这一人的本质观要求研究人的本质必须考察人所处的各种社会关系。列宁在社会的各种关系中区分出生产关系，并指出生产关系是"整个历史的基础"，是"决定其余一切关系的基本的原始的关系"[20]，继之再考察人在生产关系中所处的地位，才找到人的本质的所在。同时，这一本质又强调了人的实践性。人们只有在社会实践中才能表现出种种联系，只有在生产劳动中才能表现出生产关系。人是在社会实践中发展自己的，在改造客观世界的同时，改造主观世界。所以，列宁指出："旧唯物主义者抽象地了解'人的本质'，而不是把它看做（具体历史条件下一定的）'一切社会关系'的'总和'，所以他们只是'解释了'世界，但是问题在于'改变'世界，也就是说，他们不懂得'革命实践活动'的意义。"[21]

如果说《关于费尔巴哈的提纲》标志着马克思新世界观的"天才萌芽"的话，那么《德意志意识形态》则标志着马克思科学世界观的形成。在《德意志意识形态》中，马克思、恩格斯第一次全面而详尽地阐明了历史唯物主义的原理。他们指出："一切历史冲突都根源于生产力和交往形式之间的矛盾。"[22]马克思在这里抛弃了"人的本质""异化"等旧概念，而代之以唯物史观的生产力、交往形式（生产关系）、经济基础和上层建筑等崭新概念。在科学的历史观基础上，马克思形成了"个人的全面发展"这一科学概念，构成了人的全面发展的学说体系。

在《德意志意识形态》中，马克思再也不像过去那样从人的本质、人的本质的异化与复归来说明人的发展，而是从人们生产所创造的物质生活条件出发说明人的发展。"历史的每一段都遇到有一定的物质结果，一定数量的生产力总和，人和自然以及人与人之间在历史上形成的关系，都遇到有前一代传给后一代的大量生产力、资金和环境，尽管一方面这些生产力、资金和环境为新的一代所改变，但另一方面，它们也预先规定新的一代的生活条件，使它得到一定的发展和具有特殊的性质。"[23]马克思指出在阶级社会中人的片面发展、人与人发展的不平衡，"一些人靠另一些人来满足自己的需要，因而一些人（少数）得到了发展的垄断权；而另一些人（多数）经常地为满足最迫切的需要而进行斗争，因而暂时失去了任何发展的可能性"[24]，这些情形也只能从生产力和生产关系的关系中得到科学的说明。所以，人的发展与生产力和生产关系的发展密不可分，它同"他们生产什么一致，又和他们怎样生产一致"[25]。

马克思认为，生产力对人的发展的决定作用是通过分工这个中介表现出来的。随着生产力的发展，分工出现了。分工是生产力发展的杠杆，同时它又使人的发展片面、畸形。人类社会的早期分工还是属于自然分工，如按性别的男女分工，以及狩猎和农业、农业和手工业等的分工。这些分工对人的发展还没有造成危害。到了城乡分离，脑力劳动和体力劳动分离而造成的社会分工，却给人的发展带来极大的危害。分工发展到一定程度，私有制出现了。"分工和私有制是两个同义语，讲的是同一件事情，一个是就活动而言，另一个是就活动的产品而言。"[26]分工和私有制是人的片面发展的根源。因此，人的全面发展的根本在于消灭分工和私有制。"要消灭关系对个人的独立化、个性对偶然性的屈从、个人的私人关系对共同的阶级关系的屈从等等，归根到底都要取决于分工的消灭。……只有交往和生产力已经发展到这样普遍的程度，以致私有制和分工变成了它们的桎梏的时候，分工才会消灭。"[27]

在《德意志意识形态》中，马克思、恩格斯认为，在共产主义社会中，人的全面发展的含义，指的是具有从事各种生产部门生产活动的本领，能够根据需要从一个生产部门转到另一个生产部门；具有广泛的志趣和才能，可以根据社会需要和个人爱好从事各种活动。每一个人的才能的发展将打破地方局限性和民族局限性，全面发展的人必须具有高度的共产主义觉悟。[28]可见，马克思是从生产力和生产关系的矛盾运动中对人的全面发展的含义给予科学规定的。

1848年，马克思、恩格斯共同制定了无产阶级的第一个革命纲领——《共产党宣言》，标志科学社会主义的形成。人的全面发展学说在科学社会主义基础上得到了进一步的论证。科学社会主义是关于无产阶级解放条件的学说，同时，也是人的发展的条件的学说。科学社会主义为实现人的全面发展指出了具体的科学的革命的途径，使人的全面发展的实现有了现实的科学的根据。与此同时，在这一领域里，马克思、恩格斯还对人的全面发展的含义做了规定。恩格斯在为准备《共产党宣言》而起草的《共产主义原理》中指出，共产主义社会中全面发展的人是"一种全新的人"，这种全新的人在消灭了阶级和旧的分工情况下能够全面地发挥出自己的各方面才能。在《共产党宣言》中，马克思、恩格斯又提出共产主义是这样一个联合体,在那里,"每个人的自由发展是一切人的自由发展的条件"。

马克思从研究克罗茨纳赫开始深入政治经济学领域,到写作《哲学的贫困》时逐步涉及更深广的政治经济学问题。他之后写的《政治经济学批判大纲》和《资本论》,使马克思主义政治经济学形成了自己的完整体系。在这个过程中,马克思批判了资产阶级人道主义宣扬的超历史的、抽象不变的人性观,形成了关于人性是在社会历史发展进程中不断变化的观点。与此同时,人的全面发展在政治经济学领域里得到了更为详尽的论述。

在政治经济学领域里,马克思进一步从生产力和生产关系的矛盾运动中说明人的发展规律,从社会关系出发说明人的发展的性质。他指出:"生产力和社会关系——这二者是社会的个人发展的不同方面。"[29]马克思详尽地考察了资本主义机器大工业生产的本性,从而提出了人的全面发展的客观必然性和可能性,并且从根本上揭露了资本主义生产关系是阻碍这种可能性变为现实的根源。

马克思从政治经济学角度,阐明了劳动在人的全面发展中的重要作用。生产劳动就是人的体力和智力的发挥和运用,是人的创造性的表现。在劳动中,人也改变和发展自身。"人就使他身上的自然力——臂和腿、头和手运动起来。当他通过这种运动作用于他身外的自然并改变自然时,也就同时改变他自身的自然。他使自身的自然中沉睡着的潜力发挥出来,并且使这种力的活动受他自己控制。"[30]因此,人的发展离不开劳动,离不开革命实践。基于此,马克思认为,在共产主义制度下,生产劳动同智育、体育的结合将"不仅是提高社会生产的一种方法,而且是造就全面发展的人的唯一方法"[31]。

马克思在政治经济学领域里论述了人的全面发展的含义,它是指人的体力和智力的充分的自由的发展。

马克思的上述思想,在恩格斯的《反杜林论》中得到进一步发挥。恩格斯坚持了分工对人的发展起着决定作用的观点,指出分工不仅是人的片面发展的根源,而且"分工的规律就是阶级划分的基础"[32]。大工业的发展使旧的分工日益动摇,物质生产过程的变革,使脑力劳动与体力劳动日趋结合。在私有制消灭、旧的分工根除的社会里,"代之而起的应该是这样的生产组织:在这个组织中,一方面,任何个人都不能把自己在生产劳动这个人类生存的自然条件中所应参加的部分推到别人身上;另一方面,生产劳动给每一个人提供全面发展和表现自己全部的即体力的和脑力的能力的机会"[33]。恩格斯指出,共产主义全面发展的人具有高度的共产主义文明修养,个人的体力与智力尽可能充分地自由发展,各种才能和志趣充分自由地发展。其根本点就是人的身心的充分的、自由的发展,即人的德、智、体等方面的充分的、自由的发展。

通过以上对马克思的人的全面发展学说发展过程的大致考察,我们可以看到,它与马克思主义的产生、形成和发展过程相一致。马克思的人的全面发展学说也有一个产生、形成、发展过程。马克思的人的全面发展学说的形成是以《关于费尔巴哈的提纲》和《德意志意识形态》完成为标志的。纵观马克思的人的全面发展学说,其成熟之前与成熟之后相比较,有如下几点不同。

第一,在马克思主义成熟之前,马克思还没有形成人的全面发展的科学概念,马克思仅仅提到人的发展这一概念。而在成熟之后,马克思提出了"人的全面发展"的科学概念,并逐步形成了完整的科学理论体系。

第二,研究的出发点不同。早期马克思研究和阐述人的发展,是从人的本质出发的。人是万物的尺度,人的发展是人的本质的固有要求。在私有制社会中,人的本质被异化,异化了本质的人是"非人",因而是片面化、畸形化的人。那时,马克思是从人的本质出发去说明人的发展状况的。在马克思主义形成后,马克思不是从人和人的本质出发,而是从人所从事的物质生产出发,去研究和阐述人的发展和全面发展。人的片面发展与全面发展是一定的生产力和生产关系的客观要求。不同社会、不同历史时期的人具有不同的发展水平,这只能从该社会、该时期的生产力和生产关系的矛盾运动中得到说明,而不是由人的本质的固有要求所能说明。

第三，理论基础不同。早期马克思论人的发展是以人的本质为理论基础的，其中心是异化理论。对人的发展的必然性和可能性的论述，是用人的本质的异化与扬弃、人性的丧失与复归这样的否定之否定辩证法为根据的。在论述人的发展和解放的实现时，还停留在人道主义的水平上，没有找到现实的科学途径。在后期，人的全面发展理论是以马克思主义哲学、政治经济学和科学社会主义三个组成部分为理论基础的。相对而言，马克思主义的政治经济学与人的全面发展学说有着更为密切的关系。因为政治经济学是研究生产关系的科学，而生产关系是"决定其余一切关系的基本的原始的关系"。它是各门社会学科的理论基础。同样，人的全面发展学说也是在马克思摆脱了哲学的思辨领域，通过研究政治经济学完成的。但是，人的全面发展并不是一个纯经济学的概念，它还与马克思主义哲学和科学社会主义有着密切联系。马克思在各个领域都有论述。因此，只有将马克思主义的三个组成部分综合起来考察，才能完整地把握人的全面发展学说。

第四，含义不同。马克思早期关于人的发展的定义，基本上是与人的本质一致的。人的发展实际上是指人的本质力量的展开。在《1844年经济学哲学手稿》写作前，马克思谈人的发展，基本上是在意识领域里谈人的各种观念力量的发展。在《1844年经济学哲学手稿》中，马克思提出人的全面本质——人作为一个完整的人，占有自己的全面的本质——这很接近人的全面发展这一概念。但由于它是在人本主义影响下提出来的，因而带有许多不科学的成分。在后期，马克思在科学世界观指导下，给人的全面发展赋予了科学含义。综合起来说，马克思讲人的全面发展，是指人的智力和体力的充分、自由的发展，人的各方面才能和志趣的和谐、统一的发展，还包括人的道德力、审美力的发展，也就是人的德、智、体充分而自由的发展。

这里所说的人的发展的自由，并不像马克思早期所讲的意识的自由。它有两个方面的含义：第一，是指在物质生产范围内，人所获得的自由。

马克思指出:"这个领域内的自由只能是:社会化的人,联合起来的生产者,将合理地调节他们和自然之间的物质变换,把它置于他们的共同控制之下,而不让它作为盲目的力量来统治自己。"[34]这里的自由实际上是指人对自然规律的认识和驾驭。人在这个领域的自由发展也是指人能够充分发挥自己的才能驾驭自然的必然性。但马克思又说,这个领域始终是一个必然王国,所以人的自由、自由发展只能是在自然规律制约下的,对自然规律的认识和把握。第二,是指在经济领域以外的自由。这就是生产力高度发展,生产率提高,自由(业余)时间增加,从而扩大了人的自由的范围。这里实际上是指人对自己的发展条件的控制。总之,人的自由发展,实际上是指人对自然和社会的必然性的认识和控制,是人对自己的发展条件的自由支配和充分利用。

然而,我们指明的马克思的人的全面发展学说形成前后的不同,与西方现代资产阶级哲学家和假马克思主义者蓄意制造的"两个马克思"的神话毫无共同之处。我们坚持真理发展过程论,既坚持真理发展的阶段性,又坚持真理发展的连续性。我们指出了阶段性上的不同,并不否定各阶段存在的必要性,也不是否定其全部内容。人的全面发展学说的形成也是一个从量变到质变的过程,在某阶段量的积累中,已有部分的质变(真理性成分)。在成熟之前,马克思关于人的发展的许多论述是有真理性的,我们应该坚持,但我们又不能无视二者的根本性的差别。

有的同志认为,马克思研究和阐述人的全面发展是从人和人的本质出发,以异化理论为理论基础的。应该看到,这是马克思早期的研究成果,后来被马克思放弃了。还有的同志认为,人的全面发展是一个经济学范畴,即指人作为劳动力所应有的体力和智力的发展。这是片面的,不符合马克思原意的。事实上,马克思并不同意把人仅仅作为劳动力。还有的同志认为,人的全面发展的本质特征是脑力劳动与体力劳动的结合,这无论从历史事实上,还是从理论根据上都找不出证明。总之,在我们研究和阐述人的全面发展学说时,应该把它放在马克思主义的发展过程中去理解和认识,这样才能正确地、全面地把握马克思主义的理论，避免造成偏颇和失误。

参考文献

[1] 列宁. 列宁全集：第38卷 [M]. 北京：人民出版社，1959：386-387.

[2] 马克思，恩格斯. 马克思恩格斯全集：第2卷 [M]. 北京：人民出版社，1957：279.

[3] 列宁. 列宁全集：第21卷 [M]. 北京：人民出版社，1959：28.

[4] 马克思，恩格斯. 马克思恩格斯全集：第1卷 [M]. 北京：人民出版社，1956：63.

[5] 同 [4] 118.

[6] 马克思，恩格斯. 马克思恩格斯选集：第2卷 [M]. 北京：人民出版社，1972：81.

[7] 同 [4] 270.

[8] 同 [4] 451.

[9] 同 [4] 466.

[10] 同 [4] 467.

[11] 同 [4] 467.

[12] 同 [4] 466.

[13] 同 [4] 467.

[14] 费尔巴哈. 费尔巴哈哲学著作选集：上卷 [M]. 北京：商务印书馆，1984：246.

[15] 马克思，恩格斯. 马克思恩格斯全集：第42卷 [M]. 北京：人民出版社，1979：124.

[16] 同 [15] 120.

[17] 同 [15] 123.

[18] 同 [15].

[19] 马克思，恩格斯. 马克思恩格斯选集：第1卷 [M]. 北京：人民出版社，1972：18.

[20] 列宁. 列宁选集：第1卷 [M]. 北京：人民出版社，1972：6.

[21] 同 [3] 34.

[22] 马克思，恩格斯. 马克思恩格斯全集：第3卷 [M]. 北京：人民出版社，1960：83.

[23] 同 [22] 43.

[24] 同 [22] 507.

[25] 同 [22] 24.

[26] 同 [22] 37.

[27] 同[22]516.

[28] 同[22]37,400.

[29] 马克思,恩格斯.马克思恩格斯全集:第46卷下[M].北京:人民出版社,1980:219.

[30] 马克思,恩格斯.马克思恩格斯全集:第23卷[M].北京:人民出版社,1972:202.

[31] 同[30]530.

[32] 马克思,恩格斯.马克思恩格斯选集:第3卷[M].北京:人民出版社,1972:321.

[33] 同[32]333.

[34] 马克思,恩格斯.马克思恩格斯全集:第25卷[M].北京:人民出版社,1974:926-927.

(本文原载《教育研究》1984年第2期)

略论世界新的技术革命与智力开发

何钟秀　关西普

通过对国内外有关新情况的初步研究，我们认为，在智力开发这个问题上，我国应该认真地加以考虑，并在战略和战术方面采取对策。现将有关想法分述如下。

一、世界新的技术革命对我们提出的挑战实质

一次世界性的新的技术革命已于20世纪40年代以后开始——这在一些主要资本主义国家中，已经是许多学者和企业家公认的看法了。美国的阿尔文·托夫勒把这次技术革命称为冲击人类历史的"第三次浪潮"；约翰·奈斯比特把它称为改变人类生活的"大趋势"；丹尼尔·贝尔认为由此将导致"后工业化社会"的到来；日本现代人类研究所所长飞冈健则把它称为"第三次创业时代"，并对这个时代的特征做了颇为具体的描绘。

如此等等对这次技术革命的表述，特别是对其社会后果所做的种种预测中所反映的观点，从根本上说是同马克思主义的基本原理相违背的。本文暂不打算对它们进行全面分析，但有几个问题是必须回答的：按照马克思主义观点来看，新的技术革命是怎么发生的？现在是否出现了新的技术革命？如果已经出现了，它的特点是什么？这次新的技术革命将会引起怎样的经济与社会后果？我们应该怎样对待它？……当然，一篇文章不可能

什么都说得十分详尽，我们想只从智力开发的角度扼要地论述一下这些问题。

首先，应该怎样认识技术革命这种现象呢？按照历史唯物主义观点，人类的历史实质上是一部生产发展史，即生产力和生产关系辩证运动的历史；在阶级社会中，也是阶级斗争的历史。生产力的发展，有自身的客观规律，而不以人的主观意志为转移。开始，总是由于生产的需要引起对工具的改良和技术的革新，技术改革的不断积累和总结提高，往往会引起重大突破并上升为新的科学理论。而科学理论方面的新突破，又必然大大推动技术和生产的新发展，引发新的技术革命并最后导致新的产业革命。比如，正是由于生产的需要，瓦特利用前人积累的经验对已经采用了几十年的纽可门蒸汽机进行重大改革。在瓦特改良的蒸汽机普遍推广之后，热功转化理论又有了新的进展，卡诺的热力学原理及有关定律才逐渐突破。而当狄赛尔自觉运用这种科学原理设计并制成新的动力机械装置时，其功率把瓦特蒸汽机远远地甩在后面，在技术上又产生了一次新的飞跃。以牛顿和卡诺为代表的机械力学和热力学理论，大大推动了机械传动和热功动力技术的革命，而这种新技术和新工具被产业部门普遍采用，就构成了引发以机械工具和热功动力为标志的第一次产业革命的生产力背景。从以法拉第和麦克斯韦为代表的电磁学理论突破开始，新的科学理论又大大推动电气技术的发展，通过爱迪生等人在电气技术上的发明，一场新的技术革命随之发生了：发电机、电动机、电通信等新技术逐渐被普遍应用于生产和生活，结果导致了以电气工业为主体的第二次产业革命。可见，科学理论的突破必然会引发新的技术革命，而当新技术被普遍采用、逐渐形成新的产业结构时，又总会导致新的产业革命。这是不以人的意志为转移的客观规律。

那么，现在是否已经出现了一次新的技术革命呢？事实已经回答了这个问题：1900年普朗克提出量子理论，1905年爱因斯坦建立了狭义相对论并从中推导出了质量和能量联系的定律，一场新的科学革命开始了。1911

年卢瑟福发现"粒子散射现象"并提出了原子有核的假说和模型，1913年玻尔提出了量子轨道和氢光谱的解释，1916年爱因斯坦进一步发表了广义相对论，1924—1927年德布罗意、海森堡、薛定谔等建立了量子力学，1932年恰德威克发现中子，1938年哈恩用中子轰击铀235的原子核，引起裂变，产生"连锁反应"……这场科学革命为又一次新的技术革命准备了前提，接着一系列新技术出现了：20世纪40—50年代的核能技术、电子和计算机技术，50—60年代的空间技术、激光技术、光导技术、半导体及新材料开发技术、生物工程技术，以及70年代以来的微电子技术、信息技术、海洋技术等。事实上，一场新的技术革命不仅已经出现，而且正在影响着传统产业结构，向着一次新的产业革命发展。只要稍做比较，我们就可以发现，这次技术革命与过去几次技术革命相比，具有自己不同的特点：（1）它不是单项技术的革命，而是多项新技术的综合革命；（2）它提供的新技术不但可以用来进一步利用和改造自然界，同时还有能力创造新的自然物质和新的自然环境；（3）它提供的新技术不但增强了人类征服陆地的能力，而且还为人类征服空间和征服海洋创造了条件；（4）它不但可以进一步解放体力劳动，还可以用来解放脑力劳动；（5）它的发展将为共产主义社会提供更为充分的物质技术条件。

可以预见，这场新的技术革命的继续发展，必将带来重大的经济后果。例如：它可更合理地利用自然界的材料资源，并创造出自然界本来没有的新材料和代用材料，而使人类社会的材料资源从此不再匮乏；它可更合理地利用自然能源，并创造可以持续再生的新能源，从而解决能源危机问题；由于它不但使人的体力劳动进一步得到解放，而且必然会解放人的脑力劳动，从而改变人类生产和生活的传统方式，大大提高社会的生产力和劳动生产率；它将使产业多样化和产品多样化，不仅提高人类社会的物质生活水平，而且丰富人类社会的精神生活内容；它将使人类有能力进入更远的空间和浩瀚的海洋，扩大自己活动的天地，并从而获得未曾开发的财富；等等。对这些，我们必须有足够的认识。

面对这种已经开始的世界新的技术革命的不断发展，我们应该采取什么态度呢？回答是：应该正视它，研究它，认识它，采取正确的措施对待它。只有采取主动，才能立于不败之地。只要我们能积极主动地、正确地对待，那么这场新的技术革命对我们来说，就不光是一种挑战，而且将是一个机会。因为如果处理得当，我们可以充分利用新的技术，迎头赶上，更快地实现现代化。但必须特别强调的是：一定要在明确此次挑战实质的基础上，科学地研究和正确地制定出应当采取的战略性对应措施，以达到这个目的；否则，就难以应对挑战，机会也会丢失。

　　什么是挑战？挑战意味着一种进攻性和强迫性的新态势，它是一种冲击性的力量，它迫使你改变一定的传统和常规，做出相应的反应，将被动转化为主动。那么，这次新技术革命挑战的实质是什么？说到底，就是要求我们必须更加重视科学技术知识，更快更多地学习和研究新的科学技术知识，更及时、更有效地利用这些科学技术知识，并且更多更好地创造更新的科学技术知识。一句话，就是必须重视智力开发。所谓智力，强调的是智慧和能力，而不是一般的劳动力。智力开发的实质，就是要让越来越多的人掌握现代科学技术知识，在社会主义现代化建设的实践中运用这些科技知识，并创造更多更新的科学技术知识。有人说，我们"人口众多，人手不少，人才奇缺"。确实，与建设社会主义现代化事业的需求相比，当前我国能够掌握现代科学技术知识、运用这些知识于建设实践并创新科学技术知识的人数是不够多的。但我们又有十分巨大的潜力，当务之急是必须大力从事智力开发。现在我们面临的这场新技术革命，来势极猛。如果我们还漠然视之，不采取新的战略战术，着力开发智力、奋起直追，那么，建设现代化将只能是个愿望，我们还将长期处于落后状态，与发达国家的差距会越拉越大，还怎么超过它们？！

　　所以我们认为：这次世界性的新技术革命向我们提出的挑战，实质就在于迫使我们把智力开发提到刻不容缓的战略地位来认识，要求我们必须以加强智力开发的战略措施来迎接这种挑战。只有这样，我们才能真正抓得住并切实利用这个机会。这是我们在研究这次新技术革命时应该首先得出的重要结论。

二、我国智力开发应该采取的战略战术

新技术革命向我们提出了必须加强智力开发的任务。那么,当前开发智力应当采取什么战略、战术呢？我们认为应该采取"全层—协同"战略和"双轨—同步"战术。

所谓"全层",是说需要对各个层次社会成员进行智力开发,即智力开发必须是全民性的:小部分不行,停留在大部分上也不够,而是全国受开发,全民受教育。所谓"协同",是说需要对智力开发有一个优化的统筹,既有主次先后的计划,又能保证更快的速度和更好的质量。采取这样的战略就可以又多、又快、又好、又省地开发智力,在接受挑战中保持主动地位,并可能"跳跃式"地迎头进入世界新的产业革命行列。

为了顺利实行"全层—协同"战略,首先需要解决对"现代化"概念实质内容的认识问题。新的历史时期的工作重点是进行社会主义现代化的建设,把我国建设成为一个有中国特色的工业、农业、国防和科学技术现代化的强大的社会主义国家。显然,这里的关键问题是要对"现代化"概念有一个科学的理解。我们认为,现代化是一个历史概念,它在不同的历史时期会有不同的内容;但同时它又是一个确定性的概念,即在特定的历史时期概念的内容是确定的。就现时代而言,现代化的实质就是科学化:工业现代化就是工业技术科学化,农业现代化就是农业技术科学化,国防现代化就是军事技术科学化。因此,现代化的科学技术就成了现代化的关键和核心。而科学是反映客观事物的关系和规律的系统知识,科学知识既是人创造的,又是要被人掌握后才能利用的,因此,在一定意义上也可以说,现代化也就是知识化,即现代化要求既有较多的能够创造新的科学技术知识的人,又有更多的能够掌握和使用科学技术知识的人。只有这样,

现代化才能顺利实现，才有可靠的保证。有人认为，今后的社会是知识化的社会，而且科学知识及其技术结晶会占有越来越重要的地位，这不是没有道理的。说到"中国式的现代化"，曾经有人以为，这意味着我们降低了对现代化标准的要求，其实这是误解。所谓中国式的现代化，只是说中国的现代化建设要从中国的实际出发，它所采取的方法、步骤和形式，要适合中国的具体情况和特点，而不能照抄、照搬国外的道路和模式，更不能降低标准。现代化就是现代化，降低了标准就不是现代化了。对现代化概念的实质内容有了这种科学的理解，就能对采取"全层—协同"智力开发战略的根据和必要性加深认识。

为了顺利实行"全层—协同"战略，应该同时采取一种可以称之为"双轨—同步"的战术。所谓"双轨"，是说智力开发的内容和方法都要考虑，其含义同过去经常使用的"两条腿走路"的"两条腿"基本相同，而不是说各走各的道。所谓"同步"，是说智力开发的内容和方法要协调配合好，而不是说要机械地齐头并进。具体地说，这种"双轨—同步"战术，主要是指后面这几种做法上的要求。第一，"硬件智力"与"软件智力"要协调开发。也就是说，我们不但要重视科学技术智力的开发，同时还要重视科学技术管理，以至科学技术同经济、社会协调管理智力的开发，并且根据情况使其有计划、按比例地发展。这是因为，缺乏软件智力，硬件智力就不能充分发挥作用，从而造成不应有的损失。在我国，软件智力比硬件智力更为落后，我们已经吃了亏，现在仍然在吃着亏。如果对此不能引起足够的重视并及时采取措施，这种亏我们还要继续吃下去。第二，"专才智力"与"通才智力"要协调开发。专才智力并不就是硬件智力，通才智力也并不就是软件智力。软件智力、硬件智力主要是就掌握和运用科学技术知识的性质而言；而专才智力、通才智力则分别是指只能掌握和运用某一种专业知识和技能，及能掌握多种知识和技能，并善于综合地运用，从而能够从整体上处理系统性问题。因此，后者的外延要比前者更大。形象地说，"硬件"是武器，"专才"是使用不同武器的战斗员；

"软件"是某一方面的指挥员,"通才"则是"将"和"帅"或辅佐"将、帅"的战略人才。我们现在既需要专才也需要通才,而两者又都不足。对于"武器"和"战斗员"的需要和不足,大家是容易看到的;而对于"将"和"帅"的需要和不足,不少人则似乎还缺乏迫切感。其实,在战争中,将和帅的作用要比武器和战斗员的作用更大。因为只有高明的将和帅,才能"运筹帷幄之中,决胜千里之外",而"一着失错",就会"满盘皆输"。所以,我们除了要重视加强各类专才智力的开发之外,还要更加重视加强各个层次、各个方面战略决策人才的智力开发。这方面我们的经验和教训已够多了,我们必须认真地吸取并牢记不忘。尤其是科学技术、生产能力和规模,以及各种不同领域的相互影响和渗透越来越错综复杂,就更加需要能够驾驭全局形势的将才和帅才。第三,高档智力与中档、低档智力要协调开发。在软件智力与硬件智力、通才智力与专才智力之间,必然存在着高下之分。同时,对智力的不同要求也是客观的需要,不然就无法形成既有分工又有协作的"一盘棋"。例如,科学技术事业既需要研究人员,也需要实验员和技术员;生产事业既需要经理、厂长,也需要车间主任、工段长和工人。他们分工不同,各有各的贡献,但都是社会的需要,在政治地位上是完全平等的。但是我们又必须客观地承认,对他们智力水平的要求确实又是有高低之分的。因此,我们对高档智力与中档、低档智力也要有一个通盘筹划的协调开发。在一般情况下,中档、低档智力的需要量更多,高档智力的需要量则较少些;但是,中档、低档智力又需要不断地提高,而高档智力又是提高中档、低档智力的力量。因此我们应有战略的眼光,始终把高档智力的开发放在应有的位置上。第四,现有智力与后续智力、后备智力要协调开发。我们不但要加速扩大新的智力队伍,而且还要对现有的智力队伍进行再开发,使他们的智力加速更新,向更高水平发展。第五,为了做到以上几点,在智力开发的方法和手段上,我们还要使学校教育与在职教育协调发展、公办教育与民办教育协调发展、专职教师与兼职教师协调发展,以及"受业"成才与自学成才协调发展。其他几种方法容易理解，这里想特别说一下兼职教师和自学成才的问题。大家知道，现代科学技术知识，是不能单靠在劳动和工作的实践中自发地得到的，要获得现代科学技术知识和运用能力，主要的办法是学习。学习又主要有两条渠道：一条是"受业"，另一条是自学。当然最好是把二者结合起来。要自学就需要有可学的材料，"受业"则不但要有可学的材料，还要有教师，因此，教材和教师就成了开发智力的两个最强大的杠杆。可是我们不但合格适用的教材少，而且合格适用的教师也不够多。出路何在呢？出路就在于"能者为师"。不是专职教师，可以当兼职教师。就是没有兼职教师的名义也无妨，可以利用不同形式，请他们教其所学和所长：在讲台上讲课，在讲台下言传身教，请他们编教材、写书，让他们当实际的"教授"。这样做，我们就能大大缓和目前教师和教材的紧张状态，加速智力的开发。

以上的第一、第二、第三、第四条是"双轨—同步"战术在内容上的要求，第五条是在方法上的要求，总合起来为"双轨—同步"战术的主要方面。

上述战略和战术思想，可归纳为 3 句话 24 个字，即"全层开发，整体协同；双轨同步，有主有从；能者为师，稳步速成"。我们相信，运用这种战略战术，我们一定能胜利地迎接世界新的技术革命所提出的挑战，将会很快地开创一个智力开发的新局面。

三、当前应该选择智力开发向纵深发展的突破口

为了取得胜利，我们不但需要正确的战略和战术的指导，而且还需要在战役和战斗的组织中正确地选择突破口，迅速地打开突破口，先向纵深发展，再向横阔铺开，以夺取全面的胜利。

在智力开发问题上，哪些是我们应该选择的突破口呢？或者说，在当前和今后一段时间内，哪些是我们应该着力抓住的主要环节呢？考虑我国

的历史经验和现实情况，我们认为主要有以下几个方面。

提高各级领导对智力开发紧迫性的认识，这是首要的环节。没有深刻的认识，就不会有坚定的行动；没有统一的认识，也不会有统一的行动。在我们社会主义国家里，党和国家各级领导的认识、决心和态度，对于下级和群众行动的影响，常常具有决定意义。因而，要解决各级领导的认识问题，使他们认识到这次挑战的实质，认识到现代化的实质在于科学化、知识化，从而能主动、积极、认真、科学地去抓智力开发工作。党中央和国务院已发出了有力的号召，采取了许多措施，帮助各级领导提高认识，同中央一致行动。可以预期，我们中央各部门和地方省、市、县的各级领导，一定能够做到这一点。广大群众殷切地期望，这种统一的认识和统一的行动能够更快地到来。

充分利用和继续提高现有智力队伍，是智力开发的首要一着棋。培养新生力量需要一定的时间，现有力量的充分发挥和继续提高则容易"立竿见影"。应当看到，我国现有的智力队伍有着相当的实力；同时也应承认，由于种种客观原因，他们的潜力还远远没有发挥出来。而一旦把他们潜在的智力开发出来，不但可以马上增加智力成果，而且可以成为继续开发智力的力量。因此，我们应该千方百计地走好这首要的一着棋。

更加重视和更加积极地开发现代管理智力，努力扩大科学管理队伍和提高管理水平，是我们必须迅速抓好的一个薄弱环节。现在，科学技术是生产力的道理，已被越来越多的人认识了、承认了。科学管理也是生产力，而且，生产的规模越大，内容越复杂，科学管理越是重要的生产力，这点却还没被更多人认识。必须看到，正是由于我国的科学管理水平落后，以致现有的科学技术能力不能充分地发挥。如果能够做到管理科学化，即使现有技术水平和设备不变，我们也可以较大地提高产值和产量的增长率。对于这个问题，党中央和国务院也已经明确地提出来了。现在的问题是要改变中层和基层领导者的认识，并采取更有力的措施，迅速开发管理智力。

要抓紧培养一批能够科学地进行战略决策和承担战略咨询任务的战略智力队伍。毛主席在抗日战争时期曾说，如果能有一两百个成熟的马克思主义领导者，抗战的胜利就有了保证。我们现在也可以说，如果在中央能够有一两百个、在省市能够有一两千个通晓现代化建设的战略家，我们的现代化建设事业也就有了可靠的保证。这样的战略思想家，既有马克思主义修养，又熟悉多方面的现代科学知识；既能够通观全局、驾驭整体，又能当机立断，随机应变。有这样的人才提供战略咨询，进行战略决策，就可以避免只见树木不见森林的偏差，就可以消除忽左忽右和大起大落的片面性，就不会因小而失大，就能驾驭时代的车轮在康庄大道上奔驰，就能加快现代化建设的速度、缩短到达目的地的时间。因此，战略人才的培养是关系到我国现代化建设成败的大事，但做起来又很不容易。它既需要发现好"坯子"，又需要精心地加工雕琢。因此我们更需要及早动手，让他们更快地补充和接替当前不适应现代化要求的决策和参谋队伍。

及时制定相关的政策和改革相应的体制，是落实"全层—协同"战略和"双轨—同步"战术，顺利地打开突破口并迅速向纵深发展的前提和保证。党和政府的一切行动都是执行政策。战略和战术思想的落实要靠政策来保证，而政策的推行又要靠高效率的组织机构系统，这种高效率的组织机构系统也就是科学化的体制。政策跟不上，体制不适应，多么正确的战略战术也无法顺利地贯彻，这方面的历史教训我们也有不少了。为了智力开发的顺利发展，我们必须在已经有了良好开端的基础上，更进一步系统地制定有关的政策，系统地改革有关的体制。

我们认为，以上五点就是当前实现智力开发的"全层—协同"战略和"双轨—同步"战术的五个突破口或五个主要环节。贯穿它的思路是：千里之行，始于足下；由近及远，由小而大；重点突破，全面开花。也就是说，我们既要站得高看得远，又要从现实出发扎扎实实地迈步，既要胸有全局，又要抓住重点，既要求快，又要求稳，坚持下去，就定会取得开发智力的宏伟战果。

略论世界新的技术革命与智力开发

我们想指出：我们党对干部提出了革命化、年轻化、知识化和专业化的要求，发出了提高全民族的科学文化水平的伟大号召，并把科学与教育当作新的历史时期的战略重点之一来部署。这些要求、号召和部署的中心点，恰恰集中在用现代化科学技术知识，首先武装干部，进而武装全体人民上面。知识化就是要求通晓广泛的科学知识。专业化就是要求不但要通晓比较广泛的科学知识，而且还要能掌握和运用一定的更专门的知识，以做好专业性的本职工作。教育的任务是传授、提高和普及现代科学技术知识，它正是提高全民族科学文化知识的主要手段。因此，这些要求、号召和战略部署，都可以归结为智力开发的问题。认识这一点，将大大有助于我们进一步理解智力开发的紧迫性及其同党的要求的一致性。大家知道，现代化首先需要思想认识的现代化。在思想认识现代化的基础上，同时还要有知识的现代化、技术的现代化和组织管理的现代化，这才可谓完全的现代化。所有这一切都离不开智力的进一步开发，智力开发的状况将在很大程度上反映现代化的发展状况——这就是我们的总结论。

(本文原载《教育研究》1984年第4期)

全面地历史地研究马克思主义关于人的全面发展的理论

陈桂生

关于人的全面发展的理论在马克思主义教育思想中具有特别重要的地位。然而，它并不单纯是教育理论，就其范围来说，远远超过了教育领域。

人的全面发展，更确切的提法，应是"个人全面发展"。当然，马克思主义关于个人全面发展的理想，是全体社会成员的全面发展，而不限于单个人和部分人的全面发展。这是马克思主义的全面发展理论和资产阶级个性解放理论的重要区别。

正因为人的全面发展理论的研究对象是全体社会成员，所以，人的全面发展是马克思主义哲学、政治经济学和科学社会主义的重要课题之一。但这个问题同教育的关系至为密切。

社会主义制度为人的全面发展开辟了广阔的道路。在社会主义制度下，我们的培养目标应当符合人的全面发展的方向。所以，马克思主义关于人的全面发展的理论是社会主义教育的指导思想。然而，马克思主义经典作家并没有代替我们确立社会主义的培养目标。这是因为任何一个国家都必须从本国的实际出发确定培养目标。

长期以来，国内外理论界对人的全面发展问题进行了许多探索。近几年来，我国教育理论界对这个问题的探讨也相当活跃，但意见颇不一致。

全面地历史地研究马克思主义关于人的全面发展的理论

例如，对人的全面发展的含义，实现人的全面发展的可能性，人的全面发展理论的现实意义，我国流行的"德、智、体全面发展"的提法，我们党和毛泽东对人的全面发展理论的贡献，等等，都有不同看法。这里拟就其中的一些问题，发表一些不成熟的意见。

一

在马克思列宁主义经典作家的著作中，人的全面发展是一个科学概念，有它特定的含义。

人的全面发展是相对于人的片面发展而言的。什么是人的片面发展，或者说什么是片面发展的人呢？恩格斯在《共产主义原理》一书中做了明确的表述。他说："生产的社会管理不能由现在这种人来进行，因为他们每一个人都只隶属于某一个生产部门，受它束缚，听它剥削，在这里，每一个人都只能发展自己能力的一方面而偏废了其他各方面，只熟悉整个生产中的某一个部门或者某一个部门的一部分。"[1]这里所谓隶属于某一个生产部门（就社会分工而言），或者某一个生产部门的某一部分（就生产机构内部分工而言），指的是使人片面发展的旧的分工。由于每一个人终身束缚于一种职能，就使得每一个人只熟悉整个生产系统中的某一部门或某一部门中的一部分。由于每一个人都不熟悉整个生产系统，又使得每一个人只能发展自己能力的一方面，而偏废了其他各方面，成为片面发展的人。那么，什么是人的全面发展，或者说什么是全面发展的人呢？恩格斯认为全面发展的人，是"各方面都有能力的人，即能通晓整个生产系统的人"[2]。

后来，马克思把片面发展的人称为"只是承担一种社会局部职能的局部个人"，而把全面发展的人称为"把不同社会职能当作互相交替的活动方式"的个人。[3]马克思还指出："正如我们在罗伯特·欧文那里可以详细看到的那样，从工厂制度中萌发出了未来教育的幼芽，未来教育对所有已满一定年龄的儿童来说，就是生产劳动同智育和体育相结合，它不仅是提高社会生产的一种方法,而且是造就全面发展的人的唯一方法。"[4]

列宁把全面发展的人称为"会做一切工作的人"[5]。

斯大林在谈到过渡到共产主义的先决条件问题时指出:"必须把社会的文化发展到足以保证社会一切成员全面发展他们的体力和智力,使社会成员都能获得足以成为社会发展中的积极活动分子的教育,都能自由地选择职业,不致由于现存的分工而终身束缚于某一种职业。"[6]

马克思、恩格斯、列宁和斯大林关于全面发展的提法基本上是一致的。他们都认为人的全面发展是人的能力(主要是劳动能力)的多方面的充分的发展。

二

人类进入文明时代以后,为什么个人越来越向片面的方向发展?为什么在产业革命完成后,人的片面发展愈演愈烈?

空想社会主义者试图用资产阶级人性论和人道主义来回答这个问题,把这一切都归罪于现存社会制度及其维护者"违反人道""违反人性"。那么,为什么会产生这种种违反人性和人道的现象呢?他们也只能同义反复地用"违反人道"和"违反人性"来回答。

马克思和恩格斯与空想社会主义者不同。他们把这个问题放在社会生产力和生产关系矛盾运动的范围内考察,也就是从生产力和生产关系的矛盾运动中揭示人的片面发展的社会根源。

生产力对人的发展有什么影响呢?马克思着重从劳动过程的社会结合和劳动过程的技术结合两个角度考察这个问题。

(一)劳动过程的社会结合对人的发展的影响

劳动过程的社会结合,指的是劳动组织的分工与协作。分工与协作对人的发展有不同的影响。同人的片面发展有直接联系的,是劳动的分工。

马克思首先从哲学上考察分工对人的发展的影响。他在《1844年经济学哲学手稿》中提到，分工对于创造社会财富来说是一个方便的、有用的手段，是人力的巧妙运用，但是它却使单个人的能力退化。他把当时那种现实前提下的分工（和交换）看成是"人的活动和本质力量——作为类的活动和本质力量——的明显外化的表现"[7]。

分工对于人的影响有两重性：一方面，由于分工的存在，社会上每个成员都致力于一定的专门职能，这有助于生产经验和技能的积累和提高，促进认识的深化，对于生产和一切工作都有推动作用；另一方面，由于分工的存在，每个人只关心（或者只着重关心）和熟悉同自己所承担的职能有关的经验、知识和技能，而对于同其他职能有关的经验、知识和技能不关心或不够关心，因而往往是知之不多、知之不深、技艺不精，甚至无知无能，这就使人们的眼界狭窄，限制了人们的发展。这不利于在分工基础上的协作。总的说来，分工使得社会的知识、经验、技能越来越全面，而使个人的知识、经验、技能越来越片面。然而，分工有不同的历史形式。在不同的生产力水平和不同的社会制度下有不同的分工，而不同形态的分工对人的发展的影响是有区别的。马克思曾进一步从政治经济学的角度对分工及其给予人的发展的影响进行了历史的具体的考察。

尽管分工对人的发展有消极影响，但它对劳动者在某一专门职能范围内的知识和技艺的发展又有积极意义。所以，马克思并不主张一般地消灭分工。他主张要消灭"旧的分工"，也就是使人终身束缚于一种职能（职业工种）的固定的分工。分工虽然会造成人的发展的片面性，但是只有在使人终身束缚于一种职能的旧的分工的情况下，人才成为片面发展的人。

（二）劳动过程的技术结合对人的发展的影响

劳动过程的社会结合是以劳动过程的技术结合为物质技术基础的。只有把握劳动过程的技术结合的特点，才能理解劳动过程的社会结合的存在和发展及其对人的影响。

劳动过程的技术结合，指的是具有一定技术基础的生产资料同具有一定经验、技能的劳动者的结合。由于生产资料的技术基础不同，对劳动者生产经验与技能的需求不同，劳动过程的技术结合的状况也就不同。马克思着重考察手工劳动同机器劳动这两种根本不同的劳动过程的技术结合对人的发展的影响。前者以手工工具和手工操作经验与技能为基础，后者则以科学技术为基础。

劳动过程的技术结合的变化，使工人片面发展进一步加剧了。这是由于在机器生产的条件下，生产技能从工人身上转移到机器上，劳动职能大大简化。"劳动看来很容易，工人的全部肌肉力以及技能都转移到机器上了"[8]，这样，劳动内容变得十分单调。同时，在机器生产中，生产工具已经不是由工人来操纵，而是由人所创造的机械来操纵。人只看管机器的运动，纠正它偶然发生的差错，等等。机器上面的一切劳动，都要求工人从小就学会使自己的动作适应自动机划一的连续的动作运动，工人只是被动地适应机器的运动，在机器面前，失去了自动和自由。当然，操作机器仍然需要一定体力，也需要一定灵巧性，手指要灵巧和熟练，反应要快，思想要完全集中，使自己看管机器活动的速度适应机器运转的速度，并且同时要照看若干台机器和一台机器的许多作业[9]。这种既紧张又单调的劳动，对工人身心的发展产生不利的影响。

以上着重从社会生产力方面说明人的片面发展的社会根源，还只是概括马克思人的全面发展理论中的一部分思想。这是因为：第一，按照马克思的观点，单从生产力方面还不足以说明人片面发展的社会根源。造成人的片面发展的原因，除了生产力以外，还有生产关系方面的因素。第二，按照马克思的观点，说明人的全面发展的必要性，不等于证明全面发展的可能性。第三，按照马克思的观点，不仅劳动过程的社会结合与技术结合影响人的发展，而且主要由两个方面所决定的劳动生产率以及物质产品的丰裕程度，对人的发展也有影响。此外，不但分工对人有影响，协作对人也有不可忽视的影响。所以，前面从生产力的角度揭示人的片面发展的社会根源，也还是不充分的。生产力方面的诸种因素、生产力和生产关系的矛盾运动对人的影响是错综复杂的，因此，对马克思人的全面发展理论的论述，需要交叉地展开。

三

我们暂时撇开人的片面发展的社会根源问题，先不谈生产关系对人的发展的影响。前面提到，马克思证明机器大工业，即以机器生产为基础的社会化生产给人的发展带来严重的消极影响，但这只是问题的一面。

我们谈到，只有在使人终身束缚于一种职能的旧的分工的条件下，分工才造成片面发展的人。而旧的分工的产生首先同生产劳动的技术基础有关，具体讲，同手工工具和手工操作经验、技能结合有关。

由于手工工具由人来操作（它同安装在机器上的工具不同），掌握工具的能力取决于工人的技艺。一个人从事同一操作的时间越久，操作经验越丰富，操作技艺越精。所以，手工劳动客观上需要工人长期甚至终身承担一种职能。同时应该看到，手工操作的职能相对于机器操作来说，是比较复杂的，因而，从一种职业的手工劳动转向另一种职业的手工劳动，相当困难，转向多种职业的手工劳动困难更大。所以，在手工劳动的条件下，单从生产方面来说，客观上不需要全面发展的人。从个人来说，事实上也不可能摆脱旧的分工的束缚，成为全面发展的人。

机器大工业生产为人的全面发展展示了新的前景。马克思指出："大工业的原则是，首先不管人的手怎样，把每一个生产过程本身分解成各个构成要素，从而创立了工艺学这门完全现代的科学。"[10]有了工艺学即近代技术科学以后，反过来，又促使原有机器的不断革新和新机器的产生，从而推动机器大工业的进一步发展。所以，机器生产和手工生产的技术基础不同，它不是保守的，而是革命的。随着不断的技术革新和技术革命的实现，劳动的职能必然发生不断的变化，而劳动的变换、职能的更动又必然使劳动分工不断发生变化，造成工人的大量流动，使得工人不断地从一种劳动职能转入另一种劳动职能，从一个生产部门流入另一个生产部门。这就证明大工业从技术上推翻了旧的分工制度[11]。这种情况，对工人产生两方面的影响。职能的更动，使工人面临失业的威胁，工人生活的安宁、稳定和保障被破坏。然而，马克思从这种灾难性的后果中发现了一种进步的趋势，这就是："大工业又通过它的灾难本身使下面这一点成为生死攸关的问题：承认劳动的变换，从而承认工人尽可能多方面的发展是社会生产的普遍规律，并且使各种关系适应于这个规律的正常实现。"[12] 这就是说，"用那种把不同社会职能当作互相交替的活动方式的全面发展的个人，来代替只是承担一种社会局部职能的局部个人"，是大工业生产的客观需要。这是一方面。另一方面，由于机器大工业简化了劳动职能，使得打破旧的分工、劳动的变换、职能的更动和工人在不同工种不同生产部门之间的流动成为可能。在正常的情况下，特别是在有计划的调节情况下，工人可以经过必要的技术训练和技术教育，自由地转换工种和职业，成为全面发展的人。

在现代社会中，由于机器大工业的迅速发展，机器更新的周期大为缩短，劳动的变换、职能的更动和工人的流动更为频繁，旧的分工同大工业的发展之间的矛盾更加突出了。联合国教科文组织国际教育发展委员会于1972年发表的《学会生存——教育世界的今天和明天》报告中反映了这个趋势。这个报告在剖析传统的学院式教育的弊病以后得出这样的结论："教育的目的在于使人成为他自己，'变成他自己'。而这个教育的目的，就它同就业和经济进展的关系而言，不应该培养青年人和成年人从事一种特定的、终身不变的职业，而应培养他们有能力在各种专业中尽可能多地流动并永远刺激他们自我学习和培训自己的欲望。"[13] 如果说消灭使人终身束缚于一种职业的现象，在现代社会中已经引起了人们的关注，那么在大工业的继续发展中，这个前景的实现，是大有希望的。

不过，也应当看到，消灭个人终身固定的职业，固然为个人承担各种职能创造了外部条件,但是,这同使人成为会做"一切工作"的人并不完全是一回事。一个人不再终身只做一种工作,在分工愈来愈细致、专业愈来愈多、新的专业不断产生、旧的专业不断被淘汰的条件下,是生产发展和社会发展的总的趋势。而且,专业分化的无限性和个人生命的有限性是有矛盾的。因此,现在有一种说法还是值得重视的,即在一种职业中轮班是可以的,不同职业的轮流是有限制的。所以,只能从相对的意义上理解人的全面发展,不能把人的全面发展绝对化。

到此为止,我们大体上表述了马克思关于生产力对人的发展的影响。但是,只谈到生产力的质的方面(劳动过程的技术结合与社会结合),而没有涉及生产力的量的方面(劳动生产率和物质产品丰裕程度)。前者决定人的全面发展的必要性与可能性,后者决定实现人的全面发展的现实性。限于篇幅,在这方面拟不展开。

四

尽管机器大工业奠定了人的全面发展的物质技术基础,但是在资本主义制度下,它不能促进人的全面发展。资本主义制度现有物质技术基础反而成为使人更加片面发展的手段。这主要表现在以下几方面。

第一,尽管机器大工业瓦解了使人终身承担一种职能的旧的分工的技术基础,客观上需要用全面发展的人代替片面发展的人。然而,在资本主义生产方式中,工人同生产资料分离,生产不是为了人的生存和发展,而是为了追求最大限度的利润。资本家为了节省训练劳动力的费用,并造成劳动对资本的隶属,竭力维护使人终身束缚于一种职能的旧的分工。在资本主义制度下,机器大工业瓦解旧的分工的技术基础,而资本维护旧的分工,这个矛盾通过工人阶级的不断牺牲、劳动力的无限度的浪费以及社会无政府状态的洗劫而放纵地表现出来。

第二,尽管机器大工业大大促进了劳动生产率的提高,为缩短劳动时间、增加人们全面发展所必不可少的自由时间创造了新的前景,且机器大工业所创造的巨大物质财富,为建设人们全面发展所必不可少的大量社会文化设施提供了一定的物质基础,然而,如上所说,资本主义生产不是为了社会全体成员的生存和发展,而是为了谋取高额利润。马克思在比较不同社会形态下生产的目的和财富的意义时指出:"根据古代的观点,人毕竟始终表现为生产的目的,在现代世界,生产表现为人的目的,而财富则表现为生产的目的。"[14]这就是说,资本主义生产不是为了全体社会成员本身,而是为了少数占有生产资料的资本家财富的增值。马克思进一步提出:"事实上,如果抛掉狭隘的资产阶级形式,那么,财富岂不正是在普遍交换中造成个人的需要、才能、享用、生产力等等的普遍性吗?"[15]这就是说,只有抛弃资本主义生产关系,巨大的物质财富才能真正成为全体社会成员全面发展的物质基础。所以,恩格斯把人的全面发展看成"废除私有制的最主要的结果"[16]之一。当然,人的全面发展的最终实现,不但需要彻底废除生产资料私有制,而且需要在生产资料公有制的条件下,使机器大工业生产普遍发展,使社会产品极大地丰富。所以,即使在社会主义条件下也不能完全实现人的全面发展的理想。

列宁在谈到人的全面发展问题时说:"共产主义正在向这个目标前进,必须向这个目标前进,并且一定能达到这个目标,不过需要经过许多岁月。如果目前就企图提前实现将来共产主义充分发展、完全巩固和形成、完全展开和成熟的时候才能实现的东西,这无异于叫四岁的小孩去学高等数学。"[17]

对马克思主义经典作家关于实现人的全面发展的历史前提的考察应当加以全面的理解。马克思主义经典作家在揭示社会和人类自身发展的远景时,把全体社会成员的全面发展(即自由发展)作为共产主义者的崇高理想。这个理想的实现也就意味着全人类彻底解放。从这个意义上说,实现人的全面发展是共产主义高级阶段的事。企图提前实现这个目标,是脱离实际的空想。然而,马克思主义把任何事物的发展都看成一个自然历史过程，因此，不能把人的全面发展看成虚无缥缈的事，而应当从现有的历史前提出发"向这个目标前进"。

五

我们在讲到人的全面发展的概念时曾经提到，马克思、恩格斯、列宁和斯大林所表述的人的全面发展都指的是个人能力——体力和脑力——的多方面的充分的发展。他们在表述人的全面发展的含义时，都没有提到个人品德方面的发展。马克思在《资本论》中，在谈到教育和生产劳动相结合——他认为这是"造就全面发展的人的唯一方法"[18]——时，只提到智育和体育，而未提到德育。这是不是意味着他们忽视道德和道德教育呢？当然不是的。

首先，他们把道德理解为"人们用来调节人对人的关系的简单的原则"[19]。这种道德是人类共同生活所不可缺少的。尽管马克思和恩格斯揭示了道德的阶级性，揭示了资产阶级道德和资产阶级道德教育的阶级本质，但是，他们并不认为在资本主义社会中一切道德准则都有阶级性。恩格斯指出，封建道德、资产阶级道德和无产阶级道德除了有根本对立的一面以外，还有共同的一面："这三种道德论代表同一历史发展的三个不同阶段，所以有共同的历史背景，正因为这样，就必然具有许多共同之处。"[20] 对于这种"共同之处"，马克思主义者无须反对。恩格斯在批判资产阶级道德教育时指出："在所有的英国学校里，道德教育总是和宗教教育连在一起，这种道德教育所产生的结果显而可见地丝毫不会比宗教教育好些。"[21] 他批判的是"和宗教教育连在一起"的道德教育，并没有绝对排斥道德教育本身。不仅如此，他还指责资产阶级忽视对工人及其子女进行道德教育。他目睹产业革命后工人道德堕落的状况，很为痛心，指出工人"一切智力的、精神的和道德的发展却被可耻地忽视了"[22]。

其次，各国无产阶级的共同斗争，也需要遵循共同的道德准则。马克思在拟定的《国际工人协会成立宣言》中提出:"工人阶级的解放既然要求工人们兄弟般的合作,那末当存在着那种为追求罪恶目的而利用民族偏见并在掠夺战争中洒流人民鲜血和浪费人民财富的对外政策时,他们又怎么能完成这个伟大任务呢?"[23]因此,要"努力做到使私人关系间应该遵循的那种简单的道德和正义的准则,成为各民族之间的关系中的至高无上的准则"[24]。

最后,在俄国十月革命爆发、无产阶级取得政权以后,列宁高度重视共产主义道德教育,他有一个著名论断:"应该使培养、教育和训练现代青年的全部事业,成为培养青年的共产主义道德的事业。"[25]

所以,如果根据马克思主义经典作家在论述人的全面发展问题的场合下没有把道德纳入全面发展的概念,就断定他们忽视道德和德育,那是一个误解。

既然马克思列宁主义经典作家如此重视人们在道德方面的发展和人们的道德教育,那么为什么他们在表述人的全面发展的含义时没有提到道德呢?

人应当在德、智、体几方面都得到发展,这是在教育史上早就被有识之士确认的命题。但是,道德和体力、智力属于不同的范畴,前者属于社会意识的范畴,是个人和他人关系的反映;后者属于在个人遗传素质基础上形成和发展起来的人的能力的范畴。马克思提到的人的片面发展,不但指个人在体力和智力两方面偏于一方的片面发展,而且包括个人在体力范围内、智力范围内的片面的发展。相应地,人的全面发展也不但指两者之间协调发展,而且指各自内部的发展。而人们在品德方面,只有性质(属于资产阶级道德还是属于无产阶级道德)和程度的区别,无所谓片面发展或全面发展的问题。尽管个人的体力、智力和品德都是在外部条件(环境、学校教育等)的影响下在实践的基础上形成和发展的,但是,形成人的能力和形成人的品德所需要的具体条件又有一定的区别。分工同个人能力的形成有比较直接的联系,而它同个人品德的形成究竟有什么联系,我

全面地历史地研究马克思主义关于人的全面发展的理论

们在马克思、恩格斯关于人的全面发展的论述中,还没有看到这方面的论证。看来分工对于个人职业道德的影响是明显的,而职业道德同整个道德是有联系的。一定的道德作为一种社会意识形态,同一定的生产关系以及在此基础上形成的阶级关系,有着直接的联系。道德作为一种上层建筑的现象,同生产、生产过程的分工以及以此为基础的社会分工之间的联系是间接的。这种联系是经过经济的中介发生的。而人的体力和智力的发展却同生产以及生产中的分工有着直接联系。由此可见,尽管生产(通过经济的作用)对人的道德有很大的影响,但是,它同道德并无必然的联系。虽然人在道德方面的发展在任何社会条件下都是必要的,但是,这个问题终究属于另一个范畴,它并不如人的能力的发展那样,是人的全面发展这个历史课题本身所包含的必要因素。

按照我们对马克思、恩格斯有关著作的粗浅认识,如果马克思提出未来社会的培养目标,这个目标应是培养道德完善的"全面发展"(包括体力和智力方面)的人。在这个意义上,也就是"对人的本质的真正占有"。也许对人的本质的"完全"占有还不限于德、智、体几方面,但这不是我们这里要讨论的问题。

对于马克思主义经典作家关于人的全面发展的思想的研究,固然应以他们本人直接论及这个问题的著作为根据,但也不能局限于这些著作。马克思主义经典作家毕竟没有留下关于这个问题的专门著作,他们是在不同场合考察不同问题的著作中论及这个问题的。每一部著作在考察问题时,受到论述范围的限制,不免要舍弃一些方面。在一部著作中舍弃的方面,有的在另外的著作中得到发挥,也有一些问题始终存而未论。即使是对人的全面发展问题做了系统论证的著作《资本论》,也不免如此。

例如,在《资本论》中,马克思着重考察经济领域的分工对人的发展的影响,而对经济领域以外分工的影响撇开不谈。马克思明白地说明了这个问题,指出:"在这里,我们不去进一步论证,分工除了扩展到经济领域以外,又怎样扩展到社会的其他一切领域,怎样到处为专业化、专门化的发展,为人的细分奠定基础。"[26]尽管《资本论》没有对经济以外的各个领域的分工及其对人的细分的影响展开论述,然而重要的是马克思明确指出了舍弃的方面,为我们研究社会各个领域分工对人的影响提供了思想线索。后来,恩格斯在《反杜林论》中谈到脑力劳动者受社会分工的局限[27],在《自然辩证法》中谈到自然科学家受学科分化(自然科学分工)的局限[28],这些都是《资本论》中没有具体考察到的问题。其实,毛泽东提出有书本知识的人向实际的方向发展、有工作经验的人向理论方向发展,也是为了克服这两种人由于分工而造成的局限。他针对"空头政治家"和"迷失方向的实际家"两种片面发展的倾向,提出"又红又专"的口号,这也具有这方面的意义。

又如,在生产过程的社会结合中,分工和协作是相辅相成的。马克思对分工给予人的发展的影响,做了系统的考察,而对于协作在人的发展中的影响,并未展开论述。社会化生产是从简单协作开始的。马克思把协作生产形象地比喻为"具有许多眼睛、许多手臂等等的巨大的怪人"[29]。许多眼睛互相看,许多手臂和头脑在统一管理、调节和监督下工作,不仅使人们在认识上相互启发,开阔了人们的眼界,而且对人们的思想面貌、道德面貌、纪律面貌产生深刻影响。在资本主义条件下,这种影响既有积极方面,又有消极方面。恩格斯在《英国工人阶级状况》一书中对这个问题做过详细的分析[30]。正是社会化生产创造了近代无产阶级的阶级意识和阶级感情。所以,马克思肯定儿童和少年参加大工业生产是"进步的、健康的和合乎规律的趋势"[31],不赞成蒲鲁东主义者让儿童和少年回到个体小生产中去的主张,是有道理的。

由此可见,不能把马克思主义经典作家关于人的全面发展的论述绝对化。当然,也不应对这个理论做随心所欲的解释和修正。明乎此,就可以理解,马克思主义经典作家在个人能力范围内讲人的发展的片面性和全面性,同现实生活中在"培养目标"范围内借用"全面发展"的概念,不是是与非的区别,而是应用范围的区别。如果越出一定范围评价马克思主

全面地历史地研究马克思主义关于人的全面发展的理论

经典作家关于人的全面发展的理论和现行培养目标，或者简单地认为现在的实际措施不符合马克思主义理论，或轻率地断定马克思主义理论不切合实际，那才成为是非问题。

参考文献

[1] 上海师范大学教育系. 马克思恩格斯论教育 [M]. 北京：人民教育出版社，1979：71.

[2] 同 [1].

[3] 同 [1] 164.

[4] 同 [1] 159.

[5] 列宁. 列宁论教育 [M]. 北京：人民教育出版社，1979：216.

[6] 斯大林. 斯大林文选 [M]. 北京：人民出版社，1962：625-626.

[7] 马克思，恩格斯. 马克思恩格斯全集：第42卷 [M]. 北京：人民出版社，1979：148.

[8] 马克思，恩格斯. 马克思恩格斯全集：第47卷 [M]. 北京：人民出版社，1979：373.

[9] 同 [8] 524.

[10] 同 [1] 162.

[11] 同 [1] 162-163.

[12] 同 [1] 163.

[13] 联合国教科文组织国际教育发展委员会. 学会生存：教育世界的今天和明天 [M]. 上海：上海译文出版社，1979：16.

[14] 马克思，恩格斯. 马克思恩格斯全集：第46卷上 [M]. 北京：人民出版社，1979：486.

[15] 同 [14].

[16] 同 [1] 72-73.

[17] 同 [5] 216-217.

[18] 同 [1] 159.

[19] 华东师范大学教育系. 马克思恩格斯论教育 [M]. 2版. 北京：人民教育出版社，1986：40.

[20] 同 [1] 197.

[21] 同 [19].

[22] 同[19]37.

[23] 马克思,恩格斯.马克思恩格斯选集:第2卷[M].北京:人民出版社,1972:134.

[24] 同[23]135.

[25] 同[5]232.

[26] 马克思,恩格斯.马克思恩格斯全集:第23卷[M].北京:人民出版社,1972:392.

[27] 同[1]207.

[28] 同[1]231-235.

[29] 同[8]295.

[30] 同[19]29-54.

[31] 同[1]126.

(本文原载《教育研究》1984年第8期)

科学与教育学

陈元晖

教育学是什么时候成为一门科学的？从什么时候起，从事教育理论研究的人被称为教育学家？对一门科学的起源的追溯，是认识这一门科学的性质及其发展规律的重要条件。教育子女，培养年青一代，这种工作与人类具有同样悠久的历史，但对这种工作的研究，成为一门科学，却是近代的事，属于近代资本主义社会出现以后的事。科学的分门别类的研究，有一个发展的过程，教育学出现在科学分类表上是比较晚的。在培根（Francis Bacon，1561—1626）的"知识之球"（intellectual globe）的科学分类表上，有伦理学、逻辑学、医学、运动学，没有教育学。孔德（Auguste Comte，1798—1857）承认六种基本科学，即数学、天文学、物理学、化学、生物学和社会学，在它们之上还有一个至高无上的伦理学，这里也没有教育学。斯宾塞（Herbert Spencer，1820—1903）把科学分为三种：第一种叫作抽象科学，包括逻辑学和数学；第二种叫作抽象具体科学，包括机械学、物理学和化学；第三种叫作具体科学，包括天文学、地质学、生物学、心理学、社会学。斯宾塞有教育专著，他于1861年出版了《教育论：智育、德育和体育》，但在他的科学分类表上有心理学和社会学，而没有教育学。更晚近的皮尔逊（Karl Pearson，1857—1936），在《科学入门》一书中把科学分为抽象科学和具体科学，具体科学又分为无机现象具体科学和有机现象具体科学。在有机现象具体科学中，他列了伦理学、政治学、政治经济学、法学、思维的生理学和心理学、本能论、意识发生学等,也没有把教育学列入他的科学分类表中。到了1911年,汤姆森(John Arthur Thomson,1861—1933)在他的《科学概论》一书中,才把教育学列入他的科学分类表。他把科学分为五大基本科学,即化学、物理学、生物学、心理学、社会学。化学和物理学属于研究纯物质界的规律的科学,生物学、心理学和社会学则属于研究生命界的规律的科学。教育学是被列在心理学之下的次一等科学,心理学是"普遍的科学",而教育学则属于"应用的科学",是心理学的应用,是比心理学次一等的科学。尽管它被列入科学分类表,但在本世纪50年代,汤姆森的同国人贝尔纳(John Desmond Bernal,1901—1971)对教育学能否成为科学,还在怀疑。他在《历史上的科学》一书的第十三章"第一次世界大战以后的社会科学"中说:"教育学与其他各门社会科学有些不同,甚至它的科学地位还是不很牢靠的。……几百年来教育学一直是一门学院式的、落后的学科,现代它必须满足教育全体人民的需要了。必须承认,它还没有很好地构成以便承担这个任务。……教育的理论在传统上是追求一种教育哲学,其目的在于明确教育的真正意义。这样,它就不能不受到各门社会科学一切缺点的影响,并以一种有过之而无不及的形式出现。因为它不能或不愿承认变化着的社会性质,或者不承认社会的阶级结构,所以教育的理论,有意和无意地承认社会是永恒不变的,并且以探求使学生们适应这样的社会的途径为目的。这就必然使它的性质成为替正统撑腰和替现社会辩护的。"贝尔纳是现代科学学的奠基人,《历史上的科学》是他的科学学重要论著之一。他从科学学的角度来看教育学,他认为过去的教育学只是哲学的教育学,而不是科学的教育学。他认为教育学开始具有科学气味并成为一门真正的科学,是由于智力测验被引进教育学。

在西方的教育史中,一般认为夸美纽斯(Johann Amos Comenius,1592—1670)所著的《大教学论》(*Didactica Magna*)是一本最早的教育学专著。夸美纽斯在该书的"致意读者"中说,教学论的意思是教学的艺术,过去传授某种科学或某种艺术的时候,所根据的差不多全是些互不联系的,从肤浅的经验中拾来的方法,所以他们的方法是后天的(posteriori),而"大教学论"则是一种"把一切事物教给一切人类的全部艺术",所以它是一种教得彻底、不肤浅、不铺张,却能使人获得真实的知识、高尚的行谊和最深刻虔信的艺术,它是用先验的(priori)方法去证明种种,像从一处活泼的源泉引出川流不息的溪流,再将这些溪流汇成一条江河一样,为教学的艺术打下基础。对夸美纽斯的《大教学论》,斯皮尔曼(C. C. Spielmann)甚至这样认为:"倘若各时代的关于教育学的著作全给丢了,只要留得《大教学论》在,后代的人便仍可以把它作个基础,重新建立教育的科学。"对《大教学论》做这样高的评价,是否正确?无疑的,《大教学论》在西方17世纪50年代出版是一个大的进步。在西方奴隶制和封建制时期,还没有一本像《大教学论》这样有系统、有分析、观察深刻、论述合理的教学理论专著。夸美纽斯在他的时代对培养年青一代,给他们知识,增加他们德性,做出了很大的贡献。但由于他生在16世纪90年代,比牛顿(Isaac Newton,1643—1727)早生半个世纪,未能见到牛顿及以后的自然科学发展情况,所以《大教学论》如果可以算作第一本教育学专著的话,其教育学也只能是哲学的教育学,而不是科学的教育学。科学教育学是自然科学发展的产物,虽然它仍不能脱离哲学思想的指导,但由于它汲取了自然科学中的大量成果,对于了解学生和观察学生的能力有飞跃的进步,对于培养学生的方法,有大异于从前的各种措施,特别是从自然科学的发展中汲取了自然科学家观察自然、了解自然的方法,使教育学脱离了经院哲学的影响。夸美纽斯的《大教学论》,还没有达到这样的水平。

德国古典哲学的奠基人康德(Immanuel Kant,1724—1804),在柯尼斯堡大学任教授时,曾讲授过教育学。讲稿由他的学生们整理出来,于他逝世的前一年出版,书名为《康德论教育》(*Kantüber Pädagogik*)。有的西方教育史学家认为,这是一本欧洲教育学之鼻祖的名著,因为这一本著作组织严密，说理透彻。康德的教育学是以他的《实践理性批判》（*Kritik der-Praktischen Vernunft*）和《道德形而上学原理》（*Grundlegung zur Metaphysik der sitten*）两书中所发挥的伦理学理论为基础而建立起来的，是一本以理性的人性论为基础的道德教育学说。他认为教育不应只为儿童的现在打算，更重要的是要为儿童的未来打算；不应只为一家打算和一国打算，更重要的是要为世界打算。教育的最终目的是实现至善的世界，实现大同的（kosmologie）世界。康德的教育学仍然是哲学的教育学，建立在先验论哲学基础上的教育学，还不是科学的教育学。

康德稍后的德国哈雷大学古典哲学教授沃尔夫（Friedrich August Wolf, 1759—1824），协助洪堡（Karl Wilhelm von Humboldt, 1767—1835）整顿了德国教育，他认为教育是一种技术，不能成为独立的科学。与沃尔夫同时代人，也是哈雷大学教授的尼梅耶（August Hermann Niemeyer, 1754—1832），著有《教育与教学的原理》（*Grundsätze der Erziehung und des Unterrichts*）一书，他认为教育学应该以伦理学、人类学、心理学、生理学为基础，这样才有建立普遍有效的教育理论的可能。他认为，教育应以伦理学所承认的最高的善为其普遍目的，并从人类学、心理学、生理学等科学中了解人性的普遍法则，所以教育无论在目的上还是方法上均有确立普遍有效的法则的可能，这就是教育学可以成为科学的理由。尼梅耶把这样建立起来的教育的科学叫作"理论的教育学"，而将这种理论应用于实际的"教育术"叫作"实际的教育学"。

在教育学史上，德国人赫尔巴特（Johann Friedrich Herbart, 1776—1841），对教育学科学化做出了极大的努力。他著有《普通教育学》（*Allgemine Pädagogik*）和《教育学讲授纲要》（*Umriss Pädagogischer Verlesungen*），并继康德之后在柯尼斯堡大学讲授哲学和教育学课程。他认为夸美纽斯的《大教学论》和《康德论教育》，虽然都有相当大的价值，但《大教学论》只是一本教学法专著，而《康德论教育》虽然组织较好，但尚不能算是严密的科学的教育学。他企图以伦理学和心理学为基础，建立科学的教育学。可惜作为他的教育学理论基础之一的心理学,尚没有脱离哲学附庸的地位,所以他只认心理学为经验的科学,不认为它是实验的科学。他的哲学思想也没有脱离康德的影响。他的心理学则受联想主义心理学的影响。赫尔巴特尽了很大力量使教育学成为科学,虽然他没有成功,但他开始对教育和教学进行实验的研究,成立了教育研究班(pädagogische Seminar),对不同的教学方法进行了比较研究,对以后的实验教育学的建立起了启发的作用。把实验方法引进教育的研究,这使教育学向科学迈进了一步。以后,德国人拉伊(Wilhelm August Lay,1862—1926)的《实验教学论》(Experimentalle Didaktik)和梅伊曼(Ernst Meumann,1862—1915)的《实验教育学讲义》(Verlesungen zur Einfilpung in Experimentalle Pädagogik)与《实验教育学纲要》(Abriss der Experimentalle Pädagogik)的出版,说明实验教育学已成为本世纪初的潮流。梅伊曼还与莱伊合办《实验教育学》杂志,并在1905年出版。梅伊曼是冯特(Wilhelm Wundt,1832—1920)的学生、实验心理学家,他把教育学建立在科学的心理学基础上,使教育学向科学方面又进了一步。在他们以后,美国的桑代克(Edward Lee Thorndike,1874—1949)也曾企图把教育学建立在心理学基础之上,形成美国实验教育学派。但由于他和他的德国同行,都没有摆脱实证主义哲学的影响,并且心理学向自然科学方向前进还很慢,所以他们的理论作为科学的教育学,还不能得到科学界的普遍承认。虽然教育学的研究中引进了实验法,也有一些教育学家把教育学建立在实验心理学的基础之上,但他们都没有摆脱唯理论和经验论的哲学影响。这种影响,使教育学仍然与科学的教育学有相当大的距离。教育学不能摆脱形而上学和唯心论的影响,不能吸收最新的科学成就,所以科学教育学的发展是缓慢和艰难的。

虽然在上世纪末和本世纪初,欧洲就开始把自然科学的实验方法应用到教育的研究中,并使实验心理学在教育学中占有一定地位,但这些都没有使中国的教育学在科学化上有跃进气象,教育学仍然是哲学的而不是科学的。到本世纪20年代中国才有斯宾塞的《教育论：智育、德育和体育》节译本，而洛克的《教育漫话》（Some Thoughts Concerning Education）和夸美纽斯的《大教学论》则都是在30年代才译成中文。中国历代有许多卓越的教育家，也有不少卓越的教育思想，但形成一套教育理论，把教育学作为一门独立的学科，使之出现在科学的体系中，还是开始于西欧。这种思潮引起人们的注意，并把它引进中国，在中国出现了一些教育学家，这只是本世纪初的事。至于什么时候有教育学家的名称——这是指科学的教育学家而说的——大概在西欧不会早于上世纪40年代。1840年，在惠威尔（William Whewell, 1794—1866）所著的《归纳科学的哲学》（The Philosophy of the Inductive Sciences）中，才第一次出现"科学家"字样。惠威尔说："对于一般培植科学的人，很需要给他一个名称，我认为可以称呼他为科学家。"教育学被认为是独立的科学，科学的教育学的培植人被称为"教育学家"，当在"科学家"的称呼出现之后。国内多年以来把教育学家与教育思想家及教育事业家，一般都称呼为"教育家"，其实在"教育家"中，应区别出三种人物。"教育学家"的名称，不应出现在中国教育史著作中。我们应区别出教育学家、教育思想家和教育事业家所发挥的不同的作用，给予教育学家以专门的职能，发挥其科学家的作用。现在国内有人认为教育学是"实践科学"，他们的意思就是教育学还不能成为一门"理论科学"，他们认为教育事业主要靠实践，不是靠理论，没有学过教育学的人，不是教育学家，一样可以办教育，而且也可以把教育办好。又有人说教育学是"群众科学"，他们的意思就是教育学不是"专家科学"，人人都可以成为教育者，教育受教育者。父母对子女，也都是教育者与受教育者的关系。没有受过教育学的专业训练，一样可以做教师，做好的教师。还有人说教育学是"跨学科的科学"，他们的意思就是教育学不是"专门科学"，它既包含知识的问题，又包括伦理道德和政治思想的问题，还包括生理和心理的问题，所以它没有独立的研究对象，没有自己的独立体系，不能成为专门科学。以上种种意见，都不承认教育学是一门独立科学,不承认教育学有自己的理论体系,不承认教育学是理论科学。这些意见应该引起教育学家和教育学教授的重视。教育学还没有被普遍承认为一门科学,这难道不应该引起重视吗?!不承认教育学是理论科学,自然也就没有"教育学家"的称呼。要使教育学成为理论科学,要使教育学成为科学的教育学,还需教育学家不懈地努力,提高教育学的理论水平,使它成为"孚众望"的科学的教育学。

教育学摆脱了经院哲学和哲学的心理学的控制,才走上了科学的教育学的道路。要研究教育学这一门科学发展的历史,除了我们已有的教育史和教育思想史,还应有教育学史。教育学史就是研究教育学这一门科学的发生和发展的历史,研究教育学与其他科学的关系的历史,及其如何从其他科学中独立出来的历史,研究它的独立史,研究教育学摆脱经院哲学的历史,研究它从自然科学中汲取方法上的指导的历史。教育学史应独立地成为一门科学的历史,这对于树立教育学家的信心及今后发展科学的教育学都是必要的。

从教育学史来看,教育学成为一门科学,是自然科学发展的结果。

自然科学的发展,才使教育摆脱宗教的长期影响,才使教育培养人的后代而不是培养神的子民,才使教育成为为现世服务的人生事业,而不是为来世服务的宗教事业。这就使教育的研究有可能成为科学的事业。

自然科学的发展,使哲学摆脱了"神学的婢女"的可悲地位。经院哲学使哲学成为"神学的婢女"。经院哲学统治的时期,真是万马齐喑的可哀的时期。经院哲学倒地之日,正是科学的万马奔腾之时。结束经院哲学,是自然科学发展的结果。而只有结束经院哲学,才能使理性伸张,神性黯然失色。教育学能成为科学,也是受新哲学之赐。

自然科学的发展,使历来隶属于哲学,为哲学附庸的心理学成为实验的科学。冯特在使心理学成为实验科学上是有第一功的。心理学成为实验科学,使我们对年青一代的智力、情感、意志、个性的考察,摆脱了臆想和幻觉,而只有在智力、情感、意志、个性等可以进行科学的观察和实验后，教育学才能成为了解受教育者和培养他们的科学的教育学。

自然科学的发展，为教育学研究方法的发展提供了崭新的前景。心理学应用了自然科学所用的实验法，教育学研究继着也采用实验法。实验教育学这一名称的出现，就反映了这一潮流。教育学研究采用了实验法，对于克服形而上学的束缚，起了很大的作用。巴甫洛夫在他的实验室写下"观察，观察，再观察"的格言，实验就是在控制的条件下进行的观察。教育研究没有观察和实验，就永远摆脱不了形而上学的控制。研究方法上的更新，是教育学成为科学的重要条件之一。教育学使用了实验法，这是教育学从自然科学中汲取的新的养料，使教育学在科学的道路上前进了一大步。

以古为鉴，可知兴替。教育学应以教育学史为鉴，使我们知道教育学要成为科学，必须增加什么，排除什么，在成为真正的科学的道路上应该怎样努力。在教育学史上，教育学成为科学，是受自然科学发展的影响。只有对儿童和青少年进行科学的观察，教育学才能成为科学。只有在儿童和青少年的智力、情感、意志、个性等方面有足够的知识，教育学才能成为科学。只有在教育摆脱了宗教和经院哲学的影响后，教育学才能成为科学。而这些方面都要依靠自然科学的力量。进化论、生物学、实验心理学等自然科学的发展，都是教育学成为科学的助力。巴甫洛夫在生理学上的成就，他的条件反射理论的提出，第二信号系统理论的阐述，不能不影响到教育学者。神的启示，圣者的忠告，都不能不在科学面前退缩而失却立足之地。现在，如果认知心理学能对人的思维规律有新的发现，就将对教育产生难以估计的影响。新的水稻种子，可以使粮食增产上亿吨。随着新的思维规律的发现，智力的"增产"就不是可以用吨为单位计量的。人类面临着智力空前发展的时期。智力空前发展，要依靠心理学及其他思维科学，要依靠教育学及其他培养年青一代的科学，要依靠其他有关的自然科学。科学的教育学的发展历史给我们指明了这一条真理：如果不与自然科学结合，教育学就很难摆脱形而上学的影响，就很难使自己成为真正的科学。

近年来，自然科学出现了以科学本身的发展规律为研究对象的新学科，它在本世纪 30 年代才诞生，而于近 20 年迅速发展成一门综合性的边缘学科，这就是被称为"科学的科学"的科学学这一学科。近 20 年科学学的发展，给教育学指出一条通向科学的道路。教育学必须与自然科学结合，不结合教育学就不能成为真正的科学。自然科学的发展要依赖教育，而教育的规律是由教育学去表达的，这说明自然科学如果要在某一个方面发挥它的作用，更快地积累知识和传递知识，培养人们的思考能力，等等，都需要依赖教育学。同时，教育要进行改革，要改造课程、教材的内容，要改进教学方法，等等，都需要依赖自然科学。这就证明科学教育与教育科学是密切相关的，是"相依为命"的。自然科学与教育学结合则互利，分离则共伤。科学学要研究科学的社会性质、科学的社会功能、科学的发展条件，以及科学的体系结构、规划、管理和政策等问题，教育学除了研究受教育者的身心发展规律外，也应该研究教育的社会性质、教育的社会功能、教育的发展条件，以及教育组织、规划、管理和政策等问题。教育学这一门学科，它本身的体系结构，它的社会功能，它的发展条件，发展教育学研究的科学政策，等等，也都应该做进一步的研究。完成上述课题的研究，需要建立一门新的学科，它可以叫作"科学教育学"或叫作"教育学的科学学"。现在已有科学心理学，它研究科学家的科学活动的心理因素，研究科学家的思维活动规律，研究科学家的智力、理性、灵感和机遇，等等。科学经济学研究科学发展规律和经济发展规律的相互关系及相互作用，研究科学和生产的关系，研究科学技术对经济的作用，研究科学技术发展如何适应经济发展规律，研究科学研究经费如何分配和使用。科学社会学研究科学的社会功能，研究科学劳动过程中的社会关系，研究科学家集团的社会心理，等等。科学法学研究科学立法，研究科学发明专利法，研究环境保护立法，等等。科学伦理学研究对科学家的道德要求，研究科学发展对道德的影响，研究高尚道德与科学研究的关系，等等。上面所举的例子，都是科学学的组成部分。科学学中应有科学教育学这一组成部分。科学教育学的内容上面已谈到一些，它应包括以下研究课题：

（1）教育如何能更早地和更快地培养出科学人才。

（2）教育如何从培养识记型的人才发展到培养智能型的人才，教育应在培养人类的创造力方面为科学服务。

（3）教育应考虑科学家的知识的不断更新和科学家的终身教育问题。

（4）教育应考虑在当前科学的综合化及边缘学科不断出现的情况下如何实施通才教育。

（5）教育应考虑如何在培养自然科学家的过程中发挥社会科学和人文科学的作用。

（6）自然科学应在人脑活动的知识、智力活动的知识、思维活动的知识方面，给教育学者提供更多的材料和根据。

（7）在观察的方法和实验的方法方面，自然科学家应给教育学者更多的启示。

（8）如何发挥科学在克服教育的经验论、唯理论和形而上学方面的作用。

（9）科学作为直接生产力与教育的关系。

（10）如何使国家科学发展的总政策与教育发展的政策相结合。

总之，科学的发展需要教育，而教育的发展需要科学。教育学如果忽视自然科学，不与自然科学密切结合，就永远不能摆脱哲学唯心论与形而上学的影响，就很难使教育学成为科学。教育学如果不能成为实验的科学，而只是做文字上漫话式的描述，就只能是"杂感"，而不是科学。教育学与自然科学结合，则两者相得益彰。教育理论的建设者们、教育学家们，应十分重视这一条真理。

由物理学家贝尔纳开创的科学学这一门学科，使我们认识到教育学要更加科学化，必须把教育学本身的发展规律作为研究的对象，这就是科学教育学这一门教育学分支学科建立的理由。科学学要求每一门科学都应该研究它自己发展的历史，研究本学科的现状，研究本学科与其他学科的关系，研究本学科所应当采用的研究方法。历史、现状、关系、方法这四个方面的研究，是了解和掌握本门学科的发展规律的必要条件。教育学也不例外。教育学者如果要发展教育学，要使教育学奠定在牢固的科学基础上，必须重视科学学对我们的启示，必须研究科学学，使我们进一步领会科学学与教育学的关系，使我们为教育学更加科学化而得到有效的帮助。科学学是自然科学的科学学，也应该是社会科学和人文科学的科学学。发展社会科学和人文科学的科学学，应该是社会科学家和人文科学家的任务，每一个教育学家都应该重视科学学的研究。

现在再谈另一个问题，即教育学在当前新科学技术革命时期所面临的新的考验的问题。新科学技术革命将引来一次新的和空前的产业大革命，教育学如果不能在这一个大浪潮、大趋势中做出大贡献，它就将丧失它的科学地位。

伴随着当前新的科学技术革命，许多前所未有的工业部门和知识密集型的产业部门正在出现，如核工业、空间工业、计算机工业、合成材料工业、海洋工业、遗传工程等。世界新的科学技术革命具有三大特征：第一是信息化，第二是分散化，第三是知识化。人类可以给无生命的机器人输入智慧，使人类的智慧得到空前的提高。计算机使社会记忆力产生革命，能够把大量的因素联系起来，进行有效的分析；能够筛选大量材料，把多方面互相关联的因素，组合成有意义的整体；能够加深我们对事物因果关系的认识，提高我们对事物关系的了解，以及帮助我们把周围好像没有关系的数据综合成有意义的整体。计算机形成了新的智能环境，这不仅可能改变我们分析问题的能力和综合情况的方法，还会逐渐改变我们大脑的物质组成和化学性质。美国未来学家托夫勒（Alvin Toffler）列举克利奇（David Krech）、迪蒙（Marian Diamorn）、罗森茨威格（Mark Rosenzweig）、贝内特（Edward Bennett）等专家的实验证明，将动物放在一个"浓缩了的"环境中，它们的大脑皮质变大，神经的胶质细胞增多，神经元变大，神经活动增强,脑的供血比另一组受控制的动物更多。接着他问道:"能否通过改变我们的环境,使我们的大脑复杂化和智能化,从而使我们变得更聪明一些呢?"他引用了世界著名精神医学专家克莱因(Donald F. Klein)的话做了肯定性的回答。克莱因说:"孩子在灵敏的、富于反应的环境中长大,这个环境既复杂又充满刺激,这样孩子的成长可能会得到不同的效果。如果孩子能利用环境,他们就会在较年轻的时期不那么依靠父母。他们具有一种掌握问题、胜任工作的意识。他们好奇,善于钻研,富有想象力,对生活采取解决问题的态度。所有这些,都可能促成脑力的变化。在这个问题上,我们能做的,只是猜测而已。但是智能环境使我们发展出新的神经元和大脑皮质,这也不是不可能。一个比较灵敏的环境,能造就比较灵敏的人。"教育现在面临着灵敏的环境,要求造就灵敏的人。将来有了智能机,人类可以建立起知识库。有了知识库,就可以把人类的知识分门别类储存在知识库中,供人们检索,供人们使用。以前我们学习靠脑子记忆,将来有了智能机,就可以大大扩充记忆的内容了。有了情报检索体系,有了情报传递体系,人可以在最短的时间里查到任何情报。人类积累知识的能力,由于智能机的帮助,将发展到惊人的地步。教育面临着这种智能环境,今后培养儿童、青年记忆力的教学活动将退居次要地位,教育将以培养年青一代的智能和提高智慧为其主要任务。教育要改革,教育学要改写,这是新时代交给教育学者的新任务。

新科学技术革命给教育工作者提出了新任务,同时给理论工作者提出了新要求。教育理论工作者、教育学家,应能为未来的教育绘出一张蓝图,并说明它,实践它,使教育为科学技术发展服务,使人才辈出,社会主义事业兴旺。

(本文原载《教育研究》1985年第6期)

对新时期劳动教育问题的再认识

王北生

端正教育思想，不能不涉及劳动教育问题；贯彻"三个面向"的精神，也不能忽视劳动教育问题。劳动教育是教育与生产劳动相结合理论的重要内容之一。它与社会主义教育的培养目标、办学原则，与青少年一代的身心全面发展密切相关。时代在发展，实践在推进，新的历史时期需要对劳动教育问题重新进行认真研究，来一个再认识。为此，本文就新时期劳动教育的范围和特点谈一点粗浅看法，求教于同志们。

我个人认为，过去我们理解的劳动教育，范围窄了点，具有一定的片面性。其一就是参加创造物质财富的体力劳动，如拉架车、挑担、抡锄头，去工厂、下农村，参加体力支出的简单劳动。其二就是把劳动教育仅仅理解为改造世界观，即改造那些怕苦怕累、厌恶劳动的资产阶级和小资产阶级的意识、观念。其三就是把劳动教育限制在学校里，忽视了家庭中的早期劳动教育。这种理解主要是由于过去的历史条件造成的，是我国科学技术落后、生产落后、政治上强调阶级斗争的客观现实的反映。

然而，今天我国已经进入了一个崭新的历史时期，各个领域都发生着深刻的变化。劳动教育的内容和形式受生产力、科学技术、文化教育事业的发展水平以及劳动人民的物质文化生活水平所制约。随着历史条件的变化，我认为劳动教育的范围也应该适应新时期的特点而扩大。

首先，劳动教育不应该限制在体力劳动的范围里，亦即不应该理解为单纯参加创造物质财富的体力劳动才是劳动教育的范围,而应该扩大到脑力劳动的领域,亦即理解为凡是为社会创造财富的劳动,不管是体力劳动,还是脑力劳动,都是劳动教育的范围。这种认识是由新时期劳动的特点决定的。在新的历史时期,由于科学技术的突飞猛进,现代生产的迅猛发展,当代的劳动出现了以下三个特点:(1)劳动的复杂性,即复杂的机器操作代替了简单的手工劳动,使劳动的难度、精度和灵敏度都提高了。即使用手,也并非昔日的机械模仿和重复。(2)劳动的智力性,即劳动中运用科学知识的因素愈来愈多。从总体上看,脑力劳动者在增多,体力劳动者在减少;从个体看,脑力劳动的因素在上升,体力劳动的因素在下降。(3)劳动的融合性,即未来劳动是体力劳动和脑力劳动的逐渐融合,这就要求劳动中要体脑结合、手脑并用。随着新的劳动特点的出现,生产劳动的概念也就相应扩大。在今天,直接操作生产工具、做功于劳动对象、直接生产物质产品是生产劳动;远离劳动对象、作为总体工人的一部分参加物质生产劳动,间接地做功于劳动对象,完成他所担负的某种职能,如设计人员、工程人员、管理人员,他们从事的劳动也是生产劳动。劳动教育的范围正是由于生产劳动范围的扩大而扩大。除此之外,劳动教育由自身的特点所决定,它要比一般生产劳动的概念广阔得多。这是因为,劳动教育是从教育的既定目的出发来选择劳动、组织劳动、参加劳动的。因此,劳动教育的范围可以理解为:从劳动的类别上看,它不仅包括参加创造物质财富、生产物质产品的劳动,而且包括参加创造精神财富、生产精神产品的劳动;从劳动产业上看,它不仅包括参加农、林、牧、渔业和工业等第一、第二产业的生产部门的劳动,而且还包括参加交通、邮电、金融、保险、商业、机器维修和信息咨询等第三、第四产业的非生产部门的劳动;从劳动形式上看,它不仅包括参加工、农业生产劳动,而且包括参加公益劳动、自我服务性劳动和家务劳动。

第二,劳动教育的目的不应该单纯为改造世界观,而应该扩大到在改造世界观的同时,学会一些生产技术,掌握一些生产劳动知识和从事劳动的基本功。单纯地为改造世界观而进行的劳动势必不管劳动的系统性、劳动的先进性、劳动的选择性、劳动的有用性，忽视学生劳动基本功的训练和一定的技术的掌握。

第三，劳动教育不应该限制在学校里，而应该在重视学校劳动教育的同时，重视家庭的早期劳动教育。长期以来，对劳动教育的理解，基本上是重视学校而忽视家庭，这在新的历史时期是不妥的。近十几年来，我国广大人民群众的物质生活和精神生活水平有了大幅度提高，加上计划生育工作开展得较好，实行优生优育，我国出现了少年儿童早熟和独生子女增多的新情况。因而，早期教育已提到议事日程。劳动教育是早期教育的一部分，是早期教育的重要内容之一。劳动教育在时间上要早，在空间上要广泛，它就必然要深入到家庭之中。家庭劳动教育是学校劳动教育的基础，许多青少年热爱劳动的幼芽都是在家庭中萌发的，对它的作用决不可低估。据统计，我国小学生参加家务劳动时间每天平均为 0.2 小时，星期天平均为 0.93 小时，每周平均为 2.13 小时。与世界上部分国家相比，时间最少（见图 1）。

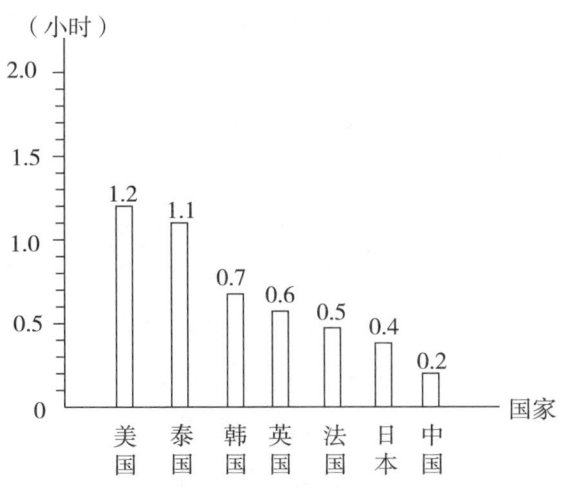

图 1 部分国家青少年每天参加家务劳动的时间

从图 1 可知，我国目前对家庭早期劳动教育的重视程度非常不够。世界上部分国家从小就抓劳动教育，例如，美国的父母从小就鼓励孩子要富有开拓精神，成为一个自食其力的人；法国的父母重视从小就培养孩子具有良好的生活习惯，孩子们能做的家务，尽量让他们去做，如果他们自己会做而不去做，被认为是可耻的；瑞士的父母为了不使孩子变成无能之辈，从小就着力培养孩子吃苦耐劳、自食其力的精神。西方有一位人士，为了让自己的女儿理解创造和享受的关系，特制了一辆可以发电的自行车。在物质文明世界生长的这位小姐，在蹬了一小时自行车后，才可以得到一个小时看电视的享受权利。经验证明，早期劳动教育能使孩子们从小就树立热爱劳动的观点，养成吃苦的习惯，具备顽强的毅力，培养勤俭的美德，决心做一个不依靠父母的自食其力的劳动者，为以后参加劳动打下良好的基础。我国是社会主义国家，更应该重视早期劳动教育。

随着新时期劳动教育范围的扩大，它的特点也势必发生变化。我理解新时期劳动教育的特点主要有以下几方面。

第一，主体性。接受劳动教育的主体是学生，而不是家长、教师、工人或其他工作人员。有些家长为了追求子女升学，不仅取消了应有的家务劳动，而且到学校里代替子女做值日；有些学校为了追求升学率，取消了法定的劳动课；有些学校领导张口勤工俭学如何如何，闭口经济效益多少多少，殊不知，这全是校办工厂的工人干出来的。这种不顾劳动教育主体性特点的现象目前还大量存在，这种做法使劳动教育名存实亡。

第二，实践性。劳动教育主要是让学生亲自参加劳动实践活动，从而达到预定的教育目的。例如，在劳动中体会到劳动成果的来之不易，就会促使其养成爱护公共财物、尊重劳动、尊重劳动人民的思想品质，进而促使学生理论与实际相结合，正确认识客观世界。

第三，科学性。科学性特点是劳动教育贯彻"三个面向"精神的重要体现。新时期劳动教育必须注重科学性，那种认为今天的劳动教育仍然是抡大镐、挑担、出大力、流大汗、磨老茧的思想是不符合科学性这一特点的。当然,由于我国生产力尚落后,学生参加一些体力劳动还是必需的。但是,当代科学技术发展的趋势和将引起的生产上的变化,对劳动教育提出了如何面向现代化和面向未来的问题。

第四,技术性。技术性是新时期劳动教育的一个重要特点。由于新时期劳动本身就是科学技术的运用,是富有技术性的劳动,因此,新时期的劳动教育在注意德育目的的同时,还要注意训练学生从事劳动的基本功,让学生学会一些生产技术。新时期劳动教育概念的内涵伴随劳动概念内涵的扩大而扩大,它有合并到劳动技术教育的范畴里去的趋势。劳动的技术性特点就要求我们多组织学生从事一些有技术性的复杂劳动,如作物栽培、种子杂交、电器维修、金工、木工、制图、驾驶车辆、机器操作等。即使家庭中的早期劳动教育,也不能仅仅限于让学生打扫房间、烧火、种菜,有条件的家庭应该让孩子从小就学会使用各种家用电器,如洗衣机、电冰箱、电视机,并学会维修各种家用电器。这样就会从小培养他们热爱科学、钻研技术的兴趣,为以后参加劳动奠定基础。

第五,教育性。教育性是劳动教育的关键性特点,在新时期尤为重要。它要求教育者在劳动中要善于启发、诱导、榜样和示范。单纯的劳动观点,即为劳动而劳动,无目的、无组织、无计划、失去教育性是错误的。单纯的经济观点,即为了钱而劳动,在劳动中即使加强了"教育",也仍然是错误的。劳动教育必须有鲜明的教育性特点。

总之,让学生参加生产劳动是社会主义学校教育的一项重要任务。重视对学生的劳动教育,并注意新时期劳动教育的特点和贯彻"三个面向"的精神,是当前教育工作中迫切需要解决的问题。

(本文原载《教育研究》1987年第7期)

我国教育哲学建设的回顾与前瞻

黄 济 陆有铨

一、历史的回顾

在我国，把教育哲学作为一门学科进行研究和讲授是在20世纪初。从那时到1949年中华人民共和国成立，是我国教育哲学学科从国外引进和创建的时期。自1949年新中国成立至党的十一届三中全会召开，是我国教育哲学学科发展的第二个时期，在这段时期内，教育哲学经历了一个被否定的过程。

新中国成立以后，我国全面学习苏联，在许多方面都以苏联的经验和做法为依据。由于苏联师范学院的教学计划中没有教育哲学，所以我国的师范院校也不设这门学科。然而，由于教育哲学本身有着教育学无法完全取代或包容的特定的研究对象和论题，所以，无论是在苏联还是在中国，对于教育理论问题的哲学研究实际上并未中止，尽管这些研究不是在"教育哲学"的名义下进行的。例如，苏联"教育原理"的内容同"教育哲学"就有着许多雷同之处。我国在20世纪60年代初也曾出现过一些介绍当代教育哲学流派的译著。可惜的是，这个时期刚刚萌动的对于教育哲学的研究，被"文化大革命"完全扼杀了。这样，在新中国成立后长达30年的这段时期内，对于教育哲学的研究和教学虽不能说是完全空白，但这方面的工作却几乎没有开展，甚至对于国外当代教育哲学思想的发展也鲜有了解。这是我国教育科学发展中的一大损失。

党的十一届三中全会以后，全国各条战线都进行了拨乱反正的工作，教育界召开了第一次全国教育科学规划会议。这次会议审议了我国师范院校教育系的教学计划，大多数同志认为，我国应该着手进行教育哲学的研究，教育系也要重新开设教育哲学课。当时考虑重开的理由，大致有以下几点。

第一，30年来，我国的教育工作几经反复，使教育理论和实践遭到严重破坏。为了拨乱反正，澄清是非，有必要把教育理论和实际中的一些根本问题，提到哲学的高度，进行方法论的探讨，提出合乎规律的结论。正确的教育理论对于教育实践的指导意义为越来越多的同志所认识，教育哲学在教育理论研究方面的地位便突出起来。在这种情况下，开展对于教育哲学的研究和教学便成为当务之急。

第二，我国的高等师范院校教育系设科太狭隘，学生所学的知识面较窄。为了开阔学生的眼界，拓宽学生的知识面，提高学生的专业水平，应该增设一些课程，教育哲学当然应在其内。

第三，科学的发展，走着一条既分析又综合的道路，教育哲学在教育科学的发展中，也将起着理论上的综合和批判的作用。现代生产和科技的发展，对教育理论和实践提出了许多新的课题。对于这些问题的研究，不能就事论事，应从方法论的高度，进行综合的研究，并从中找出一般的规律，这就需要理论思维，而研究教育哲学显然是提高教育科研理论思维的重要措施。

从20世纪初至党的十一届三中全会，教育哲学学科在我国的发展经历了一条"创建—停止—重建"的曲折道路。之所以如此，是同国际、国内的政治形势有一定关系的。教育哲学之所以能在党的十一届三中全会之后重新受到重视，显然是会议所带来的全国人民思想解放的结果。同时，它也反映了教育实践的客观要求，以及教育科学深入发展的必然趋势。

二、新形势下的新建树

党的十一届三中全会以来，在新的形势下，教育哲学这门学科的建设也进入了一个新的阶段，有了新的建树。

首先，我国初步形成了一支教育哲学研究和教学的队伍，并将以前曾长期从事教育哲学研究和教学的老学者率先进行、曾一度中止的研究又积极开展起来，进行了我国教育哲学的重建工作。尤其令人可喜的是，在他们的带领和帮助下，一部分青年同志和哲学工作者也参加进来，这不仅给我们的队伍注入了新的血液，而且也使教育与哲学的结合向前跨出了一大步。

其次，从1980年起，我国高等师范院校教育系陆续开始重开教育哲学课。到目前为止，全国绝大部分教育系都配有专职教师开设此课，并开始了教育哲学硕士和博士培养工作。

另外，在党的十一届三中全会以来的这一段不算太长的时期内，我国已经获得了许多教育哲学方面的科研成果，撰写出一批教育哲学专著和论文。

下面拟就我们所涉猎的材料，对这门学科十年来的成绩做几点概括。

（一）马克思主义指导下的百花齐放

党的十一届三中全会以来我国教育哲学的研究和教学工作，就其指导思想来说，一个最突出的特点是马克思主义占主导地位。新中国成立以前，在我国教育哲学初创阶段，虽然有少数同志也曾做过非常有意义的尝试，但由于当时主、客观条件的限制，他们的努力也不能不受到限制。

以马克思主义作为指导思想，并不排斥学术领域内的百家争鸣和百花齐放。就我们所看到的几本教育哲学专著而言，无论是在论述问题的出发点和体例方面，还是在解决问题的重点方面，都各具特色。有的从教育的根本问题出发,对教育本质和目的,以及人性论、知识论、道德论、审美观等与教育的关系进行了比较全面的考察,并注意结合新中国成立以来的教育实践,对历史上和当前教育中有争议的问题加以分析和评论。有的则以价值论为主线,对价值与教育各个方面的关系,如人的本质与教育本质、人生价值与教育目的,以及伦理学与道德教育、认识论与教学、美学与美育等方面的价值问题做了系统的论述。还有的以马克思主义关于自然、社会、思维的辩证法为出发点,从自然发展与教育、社会发展与教育、思维发展与教育几个方面论述教育上的一些基本问题,并涉及当前教育理论方面的一些热点,如智力开发问题、个体社会化问题、创造力的价值和教育的最终目标问题。如此等等,不再赘述。

就我国教育科学发展的历史来说,在马克思主义思想指导下对教育问题从如此多的侧面进行探讨的情况,是前所未有的。没有党的十一届三中全会给人们带来的思想解放,就不可能出现这种局面。

(二) 解决了一些重大理论和实际问题

党的十一届三中全会以来,无论是教育哲学的研究还是教学工作,都注重从教育哲学的任务出发,贯彻理论与实际相结合的原则,并在解决理论和实际问题方面取得了一定的成果。

教育哲学研究的任务和范围是什么?它与教育学或其他教育学科的区别在哪里?这是一个有争议的问题。美国的奈勒规定的教育哲学的范围是,从总体上理解教育,并协调各个教育学科的研究成果[1]。我国台湾出版的《云五大辞典》提出:"教育哲学的含义是:(1) 探讨教育的基本概念和原理;(2) 解释教育的意义和价值;(3) 解决教育理论和实施中的困难和矛盾。"如果将关于这个问题的各种意见加以综合,我们认为,教育哲学的任务和研究的范围可以规定为以下三个方面:(1) 对教育中一些根本问题,从哲学的高度,即从方法论的高度给以理论上的阐明;(2) 对教育史上和当前教育实际中有争议的重大问题,做出科学的分析和说明;

（3）根据教育发展的趋势和技术革命的要求，对教育中提出的新课题做出科学的预测和设计。如果这些任务是恰当和可行的话，下面我们就来回顾一下，这些年来教育哲学的研究对于解决这些问题做出了哪些贡献。党的十一届三中全会以来，对于诸如教育本质、人的发展、教育目的、教育价值等根本问题，我们都有比较深入的探讨。

对于教育本质问题的论述，有的论著不局限于教育是上层建筑还是生产力的争论，而是依据生产力和生产关系的矛盾及其在教育上的具体反映，进行了多方面的具体分析，克服了只从生产关系或生产力一个方面看教育的片面性，这对于纠正过去"左"的思想和克服简单化倾向都有现实意义。有的论著还从社会结构的五个层次，即生产力、经济关系、政治制度、社会心理和思想体系角度来分析教育与社会的关系，这就使得对于这个问题的探讨更加深入和具体了。

对于教育目的问题的探讨，在坚持德、智、体、美等几个方面全面发展这一基本原则的同时，也反映了时代的要求，将个性的发展、能力的培养、创造精神、开放思想、未来理想等也列为人的培养目标。这不仅体现了现代教育的基本特点，也丰富了马克思主义关于人的全面发展的学说。

关于人的本质和人的价值问题，也有新的认识。教育的对象是人，不可否认，作为社会实体，人的本质具有客观的社会规定性。然而，人还具有自己的意志、愿望、情感，这些也是理解人性的不可忽视的方面。在极"左"路线的干扰下，对于教育往往从其满足社会客观需要的角度加以阐述，因而忽略了教育满足人自身需要的作用，忽视对人的价值的全面研究。对于价值的问题，过去虽不能说讳莫如深，也鲜有涉及。党的十一届三中全会以来，许多教育哲学理论工作者突破了这一局限，从价值论的角度，对人生的价值、认识的价值、伦理的价值、创造力的价值等与教育的关系进行比较全面的探讨，并论述了教育中的价值和教育的价值的区别和意义。有的同志还对西方价值论方面的主观论、客观论、内在价值、外在价值等不同的价值论观点进行了比较和评论，在此基础上提出马克思主义的价值观，并把人的全面发展作为人的价值的最高体现，据此对教育目的、教学论、道德教育等基本问题进行了论述。虽然这些同志的观点未必完全精当，但这些努力至少为我们对于教育问题的研究开辟了一个新的视野，从另一个维度对教育问题加以考察。这对于丰富马克思主义教育理论显然是有积极意义的。

此外，在道德教育、审美教育、教学论等方面，都有了新的进展。如不少著述比较全面而详细地考察了道德的阶级性、继承性以及道德的公益性的关系，并进而论述了生产和科技的发展对道德发展和道德教育的影响。同时还对当前道德教育中面临的几个方法论问题，如当前与未来、道德认识与道德实践、教育与自我教育等，都理论结合实际地做了阐明。这些对于全面地认识道德的实质和科学地实施道德教育，无疑会有所启示。

（三）注重学科本身的建设

在重建教育哲学的过程中，理论工作者们对于诸如教育哲学的对象、体系、研究方法等学科建设方面的一些根本问题进行了探讨，这是教育哲学学科健康发展的一个重要条件。

关于教育哲学的对象和归属，由于教育理论家们所持的哲学观和教育观的不同，对这个问题的理解也各异。近年来我国也曾对这些问题有过争论。

关于教育哲学的对象，目前有不同的主张。比较普遍的看法是，教育哲学是用哲学的观点和方法来研究教育中的根本问题，或者说是用哲学观来研究教育观的问题。至于归属问题，把教育哲学看作是教育与哲学相结合的边缘学科，作为教育科学的分支或作为哲学的分支，都无不可。但教育哲学从其产生的时候起，就是作为教育科学的一个分支学科出现的，它要回答的问题是教育问题，而不是哲学问题。为此，与其把教育哲学列为边缘学科或哲学的分支学科，还不如把它称为教育科学中的基础学科更为切合实际和名副其实一些。布鲁巴切尔在《现代教育哲学》一书的"序言"中曾经提到,过去他在自己的书中,曾经把叙述的重点放在哲学问题方面。但在再次修订他的著作时,他批评了这种做法,认为这种情况应当改变,教育哲学的兴趣主要应当在教育问题而不是在哲学问题上,不能以哲学范畴或问题为主,不能把教育问题作为附在哲学骨骼上的皮肉[2]。他的这一段话,同目前我国教育哲学界比较普遍的看法可谓不谋而合。教育哲学,也可以说是以哲学的方法论高屋建瓴地来审视教育中的根本问题。

关于教育哲学的体系和范围,这是一个较之对象更为复杂而困难的问题。从西方和旧中国已出版的教育哲学著作的体系来看,讲教育问题者有之,讲教育流派者有之,兼顾二者的亦有之。在讲法上,有从教育问题出发提高为哲学分析的,也有从哲学体系出发论述教育问题的。邱椿在为姜琦的《教育哲学》所作的"序言"中,列举了10种不同的讲法[3]。目前我国新出版的几本教育哲学著作也表现出上述两种主要趋势:有些是从教育问题出发提到哲学的高度做理论分析,有些则以哲学体系作为框架来论述教育问题。采用前者的好处是,对教育问题的论述比较偏重,但可能出现的问题是易与教育学重复。如何做到使教育哲学所讲授的问题既来自教育学,又高于教育学,是一个难题,关键在于提高教育哲学的理论性。采用后者,体系比较完整,但缺点是对教育问题的论述要迁就哲学体系,因而使有的问题的论述显得不够集中和系统。两种模式各有优劣,这个问题的最终解决,除了做进一步的理论探讨外,还需要通过教学实践加以检验。

至于研究方法,大家一般公认,应当在马克思主义为指导的前提下,吸取当代科学研究方法的新成果。方法应当分出层次,如马克思主义哲学、新的科学方法和具体的研究方法等。

(四)评介国外教育哲学的发展动态

党的十一届三中全会以前,我们对西方教育思想的了解不够全面和深入,这个问题如不解决,将在一定程度上妨碍我国教育哲学思想的发展。

党的十一届三中全会以来，我国教育哲学理论工作者在努力研究马克思主义教育哲学的同时，还注意到国外，尤其是对西方教育哲学流派进行了评介。有的教育哲学著作还设专编全面介绍西方主要教育哲学流派的现状和发展趋势。尽管对于西方教育哲学流派目前尚处于介绍和简评的状况，有待做深入细致的研究，但应当看到，这些年来我国对于西方教育哲学流派的评介，一般都能抱实事求是的态度，做到有分析、有肯定、有批判，这同极"左"路线下的做法是大不相同了。

三、面临的任务

党的十一届三中全会以来，在马克思主义思想的指导下，我国教育哲学重建工作取得了令人可喜的成绩。然而，这仅仅是开始，它距我们的目标，即建立具有中国特色的教育哲学还相去甚远。使正在重建中的中国教育哲学既具有时代气息，又反映我国的文化传统，既熔古今中外的优秀成果于一炉，又能指导解决我国教育实践中不断出现的新问题，这是我国教育理论工作者面临的一项艰巨的任务。这一任务的完成，需要更多的人做长期的努力，但在目前，我们不妨从下列几个方面着手进行工作。

（一）挖掘和整理我国古代教育哲学思想

我国是一个有悠久文化传统的国家，虽然教育哲学作为学科的建立，时间较晚，但教育哲学思想的存在，却历史悠久。因此挖掘和整理我国的教育哲学思想，是建立具有中国特色的教育哲学学科所必不可少的一项工作。

我国是一个幅员广大，地域文化和民族文化相互渗透和不断融合的大国。在历史上，从春秋战国时起，就有齐、鲁、秦、晋、燕、赵、吴、楚等多种区域文化的融合，在教育思想上形成了百家争鸣的繁荣局面。嗣后，又多次地发生过民族的分化和融合，在文化思想上也必然发生多次大规模的碰撞、竞争、渗透和融合，形成了中国教育思想发展史上多地域、多民族、多层次的多元立体局面。以儒家的教育思想而言，在春秋战国时期，就有孔、孟、荀的某些不同主张，其后经过汉代的神学、魏晋的玄学、隋唐的佛学、宋明的理学、明末清初的实学，以至近代的西学的冲击和影响，儒学思想也在不断地变化发展。其中固然有消极的因素，但也包含许多积极的方面。无论是在哲学思想方面关于天人关系、人我关系、物我关系、生死关系、苦乐关系等的论述，还是在教育思想方面对于教育本质、教育方针目的、人生论、道德观、教学论等问题的见解，都是我们教育哲学建设的有益资料。以教育方针目的而言，几乎所有教育家都有所论述，他们除重视教育的社会作用外，也不忽视教育与人的发展的关系。《学记》提出"建国君民，教学为先"，把教育的社会作用，提高到应有的地位上。《大学》提出"大学之道，在明明德，在亲民，在止于至善"，并把格、致、诚、正、修、齐、治、平八目做了有次序的安排，成为教育的大纲。"修己治人""修己以安百姓"，一直是儒家教育思想中的一个重要问题。在教育目的和人的发展问题上，对德才兼顾、德智体美的要求不乏论述，其最终目的还是要培养治国安民的人才。在孔子对"成人"的论述中，显然已经包括智、德、体、美多方面的内容。子路问"成人"，孔子曾答复作为一个成人，应有"臧武仲之知，公绰之不欲，卞庄子之勇，冉求之艺"，还要"文之以礼乐"。在今天看起来，这还不失为一个全面的教育目的。后世儒者在教育方针目的问题上，论"反情治性、尽材成德"者有之（王充），论"经世致用"者有之（颜之推），论"明晓事物，义利兼顾"者有之（叶适），论"博学、知耻"者有之（顾炎武），以至要求养成"有气节，通政事，尚事功"者亦有之（黄宗羲）。也就是说，在人的培养上，既有社会的要求，也有个人发展的要求；既讲修己，也讲经世；既讲义，也讲利。这些思想，经过批判改造，对于我们今天制定教育方针目的，还有一定参考价值。对于其他方面，就不一一论述了。

至于近代教育哲学学科建立后的成果，在前面已经讲到，不再赘述。

总之，一部中国的教育哲学思想史，为教育哲学学科的建立提供了极为丰富的历史遗产，我们必须认真进行学习和总结，做到古为今用。

（二）研究当前我国教育实践中出现的新课题

离开了实践，理论不仅成为无源之水、无本之木，而且也失去了其对实践的指导作用。中国教育哲学的建立和发展，绝不能脱离我国当前的教育实践活动。社会主义初级阶段的理论以及目前震撼世界的科学技术革命，对我国教育哲学的研究提出一些新的课题。对于这些问题，教育哲学应该从理论上做出恰当的回答。

第一，关于我国社会主义初级阶段教育的特点和社会职能问题。根据党的十三大提出的社会主义初级阶段理论，分析我国经济、政治、文化、思想等方面的复杂性，正确认识我国当前教育的性质和任务，以确定实施的原则和方法，应是当务之急。我国是一个生产比较落后的社会主义国家，又处于世界范围的科学技术革命挑战之中，如何在我国教育工作中贯彻"一个中心"（发展生产力）、"两个基本点"（坚持改革开放，坚持"四项基本原则"），使教育为发展社会主义商品经济服务；如何以动态的观点来看待教育问题，既从当前的现实出发，又面向未来，既从我国的实际出发，又面向世界，也就是说既做到实事求是，又不失前进的方向；……这些都是我们需要认真研讨的问题。

第二，关于学校的地位和学校教育的作用问题。从过去到现在，学校在整个教育工作中一直占主导地位。今天，由于科技的发展，信息传播的加强，交往活动的增多，社会对学校的影响日益加深，学校社会化成了当代教育发展的一种趋势。在这种形势下，学校是走向消亡还是更为加强？如果要加强，那么学校应当办成什么样子？这些问题，在西方早已出现，对于我们来说，也已经成为现实问题。如何以系统的观点来看待学校与社会的关系，以综合治理的办法来解决学校教育中面临的新问题，以及学校的体制结构应当做哪些改革以适应社会和经济的发展，都是值得讨论和思考的问题。

第三，关于人的价值和人的主体作用问题。恩格斯在《家庭、私有制和国家的起源》第一版"序言"中，提出了两种生产，即生活资料生产和人类自身生产。这两种生产都与教育有着直接或间接的关系，其中人类自身的生产同教育的关系更为直接。根据两种生产的理论，如何来看待教育的价值和人的价值，对人的主体地位应当如何理解，现代化的人应当具备哪些素质才能在现代社会中发挥主体作用，应如何摆正教育与社会和人三者的关系，这些都是时代向教育提出的重要课题。

第四，关于文化科学知识的价值问题。过去我们曾经存在过重政治、轻业务的思想，这是不符合时代要求的。目前我们面临着新的科学技术革命的挑战，知识更新和淘汰的速度日益加快。在这种形势下科学知识教育如何反映时代的要求，基础教育应当给青少年哪些最基础的知识，怎样传授这些知识，知识与智力发展和非智力因素发展的关系如何，以及现代文化与传统文化的关系应当如何处理，这些都是当前文化知识教育所面临的现实问题。

第五，道德教育和审美教育的价值问题。目前在一些工业比较发达的国家里，生产日益发展，人民的生活水平也在相应地提高，但精神空虚的现象也愈发严重，诸如吸毒、酗酒、斗殴、凶杀等社会问题层出不穷，青少年的犯罪率日渐上升，表现出物质文明与精神文明发展的严重不平衡。在社会主义国家里，虽然问题的性质不尽相同，但发展不平衡的问题同样存在着。在我国，商品经济的发展、对外开放方针的实行，同时带来了积极和消极的影响。如何加强道德教育和审美教育，发扬积极因素，克服消极因素，是当前思想品德教育中的一个重要课题。青少年的思想品德教育如何反映出时代的特点，已有的思想品德教育的内容和方法如何改善，正确的审美观如何确立，未来理想教育如何进行，都是当前思想品德教育和审美教育中急需解决的问题。

第六，关于教育科学的研究方法问题。在教育科学的研究方法上，坚持以马克思主义的辩证唯物主义和历史唯物主义为指导,这是我们的特点,也是科学性所在。对于这一点不能动摇。但是目前面临的问题是既要坚持,又要发展,为此就必须不断吸收新的科学方法的成果,来丰富和发展马克思主义哲学思想。根据自然科学与社会科学相互渗透的趋势,要不断地移植一些自然科学的研究方法到教育科学研究中来,并把质的分析与量的分析方法有机地结合起来。科学的发展,必然要求在研究方法上有所突破;反过来,科研方法的突破,又必然会促使科学产生长足的进展。因此,对于教育科学研究方法的研究,也应当成为教育哲学的一个重要的研究课题。

目前我国教育哲学需要研究的问题还有许多,不可能一一论及。如科研队伍的建设,与其他学科(如心理学、社会学、人类学以及有关的自然科学等)的科学工作者和教育实际工作者的广泛协作等问题,也是发展教育哲学学科不可缺少的条件,需要加以重视。

(三) 借鉴外国教育哲学研究成果

教育作为一切社会之继承和延续所必需的手段,是人类社会的永恒范畴。在人类教育实践活动中,必然存在某些一般的规律,因此,有分析、有批判地借鉴外国教育哲学的研究成果,对于丰富和发展我国教育哲学,也是一个不可缺少的方面。

目前我国属于发展中国家,但又正在向着工业化目标前进,因此西方教育哲学学科在建设和发展过程中所走过的道路,所遇到的问题,很值得我们重视和研究。对于西方教育哲学思想,我们要从目前的介绍、评论的水平提高到研究的水平,不仅要研究其现状,而且还要研究其发展的历史轨迹和前进方向。在19世纪末20世纪初的西方,随着一些主要国家由农业国家向工业化国家转型的完成,以及大量社会问题的出现,曾出现过广泛的以"新教育"和"进步主义教育"为主要内容的教育改革运动,引起了教育哲学思想的发展。20世纪30年代,随着经济危机的出现以及各类社会问题的加重，美国教育界曾围绕"教育的社会功能"问题展开争论，出现过以新保守主义和进步主义为主要营垒的各种教育哲学流派的辩论，大大促进了各种教育哲学思潮的发展。50年代以后，分析哲学、存在主义以及现象学等各种教育哲学思潮，可谓层出不穷。80年代以来，教育哲学又有由专业教育哲学向公共教育哲学的转变等。

对于西方教育哲学发展过程中提出的各种课题，我们应当仔细地研究其出现的历史的、社会的、文化的等诸方面的原因，吸取他们的教训，借鉴他们的成功经验，以发挥其在我国教育哲学建设中的借鉴作用。

要建立既具有中国特色，又具有时代精神的教育哲学，需要研究的问题，绝不仅限于以上所提问题。上述问题，也仅是一得之见，只作为引玉之砖，希望能有更多的同志来参与这一学科的建设和研究，使其在社会主义教育事业发展中发挥理论作用。

参考文献

[1] 陈友松. 当代西方教育哲学 [M]. 北京：教育科学出版社，1982：27-28.

[2] 布鲁巴切尔. 现代教育哲学 [M]. 台北：正中书局，1975：1-2.

[3] 姜琦. 教育哲学 [M]. 上海：群众图书公司，1933：7-11.

（本文原载《教育研究》1988年第11期）

教育理论研究的回顾与展望

张敷荣

十一届三中全会是我党历史上的一个伟大里程碑,是社会主义现代化进程的伟大转折点。它所确定的路线和方针,指导着各条战线取得了辉煌的成就。教育理论战线也是如此。在纪念十一届三中全会召开十周年之际,回顾、反思教育理论研究,总结成绩,发现问题,确定未来努力的方向,对于在新形势下进一步认识十一届三中全会的伟大意义,推动教育理论研究的繁荣昌盛,深化教育改革,都具有重要意义。

对十年教育理论研究进行回顾、反思,是一项繁重的任务。在一篇容量有限的文章中要勾勒出教育理论研究的繁根密叶,是十分困难的。这里,我们主要以全国最有影响的教育理论刊物《教育研究》为主要线索,参照中国人民大学的《复印报刊资料·教育学》及《新华文摘》等重要刊物,为十年教育理论研究勾勒一个大致清晰的轮廓,获得几点主要的认识。

根据教育理论研究的主导思想和重点的不同,十年教育理论研究可划分为三个连续的阶段,即解放思想的阶段、探索的阶段和改革的阶段。为了节省篇幅,下面在勾勒这三个阶段时,我们主要评述每个阶段中的主要论题及研究情况。必须指出,这三个阶段的划分是相对的,并不排除一个阶段中的重要论题及其研究在前一阶段已经产生或在后一阶段仍然存在这种情况。

一

1978—1981年是我国教育理论研究上解放思想的阶段。

打倒"四人帮"后的第二年,邓小平同志恢复中央领导工作,并亲自抓科学与教育。邓小平同志针对当时盛行的"两个凡是"的口号,提出了尖锐的批评,指出"'两个凡是'不符合马克思主义"[1],并着手抓教育上的解放思想与拨乱反正问题。他对教育战线上长期禁锢人们的思想、成为人们的沉重精神包袱的"两个估计"率先进行郑重纠正,指出"两个估计""不符合实际",要教育工作者甩掉"两个估计"的包袱。[2]在邓小平同志的鼓舞下,1977年11月18日《人民日报》和第12期《红旗》杂志发表《教育战线的一场大论战》一文,揭露批判林彪、"四人帮"篡改和伪造毛主席指示,炮制"两个估计"的罪行,在教育战线上拉开了纠正"两个凡是"、解放思想、拨乱反正的帷幕。1978年5月11日《光明日报》发表的重要文章《实践是检验真理的唯一标准》,从思想理论的更高、更普遍原则上为解放思想开辟道路和提供依据。紧接着,国内展开了全国性的真理标准的大讨论。这些工作为党的十一届三中全会的召开打下了基础。1978年12月18日,党的十一届三中全会胜利召开,确定了进一步解放思想、拨乱反正、实事求是的思想政治路线,并决定把工作重点转移到"四化"建设上来。

党的十一届三中全会推动教育理论战线的解放思想、拨乱反正向更深入的方向展开。如果说刚刚打倒"四人帮"的头两年的解放思想、拨乱反正主要涉及揭发批判林彪、"四人帮"的反革命罪行和反动谬论的话,那么,党的十一届三中全会之后的解放思想、拨乱反正则涉及与毛泽东同志的批示、指示有关的思想理论问题,乃至马克思主义创始人的一些有关教育的论述。这是解放思想、拨乱反正的必然结果。1979年,全国性教育理论研究刊物《教育研究》创刊,创刊号上的《编者的话》申明:"本刊目前的首要任务,便是和大家一起,提倡解放思想,破除迷信,使我们的思想从林彪、'四人帮'的束缚中解放出来,回到马克思主义认识论上来,把被颠倒了的东西重新颠倒过来。"同期发表余立《根据实践是检验真理的唯一标准,探讨教育工作中的规律》一文,从学校教育的性质、教学的本质、教学的基本形式、教师与学生的关系等方面对林彪、"四人帮"的种种谬论进行批驳。同期还发表了鲁洁等的《他们究竟要"改造"什么——评〈谁改造谁〉》,揭露批判林彪、"四人帮"借批凯洛夫教育学来全盘否定"文化大革命"前17年教育,鼓吹"两个估计"的罪行和谬论。《教育研究》1979年第4期发表评论文章《补好真理标准讨论这一课,教育问题要来一次大讨论》,强调依照实践标准,对30年来教育战线的方针、理论、政策、方法等进行"讨论、补课",从中找出正确的东西和错误的东西,摆脱形而上学的束缚,大胆地研究各种问题。同期开辟了专家笔谈专栏,发表张敷荣等专家关于防止"左"的思想的干扰、进一步解放思想的文章,强调解放思想关键在于排除和防止"左"的思想的干扰,打破过去盛行的"六经注我,我注六经"的形而上学研究方法。《教育研究》1980年第4期发表周扬同志的重要文章《进一步解放思想,搞好教育科学研究》。文章率先对过去教育上提出的带有方针性的口号提出了不同看法,例如"兴无灭资""教育为无产阶级政治服务"等,指出这些口号的不精确性及其在客观上造成的不良后果。文章郑重指出,要把教育学作为一门科学来研究,绝不能以"语录"代替科学。这篇文章在教育理论界产生了很大反响。《教育研究》于1981年第1、2、3期连续开辟"进一步解放思想,搞好教育科学研究"的座谈或笔谈专栏,推动了教育理论研究的深入开展。1980年上海《文汇报》发表诸晓的文章《革命导师的论述能代替教育科学研究吗?》。文章指出,任何一门学科都有自己独立的研究对象和范围,都有其独特的体系结构,革命导师的有关论述不可能包揽一门学科的一切问题或方面;即使是革命导师对某一问题的论述,也往往会由于时代和背景的原因,由于形势的变化,而变得不完全适用,需要加以补充、修正、更新和发展。因此，不能用革命导师的论述代替教育科学研究，不能机械地照搬硬套革命导师的论述，而应采取实事求是的、发展的科学态度对待革命导师的论述。[3]这些呼唤解放思想的文章，在当时"左"的思想尚未彻底扫除的情况下，是振聋发聩、令人鼓舞的。

这一阶段，通过解放思想、拨乱反正，教育理论研究取得了突破性成果，主要表现在以下几个方面。

第一，突破了教育理论研究的某些"禁区"，确立了实践是检验教育思想与理论正确与否的唯一标准。正如上面所述，一些探索性研究涉及了革命导师的指示和论述。对于革命导师的指示和论述，要采取实践是检验真理的唯一标准的科学态度，做到不唯"上"、不唯"书"、不唯"典"，实事求是地根据新情况灵活运用和发展革命导师的教育观点。这些问题，以前是研究的"禁区"，现在"禁区"被打破了。

第二，关于教育本质的争论，使人们确立了教育是"四化"建设的基础的战略观点。关于教育本质，尽管存在各种不同观点，而且争论很激烈，但是，在这一点上各种观点是一致的，即教育是"四化"建设的战略基础。要实现"四化"，必须大力发展教育，增加教育投资。

第三，对于全面发展与全面发展教育有了新的更全面的认识。在这方面，人们过去一般只提及德育、智育、体育。这一阶段则突破了狭隘的"三育"看法，出现了新的更全面的观点。例如，刘佛年同志在《全面发展和教学改革》[4]中纠正了长期以来狭隘化、肤浅化理解全面发展教育的做法，提出全面发展教育包括德、智、体、美、劳等方面的教育，而每一方面的教育又有一个全面发展问题。这一观点强调和确立了美育、劳动教育在全面发展教育中的独立的地位与作用。1981年，中国教育学会第二届年会把人的全面发展作为重要研究课题之一，有的同志提出新的观点，认为人的全面发展是马克思主义关于人的学说的重要内容，是以马克思主义的人性论、人道主义为基础的。人的全面发展是对人的异化的扬弃，包括人的德、智、体、美方面的充分的自由的发展。[5]

第四，引进、介绍了国外许多新的教育思想和理论，并对过去全盘否定了的外国教育思想和理论进行重新认识。例如，美国布鲁纳的教育思想，瑞士皮亚杰的心理与教育思想，苏联赞科夫的教育思想、苏霍姆林斯基的教育思想，等等。对于美国杜威的实用主义教育思想、苏联凯洛夫的教育思想等也重新做了实事求是的评价。

第五，在教育科学研究方法上有了新的突破。这种突破集中表现在摆脱了过去的用解释导师的言论、指示或党的政策来代替教育科学研究的形而上学做法，坚持把教育学作为一门独立的学科来研究，引进了实验、测量、统计等方法，甚至提出"教育科学的生命在于教育实验"的口号，对教育要进行客观的科学研究的观念逐渐树立起来。

二

1982—1984年是教育理论研究的探索的阶段。

这一阶段的中心指导思想是：在解放思想、拨乱反正的基础上，以马列主义、毛泽东思想为指导，以研究人民教育事业发展与改革过程中的重大现实问题与理论问题为中心，以建立具有中国特色的社会主义教育科学体系为目标。[6]这一指导思想主导着教育理论研究从几个方面向更深和更广的方向发展。

第一，对教育科学自身进行反思，探讨建立中国特色的社会主义教育科学体系。这一课题成为该阶段教育理论研究的重点之一。仅以《复印报刊资料·教育学》为例进行统计，它在1982—1984年转载的这方面的研究文章有25篇之多。研究者们对这一问题进行广泛的探讨，提出了许多宝贵的开创性的见解。例如，蔡雁生在《试谈编写具有我国民族特色的教育学》[7]中提出，具有"民族特色"的含义，应该是从本国的实际出发，在总结本国教育实践经验和理论研究成果（包括整理本国的教育遗产）的基础上，结合本国当前实际情况和时代发展的趋势，吸收外国一切有益和先进的东西。高时良在《教育科学面临的新挑战》[8]中,提出自然科学渗透进教育领域,向传统的教育研究方法提出了挑战,强调运用自然科学方法,特别是用数学方法研究教育科学的重要性。罗正华在《学习系统科学,建立教育科学的科学体系》[9]中,提出教育科学体系的三个标准:科学性、整体性和综合性。查有梁在《控制论、信息论、系统论及其对于教育科学的意义》[10]中,提出运用"三论"的方法研究教育问题,建立教育科学体系。这些探索性研究,给人以深刻的启发。在广泛探讨的基础上,人们获得了初步的一致认识:中国特色的社会主义教育科学体系涉及三个方面。(1)"中国特色"。对此,人们认识到要从中国的国情,包括民族、文化等特点出发,总结古今先进的有用的教育经验和研究成果。(2)"社会主义"。对此,人们认识到要以马列主义、毛泽东思想为指导,研究社会主义的性质和发展规律,以此作为教育科学体系的基础。(3)"教育科学体系"。对此,人们认识到要突破传统的封闭性教育科学体系,顺应科学发展的趋势——分化与综合,建立宏观与微观相统一的教育科学体系[11],同时借鉴自然科学特别是数学与"三论"的方法来构造教育科学的体系,使之更科学化、现代化。

第二,关于教育本质的讨论有新的深入和发展。如果说上一阶段教育本质的讨论的成果是确立了教育在现代化建设中的战略地位的话,那么,这一阶段的讨论使人们确立这一新观念,即教育必须先行于经济发展,因为只有这样,才能起到战略作用,从而形成了"教育先行论"的观点。于光远同志以一个经济学家的眼光看到了教育走在前面的重要性、迫切性,他在《教育要力争走在前面》一文中指出,"世界上经济比较发达的国家都十分重视教育。他们把对教育和科学的投资称之为智力投资。这种投资从开始到发挥作用需要少则七、八年,多则十年以上的时间。因此,教育要力争走在前面。……我国要实现四个现代化,教育事业首先要得到发展"。[12]1983年《中国社会科学》杂志在第5、6两期刊登题为"教育科学的现状与发展"的座谈发言摘要,直接提出了"教育先行"的观点。王逢贤同志进行了多方面的论证和说明："传统的教育理论总是把教育摆在经济发展的后面。孔子的'庶、富、教'思想，就是把教育摆在人口繁衍和经济发展之后。在古代人口稀少、生产落后、教育内容贫乏、教育周期短促的条件下，产生这种认识是可以理解的。可是，在现代社会，要发展生产，繁荣经济，减少人口数量，提高人口质量，离开文化科学技术知识，就寸步难行。"因此，"必须使教育走在各项现代化建设事业的前面，不能等待经济上富起来之后再发展教育事业"。"教育先行"是这一阶段在教育的本质与职能的认识上的一个深化或飞跃。

第三，广泛深入探讨了新科学技术革命与教育这一课题。20世纪四五十年代以来，世界性新科学技术革命蓬勃兴起，冲击着一切领域。教育面临着新科学技术革命的挑战。世界各国都在制定策略，迎接新的挑战。党的十一届三中全会以来，我国实行改革开放，新科学技术革命的浪潮也冲击了我国，给我国的教育提出了新的要求。邓小平同志敏锐地抓住这一问题，提出教育要"面向现代化，面向世界，面向未来"。摆在教育理论工作者面前的任务是，探讨新科学技术革命与教育的关系，从理论与实践的结合上对新科学技术革命的挑战做出回答。

在这一阶段，《教育研究》及各地方性教育研究刊物发表了许多探讨性文章，这一问题成为该阶段教育理论研究的"热点"之一。综合这方面的研究，可以归纳出如下几点一致的认识。（1）新科学技术革命要求树立新的教育观念。例如，对于"教育"的认识，过去狭隘地将教育理解为普通教育，认为其属于青少年所受的教育。这种认识不适应新形势的要求。"教育"的含义应包括诸如终身教育、继续教育、回归教育、成人教育等新的内容，教育的概念的内涵扩大了。教育不再只是对青少年的培养和发展，人的一生不是前半受教育后半工作，而是终生受教育，不断更新知识，提高能力。（2）新科学技术革命要求把培养人的能力放在首位，尤其是培养适应变化的能力和创新的能力。新科学技术革命的一个突出特点是科学技术知识发展速度加快，日新月异。单靠记忆吸收储存知识，已不可能适应科学技术知识的发展。教育必须把培养学生的能力放在重要地位。学生有了能力，就能适应变化，进行创新。（3）新科学技术革命要求不断更新教育内容，用最新最先进的科技知识武装学生。（4）新科学技术革命要求教育自身实现科学化、现代化。新科学技术知识不断应用于教育，引起了教育的组织形式、教学方法、技术手段的变革，使教育越来越科学化。而教育只有实现自身的科学化、现代化，才能应对新科学技术革命的挑战。

第四，人的全面发展问题得到了继续探讨。对于马克思的人的全面发展学说的理论基础、人的全面发展的含义等问题，人们的认识一直存在着分歧。有的同志提出，不同意关于马克思的人的全面发展学说的理论基础是马克思的异化理论的看法，认为异化理论是马克思早期著作中的理论。人的全面发展学说的理论基础是马克思主义的三个组成部分。[13]关于人的全面发展的含义，有的同志提出不同意包括道德、审美因素，理由是马克思主义创始人在讲到人的全面发展时，都没有直接提到道德、审美因素。这是因为人的全面发展是相对于人的片面发展而言的，而人的片面发展是由分工造成的。分工与人的体力、智力有直接的联系，与人的道德、审美只有间接的联系，而这种间接的联系一般是以经济基础为中介。由于分工直接造成人的体力与智力的片面发展，所以，作为对人的片面发展的否定的全面发展是指人的体力、智力的全面发展。[14]总的来说，这一阶段关于人的全面发展问题的探讨，深入到了对马克思早期著作及思想的评价问题，深入到了分工与人的全面发展的关系问题。对于这些问题，按照"双百方针"，进行学术研讨、争鸣，是完全必要的。

三

1985年以来是教育理论研究的改革的阶段。

所谓改革的阶段，这里指教育理论研究探讨的中心问题是教育改革。

关于教育改革的研讨，虽然在前两个阶段就已经展开了，但是真正广泛深入地从理论上研究是在1985年5月《中共中央关于教育体制改革的决定》发布后兴起的。这一阶段的教育理论研究围绕教育改革这一中心，从以下几个方面展开。

第一，关于传统教育与现代教育的研究。教育改革涉及的一个重要问题是对传统教育的评价以及传统教育与现代教育的关系，因为改革就是对以传统教育为特征的教育现状进行实质性变革。因此，研究者们对传统教育与现代教育进行了大量研讨。1985年7月中国教育学会教育基本理论专业委员会召开首次学术讨论会，把传统教育与现代教育作为中心研究问题之一。之后，《教育研究》等刊物发表了许多专门研究文章。综合这些研究，大致可归纳出如下几个方面。（1）关于传统教育、现代教育的概念问题。对于这个问题，大致可区分出三种看法：第一种看法，认为传统教育是美国实用主义教育家杜威提出的概念，他把自夸美纽斯到赫尔巴特所形成的教育思想及由此而建立的教育制度称为传统教育，把自己提出的"进步教育"称为现代教育。杜威提出传统教育与现代教育的主要区别是：传统教育把教育作为达到外在目的的手段，现代教育把教育本身作为目的；传统教育以教师为中心，现代教育以儿童为中心；传统教育以书本为中心，现代教育以活动为中心。第二种看法，认为传统教育是指当今流传的一切与现代教育相对而言的教育思想和教育制度。第三种看法，认为传统教育是指世代相传的长期以来人们习以为常的具有其本身特点的教育思想、方法、制度等。传统不是贬义词，不能与保守和落后画等号。（2）关于传统教育与现代教育的划界问题。持第一种看法的人，认为传统教育与现代教育的划界是"进步教育"产生前后。"进步教育"的形成标志着传统教育与现代教育的划分。另一种划界看法认为，就世界范围来说，传统教育与现代教育应以资本主义大工业生产为界，在此之前的教育是传统教育，此后的教育是现代教育。此外，还有人认为传统教育本身是一个不断吸收和扬弃的过程，不好以固定的时间划界。（3）关于传统教育的评价问题。对于这个问题,多数研究者认为,对传统教育要实事求是,不能一概否定。传统教育中有优良的东西,对今天的教育仍有指导意义,同时又有陈旧、落后、保守的东西,对今天的教育有消极的阻碍作用。教育改革,不是全盘抛弃传统教育,而是改掉其中陈旧、落后、保守的东西。有少数研究者较多地摆出传统教育的弊端,强调破除传统教育的迫切性,给人以对传统教育否定过多的感觉。还有个别研究者把传统同陈旧、保守等同起来。(4)关于现代教育的本质特征问题。对于这个问题,研究者们比较一致的看法是:其一,现代教育富有不断变革的内在机制,就是说,现代教育不是僵化的封闭的教育,而是发展的开放的教育,富有现代观念;其二,现代教育以现代化的教育技术手段为标志;其三,现代教育重视学生的主体地位和作用,重视人的价值及其实现;其四,现代教育重视科学教育,培养学生的探究和创新能力。

第二,关于端正教育思想、明确培养目标的研讨。《教育研究》自1986年第4期开始进行了为期一年的大讨论,研讨端正教育思想、明确培养目标问题。这方面的研讨也呈现于其他一些教育理论刊物。打倒"四人帮"后,我国改革了高校招生制度,实行全国统一招生考试。这一方面确保了高校招生的质量,另一方面也逐渐产生了一种偏差,即片面追求升学率。广泛深入地进行教育改革,就涉及纠正片面追求升学率的问题。《教育研究》率先以专栏研讨这个问题,以求探索出可行的解决方法。统览所发表的这方面的文章,我们可以归纳出以下几个较一致的认识。一是目前中小学盛行片面追求升学率之风,其中一个重要原因就是教育思想不端正,对中小学教育培养目标的认识不明确。这一原因不仅存在于教育工作者身上,更存在于一般社会成员身上。同时也存在着教育制度、政策等方面的原因。例如,中等职业技术教育不发达,普通中等教育毕业生都往高考独木桥上挤,教育评价制度没有建立,更没有制定相应的政策,造成全社会都以升学率来衡量教育质量水平,等等。二是纠正片面追求升学率,全面落实党的教育方针,要进行各项教育改革。研究者们就此提出了许多好的方法或建议。例如，大力发展中等职业技术教育，减轻升学的压力，同时改革劳动人事制度，为中等职业技术教育人才提供就业机会；建立健全教育评价机构和制度，并把教育评价与相应的教育政策，例如投资、提级、奖励等相结合。这些研究和建议为贯彻中央关于改革教育体制、大力发展中等职业技术教育的指示打下了思想理论基础。

第三，关于教育改革的研讨。教育改革是这一阶段教育理论研究的突出重点。关于这方面的研究可分为两类。一是理论的研究，即探讨教育改革的指导思想、理论依据以及对教育改革实践中的问题从理论上给予回答。二是实践的研究，包括实际的教育、教学改革和各种实验。理论的研究涉及了教育改革的目标、价值，社会主义有计划的商品经济与教育的关系（下面专门评述），贯彻全面发展的教育方针与引进竞争机制，促进教育竞争的问题，等等。理论的研究为改革实践提供了依据或起了舆论引导作用。实践的研究涉及了学校实行党政分开，校长责任制，教育、教学、课程等改革，尤其出现了由单项改革、实验向整体改革、实验发展的趋势。改革、实验的方法论越来越科学化，引进了系统论等新理论和方法。整体改革、实验就是运用系统方法，从整体出发，对影响教育效果的各种变量进行综合调配，以寻求最佳"配方"，取得最佳效果。1986年12月中国教育学会在上海举办全国普通教育整体改革研讨会，专门研究整体改革的各种理论和实践问题。理论和实践的研究，促进了全国教育改革、实验的广泛深入的展开。

第四，关于社会主义教育与社会主义商品生产的关系的研讨。《教育研究》从1986年第8期开始开辟专栏，研讨社会主义教育与社会主义商品生产的关系，已发表了许多有价值的探讨性论文。这一研究是关于教育本质的讨论的进一步深入，其主题是当前深化教育改革所面临的迫切理论问题。研究的焦点集中在教育能否商品化上，对此，大致有两种观点。一种观点认为教育是能够商品化的，理由是：（1）马克思在《资本论》等著作中曾经指出教师劳动是服务消费品，它具有特殊的效用，就是"训练"劳动能力，工人购买教师服务的费用同生活费用的性质完全一样；（2）教师劳动具有使用价值，这种使用价值是构成社会财富的物质内容；（3）教师劳动具有价值，教师劳动的价值是教师耗费的劳动在服务消费品上的凝结；（4）教师劳动商品化有利于进一步调整经济结构，促进国民经济的综合平衡。[15]另一种观点认为，教育不能商品化，教师劳动不是商品，其理由是：（1）根据马克思关于生产劳动的理论，只有生产物质产品并创造剩余价值的劳动才是生产劳动，教师劳动不生产物质产品，也不直接创造剩余价值，因此，教师劳动不是生产劳动，其成果也不能成为商品；（2）在社会主义社会，劳动力不是商品，教师劳动培养的劳动力不能成为商品；（3）把教师劳动作为国民经济的组成部分，会给经济统计带来混乱；（4）教育除为物质文明建设服务外，还为精神文明建设服务，这方面的功用无法商品化。[16]虽然存在着截然不同的观点，但研究者们大都赞同，教育要按经济规律办事，努力争取教育投资的最大经济效益。目前，这方面的探讨还在继续深入地开展。

四

回顾十年教育理论研究的历程，除上面评述的主要理论问题的研究进展外，还可总结出如下较为普遍的规律性的认识。

第一，十年教育理论研究紧紧与社会主义现代化建设，与改革、开放、搞活的大政方针保持一致。这一点从上面的回顾中可以非常明显地看出：在第一阶段，教育理论研究紧紧与中央解放思想、拨乱反正、实事求是的大政方针保持一致；在第二阶段，教育理论研究紧紧与社会主义现代化建设、与邓小平同志提出的建设有中国特色的社会主义保持一致；在第三阶段，教育理论研究紧紧与经济体制改革、科技体制改革、政治体制改革等各项大政方针保持一致。总之，十年教育理论研究的指导思想是正确的，坚持了为社会主义现代化建设服务的正确方向。

第二，十年教育理论研究基本上坚持了"百花齐放，百家争鸣"的方针，坚持了学术讨论的民主。教育理论研究在教育的本质、人的全面发展、教学的本质、社会主义教育与社会主义商品生产的关系等方面展开了热烈的讨论，促进了理论研究和发展。是非越争越明，真理越辩越清。许多重大理论问题的突破，都是通过民主的学术争鸣实现的。

第三，十年教育理论研究坚持了理论联系实际的原则。教育理论研究始终紧贴社会主义现代化与教育中的重大迫切的实际问题，为探索教育为社会主义现代化服务和教育自身的发展规律而努力。这一点在上面的回顾中也是很明显的。

第四，教育理论研究方法日益科学化、现代化。突出的成绩是引进了系统论、控制论、信息论等新科学方法，坚持定性研究与定量研究相结合、经验总结与实验研究相结合，教育理论研究成果越来越客观化、科学化。

但是，我们也必须正视所存在的一些问题。

第一，教育理论研究还不时受"左"的思想和做法的干扰，从而使正常的学术研究不能深入下去。例如，马克思的异化理论、人道主义与人的全面发展问题，作为学术探讨问题应该得到鼓励和支持，可惜的是未能继续进行下去。

第二，一些学术争鸣或讨论，缺乏计划性、组织性和一致性。有一些争论很不深入，甚至刚交锋就"休战"。还有一些争论从概念到理论与争论的问题不符或联系不密切。这个问题的解决途径，一方面在于研究者自身要对问题坚持进行不断的探讨，另一方面在于刊物有计划地加强组织和引导，使学术争鸣能够广泛深入地展开。

第三，在研究方法上还不同程度地存在一些教条主义的"六经注我，我注六经"的做法。例如，对于马克思主义教育思想的研究，对于毛泽东教育思想的研究，就缺乏经济学、哲学和科学社会主义等领域的那种实事求是的科学精神和勇气，生气不太足。此外，教育理论研究的自主意识、独立意识尚未牢固树立。教育理论研究除受外部社会因素制约外，还有自身的特点和规律，有自己的路子。教育理论研究从选题、规划到实施、评价，既要坚持为社会主义现代化服务的方向，又应显示自身的特点和规律，显示独立的品格。

展望教育理论研究的未来，我认为，在今后一个时期，教育理论研究将在以下几个方面广泛深入地展开。

第一，关于社会主义初级阶段教育的研究，包括社会主义初级阶段教育的本质、特点、体系的研究等。这方面已经有了一些探索性研究，但仍需有计划、有组织地进行更广泛深入的研究。

第二，社会主义教育与社会主义商品生产的关系的研究。这方面的研究有待进一步深入，因为这是深化教育改革所必须解决的问题，包括商品经济社会中教育的性质问题，教育如何适应商品经济或按经济规律办教育的问题，怎样认识和处理高等学校开展有偿服务的问题，怎样引进竞争机制、开展教育竞争的问题，等等，这些问题迫切需要从理论上给予回答。

第三，关于深化教育改革的研究，包括教育观念、价值转变的研究，教育改革与社会改革的关系研究，整体改革的经验与理论研究，以及各项微观教育改革研究，等等。总之，教育改革是今后教育理论研究的中心问题之一。

第四，关于建立有中国特色的社会主义教育科学体系的研究。这方面的研究是教育理论工作者的长期任务，以前已经有了大量研究，今后将向着有计划、有组织地规划和设计方面发展。

参考文献

[1] 邓小平. 邓小平文选：第2卷[M]. 北京：人民出版社，1983：35-36.
[2] 同[1] 63-64.
[3] 诸晓. 革命导师的论述能代替教育科学研究吗？[J]. 新华文摘，1980（11）：211-212.
[4] 刘佛年. 全面发展和教学改革[J]. 教育研究，1980（5）：16-26.

[5] 王逢贤. 马克思的异化理论与人的全面发展 [J]. 教育研究, 1981 (7): 18-25.

[6] 特约评论员. 在党的十二大精神指引下开创教育科学研究新局面 [J]. 复印报刊资料·教育学, 1983 (5): 19-23.

[7] 蔡雁生. 试谈编写具有我国民族特色的教育学 [J]. 教育研究, 1983 (2): 36-38.

[8] 高时良. 教育科学面临的新挑战 [J]. 教育研究, 1983 (5): 17-21.

[9] 罗正华. 学习系统科学, 建立教育科学的科学体系 [J]. 教育研究, 1983 (11): 73-76.

[10] 查有梁. 控制论、信息论、系统论及其对于教育科学的意义: 上 [J]. 教育研究, 1984 (5): 15-23; 查有梁. 控制论、信息论、系统论及其对于教育科学的意义: 中 [J]. 教育研究, 1984 (6): 59-66; 查有梁. 控制论、信息论、系统论及其对于教育科学的意义: 下 [J]. 教育研究, 1984 (7): 70-75.

[11] 徐毅鹏, 等. 当前我国教育学研究中的一些问题: 全国教育学研究会第三届年会讨论综述 [J]. 教育研究, 1983 (11): 58-66.

[12] 于光远. 教育要力争走在前面 [J]. 北京师范大学学报 (社会科学版), 1983 (1): 1-6.

[13] 陈信泰, 张武升. 马克思的异化理论不是人的全面发展学说的理论基础 [J]. 教育研究, 1983 (7): 37-43.

[14] 陈桂生. 全面地历史地研究马克思主义关于人的全面发展的理论 [J]. 教育研究, 1984 (8): 14-21.

[15] 庞海波. 论教师劳动的商品性 [J]. 教育研究, 1986 (8): 65-70.

[16] 陈信泰, 王志平. 关于社会主义教育与社会主义商品生产的关系问题的探讨: 如何理解教师劳动创造价值 [J]. 教育研究, 1986 (8): 60-64; 张天麟. 教育功能与教育商品化 [J]. 教育研究, 1986 (12): 58-61.

(本文原载《教育研究》1988年第11期)

"人"在呼唤

胡克英

十年来,我国社会主义教育事业的成绩是人所共知的。但是,近两年来人们开始思考教育存在的危机。说危机,有人总是不爱听,其实英文中"crisis"的原意指"紧迫情况"或"转折点"。我们面前的现实确是严峻的,我国的教育正处在一个转折关头,应当"居安思危",有危机感,才会有紧迫感。

在历史的转折关头,如果转得过来,教育将继续取得良好的发展;如果转不过来,教育就可能堕入恶性循环中:普通教育质量下降连带高等教育质量下降,出现两者循环恶化的局面。更重要的是,如果教育堕入恶性循环而不能自拔,那就势必招致下一世纪社会总体发展的停顿,带来经济、科技与教育之间的恶性循环与互相掣肘,陷入全局性的被动。

我们必须转过来,我们也能够转过来,掌握主动权。

教育危机的根源何在?从近十年的实践深层来看,在理论上可以归结为一点:忽视"人",即忽视人的价值,忽视教育领域中社会主义的人道主义。

人道主义,英文为"humanism",又译作人文主义或人本主义。人道主义作为一种思想体系,源远流长,它的核心是承认人(人类、群体和个体)的因素第一,人的地位至上,人的价值至上。人道主义产生于14世纪下半叶欧洲文艺复兴时期,是当时居于主流地位的思想体系,并随着历史的发展而不断变化，迄今已成为现代文化的一个重要组成部分。如果说文艺复兴的最大成就是"人的发现""人的觉醒"，那么，随着任何一个新的历史时期的到来都必然而且必须有一个更新的"人的发现"、更深入的"自我觉醒"和"自我发现"。

马克思主义是继承并发展了人道主义思想的。它承认人的价值、人的主体地位、人的尊严、人的全面而自由的发展。这就是说，人的因素第一，人的地位至上，人的价值至上，人是世界的支配力量。在社会主义进入新的历史时期的时候，我们本当着力研究并且讲究社会主义的人道主义，在教育理论上尤其应该如此，但是却产生了延误。

一、见物不见人，重物不重人

见物不见人，重物不重人，是一种思想倾向，一种社会思潮。

"见物""重物"对不对？对的。但是见物不见人，重物不重人，那就势必产生片面性，从而带来失误。请问：重视生产力的发展而不重视人的发展，生产力的长远发展该如何呢？肯定地说，难以为继。人是生产力中的决定性因素，生产力说到底是人的智力的物化形态。人，不但是一切经济活动的主体，而且是一切经济活动的目的；人是一切工作的主体，也是一切工作的目的。一切为了人，因为一切物质和精神产品都来自人。因此首先要重人，要防止陷入"目中无人"的经济主义观点和教育观念中。

我们只知道教育要为经济建设服务，不知道经济建设更要为人服务，为满足人的物质和精神需要服务，而且首先要为培养人服务，要为人本身的发展服务。我们一再讲要像抓经济建设一样地抓好教育，但事实上我们又一再把教育经费仅仅当作经济建设投资的"剩余零头"——剩多就多给，剩少就少给，一再在培养人的这个千秋大业上"打小算盘"。现在教育经费在表面上增加了，而除"人头费"之外，真正用于教育教学的公用经费却反而下降了。1987年中学生人均经费为5元，小学生仅1元，微乎其微。

再看给教师的"人头费"。据测算,教师月平均工资排在国民经济12个行业职工工资的倒数第三位,工资外的其他收入则更低,岂不是末业吗?

教育为经济建设服务的说法原本就是不周全的。因为教育不单是物质文明建设的基地,更重要的,是社会主义精神文明建设的一个最重要的组成部分;从长远看,教育又是社会的精神文明建设的最初发源地。两个文明都是发源于学校,发端于教室。然而我们的学校是什么面貌呢?全国中小学缺校舍7500万平方米,危房有4500万平方米,而且数量不断扩大。而我们历年拔地而起的那些巍峨堂皇的高楼大厦何止千百座!见物不见人,就是急功近利的短期行为。

见物不见人的思想倾向是有社会基础的。我们的一些干部多年来深知抓经济是"硬任务",抓不上去要挨批,而抓教育却是不显形的"软任务",抓不上去没关系。加之一般人大都只顾眼前物质生活的改善,见物不见人就易形成一种上下四方互相呼应的社会思潮,这也必然发展成为见钱不见人的拜金主义的社会风气。发财就是目的,赚钱就是一切,使人为金钱所奴役。在一个教育程度不高,尚处在低层次文化水平的民族中,拜金主义可能带来的恶果是严重的:一切腐朽渣滓会源源泛起,妨害社会主义文明建设的正常发展,同时也会严重污染学校教育。因而我们有必要研究社会主义的人道主义思想体系,并以之作为社会内部意识形态领域和教育领域的自我调节机制。

认为没有可能增加教育经费,是说不过去的。现在由拜金主义促成的挥霍浪费之风盛行,只此一端耗费知多少?综合新华社报道,1987年全国各地白拿、白吃和胡乱购买进口豪华小汽车这几项就挥霍掉530多亿元,而同年国家财政预算内的教育经费只有274.62亿元,加上其他部门和渠道筹措的经费,总共400亿元,挥霍浪费的金钱尚高出全部教育经费达33%。

见物不见人的社会思潮也在教育系统内部泛滥着。如今，一切都讲"商品"化，似乎原属于普及义务性质的教育现在也要"商品"化了。这类问题的是非本来是可以讨论的，但是在未经论证的情况下迅速刮起一阵狂风，并已构成一种教育思想上的滑坡，且有越滑越远之势，这就成了问题。

三年前，有些学校领导人还只是窃窃私议要"一手抓分，一手抓钱"。现在有些校长和教师就只能"双手抓钱"了。亦教亦商、弃教从商的种种现象出现了。原因是多方面的，并不能责怪校长和老师们，因为他们经商也是迫不得已。教育经费少得可怜，办学校没有钱，什么都靠"自筹"，校长不抓钱怎么过日子？上面可以找种种理由推诿责任，有良知的校长总不能眼看学校关门。处于这样的尴尬局面，无怪许多人要长叹"常恨此身非我有"了。

学校无论怎样改革，也只能是"教育实体"，教育是学校的本业和中心工作，教育改革的目标在于提高教育质量，而不是抛弃人的万世基业。

无可讳言，见物不见人的社会思潮已经把学校教育和教育思想冲击得有些混乱了。人，不见了。人的价值本来是高于一切的，在这里都化为乌有了。教育的对象和主体——人，被遗忘干净了。

二、权力至上，重权不重人

教育系统的管理不能不需要权力，不要权力就陷入无政府状态了。但是行政权力至上（或谓权力主义）却要不得，因为这样必然会忽视发扬人的主体性或独立自主性，堵塞和销蚀人的能动性和创造性，必然会排斥教育民主化和教育科学化。这是不以任何个人意志为转移的，甚至连教育管理部门的领导人自身也是被置于这种体制的自发的必然王国之中，甚难掌握多少主动权。

这种权力至上的大一统教育管理体制，就像一座金字塔一样，体现着某种程度的等级制。在逐级管理机构之间只有上级对下级的单方面制约，而缺乏下级对上级的监督，下级机构也没有相对的独立自主权。上下级之间这种残留的等级制的隶属关系，只可能滋生和助长长官意志和命令主义作风，难以容纳民主作风和群众路线，也难以接受决策的科学化。

在这种体制下，行政级别高低成为鉴定决策和各种指示真理性的标准，因而易于容纳主观主义作风。

这种体制易使人们熏染上命令主义作风，或唯上主义习性。权力至上必然会把人们的主体性销蚀殆尽；或者迫使下级只得俯首听命，唯命是从；或者促使下级报功不报过，报喜不报忧，不顾一切地"投上所好"。

这种命令主义的体制一直延伸到微观领域的学校内部管理制度和师生关系之中，这样就压抑了校长和教师的独立自主性和创造性。我们看到，学校变成了行政机关：校长遵旨办学，教师奉命教学，学生遵命学习；师生关系变成命令主义的强制关系，教师施行管理主义的教育方法，把学生管制住，使之亦步亦趋，这就是目的。

这种师生关系如果能产生某种教育效益，至多也只能养成学生俯首帖耳的习性——好像怯懦无能的小鸡仔，难以培养堂堂正正的并具有社会责任感的人，即社会主义社会的公民。

这种师生关系势必造成学生厌学、弃学，不可能激发学生的学习热情，促进教育与自我教育的结合。

由此可见，我国封建的传统文化观念和等级制关系，在很大程度上制约着我国原有教育体制的价值取向。这只能保护过时的带有封建性的教育思想和教育理想。

现在要改革教育管理体制，首先要研究并革新教育思想和教育理想，单单改革制度的形式无济于事。因此，体制改革宜作长期打算。

我们需要的是社会主义的人道主义教育思想。社会主义的人道主义教育思想的核心在于：尊重人，教育者和受教育者都是学校的主人；因材施教；全面发展个性，包括发展学生的独立自主性和主体意识。

我们现行的学校教育在起步上就压抑了儿童的个性，表现在：

——教育考虑国家、社会的需要，忽视儿童内发的心理需要和兴趣，忽视儿童是教育的出发点，忽视发展独立自主性。

——教育只限于"塞入"知识，不顾智育即"育智"（发展智力），使学生学得苦，学得死。不顾德育即"育德"（发展道德品质），在见物不见人的社会思潮影响下，德育更失去了地位——如果说现在强调加强德育，落实下来也多半只是管理性的教育——因而学校管得苦，管得死。当前甚至倒退到迫令学生背诵《三字经》的地步。学生的精神和身体都受到压抑。

——办教育不顾儿童表现出来的特殊爱好和才能萌芽的发展，施行天下大一统的课程、大纲和教材，甚至统一教学进度。统一性变成大一统，进而单一化，忌讳多样化，造成全国学校"清一色""千校一面，千人一面"的格局，这样只可能培养出"无个性"的人。

——教育内部人的关系也染有"官气"或"冷气"，缺少互爱和互信，缺乏人的尊严，缺乏培养学生自尊、自信和自爱的个性化教育气氛。

总之，这样的教育压抑了儿童心理发展的个性化，只片面强调心理发展的社会化和共性化。而实际上心理发展的个性化同社会化是密不可分的统一过程，是相互为用的发展过程。没有社会化就不可能有个性化，反之，不讲个性化也就不可能有任何社会化。社会化是个性的社会化，是主体的社会意识倾向的自我内化和自我发展。

救救孩子。我们要解放儿童的个性，使之获得生动活泼的、主动的、全面的发展。

人们常常把"个性"一词视为禁物，或者认为现在谈"发展个性"为时过早。果真如此吗？

毛泽东同志早在解放战争年代就提出过解放个性和个性自由发展的主张。他在1944年8月31日致秦邦宪的信中就讲过："我在改文中加上了解放个性，这也是民主对封建革命必然包括的。"又说："被束缚的个性如不得解放，就没有民主主义，也没有社会主义。"[1]他在《论联合政府》中指出，"我们主张的新民主主义的任务"正是"保障广大人民能够自由发展其在共同生活中的个性"。

这正是一个马克思主义的"人学"或社会主义的人道主义观点。时至今日，提出教育与个性发展的课题，以及儿童个性在集体生活中获得自由发展的课题，并加以研究和付诸实施，已经是时候了。

人是教育的对象，人是教育的出发点和归宿，人又是教育和自我教育的主体。因材施教，依靠教育和自我教育的统一过程来发展儿童的个性，这是教育的最高价值和伟大力量之所在。而主体性正是个性的核心和个性赖以发展的内部心理机制。

人们之所以视人道主义为禁区，视个性为禁物，本质上是由于忌讳人的主体性的发挥和发展。这种种禁忌源于传统文化观念。让"驯服工具论""奴隶主义""夹着尾巴做人"等传统观念和"教育原理"，以及兴起的拜金主义浪潮逐渐收敛和消退吧。

放眼看去，有个巨大的身影在当今世界上伫立着，也同时在中国大地上徘徊，这并不是什么可怕的幽灵，这是人！

教育学理应首先是"人"学，马克思主义的"人学"。社会主义的人道主义教育思想是有待仔细研究的重大课题。这里只不过说一点抛砖引玉之言，以就教于大家而已。

参考文献

[1] 毛泽东. 毛泽东书信选集[M]. 北京：人民出版社，1983：239.

（本文原载《教育研究》1989年第3期）

要为21世纪社会主义中国设计我们的教育事业

钱学森

1984年我写过一篇关于教育的文字[1]，认为我们应该在马克思主义哲学的指导下，认真总结我国教育事业半个多世纪以来的成功经验和失败教训，并参考现代教育科学的理论，找出一条符合我国国情的办教育的道路。但我在那时仅仅看到20世纪末，只提出了一个"图案"的轮廓，虽说那也是为了21世纪的社会主义中国，可又没有具体指出哪些才是21世纪我国教育所需要的。所以我想在这里谈谈这个问题，也是参加《教育研究》组织的关于我国教育问题的笔谈，并向同志们请教。

智力战对我国教育提出的要求

人类社会中生产力的发展已经过几次飞跃——产业革命：继18世纪后期的所谓"工业革命"的产业革命之后，又有19世纪末、20世纪初的所谓"垄断资本主义"组织的大横向联合，以至跨国公司的产业革命；现在正在兴起的是以信息产业为龙头的又一次新的产业革命。到21世纪还会有现在还看不清的产业革命，如生物技术的发展可能会激起再一次新的产业革命。尽管现在还看不清21世纪的事，但回顾总结历次产业革命对劳动者素质的要求，有一点是十分清晰的，即对劳动者教育文化水平的要求是越来越高了。从前，一个劳动者会用简单工具、能干活就是个好劳动者；现在一个劳动者使用的机器，有的是复杂的机器，甚至是有电子计算机的复杂机械系统，对劳动者教育文化水平的要求已经不是什么小学的"基础教育"所能满足的了，至少要有中专的水平，甚至要有大学的水平。今天我们已从实践中发现，某些进口的高级机器和生产系统需要高等院校毕业的技术人员操作才能运转和发挥效益。当然这在我国还是个别现象，但它给我们一个非常重要的启示：把体力劳动与脑力劳动分家，把工人、农民与知识分子分开的传统观念该抛弃了，"万般皆下品，唯有读书高"的封建思想更是要不得。共产主义的理想之一——消灭体力劳动和脑力劳动的差别，要提前实现了。在21世纪，国与国的竞争，综合国力的比赛，最关紧要并有决定性的，是公民的教育文化水平。水平高的占优势，水平低的处劣势，甚至有被开除"球籍"的危险，这就是智力战。

世界各国都在研究这个问题。美国也在研究教育问题，认为他们的教育事业问题严重，要改革。美国科学促进会、国家科学基金会、国际商业机器公司、卡耐基公司、梅隆基金会以及参与其事的几个州政府，在共同制订一个所谓"2061计划"，意思是说，为那些能活到2061年哈雷彗星再次回归时的美国公民制订的计划，即研究现在刚出生的美国公民，他们未来该受什么样的教育，并该有什么样的美国教育制度。他们已经出了一本书，书名就叫《所有美国人都需要的科学》，书中提出要打破老框框，重新组织教材。这说明他们已经看到21世纪了。

我们要推进中国的社会主义现代化建设，再不放弃陈旧的观念，再不认识到人民素质的提高和公民教育水平的重要性，就要犯大错误了。

到 20 世纪末和建党一百周年的两个大阶段

以前我们讨论的到20世纪末我国教育事业的大轮廓是[2]：儿童6岁入学（6年制小学），每年毕业的小学学生年12岁，有大约2000万名。其中约有一半进职业学校，3年毕业，每年1000万名。另一半小学毕业生入初级中学，每年也是1000万名，3年毕业，年15岁。这1000万名初中毕业生，其中一半多，可能是600万名进中等专科学校、职业中学和技术学校，3年毕业，年18岁；其余400万名初中毕业生入高中，3年毕业，在大大改进中小学教学效率的基础上，达到今天大学二年级的水平，也就是18岁达到今天大学二年级的水平。从这些高中毕业生中选拔大约300万名入大学，4年毕业，达到今天硕士的水平。我估计这样一个到20世纪末实现的我国教育体系，年教育经费约需1000亿元。按目前的估算，如果到20世纪末，我国国民生产总值为26000亿元，届时教育经费约占国民生产总值的4%，应该是能够做到的。

这是到20世纪末，即第一阶段的教育体制改革。这实际上是总结我国过去半个多世纪的成功经验提出来的[3]，所以是完全可以做到的。第二阶段，即到2021年建党一百周年，那时要求我国教育事业有更大的进步，要为21世纪教育的继续发展做好准备。

到那时，我国要为每一个青年接受高等教育建立必要的体制。可以考虑把入学年龄提前到4岁，而且像北京景山学校那样，实行十年一贯制，学生到14岁高中毕业。这个高中毕业水平又如前面所讲，实际是今天大学二年级的水平。然后再读大学4年，达到硕士水平。这就把那时和从那以后4岁入学的中国小公民用14年时间培养成18岁的硕士。我初步估算，这样一个教育体系，开始时每年经费需8400亿元，而到2021年我国国民生产总值可能将达100000亿元，所以到那时每年教育经费占国民生产总值的8.4%。这是今天一般发达国家教育经费所占的比例，也是我国国民经济发展以后教育经费所占的比例，所以也是可行的。

但这第二步迈得比较大，不完全是过去的经验所能保证的，所以要创新才行。如何创新，将在下面谈到。

教学方法的革新

首先要讲讲教学方法革新的可能性。

第一件已经有了实验结果的是：小学就可以引入抽象思维的教育。在过去，人们总以为小学生只能进行知识的累积，学会简单的加减乘除，至于逻辑推理，那是在初中后期的事。但中国科学院心理研究所的刘静和同志和她的同事从20世纪50年代就开始对小学生进行数学教学实验，而且用辩证逻辑做指导，实验很成功，近年来已在全国办了上千个实验班，教材已汇编出版[4]。实验的结果是学生理论推理的能力大大提高，比以前可以提前6—7年。小学生因为有了抽象思维的能力，不但数学知识丰富了，同时在其他课程的学习上也变得更聪明了，课本不要教师讲，自己就能读懂。这不是一件非常重要的革新吗？

第二件也是已经实验了的：把现代信息技术引入教学之中，即电化教育。这就是用通信卫星，把一名教师的讲课过程通过电视呈现在全国的课堂上，而课堂也不是传统的一间大教室，全国都成为一个大课堂了。这样，一名优秀教师可以代替上千万名教师向全国的学生授课，学生旁边只需有辅导教师就可以了。而利用通信卫星远距离传送电视节目信号的技术和电视录像技术我国已经完全掌握，设备生产能力也有，用到教育事业上只是一个推广应用的问题。

第三件是教学方法的革新，即电子计算机教育，这已经有了开端，但还需要开拓发展。我国现在已经生产出用于向青少年普及计算机知识的微机——中华学习机，今年就将生产CAC-1型等20万台。而已有的学习机就有10多万台，并有7000名教师参加了计算机培训，40万名中小学生参加了计算机教育。李铁映同志曾指出，我国电视机和录音机的保有量都已达到1亿台上下。把电视机作为监视器，把录音机作为存储器和语言系统，家庭再花几百元买个中华学习机，将构成一个比较完整的"学习系统"。这不是说我们在计算机教育方面已经有了开端吗？今后再在软件和数据库方面加以努力，那么诸如使用电子字典和电子辞书之类的工具（经手写和打字输入后就有读音及条文解释，不必翻书）是容易做到的。

还有一件教学方法的革新是国外已经试行了的，但我国似乎还没有做,即用电子计算机和必要的信息数据库同学生对话的教学系统。在实际工作中有很多问题不是规定一些条文、规则所能解决的,而是要在复杂条件下根据决策人做出的正确判断才能解决的,判断错误,就会受损失。我们常常把这种判断能力称为工作经验。而一个刚毕业的学生,初出茅庐,没有经验,常常失误,只有在工作中干了几年,遇到各种复杂情况,积累了成功的经验,增长了见识,才知道该怎么干了。这几年的经验积累过程现在可以缩短了,办法是把复杂的问题放到电子计算机和信息数据库中去,让操作的人,也就是学生跟它对话。电视屏上显示出一个复杂的情况,学生根据自己的判断,回答处理的方法,输入电子系统,然后电子系统下评语——是优良,是可以,还是失误,给出结果。全过程只需几分钟,不像实际生活中要几天、一个月或几个月的时间,而且无实际风险损失。这样,青年人学得很快,一个星期或最多几个月就锻炼出来了。这实际上是把人工智能的专家系统用到人才培训上[5],这不是教学方法的大革新吗?

上面讲的四件教学方法的革新只是我个人所知道的,一定还有许多我现在还不知道的,所以教学方法的革新是大有可为的。

教育观念的革新

不久前见到查有梁同志写的一篇论 21 世纪教育的文章[6],讲到教育观念必须转变,教育体制灵活多元,教育模式综合互补,都很好。关于 21 世纪我国教育事业总的轮廓前面已经说了,是全民教育。但我以为最根本的是教育观念的革新,这是近年来大家热烈讨论的题目,在这一节里我也说说个人的看法。我们的出发点是,要把国家的全部青年培养成硕士和有硕士以上学位的毕业生。

教育是传授知识的,所以第一个问题是,在今天看来,什么是知识、知识的体系?我以为[7],人类有个科学技术的体系,这是系统化了的知识，而在这个科学技术体系的外围还有许多不能纳入体系的片断、点滴知识，有的是一得之见，有的是尚未经充分论证的见解（如资本主义国家的许多关于社会和经济的理论）。再在这之外的，是人类实践所得的认识海洋——虽然谁也说不清，很模糊，但也不是一无所知。所有这些加在一起就是人类的全部知识。核心体系和外围，以至认识海洋都是有交往的，不是封闭的。随着人类社会实践活动的不断更新、充实，知识最终还会有结构性的变化。例如在200年前，能说得上是科学的只有自然科学；而看21世纪，我以为科学技术的大部门就有十个：自然科学、社会科学、数学科学、系统科学、思维科学、人体科学、地理科学、军事科学、行为科学和文艺理论。除文艺理论外，其他九个大部门都有三个层次：基础学科、技术科学和工程应用。每个大部门又都有一座过渡到科学的哲学即马克思主义哲学的桥梁。依照上述十大部门的次序，它们分别为：自然辩证法、历史唯物主义、数学哲学（元数学）、系统论、认识论、人天观、地理哲学、军事哲学、社会论和美学。这十座桥梁同辩证唯物主义这个马克思主义哲学的核心，构成马克思主义哲学的整体。这一哲学体系比经典的哲学四大块[8]充实而又系统得多。然而，属于这个科学技术大体系的学科数目，可能达到上千个或几千个。这也就提出了一个难题，高等院校如按老规矩设系，一个学科一个系，那就会有几千个不同的"系"，几百个不同的"院"，而且科学技术体系又不是固定的，是发展变化的，今后还会变得更快，这种老模式的僵化制度总是不妥当的吧，这不就说明观念需要革新吗？

学科的分隔会对院系的设置造成麻烦，而且在今天和以后，学生离开学校进入社会所面临的工作都不是单一的，总是综合多方面的，所以如果培养出来的硕士，其知识只限于一个学科，不知其他，那将是书呆子，教育就失败了。我想21世纪中国的公民，即一位硕士生，应该受全方位的教育，有以下六个方面的素养：一是要有马克思列宁主义、毛泽东思想的素养和知识，要有正确的世界观，并会用马克思主义哲学去指导工作。二是要知道他所在的世界，熟悉世界的地理环境，各国的人情和经济，这也意味着要知道世界各国的历史。三是要对科学技术的发展、当前的科技成果有个了解，能看得懂科技新闻报道和各种成就的信息。科学技术是第一生产力嘛。四是要有文学艺术的修养，要会运用形象思维去解决抽象思维所不能解决的实际问题，要会在实践和知识都不具备的情况下做出判断。五是要懂得点军事科学，因为竞争就如同打仗，要有战略、战役和战术观点。据说日本的企业家就抢着学我们的《孙子兵法》，连我们的《三国演义》和《西游记》都被当作经营方法类的书来学。六是要懂得卫生和锻炼，身体健康也可以益智[9]。这六个方面是每个公民、每个毕业生所必须具有的。我们的目标是博的基础上的专和专的引导下的博，博与专要互相配合。

从这些观念出发，我想21世纪每个中国公民在受了上述教育之后，18岁硕士毕业了，参加了工作，如果感到学识还不够，要再深造，读博士，以至博士后，那就不必设置专业，博士生或博士后学员自己选择研究课题，提出学习计划，由学院的委员会审批就行了。这在形式上又回到欧洲19世纪的学院培养方式，但有新时代的内涵了。

经费每年要占中国国民生产总值8%以上的教育事业是一个庞大的事业，要动员全社会来参与。举例说，教师队伍要扩大，就不能只限于专职教师，要动员全社会，一切能挤出时间从事教学的人都可受聘做兼职教员、兼职讲师、兼职教授。这样可以把21世纪中国社会上为数众多的退休人员的积极性调动起来，为教育事业出力。另外，在职工作人员，不论从事生产，还是进行管理、行政、创作或者研究工作，他们在实践中得出的新经验，可以不失时机地传授给下一代人。

以上所述的这些看法，可能是不全面的，我也只想在这里讲出来，以参加21世纪社会主义中国教育问题的探讨。

为21世纪社会主义中国设计我们的教育事业是件艰巨的任务，现在就要开始具体做的是逐步实现第一阶段的改革和改造，这个内容比较清楚并且把握性也大，应该计划到 2000 年在总体上全部实现。在细节方面当然还有许多问题要研究，例如理工科高等院校的数学课程就要改革，把重点放到使学生学会利用计算机求解和理解计算机给出的答案上[10]，而不是教授目前这套在半个多世纪前开始的、在没有电子计算机时所制定的数学课程上。

在 2000 年完成这一阶段任务之后，就要逐步走向在 2021 年全面实施的第二阶段任务，为此要进行的设计工作就非常艰巨了。我们先要探讨许多理论问题和观念革新问题，这项工作现在就要开始。

参考文献

[1] 钱学森. 关于教育科学的基础理论 [J]. 华东师范大学学报（教育科学版），1984 (4)：1-6.

[2] 同 [1].

[3] 同 [1].

[4]《现代小学数学》实验协作组. 现代小学数学：第十册（试用本）[M]. 北京：科学出版社，1986.

[5] Elgood C. Handbook of Management Games [M]. 2nd Edition. Aldershot：Gower Publishing Company Limited，1981.

[6] 查有梁. 21 世纪的教育展望与选择 [J]. 科技导报，1989 (2)：40-43.

[7] 钱学森. 社会主义现代化建设的科学和系统工程 [M]. 北京：中共中央党校出版社，1987；钱学森. 发展地理科学的建议 [J]. 大自然探索，1978 (1)：1-5；钱学森. 智慧与马克思主义哲学 [J]. 哲学研究，1987 (2)：4-6；钱学森，等. 关于《实践与文化——"哲学与文化"研究提纲》的通信（三则）[J]. 哲学研究，1989 (4)：55-58.

[8] 徐俊忠. 哲学体系的"板块结构"并非始于斯大林 [J]. 现代哲学，1988 (4)：46-48.

[9] 吴一. 气功开发智能与智力层次的初探 [J]. 大自然探索，1986 (3)：103-106.

[10] 钱学森. 致杨乐教授的信 [J]. 中国数学学会通讯，1988 (4)：1.

（本文原载《教育研究》1989 年第 7 期）

让学生真正成为教育的主体

王道俊　郭文安

一

主体是相对客体而言的，一般指有健全意识、能够能动地进行认识与实践活动的人。学生主体，则指能够能动地参与教育活动的个人，主要是发展中的青少年儿童个体。他们虽然处于发展之中，但与成人一样，是能够能动地作用于客体的主体：一方面能积极作用于自然、社会，认识世界，改造世界；另一方面，还能积极作用于自身，认识自我，调节与完善自我，在认识世界的活动过程中，不断加深对自身的认识，促进自身的发展。而自我的发展与自主意识的增强又将反过来使主体更好地认识和改造世界。教育活动实质上是引导学生认识世界、积极作用于世界，认识自己、努力提高自己的过程，在这个过程中，学生是积极活动的主体、不断发展的主体。因此，明确学生是主体对教育工作具有重要意义。

主体性问题是现代教育的一个重要内容。主体性是现代人应具有的重要素质。我们正在从事社会主义现代化建设的伟大事业。我们的教育必须把青年一代培养成为社会主义现代化建设者，培养成为"有理想、有道德、有文化、有纪律"的一代新人，使之能正确认识自己，自觉进行自我调节，能正确处理主客体关系，包括人际关系，在真善美的追求上，具有社会主义觉悟，富有独立人格、责任感和创造性。而要想实现上述教育目的，在教育过程中，必须使学生真正处于主体地位，能充分发挥主体作用，主动、积极和富有创造性地进行学习，以提高主体性。只有这样才能提高教育质量。

目前，我们教育的现状是，无论是教育指导思想，还是教育内容和方法，都存在阻碍学生主体性发展的弊端。因此，普遍提高对学生主体在教育中的地位与作用的认识，以弘扬学生的主体性为指导思想，克服教育工作的诸种弊端，是深化教育改革的重要内容。

学生主体有多种特性，一般具有整体性、能动性、独特性、发展性等。主体性并不是主体各种特性的简单相加，而是它们发展到一定阶段的结果，主要表现为自主性、自觉性和创造性。要提高学生的主体性，使其成为教学主体，就必须了解它的一般特性。

整体性，是指学生主体是健全、统一而不可分割的，其结构包括生理与心理两方面。生理方面有生存、发育与活动、营养等需要。心理方面更为复杂，通常又分为两个层次。一个是较低层次的，即偏于感性、较为自发的心理活动，表现为各种欲望、兴趣、情感和意志的发展与需要；另一个是较高层次的，即偏于理性、较为自觉的心理活动，表现为理智、理想、信仰、情操的发展与需要。主体的理性活动离不开他的生理活动和感性活动，但又能对其进行理性的调节。

在教育中，要使各个方面能和谐发展，就不可人为地将其割裂。例如，不可以片面地强调发展学生的理智、理想、情操、世界观等高层次心理品质，而忽视和抑制他们的生理发展与需要，忽视和抑制他们的欲望、兴趣、情感等低层次心理发展与需要，更不能把这些因素看成罪恶的根源。儿童在成长的过程中，会产生各种需要与欲望，这是正常的，也是发展他们才能、创造性、理想与品德的动力。人之初本无所谓善恶，在发展中由于受到不同的外在环境与内部因素的影响才分化出优劣。因此，对主体的生理需要和低层次心理需要与欲望要因势利导，使其受主体的理性调节,获得健康的发展,以免形成不良品质。

能动性,是指学生主体具有自觉意识,能认识事物和自我,进行评价、选择与做出反应。一方面将个体和人类的经验内化为自身的智慧、品德、美感;另一方面又能使自己的智慧、品德与美感外化、对象化于事物。主体在与客体相互作用,不断进行内化与外化,掌握知识与运用知识的过程中使自身得到发展。

我们不应把能动性仅仅归于认知范畴,以为教学或思想教育只要提高学生的认识就能调动他们的积极性。学生能动性的任何表现,除了有主体的认知因素参与外,还有欲望、兴趣、情感、意志、理想和信仰等非智力因素的作用;除了有认识问题外,还有价值问题。如果不注意对学生非智力因素的激发和价值取向的引导,学生的能动性就要受影响或被相悖的价值取向所抑制。

独特性,是指学生主体有不同于其他主体的特点。它首先来自先天素质的差异性,同时,由于在社会化的过程中,每个人所处环境千差万别,个人选择也各不相同,便逐渐形成了具有鲜明特点的个性。它表现在人的发展的各个方面,如在认知上表现为不同的认知结构、认知定式、认知方式、独特见解、特殊才能,在意向上表现为不同的兴趣爱好、性格特征、价值取向、创造意识与精神情操等。它不仅体现一个人的特点与价值,而且是预测其行为和未来发展的依据。

我们必须了解学生主体的独特性、个性,这不仅是因材施教的基础,而且是使人全面发展和造就人才的依据。

发展性,是指学生主体尚不成熟、完善,正处于发展中,并按一定的规律发展。人们对主体发展规律的认识正逐步深入,在基本上掌握生理发展规律的同时,正在弄清智力、品德、美感等的心理发展规律,并试图揭示人的主体发展规律[1]。掌握了这些规律,我们进行教育就能促进学生的发展。

二

几千年来,传统的教育一直以教师为中心,流弊甚多,严重影响了学生的身心健康、个性发展和主体性的弘扬。随着时代的飞速发展,其弊病越来越大。特别是近几十年来,人们已逐步认识到这个问题的严重性,提出"学生不只是教育的对象,也是教育的主体",经常强调要调动学生的主动性或发挥他们的主体作用。但我们教育上的做法,基本上仍沿袭传统的一套,使学生处于被动的、受压抑的境地。在这种情况下,学生已成为教师的附庸和消极的教育对象,谈不上是教育的主体。故我们有必要提高认识,转变思想,必须明确学生是整个教育的重心、基本点。

我们知道,教育的目的、任务与功能,其中包括教师的职责和作用,都是为了培育学生,促进学生的发展、主体化。学生的发展、主体化,是进行教育的出发点、基础、依据和要实现的目的。从根本上讲,学生是第一位的,学校教师与教育是在学生发展需要的基础上产生和发展起来的。教育的一切都应为促进学生发展和成才而组织起来。离开了学生主体性的发展,教育则失去依托和生命力。学生的发展质量及其能否成为社会发展的积极力量是衡量教育质量的主要标准。

但是,由于学生缺乏经验、知识与能力,他们的身心要获得健康的、有成效的、现代的发展,无疑需要教师的引导和帮助。教师发展在先,因为教师富有知识与能力,并受社会委托,在教育过程中起着主导作用。不同素养的教师培养的学生质量大不相同,说明教师对学生学习与发展的影响极大。不发挥教师的主导作用,学生便不可能有成效地学习与发展。

然而,教师的主导作用并非万能的,而是有条件的。

其一,教师对学生的教育,包括给予学生的影响、知识、规范及其他帮助,只有在适合学生身心发展的一般规律和个别特点、需要时,才能充分发挥作用,最佳地促进学生的发展,教师不可拔苗助长;其二,教师的作用无论有多大，毕竟是外因，只有通过学生自身的观察、思考、评价、选择、领悟、应用与提高，教师给学生的影响、强化、启发才能成为他们的精神财富，内化为他们的心理品质，教师不可包办代替；其三，教师能否发挥主导作用，还取决于他本身的素养，一个不合格的教师不可能对学生发展起主导作用。总而言之，教师主导作用受学生自身发展和教师素养的制约，而后者也是根据前者的需要而建构的。可见，教师主导作用主要被学生的发展规律与主体性所制约。如果教师目中无人，无视学生发展的规律、特点与水平，无视学生的主体需要与内在动因，一味强迫学生，那么教师授予学生的人类社会经验就不可能有效地内化为学生的个体经验，引导和促进其身心发展，反而会成为对学生的专制力量并给学生造成沉重负担，压抑其发展。因此，教育过程应把调动学生主动性、发挥学生的主体作用列为首要任务，并作为检验教师主导作用是否发挥的主要标准，使教师主导作用科学化。

教育过程中应当怎样发挥学生的主体作用呢？

其一，要提高学生的主体意识。从小学低年级起，教师就应开始这一工作：用通俗而实际的道理，使学生懂得学习是青少年最重要的任务，只有通过学习才能增长知识、提高素养、符合时代要求，成为栋梁之材；使他们明确学习是自己的事，师长只能引导、帮助，不能包办代替；要养成他们对自己的学习与工作或活动进行计划、检查与反思的习惯。这里关键是要注重提高学生的自我意识和自我教育能力。其二，引导学生独立进行探索。学生的学习离不开教师的引导，但事事依靠教师排忧解难，则学生的积极性就不能发挥，故学生主体作用的发挥与学生一定程度的独立活动有关，包括教师引导下的和个人进行的独立活动。学生只有通过个人积极进行的独立观察、思考与实践，以及独立评价、选择与反思调整，才能充分发挥其主体作用，发展其智慧、才能与个性。其三，激励学生努力去自我实现。学生主体作用的发挥总是与满足他们一定的欲望、需要与目标相联系的，包括近期的各种具体需要，如好奇心与求知欲、争取好成绩、得到老师父母的表扬等，也包括中远期的各种目标与理想，如改变学习落后状况、发展爱好与专长、成为现代化建设人才等。在教育过程中，教师要因势利导，使学生从实现近期的各种欲求入手，培养他们学习和工作的初步兴趣与信心，逐步发展到能实现自己确定的较远大的目标，形成一种自觉的、稳定的内在动力，发挥出最大的潜能和创造性。

三

教育民主化、个性化是发挥学生主体作用的必要条件。学生主体地位的确定，主体作用的发挥，除了需要教师转变教育观，学生提高主体意识，为实现自己的欲求、目标而积极进取外，还需要创造必要的条件，最主要的是教育的民主化与教育的个性化。没有一定的教育民主化、个性化，学生主体地位没有保障，主体性发展受到局限，主体作用也难以发挥。这就是我们空喊学生是教育主体而他们又"主"不起来的一个主要原因。

教育民主化就是要在教育中消除一切不平等地对待学生的现象，为提高学生的民主意识和参与能力，发挥学生的主体作用创造最好的教育条件和教育环境。简言之，要尊重学生的人格与权利，解放学生的主体性和创造性。

其一，要改革非人本的对待学生的种种做法。这包括：改革不平等的师生关系；严禁侮辱学生人格；反对对学生进行体罚或变相体罚以及其他滥加的惩罚（各种罚款、惩罚写字与写作业等）；反对片面追求升学率，不顾学生身心健康，任意加重学生负担；制止以强凌弱、以势欺人的校园暴力；改革学生管理中的唯上、唯师、一言堂、家长制和官僚主义的作风。总之，要反对一切压抑学生的做法，使学生处于平等、和谐的人际关系中，懂得人的尊严与价值，了解自己在学校和社会生活中的地位与责任、权利与义务，这样他们才能自觉发挥其主体的能动作用。

其二，要进行教育民主的建设。它包括：建立互相依赖、尊重、友爱、平等与合作的社会主义人际关系，创建宽松、开放、民主的校风与班风，使学生能愉快地进行独立思考、创造性的探索与活动；建立符合学生年龄特点的民主管理制度，使学生受到民主生活的陶冶；吸收师生代表参与学校管理，反映师生意见，保证各项政策措施贯彻平等、公正、透明的原则。这样学生主体能动作用才能得到充分发挥，并培养师生的民主思想及参与能力。

教育民主化与教育个性化是相互联系与相互作用的。没有民主化就不可能有个性化；没有个性化，民主化就不能落实。教育民主化要求对学生一视同仁，为学生发展提供均等机会。教育个性化则要求对学生区别对待，并提供适合其特点的教育，以激发学生个性的发展。

为此，首先要反对统得过死。学生个体千差万别，社会需要又日益复杂多样，要求具有多种多样个性与专长的人为它服务。许多国家的经验都表明，过于统一的教育会压抑个性发展，影响人主体性、创造性和潜能的发挥，往往只是造就出平庸的人，而难以造就有创造性和进取精神的人才。我国教育存在着统得过死的弊病，这是因为中国经历过两千多年的中央集权的封建社会，有大一统的传统，在教育上只讲三纲五常的封建道德而不容许个性自由发展，这种观念对后世影响甚大。新中国成立后我国教育又受苏联模式的影响，处处强调统一，因而从教育目的、制度到课程、教材、教育和教学的形式与方法也无不强调统一、强求一律，这样便使我国教育日益简单贫乏、机械划一，各地区、各学校的教育大同小异，毫无自己的特色、个性与风格，培养的学生千人一面，缺乏个性和主体性，素质也不高。因此，必须彻底改变片面强调统一的倾向。

其次要反对一般化。既然学生主体千差万别、各具特点，教育就应适应和促进学生的特点、个性的发展，具有针对性。这就是说，要从学生实际出发，有的放矢地进行教育；要根据学生特点，进行区别教育和引导学生个性的发展，因材施教。如果对学生采取"一锅煮"，一样对待，就会扼杀学生个性和主体性的发展。我国尚要加强班级授课，但必须看到，班级授课不利于个性发展的弊端，注意加强课堂教学中的区别教育等。教育的针对性、区别性不仅体现在课堂上，而且更应体现在课外的各种教育活动中，这是因材施教的广阔天地。

另外要增强选择性。教育个性化最大的特点是选择性，即将主动权交给学生，使学生能根据自己的需要、兴趣、爱好、特点和其他条件主动选择适合自身的教育，实现自己的个性、主体性的发展，从而使教育由外在的强制力量转化为学生主体能动地追求的东西。

选择性与针对性不同，针对性是教育者主动适应学生特点，而选择性则是由学生主动选择与利用教育。教育的选择性能唤醒学生的主体意识，使他们认识到自己的特点和价值，并考虑社会的需要，认真选择正确的人生之路，从而极大地发挥主体作用。从作业选择、课外活动与学科选择，直到升学、专业和就业选择，每一次选择对学生的主体性都是积极的锻炼与提高。故对学生的学习与活动不应规定过死，除必要的外，尽可能扩大选择的范围，这才有助于学生发展个性和弘扬主体性。

参考文献

［1］郭湛. 人的主体性的进程［J］. 中国社会科学，1987（2）：55-64.

（本文原载《教育研究》1989年第9期）

教育整体改革实验应该科学化

王汉澜　王德如

一、目前整体改革实验存在的问题

中小学教育整体改革实验在我国已逐步展开,对我国教育事业的改革起了很大的推动作用。但是,十多年来,教育整体改革实验进展缓慢,突破不大,目前还普遍存在着以下三个问题。

(一) 实验目标不明确

整体改革的实验目标是由多层次、多水平的分项目标构成的目标系统。其最高目标是全面贯彻党的教育方针,培养德、智、体、美、劳等全面发展的人。其次级目标是探索子系统的育人规律,寻求高效率育人的途径。其再次级目标是各项实验中的具体目标。而目前整体改革实验往往只讲实验的最高目标,没有实验的具体目标,各子系统中的目标都不清楚,对实验目标缺乏整体设计,给实验评价造成了困难。

(二) 实验因子(因素)不具体

目前整体改革实验最突出的问题是实验因子不具体,缺乏质的规定性。例如,在教法实验中,有人把"精讲多练"作为实验因子,这就很不具体。因为"精讲多练"是一种经验型说法,缺乏明确的界定。什么是"精讲"?如果把"精讲"理解为使学生对所讲知识达到真正的理解程度,那还没什么错误。如果把"精讲"理解为用一个例子讲一个概念或一条法则,不管学生是否听懂,则就根本违背了教学的要求。再就"多练"来说,多到什么程度也不具体。一定数量的练习是掌握知识技能的必要条件,但如果搞"题海战术",练习超过了应有的数量,非但无益,反而有害。桑代克早在20世纪30年代就否定了"频因律"的作用。由此看出,把"精讲多练"作为实验因子,是不够具体的,这会影响实验的操作。

(三)缺乏科学的设计

目前教育上的整体改革实验百花齐放,如:有人进行了以学制为中心的"普教一条龙"整体改革实验;有人则推行以管理系列化、教学最优化、思想品德教育系列化为突破口的整体改革实验;也有人要以高效教育场的建立为突破口进行整体改革实验;还有人基于对培养目标的新认识,围绕全面提高学生素质进行整体改革实验。有的实验已初见成效,但很多整体改革实验缺乏科学的设计。譬如,"系列化"是怎样规定的,实验的程序是怎样规划的,采用什么实验方法,控制什么条件,预期达到什么结果,以及如何进行数量分析与检验,等等,都缺乏科学的设计。这无疑会给实验工作和实验结果的推广带来困难。

总之,笔者认为,目前教育整体改革实验还不够科学化,还有必要弄清整体改革实验的性质和在整体改革实验设计上应注意的问题。

二、对整体改革实验应有的认识

(一)整体改革实验应是一种科学的实验

教育实验的最大特点是它的对象是正在成长中的人。对人的控制比自然科学实验中对物的控制要难得多。同时,教育实验又多是在自然状态下进行的。但是，不能因此而否定教育实验是科学的实验。

鉴于教育实验过程控制不严，有些自然科学研究者认为教育实验只能是准实验，而不是科学的实验（真实验、标准的实验）。这是没有认识到教育实验的特点。笔者认为，不能严格按照自然科学的实验来要求教育实验，评价教育实验是否是科学的实验，要看它是否基本上符合五项标准：有明确的实验目标；有确定的实验因子；对变量（包括实验变量和非实验变量）有严格的控制；实验的效果有量化分析；实验有高度的客观性，能揭示事物的因果关系。鉴于此，不能笼统地说整体改革实验是科学的实验或不是科学的实验，要看它是否符合或基本上符合这五项标准。符合或基本上符合这五项标准的整体改革实验，可以称为科学的实验，否则就不能称为科学的实验。目前那些实验目标不明确、实验因子不具体、缺乏量化分析与检验的整体改革实验是不能称为科学的教育实验的。那些基本上不符合五项标准的整体改革实验应该往科学化方面努力，使整体改革实验符合科学实验的要求。

（二）整体改革实验是一种多因素的改革实验

对于教育整体，目前有多种看法。笔者认为，整体是相对部分（因素）而言的，整体的概念有大有小，如学校是个整体，学校中的教育者也可以称为一个整体，学生、教育过程、每一学科的教学等都可以各称为一个整体。每个整体都包括许多部分或因素。教育整体改革实验就是要改革整体内部的某些因素及因素之间的结构，使整体产生较好的教育效果。整体改革实验施加的实验因子比较多，还要探求各因素的交互作用与优化组合。所以，整体改革实验实际上是一种多因素的改革实验。

三、整体改革实验设计应注意的问题

整体改革实验设计比一般的实验设计更为复杂，需要更好地进行设计。

为使教育整体改革实验科学化,笔者认为,应注意以下几方面的问题。

(一) 明确实验目标

明确实验目标是指实验目标的内涵要体现出实验因子和实验结果的因果关系,实验目标的外延要体现出实验结果的概括程度和推广范围。例如,上海师大教科所主持的为期七年(1978—1985年)的中小学教育体系改革综合实验,把实验目标定为两项。一是探索中上智力水平的少年儿童学习的潜力和充分开发他们的智力的方法,二是探索普通中小学教育体系改革的途径。这个实验目标是较为明确的。从内涵上看,它包括探索儿童学习的潜力、开发智力的方法和教育体系改革的途径;从外延上看,它又限于中上智力水平的少年儿童和普通中小学。明确实验目标是为了更好地进行实验设计,使实验的各方面工作紧紧围绕实验目标来进行。如前所述,整体改革的实验目标是由多层次多项目的目标构成的,在设计中可先从具体目标入手,分项确定,然后确定次级目标,最后确定最高目标。

(二) 确定实验因子

确定实验因子,就是要把整体改革的实验因子规定下来,使之意义明确、具体,同时还要对实验因子数目和水平做出规定,从而进行设计。例如,为了提高语文教学质量,采用两种教材、两种教法、两种学时进行实验,该实验即称作三因素两水平实验。这种实验的因素、水平如表1所示。

表1 三因素两水平实验

水平	因素 A	因素 B	因素 C
1	A_1	B_1	C_1
2	A_2	B_2	C_2

这种实验的方案设计,如表2所示。

表 2　三因素两水平实验方案设计

实验号	因素 A	因素 B	因素 C
1	1（A_1）	1（B_1）	1（C_1）
2	1	1	2（C_2）
3	1	2（B_2）	1
4	1	2	2
5	2（A_2）	1	1
6	2	1	2
7	2	2	1
8	2	2	2

这种实验在考察、分析各因素的作用时，还要考察、分析各因素的交互作用。这需要利用正交表 $L_8(2^7)$ 来设计实验分析的表头，并运用多因素方差分析和 F 检验的方法。其实验结果分析表的模式如表 3 所示。

表 3　实验结果分析表 $L_8(2^7)$

	A（教材）	B（教法）	$A×B$	C（学时）	$A×C$	$B×C$	成绩分数
1	1	1	1	1	1	1	
2	1	1	1	2	2	2	
3	1	2	2	1	1	2	
4	1	2	2	2	2	1	
5	2	1	2	1	2	1	
6	2	1	2	2	1	2	
7	2	2	1	1	2	2	
8	2	2	1	2	1	1	

续表

	A (教材)	B (教法)	A×B	C (学时)	A×C	B×C	成绩 分数
每种水平的总成绩	K_1						
	K_2						
每种水平的平均成绩	R_1						
	R_2						
极差	R						
优水平							

注：R（极差）即每一实验因素中各种水平的平均成绩，最大的减去最小的所得之数值。

（三）选定实验类别

按实验控制的严密程度，可把实验设计分为准实验设计、真实验设计、优实验设计三种。在设计整体改革实验时，可根据具体情况来选定其中的一种。

1. 准实验设计

它是指没有充分控制的实验设计，其常用模式是：

$$\begin{array}{cccc} A & O_1 & X & O_1' \\ B & O_2 & & O_2' \end{array}$$

A 为实验组，施加实验因素（X），B 为控制组，不施加实验因素。虚线表示 A、B 两组不是经过随机化方式选取的两个原组。这种设计的最大缺点就是 A、B 两组水平不等同。研究者要想更好地控制实验对象，可从实验组和控制组中各选取数量相等、条件相似的若干学生进行比较。例如，为了研究程序教学的效果，在某校三年级的两个班中进行实验。学校领导不同意将原班拆散来组成水平相等的实验组与控制组，只能原封不动地保持原来的班组。为了使实验做得更为精确,研究者在两班中各选取 20 名成绩相当的学生作为对象。实验结果只比较选取的这名 20 名学生的成绩,而不是比较两班的成绩。

2. 真实验(标准的实验)设计

这种设计是使实验组与控制组的各方面水平等同,并均进行前测与后测,其一般模式如下:

$$\begin{array}{cccc} R & O_1 & X & O_1' \\ \hline R & O_2 & C & O_2' \end{array}$$

R 代表随机分配,X 代表实验变量,O 代表观测值,C 表示控制变量,实线表示是经过随机化方式选取的两个等同的组。这种设计可以通过 X 增益($O_1'—O_1$)与 C 增益($O_2'—O_2$)的比较来判定实验因素的效益,是一种优良的设计。其缺点是对前测与实验因素的交互作用无法评价。

3. 优实验设计

它是对真实验设计做过进一步改造的设计。因为真实验设计只明确了自变量和因变量、实验组和控制组、前测与后测,对实验内部因素的交互作用重视不够。为了去掉前测与实验因素的交互作用的效应,求得实验因素的真正效应,所罗门(Solomon)提出四组设计法:

$$A \begin{cases} R & O_1 & X & O_1' \\ R & O_2 & C & O_2' \end{cases}$$
$$B \begin{cases} R & X & O_3 \\ R & C & O_4 \end{cases}$$

这种设计提供了 A 和 B 两个联立实验,实际上就是等组前后测设计和等组后测设计的结合。把 A 组的成绩差异与 B 组的成绩差异进行比较,可以确定前测效应及前测与实验因素交互作用的效应,从而确定实验因素的效应。

(四)选择实验对象

选择实验对象主要是选择具有代表性的被试。被试的代表性在很大程度上取决于总体分类的精确性、样本容量的足够性和个体的相似性。如果总体的范围是明确界定的，则能增强样本的代表性。如果样本的容量适当，则样本就具有代表性。如果总体中的个体十分相似，则较少的被试仍具有代表性。因此，在设计整体改革实验时，应当先界定总体的范围，确定被试的单位，然后再决定取样的方法和抽取足够的样本。

（五）实验的控制

科学的整体改革实验，要求对实验过程进行严格的控制，否则会降低实验的效度。在整体改革实验中，可考虑从以下两方面对实验进行控制。

1. 控制实验因素（因子）

在实验设计中，只有对实验因素做出具体的规定，能够操作，才易于控制。例如，在教学改革实验中，实行新的教学法——"启、读、练、知"综合教学法。"启、读、练、知"就是实验因素，实验者就要对它们分别做出规定，如："启"，是指在学生学习困难时及时启发；"读"，是指让学生动脑阅读课本；"练"，就是让学生单独地练习；"知"，是指让学生及时知道练习的结果。在实验时，如果实验组严格地按照上述规定和模式教学，则就达到了对实验因素（"启、读、练、知"）的有效控制。

2. 控制非实验因素

非实验因素是指那些不是实验研究所要考虑观测的，但又确实影响实验效果的因素。这类因素通常分为两种。第一种是在实验过程中恒定地影响实验指标的，叫恒性非实验因素。如整体改革实验中实验者的偏向、技能的好坏、理论界说、测量手段、"学习迁移"和多重处理干扰等都属恒性非实验因素。绝不能忽视这些非实验因素对实验效果的影响。在实验中对此应进行有效的控制，使这些非实验因素尽可能不干扰实验效果。常用的控制方法是平衡对消法，即用综合平衡的方式使非实验因素对实验结果的影响保持平衡，从而互相抵消。例如，要比较两种学习方法的相对效果，学习的情境（如学习场所的安静与嘈杂等），学习材料的性质和难度，被试学习的积极性、知识经验、智力等都可能作为恒性非实验因素混入实验因素之中。控制这些非实验因素可采用以下平衡对消法。(1) 单组轮流法，即采用 ABBABAAB（即 A 处理和 B 处理，简称 AB）的轮流方式。(2) 等组法，即把被试分为相等的两组：甲组用 A 处理，乙组用 B 处理。(3) 双组轮流法，就是甲组先用 A 处理，后用 B 处理，乙组先用 B 处理，后用 A 处理。如果实验需要，分组可增至 2 组以上的 n 组，处理也可以增至 2 个以上的 n 个。这 n 组中的每一组均面临 n 个处理，但处理被给予的次序对于 n 组中的每一组均不同。这就是通常所说的拉丁方设计。第二种是指在实验过程中变性地影响着实验指标的因素，叫变性非实验因素。如学习环境、学生身体状况、学生学习态度、学生情绪、教师心境等，这些非实验因素是随机发生不易控制的，一般采用随机化方法以互相抵消它们各自发生的一部分干扰作用，减少它们对实验指标的影响。至于控制的程度如何，是否做到了严格控制，则一般是通过对实验结果进行统计分析，用误差分散的大小来表示。

（六）规划实验过程

实验过程一般分为三个阶段。(1) 准备期。如阅读教育实验书籍，参观别人的实验，决定实验的因素和方法，选定实验人员，成立实验工作的领导机构，搜集标准化测验，编制实验教材和应用表格，确定实验的时间和场所，等等。(2) 实验期。包括选择实验的对象，进行初试和分组，施加实验因素，控制实验的条件，分析实验的记录，举行复试，等等。(3) 结束期。包括对实验材料的整理与统计，撰写实验报告，等等。规划实验过程，就是对上述各阶段的工作加以筹划和确定，以使实验工作有目的、有计划、有条不紊地进行。有的实验在实验结束期进行统计分析时，不是少这材料就是少那材料，致使无法做某种统计的分析，影响了实验结果的检验，这就是对实验过程未做全面考虑的结果。

(本文原载《教育研究》1990 年第 7 期)

"科学技术是第一生产力"与"教育为本"

潘懋元

科学技术是第一生产力与教育在"四化"建设中的战略地位的问题，已经不是一个有待探讨的理论问题，而是一个应当如何做的实际问题。人们知道科技的传递，要靠教育；科技的发展，也要靠教育。高等学校的主要社会职能，第一是传递科技知识，培养专门人才；第二是承担科研任务，发展科学技术；第三是参与社会的技术开发、技术咨询、技术培训等活动，直接为当前社会科技的发展服务。概括说来，就是两句话：社会主义现代化建设，科技是关键，教育是基础；高等教育是专业性教育，它同科技发展的关系更为直接，更为密切。教育自身不是生产力，但没有教育这个基础，就不可能传递科技知识，也不可能发展科学技术，不可能实现农业现代化、工业现代化、国防现代化和科技现代化。这个简单、明确的道理，已是今天人们的共识，似乎没有人从理论上提出异议。例如：似乎没有人公开论证不要教育，科技照样可以发展；不要科技，生产力照样可以提高，人均国内生产总值到 2000 年照样可以翻两番。问题是许多（不是所有）实际情况令人困惑：不是没有理论，而是有理不依，有理不行。孙中山先生说过，知难行易。我看，教育在"四化"建设中的战略地位以及它同科技的关系、生产力的关系、经济与社会发展的关系这个问题，似乎是知易行难或知行脱节。

如果明确科学技术是第一生产力，那么要提高生产力、发展经济，就不能仅仅以增加生产过程中的资金、设备、劳动力的投入来发展生产，而要重视发挥科学技术在生产过程中的作用，增加科学技术的投入。我赞同有的同志所说的，作为第一生产力的科学技术，不应当狭隘地理解为就是生产技术，应当包括科学理论，包括软科学。因此，在生产过程中，既要增加"硬件"的投入，又要增加"软件"的投入。

如果明确了教育在"四化"建设中的战略地位，那么，就应当相应地、超前地发展教育，增加教育的投入：不但要重视与生产过程直接联系的技术培训、技术开发，而且要重视作为劳动力再生产的教育；不但要重视职业技术教育，而且要重视作为基础的基础人的素质教育。所谓"重视"，不只是在理论上，更重要的是在实践上，在资金、人力的投入上。现在有诸多现象，如教育资金投入不足，教师待遇低，师资队伍人才流失，学校设备无力更新，如此等等，似乎是行悖于理。长此以往，不但影响教育自身的发展，对于经济的发展和实现改革开放的目标也是不利的。

为适应科学技术是第一生产力的时代要求，我国教育必须进一步深化改革。就高等教育来说，有许多问题需要从时代要求出发来重新考虑。比如，高等教育的层次结构、学科结构如何进一步调整？高等教育如何适应地区经济的不平衡，更好地为地方经济发展服务？如何使高等教育的管理体制能够更灵活地反映经济与社会改革开放的形势？高等学校的课程组织、教学方法如何更好地反映时代的要求？如何使"产学合作""教学、科研、生产相结合"这些国内外实践经验已经证明有效的做法得到落实？如何在实效上而不是在形式上切实加强大学生的思想政治教育？高等学校招生制度如何从只根据高考分数转为成绩与素质并重？大学毕业生的就业安排如何才能更好地实现人尽其才？如何让高等学校各级领导（校、系、室）少为"创收"而奔忙，能够深入地抓教育、抓科研？如何减少大学人才流失？如何调动教师搞教学、搞科研和进行教学改革的积极性？成人高等教育如何改变向普通高校看齐、致力于"正规化"和追求高学历的现象，面向社会实际需要，着重于岗位培训？如何更好地发展职后继续教育?……以上只是随手拈来,还可以举出许多。这些问题都很重要,都应该根据时代要求,重新研究,但更重要的是改革的思路:革命是为了解放生产力,改革也是为了进一步解放生产力和发展生产力。而生产力的水平,主要决定于科学技术水平。教育改革的出发点和归宿,首要的应当是发展生产力,直接的导向就是发展科学技术,包括科学技术的创造、开发与传递。在当前社会条件下,改革经济体制,有计划地发展商品经济,有利于促进社会生产力的发展。因此,教育也要适应商品经济,为商品经济的发展服务。而最终的归宿,还是生产力的发展。作为第一生产力的科学技术,是整体的,它包含直接作用于生产过程的技术,也包含并不直接作用于生产过程的基础科学、应用科学。科学尤其是基础科学,不能体现为商品价值,而对于发展生产力来说,却是"无价之宝"。应用科学,一般也不能直接体现为商品价值,而对于发展生产力来说,则是关键的一环。社会科学并不直接作用于生产过程,而对生产力的发展却起重要的组织、制约、导向作用。人文科学,似乎与生产力的发展不沾边,但对人的素质(包括劳动力的素质)的提高,却是至关重要的。进一步说,对于社会主义事业的建设,物质文明建设是重要的,精神文明建设也是重要的;社会的进步、生产力的发展与提高是最基本的,而社会道德、社会风尚也同样是重要的。教育的任务是培养人,培养劳动力、技术人员、企业管理人员,较易体现经济价值;培养精神文明的建设者,很难体现经济价值。"教育为本"既是经济建设之本,也是政治建设、文化建设之本,是整个社会发展、进步之本。这样来思考教育改革问题,可能比较全面。

第一,根据科学技术是第一生产力的思想,必须重新认识教育和生产力的关系,正确确定教育在社会主义现代化建设中的地位与作用。

科学技术是第一生产力,这是新技术革命条件下的社会现实。它表明现代社会生产力的内部结构正在发生历史性的变化。生产力的要素主要是劳动者、劳动资料和劳动对象。但在新技术革命蓬勃发展的今天,生产力的发展却主要取决于渗透在劳动者、劳动资料和劳动对象之中的科学技术。科学技术是知识形态的生产力。然而在今天，这种知识形态的生产力却成为现代社会生产力的第一要素，这是生产力内部结构的重大变化，具有深刻的社会历史意义。

现代社会生产力的内部结构正在发生历史性的变化，那么这种变化必然会对教育和生产力的关系产生重要的影响。一方面，以科学技术为第一要素的现代社会生产力，随着新技术革命的深入发展，必然为现代教育的发展创造越来越雄厚、越来越丰富的物质基础，使现代教育具有日益加速和无限多样的发展可能性。同时，以科学技术为第一要素的现代社会生产力，随着新技术革命的深入发展，又必然对现代教育的发展提出越来越迫切、越来越多样化的客观要求，使现代教育具有日益加速和无限多样的发展。这些都必然影响现代教育发展的规模和速度、人才培养的规格、教育结构、教学内容、教学方法和教学组织形式等。另一方面，在以科学技术为第一要素的现代社会生产力的发展过程中，现代教育也必然具有越来越重要、越来越突出的地位与作用。现代教育通过创造、发展、传播现代科学技术，培养具有现代科学技术知识和素养的现代劳动者，极大地影响了现代社会生产力的发展。现代教育作为影响现代科学技术发展的重要社会因素，深深卷入现代生产和现代经济发展的历史洪流中，成为发展现代社会生产力的重要支柱和巨大杠杆。

在新技术革命蓬勃发展的今天，科学技术已成为第一生产力，教育和生产力的关系也正在发生历史性的变化，那么，我们就应当抓紧对世界新技术革命的研究，深化对教育和生产力关系的认识，科学地确定教育在社会主义现代化建设中的地位与作用。教育和生产力的关系是一种历史性的关系，随着社会的发展它必然具有新的内容和新的意义，教育科学应当适应变化了的历史条件，对它做出新的理论概括与总结。

第二，根据科学技术是第一生产力的思想，我们必须重新认识教育和生产劳动相结合的历史命题，从而在新的历史条件下，对它做出新的理论概括，并确定实施这一基本原则的现实对策。

科学技术是第一生产力,这意味着什么?它表明自奴隶社会开始出现的物质生产和精神生产的社会基本分工,正在发生历史性的变化。科学技术是一种精神文化成果,科学技术的研究创造是一种精神生产过程。然而从近代以来,科学技术逐步成为生产过程的独立职能,"生产过程成了科学的应用"[1]。这样,以科学技术为中介,近代社会的物质生产和精神生产开始从分离逐步走向融合。随着科学技术的发展和它对物质生产过程的渗透,物质生产和精神生产日益走向一体化,不断加快两者融合和结合的进程。今天,当邓小平同志依据新技术革命发展的历史现实,提出科学技术是第一生产力的论断时,这突出表明近代以来的物质生产和精神生产融合过程,正在达到一个新的历史高度,进入一个新的历史阶段。其中,精神生产的因素越来越成为物质生产过程的主要因素。物质生产越来越科学化、知识化、智力化。预计未来,物质生产过程将彻底地科学化、知识化、智力化。精神生产在社会生产中将会显得越来越重要,成为重要的生产方式。

教育和生产劳动的关系史是和社会基本分工史相一致的。当奴隶社会形成社会基本分工,物质生产和精神生产彻底分离时,教育和生产劳动也彻底分离,成为两个不同的社会过程。当近代资本主义社会出现科学技术独立发展,物质生产和精神生产从分离走向融合,社会基本分工出现历史性变化时,教育和生产劳动也从分离走向结合。也正是在这种历史背景下,马克思和恩格斯以及其他思想家提出了教育和生产劳动相结合的思想。今天,随着新技术革命的蓬勃发展,科学技术成为第一生产力,现代物质生产和现代精神生产从分离走向新的融合,因此教育和生产劳动相结合这一社会过程必然发生历史性的变化,这一过程必然具有新的内容和新的形式。因此,教育和生产劳动相结合的历史与社会基本分工的历史是内在一致的。

既然在新技术革命蓬勃发展的今天,科学技术已成为第一生产力,社会基本分工正在发生深刻的历史性变化,那么,我们就应当加强对新技革命的研究，深化对教育和生产劳动相结合的历史与现实的认识，进而在新的历史条件下，对这一重要原则做出新的历史概括与总结。只有在这个基础上，我们才能科学地实施教育和生产劳动相结合的计划，促进我国社会主义教育事业的发展，更好地为整个社会主义现代化建设服务。

邓小平同志的新论断还具有其他的教育理论意义，这些都有待于我们做进一步的研究。这里仅就上述两个方面做些理论思考，望大家批评指正。

参考文献

[1] 马克思, 恩格斯. 马克思恩格斯全集：第47卷 [M]. 北京：人民出版社，1979：570.

（本文原载《教育研究》1992年第5期）

论教育与社会的资源交换

谢维和

这里所说的"教育与社会",主要指的是有组织、有计划、专门化的学校教育和社会中政治、经济、文化、不同阶层与利益集团、社会组织与群体以及家庭等的互动关系。(家庭教育、社会教育与社会的联系具有不同的特点,故不一并论述。)所谓的"资源交换",并不是某种单纯的经济交换或商品交换,而主要指一种广义的社会交换,它意味着互动双方在社会资源方面的转换与流动。在现代社会中,教育与社会各方面的联系比以往更加密切,并成为现代教育的重要特征之一。本文选择资源交换这一角度探讨教育与社会的联系,意在通过分析内含于这些联系中的社会资源的转换与流动,进一步认清现代社会中教育存在和发展的各种资源基础,并深化对教育与市场经济体制相互关系的认识。

一

无疑,一般的社会交换理论不能简单地套用于教育与社会各种要素之间的联系和互动。学校作为社会结构中特定的实体性要素,学校教育作为一种特定的社会活动,其本身的地位与性质使之在参与社会交换的过程中具有了特殊的形式与含义。

首先,教育的社会功能规定了这一社会交换活动的主要取向。一般而言，教育具有政治的、经济的、文化的等多种功能。从政治上说，教育能够培养人们的政治意识和政治热情，可以提高人们实现一定社会政治目标所需要的政治行为能力，它可以为国家输送必要的政治人才，并使人们对一定的政治领导及政治格局形成认同。另外，教育还能够通过其内在的选择促成一定的政治结构等。从经济上说，教育可以为社会提供大量的劳动力，促进社会生产力水平的提高。从文化上说，教育对于文化的传递和保存、文化的传播和交流以及文化的净化和创新等，都有重要的作用。除此之外，我们还可以看到，教育对于科学技术的发展、法制的完善、社会道德水平的提高、人口及生态环境的保护等，都有着不可忽视的、现实的功能。从微观上看，教育对于社区建设和发展，更是可以发挥文化辐射、辅助经济发展、完善社区环境等作用。这样，我们便可以由此而大致地认清教育的社会交换活动的基本取向。显然，正是由于教育本身在上述各个方面的服务，它才能够得到必要的"回报"，即投入。

其次，教育本身的不同类型、内容和目标也是教育参与这种广义的社会交换活动的内在依据。对此，我们可以依照不同的标准做出下面简单大致的划分。第一是义务教育与非义务教育。显然，这样两种不同的教育活动决定了学校在社会交换中的不同对象。第二是以社会服务为主的公益性教育和受教育者个人收益率较高的教育。[1]前者指的是诸如文、史、哲、师范等类别和专业的教育，其中，受教育者个人收益率较低；而后者指的是诸如医学、法律、工商管理等类别和专业的教育，这些教育在一些市场经济体制的西方国家中，可以为受教育者个人带来较高的个人收益。而这样一种差异当然也在一定程度上决定了教育参与社会交换的不同尺度。第三是基础理论学科与实际应用学科的教育。学校，尤其是高等学校，不仅要培养具有实际工作能力的人才，而且要培养基础理论的研究人员。前者通常更为强调工艺性和操作性，而后者一般来说更为注重抽象的纯理论知识的理解和把握。具有不同侧重的学科教育，在满足和适应社会需求时，也必然具有不同的对象与取向。除上述分类之外，还有学者从生产性和消费性的角度对教育进行分类。

二

根据上述教育社会功能的规定，以及教育本身在类型、内容和目标上的差异，我们可以发现，教育与社会之间的资源交换活动，至少有以下几种不同的类型。

首先是垂直的交换类型。它具体指的是学校教育在履行某些主要涉及整个社会或地区的功能和教育内容时，与政府和上级主管部门的交换活动。例如，国家的义务教育，以社会服务为主的公益性教育，以及某些基础理论教育，都属于这一类型。由于这些教育并非完全是为社会中某一些特定的专门组织或阶层服务的，而主要是为统治阶级，为整个社会服务的，所以，理应由政府给予投资。一个国家的政府或地区的政府，为了实施这些教育，理所当然地应该从各个方面进行投入。

其次是平行的交换类型。这主要指的是学校教育与某些和自己处于同一社会层级的亚群体或组织的交换活动。为简便起见，我们权且把家庭这一社会单位和个人与学校的交换活动也放在此种类型中。当然，它主要涉及的是某些有特殊性的教育内容。例如，各种非义务教育，各种具有较高个人收益率的教育，以及面向某些有特定对象的实际应用学科的教育。由于通过这些教育而直接获益的是这样一些特定的地区、社会群体与组织及个人，而且它们也不属于国家普及教育的范围，不属于无偿教育的领域，所以，理应由这些直接受益的地区、社会群体与组织或个人给予回报。也就是说，它们必须为这些教育活动提供必要的投入，而不应仍然由国家和中央政府承担。否则，在教育与社会的互动过程中的权利与义务关系便必定会出现紊乱，以致出现各种弊端。

再次是间接的交换类型。这主要指的是教育通过其维护和建设某些社会公共规范及一般性社会秩序、制度等的功能，进而与社会各个要素之间发生的交换活动。换言之，教育活动有益于社会中某些必要的公共规范，如社会道德，以及某些一般性的社会秩序、文化氛围、社会风气等，而社会中的各个要素，包括政府、各种亚文化群体、家庭及个人，则都可以通过这样一些道德规范、社会秩序、文化环境、社会风气等得到不同程度的益处。由于这种间接的社会交换是通过一种共有价值的媒介而实现的，所以，这一共有价值的覆盖面的大小往往决定了这些教育的受益者，以致影响了它的交换对象。这一问题在同质性较强、价值一元化的社会中比较好解决。而在异质性较强、价值多元化的社会中，则要求有不同类型的教育，从而依照不同的共有价值的媒介，由不同的受益者对特定的教育予以回报和投资。显然，在这种间接的交换活动中，政府、社会组织与群体及个人，作为不同程度的受益者，都应该成为教育的投资者，对教育承担相应的义务。

最后是直接的交换类型。它可以是与政府的，也可以是与社会群体、单位和个人的。但其主要特征之一是，它属于一种社会结构中实体性要素与实体性要素之间的交换活动。

有必要说明的是，教育与社会之间的资源交换并不是彻底的或市场意义上的交换，而是一种不完全性的社会交换。因为，教育这种综合性的活动，追求的是个人与社会的协调发展，所以，教育的各种功能，教育的不同内容、目标，以及教育的各种价值，往往同时渗透和包含在同一教育活动中，体现在同一个教育对象上，这样，势必造成教育与社会各个要素之间的在互动中的权利和义务关系显得格外复杂，以致很难进行某种核算。而且，在某些由国家直接举办和实施的教育活动中，学校与政府的关系更多地是以权力和行政为基础，而不便完全理解为一种社会交换活动。

当然，教育由于其自身的特点，在其与社会的互动中，交换的资源内容也是与其他社会交换有所不同的。它向社会所提供的是各种人才、知识、科技等精神文化产品和地位性资源，而它所得到的"回报"则是必要的办学条件，包括各种权力、经费和支持等。

因此，学校在从事其教育活动时，所获得的资源应该是多渠道的。其中，不仅有来自中央及各级政府的，而且应该有来自社会上各种群体、阶层及个人的。这样，才有利于形成明确的权利和义务关系，缓解教育资源的短缺。

三

应该说，以上关于教育与社会之间资源交换活动及类型的论述只是一种理论上的抽象分析。在不同的制度背景下，它的实现方式可以是多种多样的。这里，仅就计划体制和市场体制下的不同情况做一个简要的比较分析。

从以往各种有关教育与社会的关系的规定和表述来看，它们通常具有以下几个特点。

第一，基本上是通过一种从属的关系和思路去规定和分析这种联系与互动。在此，人们使用或看到的常常只是这样一些概念和术语，即一方面是"规定""约束""决定""影响"等，另一方面则是"适应""服务""实现""符合"等。例如，在谈到教育与政治的关系时，总是强调政治制约和决定了教育的基本目标、教育内容、办学方式，影响了教育机制、制度和经费等，而教育只是为政治服务；就教育与经济的关系而言，则是强调经济制度、生产力发展水平对教育的规定和影响，而教育必须适应一定的经济制度，符合社会生产力发展的水平等。尽管人们也充分肯定了教育本身的相对独立性，但这种相对独立性多半只是就教育本身的内在规律而言，或者体现为在这种从属关系之中的反作用。如果按前面的类型划分来看，它们仅仅表现为一种垂直的互动关系，而缺乏平行的相互联系。

第二，通常只是表现为在社会结构中的实体性因素与某些制度性或规范性因素的关系，也可以说，只是注重于某种间接的互动，而缺乏必要的直接性互动关系。显然，学校是作为一种实体性因素存在于社会结构中的，它具有自己本身的实体性地位、实体性构成和实体性力量等因素，包含了一定的人员、空间和构件等。而在讨论与此联系的各个对象时，人们所看到的大多是某些制度性和规范性因素，如道德、法制等。它们本身往往并不具有特定的实体属性，或者说，只是社会学中表示社会结构中诸成分之间相互关系的"突生属性"[2]，尽管它们对于社会结构的形成和稳定具有十分重要的意义，但与学校毕竟不属于同一系列的结构要素。虽然它们与学校教育具有不可忽视的联系，但并不能形成真正实体性意义上的互动关系。当然，我们并不否定在计划体制中也存在着学校与其他社会实体性要素之间的直接联系，但是从客观上讲，它们充其量也只是一种"形式上"的互动，因为彼此间并没有真正形成在资源上的直接转换与流动。

第三，功能性关系是人们研究的着重点和中心。这也就是说，人们在分析教育与社会的联系时，仅仅关注了彼此间的功能关系，即教育对社会中的各个要素有什么作用，社会中的各个要素对教育又有什么作用。这一角度诚然是十分重要的，但是，仅仅停留在这一层面又是不够的。问题在于：这种功能关系的基础是什么？它们之所以发生和继续下去的条件是什么？

这样一些特征是与社会的计划体制相联系的。我们甚至可以说，在严格的计划体制中，这样的规定是合理的。因为，在严格的计划体制和中央集权的社会背景中，资源几乎全部掌握在政府手中，社会中的各个要素，包括学校本身，并不拥有独立的资源。在这种情况下，整个社会中的资源转换、流动或交换活动，都是通过政府作为枢纽而实现的，或者说是按照政府的指令性计划而发生的。可以这样看，社会中的各个要素直接地与政府发生资源的转换关系，它们向政府提供必要的资源，而政府则根据计划和需要，向它们分配各自所需的资源。从这个意义上说，完全由政府提供教育资源是合理的，而且是应当的。尽管社会中的其他要素也从教育中获益，但是它们对学校教育所承担的义务，或所应给予的回报，都已经通过各种利税等形式上交给政府，而由政府代替它们给教育以回报。而学校也就无法再向它们要求更多的投入，只能从事一种无偿的服务。这也就形成了在计划体制下教育资源的投入主体单一化的现象,即由政府承担教育的全部费用,提供全部必要的条件。

这样一种教育与其他社会要素之间的交换形式或途径,从理论上讲是有优点的。因为它便于进行宏观的了解和调控,更有效地使用有限的教育资源,避免不必要的浪费,而且有利于集中各种资源进行重点学校和学科的建设,并形成较强的教育动员能力。但是,这样一些优点的实现又是有条件的。首先,它要求社会文化的相对同质性或较强的同质性,这样,才能够比较有效地形成和保证间接性交换的可能。其次,它要求以详尽、迅速的信息和反馈为条件,从而使其宏观调控具有客观准确的依据。否则,不仅不能避免资源的浪费,反而会由于宏观调控不当而造成更大的浪费,形成教育对社会"有效供给"的不足。另外,资源转换和流动在距离上的远近,也常常是影响资源效益的重要因素之一。因而,过多的间接交换也势必会在一定程度上造成资源的损耗,以致在实际上减少教育资源的投入。

四

尽管教育不可能完全随着市场经济的建立而变为一种"市场教育",但作为一种第三产业,其服务的功能,以及其中某些部分进入市场都是必要的。从这种变化看,单纯的垂直与间接的交换类型是不够的,而必须辅之以适当的平行或直接的交换。

这种交换类型的调整主要有以下两个理由。第一,在市场经济的条件下,过去那种基本上依附在国家行政机器上,本身毫无自主权的社会单位,已经变成了具有相对独立性,对自身的资源拥有相当大的管理权、使用权和处置权的,自负盈亏、自主经营的部门,地方及地方财政也获得了愈来愈多的自主权。这样,在改变了过去计划体制下与政府或中央财政的资源关系的条件下,地方和各部门、社会单位自然也就不应该再继续照样无偿地享受仍然由政府或中央财政投资的各项社会及福利事业的好处，而必须实行"谁受益谁投资"的办法。同理，它们在享受某些教育，并从教育中得到各种服务和利益的同时，也必须对教育给予"回报"。由此，形成一种正常的资源交换关系。如果还是像过去那样，依旧由各级政府或中央财政承担教育的全部投资，必然形成在教育与社会各要素之间权利义务关系的紊乱和倒错，从而造成国家教育投入上的窘境与教育资源的短缺。第二，现代社会教育的分化与差异性，以及由此形成的教育举办主体和委托主体的多元化，也使得这种交换类型的调整成为必要。一方面，目前除政府办学之外，各种具有法人资格的社会团体、企事业单位，以及公民个人，都可以依法举办各种教育，这样，必然使教育与社会的关系不再具有过去计划体制下国家统办教育的单一性而显得更为复杂；另一方面，发展的不平衡和各地区、各部门的差异性，也必然形成对教育的不同要求和委托。对于后者，也许有人会认为，在这种情况下，仍然可以通过由国家统一征收教育税的方式，形成政府对教育的独家投入。这是不现实的。因为，现代社会通过分化而日趋扩大的异质性，必然使不同的社会阶层、利益集团、地区和亚文化群体出于自身的利益，对教育形成不同的要求与期望。这样，作为社会资源间接交换的重要媒介——共有价值，或者是处在一种比较抽象模糊的状态，或者是由于不能得到广泛的认同而难以形成，以致各个地区、群体和集团在利益取向不明确，或不能获得自己特定利益的情况下，不愿意加入这种与教育的资源交换，从而不能真正形成全民关心教育、全社会办教育的局面。例如，在教育税附加的征收中，便常常出现某些企业和部门不愿承担的现象。

顺便说一句，过分注重教育与各种社会要素之间的间接交换，也常常影响教育资源的效益。因为在这种关系中，互动双方的权利义务关系是通过第三者而实现的。这样，很容易造成彼此间在结合上的松散和在责任上的懈怠，从而降低教育投资的效益。

当然，由这种平行的或直接的交换类型调节的仅仅是一部分教育本身的资源。简单地说，主要是指那些非义务性的教育，某些对受教育对象而言收益率较高的教育，以及各种具有特定服务对象的带有技能性或职业性的教育。而义务教育，以整个社会为服务对象的公益性教育，以及基础理论、某些特殊专业和学科的教育等，仍然需要通过垂直和间接的方式，由各级政府加以调整。因此，社会中的具有相对独立性的部门和单位，除了为教育的某些公益事业（包括各种义务教育、基础理论教育、文化建设和社会建设等），以上交利税的方式，通过政府与教育发生统一的间接性资源交换之外，还必须根据自身从教育其他方面得到的收益，与教育发生个别的直接和平行的资源交换。这里，应特别提到高等教育和职业教育。由于这两类教育大部分直接与劳动力市场和人才需求相联系，而且也属于非义务教育的领域，所以它们的经费等主要应通过平行或直接的资源交换，由社会、企业和个人提供，少数由国家重点投资和扶持。

应该看到，自20世纪80年代中期以来，我国教育，主要是高等教育的运行已经开始逐步地与市场接轨。例如，高校向社会和个人提供的各种服务等资源不再是一概免费赠送，而实际上实行了谁受益谁投资的原则，科研成果实行了专利和技术转让制；高校与企业的各种合作也实行了委托或分成的办法；高校除完成指令性的招生计划外，可以招收委托代培生以及一定数量的计划外全额或差额自费生，同时也开始收取一定比例的学费；等等。总之，通过教育而受益的企业和个人已经开始负担起一部分应由其负担的教育费用。但是，从整个教育经费的投资来源和投资结构上看，仍存在不容忽视的问题。首先，在投资来源上，通过社会服务和收取学杂费而用于教育的投入，不到整个教育投资的10%。其次，在投资结构上，我国目前小学生、中学生和大学生的人均教育经费的比例也极不合理，其中大学生的人均教育经费大大高于中小学生。这一方面说明在我国教育体制中，真正进入与社会平行和直接的资源交换的部分还非常之少，另一方面则反映了本来正是需要更多地从社会中获得经费和支持的高校，反而吃掉了国家投资的大部分。相比之下，1982年日本的这一比值为1：

1.1∶1.4；曾经在20世纪60年代起在高校实行学费赠予制的英国，1982年的这一比值也只是1∶1.14∶7.6。[3] 最为直观的表现是：除外资、三资企业或集体性质的经营性单位外，无论是中央所属的机构和企业，还是地方的各级单位与部门，尽管它们在资源上已经具有一定的相对独立性，成为独立自主、自负盈亏的单位，但仍然可以像过去计划体制下那样，获得由国家耗费大量财力培养的各种人才。（据说，有些地区和部门在大学生调出时，还要收一笔费用。）我们不知道这些用人的地区、部门和企业是否已经向各级财政上交了足够的税利，从而合法地取得了无偿获得由国家花钱培养的各种人才的权利，我们也不知道它们拥有的这种权利是否与它们对教育所尽的义务相平衡。假如它们的确是上交了足够的税利或提供了必要的费用，那么，根据权利和义务相等的理由，那些在一定时期中不需要或未能得到国家培养的人才的地方、部门和企业，当然可以拒绝交纳与上述获得人才的地方、部门和企业同样数量的税利。因为他们没有享受到同样的权利和益处，自然可以少尽一些义务。这样，势必引起相当的混乱。可以说，我国目前教育和社会的互动或资源交换中，各方之间的权利义务关系是不太清楚的。在这种情况下，教育只得不断地向政府伸手，以弥补自身的不足，并通过各种手段"化缘"，或是以其他方式大搞"创收"。这也直接或间接加剧了知识贬值、人才贬值的现象。无疑，这正是我国目前教育机制和运行机制不适应日益深化的经济、政治、科技体制改革需要的现象之一。

有必要说明的是，上述教育与社会之间平行的和直接的资源交换的发生，是以供需双方的一致为前提的。换言之，社会的需求与教育的供给是基本吻合的。如果不能一致和吻合，交换是不可能发生的。从这个意义上说，提倡和实行教育与社会的资源交换，必然会反过来促进教育与社会的联系，使学校的学科与专业设置更符合社会的要求，从而获得更多的社会投入和支持，由此形成一种良性的互动。这也是当前教育改革的重要内容之一。

参考文献

[1] 曲恒昌. 市场经济与我国高教经费筹集的原则与途径 [J]. 北京师范大学学报（社会科学版），1994（2）：68—76.

[2] 布劳. 社会生活中的交换与权力 [M]. 北京：华夏出版社，1988：3—4.

[3] 陆学艺，李培林. 中国社会发展报告 [M]. 沈阳：辽宁人民出版社，1991：230.

（本文原载《教育研究》1994年第12期）

教育哲学是实践哲学

金生鈜

一、实践哲学的独特内涵

亚里士多德曾经在《形而上学》中根据人类活动的区别,把科学划分为三类。第一类为理论性科学,包括数学、物理学、形而上学等;第二类为实践哲学,包括政治学、伦理学等;第三类为创制性科学,包括诗学和修辞学。[1]

亚里士多德把实践哲学归属于他的精神科学。实践哲学的目的就是获得关于人的生活存在的知,以及认识这种知对人的伦理生活的指导作用。他认为人的伦理生活必然隐含着伦理之知,伦理之知总是体现在人的具体的实践处境中,从而使人看到他的实践的处境的要求,做出伦理行为的判断与选择,这表现为人的实践理性智慧。在他看来,实践之知——实践智慧并不是具体的科学的知,它只有在具体的实践中完成自己。例如,伦理之知本身就是伦理存在的一种方式,这种知或者这种方式与人的伦理生活的全部具体的东西不可分离。

亚里士多德认为,理论科学进行的乃是科学之知(episteme),这是一种关于不变的事物的知,是那类在认识过程中被抽象出来的一般性知识。它们是形式的、证明的和分析的,这类知最具代表性的乃是数学。实践之知——实践智慧是人们做出生活目标道德行为的判断与选择所必需的，它并没有预定的形式，没有预定的技能，它是人的全部的教化、历史文化传统以及生活经验的结果，是关于人的存在实践的知。第三种知就是创制性科学所探究的技术之知，这是基于具体任务的知识，技术之知的主要目的就是创制产品。

"实践不是创制，创制也不是实践。"[2]创制对亚里士多德而言是一种生产（poiesis），它把固定的原理、规则和方法用于生产某种对象的过程，而实践则以本身为目的，它对伦理之知的应用，是实践本身所必然的，因为伦理之知是通过实践完成、实现自身的，不存在独立于实践的抽象的伦理之知，因为伦理之知只有在实践处境中最终存在。与理论之知不同，"伦理之知不是在一般的勇敢、正义等等概念中，而是在根据这种知确定此时此地合适之事的具体应用中完成自己"[3]。

亚里士多德实践哲学的"实践"概念有独特的内涵。"实践"就是人类实践生活的全部整体，包括人类有理性的行为、行动以及事务，实践意指人类理性生活的全部的现实以及进入现实之中。因此，实践并不是与理论科学相对的，并不是理论科学之知的实际的具体的应用过程，实践是人类生存的现实的全部事实。亚氏的"实践"概念因而是区别于基于技术之知的生产创制的。实践不是基于知识和技术的生产行为，而是根据实践之知——实践智慧在具体的生活实践中自由选择生活可能性的生活行动。这种生活实践的全部现实正是亚里士多德的实践哲学的对象；面对这种全部的生活现实性，实践哲学就是对蕴含着实践理智性、实践责任性、实践智慧的生活实践进行哲学阐释的努力。

亚里士多德的实践哲学"把人的实践提升到一种独立的科学领域"[4]，在理论之知、技术之知之外，在创制生产之外，规定了实践哲学的领域，这个领域恰恰是人类最基本的生存领域。实践哲学不但肯定了这个领域的独立性，而且说明了实践哲学的知与这个领域不可分离的依存关系，奠定了实践哲学独特的知识合法性地位。

但是亚里士多德的实践哲学传统在近代几乎被遗忘。近代自然科学的发展仅仅坚持了希腊文化中以数学为代表的理性科学的原则——探求不变的自然规律，形成科学之知。知于是在近代西方思想中就是自然科学理论认识的知，与对象分开的知。而亚氏的实践哲学所阐释的实践及所探求的实践之知开始被抛弃。近代的实践概念更多地是指亚氏所提出的与实践相区分的技术或生产，它以自然科学中的把原理应用于实践或转化成生产技术为模式。因此在近现代，实践失去了普遍性或基础性，它仅仅指科学理论应用于技术、应用于改造自然物的生产的过程。理论与实践是分离的，不再是实践的一部分，实践仅仅是由理论来操作生产或创制过程。科学就是发现理论，而实践就是用一定的理论"做"一定的事。

因此，在近代西方思想中，首先确定的是实证科学的严格的理论地位，理论是前在的，是第一性的。一种知识是否被接受、是否合法、是否合理，就看它是不是能够还原的科学知识，看它是否能够作为有效的手段去实现一个确定的目的，因此近现代西方科学思想基本上是以重视自然科学理论、重视技术实践为传统的。

但是占据优先地位的近现代西方科学思想，使人文科学产生了严重的问题。

第一，自然科学及科学方法的优先地位使科学知识成为知识的唯一典范，从而使人文科学的合法性成了问题。自然科学面对的自然是给定的，是客观的、被确定的，任何分歧都能通过经验检验来解决。它只是用一系列的方法论规则，形成确定的客观的理论体系。它并不关注人的生活领域，而人文科学涉及人类的生活实践领域，在这个领域中，不论是道德、政治、生活的方式与价值、社会风俗与习惯等所有的一切，都是历史和文化的产物，都不可能符合确定的、不变的、可检验的要求。因此，人文科学究竟是不是科学？是什么样的科学？它所探究的知是不是知？这些涉及人文科学合法性的基础性问题的产生从根本上动摇了人文科学在人类知识体系中的合法地位，造成人文科学在近代的衰落。

第二，自然科学理论和方法的优先性，使方法理性（工具理性）取代了实践理性（价值理性）。近现代科学思想认为，自然科学的本质特征是它的经验方法论规则，这些规则为科学理论及其应用提供了坚实的基础：不但自然科学的探究遵循着系统的方法论（只有遵循这种方法论所提供的研究逻辑，才能发现科学真理，方法论是构成经验科学的基础），而且科学理论本身就是达到实践目标的规范和原则，是实践所依赖的原则，它作为有效的方法规则去实现特定的目的。"合理的实践"似乎只是科学和技术应用、参与和控制的活动。方法理性（工具理性）成为科学理论思想的核心，而真正"实践"中蕴含表现的实践理性却丧失了地位，方法理性取代了实践理性，工具理性湮没了价值理性。

第三，科学知识的方法上的确定性、可靠性和合理性保证了科学理论具有无时间限制的、普遍的和必然的特征，同时也确定了科学知识成为近代知识的典范，这使得关于人类生活实践的实践之知、生活之知、伦理之知等关于人类生活的本质经验的人文知识失去了合法性。在科学知识至上的观点之下，实践之知等人文知识是主观的、臆断的、不确定的，人文知识的贮存语言未能形式化，是模糊的。人文知识并不是像自然科学理论那样得到证实和证伪的，它没有严格的方法论规则，没有严格的形式逻辑语言，不可能达到严格的科学知识的地位，因此人文知识的可靠性和合法性受到了怀疑。但是除了科学知识之外，还有没有其他更为重要的知识？人文知识涉及人类的旨趣、目标、信念、情感、价值、需要等，有无合法的知识地位？如果把人类所有的知识与真理看作一个完整的圆，那么在这个圆中科学知识占据的是全部吗？其中有没有人文之知的合法的一席之地？

第四，科学寻求对实在的理论解释，实践成为应用科学原理的技术生产过程，技术实践由理论来操作，成为理论的操作化。知与行的过程是分裂的，虽然知应用于行，但知与行成为分离的完全不同的过程。这种自然科学理论与技术实践的关系模式，在科学主义盛行的时代，成为一切理论与实践相关联的模式。但是这种理论知识独立于实践、实践是理论的实用化的模式的基础，是理论与实践的对立，因而造成知与行、理论与实践的分裂。但是，对于人文科学而言，它的知来源于实践，同时又是实践的一部分，因而从根本上与实践不可分离。那么人文科学的实践是否就是把抽象的理论或技术具体应用到实现特定目的的过程之中？人文之知是否具有脱离实践背景的客观的可靠的知识体系，人的生活实践是否就是运用一系列关于正确行动的抽象规则和预先的知识技能？以这个意义衡量人文科学与实践的关系是合理的吗？毫无疑问，在科学时代正是这样寻求人文科学的实践性的。这种理论与实践的关系模式必然造成人文科学知识与实践的分裂，从而使人文科学的合法性和有效性受到怀疑。

20世纪60年代以来，哲学解释学的代表人物伽达默尔重新提出实践哲学的传统，他的哲学解释学是揭示了实践哲学传统的新的实践哲学。释义学的实践哲学涉及人类生活的基本方面，它并不是面向某些特定的对象领域的，而是涉及人类自身对象化的所有的领域，人类的所有行动、所有的生活（包括理论的生活）。这个领域正是胡塞尔提醒人们注意的一切科学、一切理论的先决条件和基础——生活世界。同时，实践哲学与人类生活中最根本的善的问题有关，善并不是仅仅局限于人类某一种特定的领域和某种特定的行为，它是人类所有的活动所应该遵循的。因此，以此为内容的实践哲学是具有基础意义的哲学，实践之知——实践智慧是涉及人类生存的所有领域的基础性知识。实践哲学所关心的就是不同于自然科学理论知识的知识，它首先肯定了人生存的基本领域"生活世界"和人的生活实践，肯定了这个领域对人类的重要性和对人类所有理论的基础性和先在性，也就奠定了实践之知——实践智慧的重要性和合法性，同时，也证明了这种独特的知识的独立性、有效性（实践性）。因此，实践哲学在建立人文科学的合法地位、建立人文知识对实践的有效性的同时，打破了科学主义关于知识和科学的偏见与教条。

在伽达默尔看来，实践哲学涉及每一个人作为人的那种具有广泛意义的生活，或者说与生活相联系的处境中使个体变得更加完美和完善的东西。"这种哲学不外乎表现为两种形式,或者推动那些人类的根本倾向,使其作出某些具有'完美'(arete)特征的选择,或者告诫人们,审慎地思考和采纳某些指导其行动的意见。但是不论这种哲学以哪一种形式出现,它都必须将'可以自由选择'这一人类特有的品格提高到所谓的反思意识(reflective awareness)的水平上,总之,当宁要一物而不要另一物时,它有责任以自己的知识说明如此选择的理由,换句话讲,它必须指出这种选择与所谓'善'(good)的关系,但是从根本上讲,这种可以为人们指明行动方向的知识又是为具体的境况,即那些我们在其中进行着选择的境况所必需的"[5]。实践哲学既不是数学形式上的理论科学,也不是得心应手地把握某种操作过程的熟练技能,它是以获得实践之知为己任的,它必须出自实践本身,它通过"哲学家的'概念'的努力",形成对实践的清晰的意识,赋予人们实践之知——实践智慧,如此它又回到实践之中。

因此,实践之知——实践智慧是一种实践知识的形式,也是一种实践推理的形式。它既不能被看成任何普遍的技术规则或方法,也不能被看成把预先给定的普遍知识原理应用于特殊目的的过程。实践智慧是在实践上知道怎样做(know-how)的知识类型和推理形式,它不等同于任何脱离主体的存在的"客观知识",它是人在生活实践中知道怎样做的知识和经验。

实践哲学的实践之知与科学的理论之知和技术之知的不同在于:(1)科学之知具有普遍的必然的特征,而实践之知不仅包含普遍的规则,而且涉及具体的事实情景,因而带有时间性和偶然性。(2)科学理论是经过严格证明的,而实践智慧的论证是修辞性的,是日常语言的,它是具体的实践境遇与普遍概括的结合。(3)技术之知或者技能是习得的,而实践的理性与智慧是与实践俱来的,因为每个人总是处于生活实践的一种状态,他不得不按照具体的处境运用实践智慧。(4)技术具有特定的外在目的(如创制某物),而实践上知道怎样做本身就是目的,"实践的目的就是实践活动自身"[6]。(5)技术依赖于原则与规则,而实践之知没有任何关于正确的做的预先的知识，以便仅仅操作性地运用这些知识。

因此，实践哲学是基础性的，它涉及的是人类最基本的实践的"生活世界"，它所探寻的实践之知——实践智慧是具有基础意义的普遍性知识，这种实践之知是实践哲学提出而实践最终完成的智慧，它是人类生存实践的普遍的经验的本质陈述。

二、作为实践哲学的教育哲学

1921年德国教育学家克里茨玛尔（J. R. Kretzschmar）在《哲学教育学的终结》中，宣判了哲学教育学的死亡。他主张科学教育学，研究教育事实中的规律联系，从而提出技术化的理论。他认为哲学教育学只是一套范畴、概念和体系，因而缺乏经验基础，不能在教育实践中实用。当然，克里茨玛尔并没有能力执行哲学教育学的死亡判决，因为教育哲学的存在与发展是一个事实。但是克里茨玛尔所意识到的问题却是普遍存在的，在科学理论与方法的普遍性的侵蚀下，教育哲学存在的合理性受到怀疑。教育哲学究竟是不是一种知识的形式？它的可靠性在哪里？它存在的基础是什么？它与教育实践的关系是什么？它在人们关于教育的整体知识中有没有合法的地位？它所面对的对象领域究竟是教育中某一特殊的领域，还是涉及整体性的基础性的普遍的教育领域？

毫无疑问，这些问题在现代并不是不存在了，因为在教育研究的领域里，科学主义并不是在消退而是在盛行，同样，在中国这些问题也并不是不存在的，且不说教育哲学作为学科在中国死亡过，就是在今天教育哲学不是在与教育理论的共存中千方百计争得合法的一席之地吗？这仅仅是现象，问题仍然在深处召唤我们。教育哲学，或者说一种真正的教育哲学，到底是怎样的？它有没有合理性和合法性？它的知识以什么面目出现？教育哲学何以可能？

教育哲学的独立性和有效性的危机，是在人文科学的合法地位受到科学主义冲击的大背景下产生的。近现代以来,科学是理性的典范、真理的源泉,只有科学的方法论规则决定着科学理论的合理性和可靠性。人们总是试图用科学的种种特征建立人文科学知识的合理性。因此在科学主义看来,人文科学要最终具备有效性、可靠性和合理性,自然应该以自然科学或经济科学为典范。但是,人文科学(包括教育哲学)所面对的领域不同于自然科学所面对的特定的自然领域,而是人的全部的生活实践领域,人文科学的科学性和合法性就取决于这个领域和关于这个领域的知识的科学性和合法性。如果以自然科学的合理性作为人文科学可靠性的基础,那么人文科学之知最终会失去自己的独立性和有效性,而且会误入歧途。

问题是包括教育哲学在内的人文科学怎样获得自身独特地位甚至是基础性地位以证明它的可靠性和有效性呢?什么能够赋予像教育哲学这种人文科学坚实的基础呢?在这里,实践哲学展示了它的真正的价值。实践哲学把人类的生活实践看作普遍性的基础,把实践之知——实践智慧看作与科学理论知识完全不同的规范人类一切活动的基础性的知识,因此,以全部的生活实践为领域、以实践智慧为内容的实践哲学具有了基础性。"实践哲学涉及的是人类生活最基本的方面,因而它也具有基础意义的普遍性。"[7]我们不能否认人的生活实践的事实性,同样也无法否定包含着实践理性的实践之知——实践智慧在人的生活实践中存在合理性和有效性,因此我们无法否认以实践和实践之知为对象的实践哲学的独立性、合法性和基础性。人文科学与实践哲学正是在对象和知识领域方面有着相通性。所以实践的基础性说明了人文科学的合法性,实践是人文科学的基础和根据,实践哲学的目的适合于人文科学的理想,人类现实的生活实践使人文科学及其所知成了可能。

这也是实践哲学给予教育哲学合法性和可能性的启示,教育哲学是实践哲学正是在这个意义上而言的,它们享有共同的理想、共同的原则、共同的合法性和独立性。教育哲学是实践哲学,恰恰是指教育哲学享有实践哲学的特性。

首先,如同实践哲学,教育哲学直接以"生活世界"为基础性的对象。"生活世界"是一切科学(包括自然科学)的前提和基础,"生活世界"的这种事实性、基础性保证了教育哲学的可靠性和有效性。客观的科学的世界之知乃是以生活世界的自明性为"根基的"[8]。任何科学、任何理论、任何知识都是建立在"生活世界"的土壤之上。它是所有意识对象和实践目标最终的地平线,是人们生活的历史实践的终极实在,"我们生活在自己的具体的周围世界之中,而且我们的一切关注和努力都指向这个世界"[9]。

科学作为人们精神和实践的成就,是在普通的生活世界中获得意义和价值的。生活世界是所有的科学、哲学的先验起源,科学的意义基础就是实践的"生活世界",知识的基础及其有效性都在于"生活世界"。胡塞尔曾指出,生活世界始终是在先被给予的,始终是先存在着而有效的,而不是出于某种意图、某个课题,不是根据某个普遍的目的而有效的,任何目的都以这个生活世界为前提。"生活世界"对人类的任何活动包括科学研究、哲学活动等,都有原初的规定性。

由此可见,知识(包括科学之知、人文之知)的可靠性在于生活世界,即把生活世界作为先验的自明的意义基础,同时通过生活的介入而形成知识的有效性,人类的生活介入是获得任何知识的必要条件,同时也是知识的可靠性和有效性的必要条件。

人类教育的产生、发展都来源于并且归根于实践的"生活世界"的需要。教育和接受教育,都超不出"生活世界"的界限。如果人类的教育活动是属于"生活世界"的,那么,教育哲学不仅是对教育活动的基本问题的探讨,而且将包含对人在生活时间中所经历的精神变化的历程的解释,包含对教育过程中人的精神运动的解释。如果教育本身就是人类的一种生活,那么,"生活世界"就成为教育哲学必须关涉和加以理解的东西。因为,教育活动和人在教育中的生活都是属于"生活世界"的。

教育哲学虽然进行理论的探究,然而它的理论之根却扎在实践之中,扎在人类的"生活世界"中，没有人类的"生活世界"的预先的倾向性和规定性及需要性，教育哲学的理论与实践都是不可能的。因为普遍的"生活世界"作为人类的实践领域是基础，依据它才有可能解释教育存在的根源，才有可能形成教育哲学的知识原理；并且以此为基础，纯粹的理论的兴趣才能转化为实践意识和实践行为的形式，才能不远离人类的生活和利益，才能不失去对教育实践和对人的生活实践的重要性。

教育哲学归根于"生活世界"就必须真正地深入生活的领域，它面对三种内涵的生活。

第一，人类和民族的共同的生活实践。教育哲学审视人类共同生活的价值取向和生活方式，阐释人类共同生活的价值和意义、人类生活的理想与目的，从而在整体上确定教育的目的与目标，同时对人类的共同生活做出教育哲学上的洞察。

"人类社会中的一切均取决于如何设定目标，或者说，如何接近由所有人共同追求的目标并找到达成共同目标的手段。"[10]教育哲学对人类共同享有的生活的考察，就是要追寻人类生活对教育的共同追求和理想，追寻蕴含在人类共同生活中的教育的终极目的。

狄尔泰曾经指出，实践哲学的任务在于确定生活中有意义和有价值的东西，实践哲学的主题是某些最高的原则——它们决定实践活动的方向并为之提出奋斗的目标。[11]我们认为，这也是教育哲学的任务，因为教育哲学本质上具有实践哲学的性质。

第二，个体的生活实践。教育哲学必须理解个体的生活实践的目的、价值和意义，必须展示个体的生活实践的多样性，对个体人生实践的问题进行反思。人如何生活，怎样在生活中选择价值，这与教育并不是无涉的。如果说教育是把人引入完整的精神生活之中，引导个体的生活实践，那么教育哲学的研究就必须深入个体的人生实践。

第三，教育的生活。教育本质上是人类的一种生活形式，与人类的生存的任何阶段是不可分的。教育哲学必须考察人类的教育生活。人类的教育生活是怎样的，个体在教育中怎样生活？人在教育生活中获得的是什么？教育生活的价值何在？教育生活以何种方式对人施以教育？……这些都是教育哲学必须回答的。由此可见，教育哲学是生活世界所必然要求的，它直接地以生活实践为主要的对象，这正说明教育哲学与实践哲学的相通性。

其次，教育哲学作为实践哲学，是以教育智慧为知识目标的，这是教育哲学所具有的独特的、可靠的、有效的知识领域。实践哲学深入人类的教育实践和生活领域，它获得的不是科学之知，也不是关于教育事实上是什么的客观知识。教育哲学是关于流动的"活"的教育实践的意义的理解和诠释，它所追求的知识形式乃是在理论的普遍性和实践的特殊性之间进行循环中介的实践智慧——教育智慧。

教育智慧作为教育哲学独特的知识内容，来自对人类教育生活的深刻洞察，来自对教育实践价值取向的阐释与分析，来自对整体的教育行动的价值性的反思与批判。它是对教育意义、教育理想、教育关系、教育方式、教育目的的追求和审视。教育哲学探求教育智慧的目的就是教导人们在教育的各种具体情境中和行动中审慎地思考和明智地选择。教育智慧并不是客观的理论，而是作为理想、信念、原则和规范，作为智慧"内化"在主体的"实践理性"中，在教育实践中践行。教育智慧不是在实践中被应用的，而是对实践的整体引导。教育智慧并不是抽象的原则体系，它只是在具体的教育实践中促进和完善主体的实践行动。可以看出，教育智慧既来自教育哲学的努力，又来源于实践的选择。教育哲学面对生活世界，面对人及其教育实践的各种形式，不可能形成普遍的甚至不变的教育科学知识体系，不可能以实证的经验科学的方法获得抽象的、独立的理论，因为教育实践领域是历史的、文化的、社会的、人性的，它不可避免地包含着人类的旨趣、目标、信念等，它是以价值和意义为中心的，而不是以事实为中心的。因此这个领域是不可用数理逻辑的语言描述的，对于这个领域只能形成它本身所要求的普遍与特殊共同决定的教育智慧。

教育智慧并不是关于"教育是什么"（know-what）的知识。同样它也不是一套操作技能，不是教育技艺，它是植根于教育实践的知道怎样去做（know-how）的知识，是选择教育活动、进行教育判断所必需的智慧，是深思熟虑的明智的推断。

教育并不像工业生产过程一样具有固定的工艺流程模式，教师也不是通过掌握一定的操作技能去操纵教育过程，生产出教育产品。在多元化的社会，教育和教育实践主体必须要选择。教育智慧就是理智地进行教育选择、明智地选择教育活动的内容与方式的基础性的知识观念。

教育哲学以教育智慧为知识目标，这意味着它不像自然科学那样，要去穷尽事物变化的所有条件以及各种条件之间的变化关系，通过经验的证明，而建立抽象的客观的理论体系。教育哲学是对实践的生活世界及其现实问题和教育现实中的问题进行价值性考察，对教育中人的精神运动和人与世界、人与文化传统、人与教育的关系进行理解和阐释，通过它的哲学的理解与阐释，形成对实践的生活领域、教育实践等的理性的洞察，进而具有实践的意识与智慧。教育哲学并不提供操作性的技能，它是以理性的眼光去洞察、透视教育实践，对教育实践进行哲学的判断，以它的理性的洞察力和规定性，形成有关教育实践及其与人生实践、社会实践的关系的高瞻远瞩式的教育智慧，真正地以智慧参与到生活实践和教育实践中。

最后，教育哲学作为实践哲学，它的有效性表现在它与教育实践的不可分割的参与关系中，它关于教育实践的教育智慧就是在教育实践中产生，同时在教育实践中完成的。这种知识与实践的共在关系说明教育哲学对于教育实践的有效性和重要性。

前文论及了近代以来的实践概念，把理论看作与实践相独立的客观的原理体系，把实践看作理论的操作化，因而造成理论与实践的分裂。这种实践观也影响到教育领域。教育实践的概念同样也是以自然科学的把原理用于实践、转化为操作技艺与规则为模式的。教育实践因而被看作教育原理转化为教育操作技术，从而生产出教育产品的过程。教育实践作为人类特有的生活实践的那种创造性、选择性、艺术性、随机性都被抹杀了。在这种意义上的教育实践必定要求关于教育的知识理论规则化、操作化和技术化,要求理论演化成技术公式,提供系列的方法规则从而推用到教育实践中去。

但是这种教育理论与实践的关系模式面临两个不可征服的困难。第一,教育实践是人类本身的生活的一种形式,它具有人类生活实践的全部特性,而不是一种创制性的生产产品的技术操作过程。因此,教育实践对教育实践之知的运用并不像自然科学理论运用于技术式生产。教育实践不仅仅依靠技艺和技能进行,因为教育实践并不是固定的、一成不变的,按工艺流程来生产产品的过程。抽象的技术理论和规则化的教育技能与方法手段很难与教育实践的具体情境联系起来。同时,教育实践作为人类的一种生活形式不可能用实证科学的经验主义方式做出科学实证的说明和技术的演化。第二,教育哲学作为人文科学,不可能达到自然科学理论那样的客观性、确定性和可验证性,不可能演化成技术理论。教育哲学面对的是教育实践,它的理论是对教育实践的理解的重建,而不是建立在假说—演绎上的说明。这种重建并不是客观的、可检验的、独立的理论解释,而是获得对教育实践各种意义和意向等的理解和阐释,形成教育智慧。在教育哲学中,意义构成事实,生活实践表现为一系列的事件,不可能用精确的、形式的语言描述,因此,像人文科学一样,教育科学的语言是日常的、隐喻的和模糊的。从这两点可看出,用科学理论与技术实践的关系模式不可能统一教育理论与实践,反而会造成理论与实践的分裂。

教育哲学的实践性可以从它的知识——教育智慧与教育实践的关系中看出。教育智慧不是特殊技能,它表现在教育实践具体处境中,只有在具体教育实践中才能最终存在和完成。作为哲学所探讨的内容,它是普遍性推断,这种普遍性来自教育实践的基础性,而作为被实践者所拥有的东西,它又是在特殊的实践处境中知道怎样做的理性的知识与经验。因而教育智慧是存在于普遍的规则与具体处境之间的中介,也就是存在于哲学普遍的概括和行动之间的中介,它同时处在教育哲学的推断和教育实践的选择之中,二者的结合构成了实践智慧知与行两方面的统一,从而在理论与实践的鸿沟上架起了桥梁。

　　教育哲学扎根于人类的生活实践和教育实践，发现普遍的问题，以理性的睿智进行价值意义的阐释，它提出的不是操作教育活动的技艺而是教育智慧，它用一系列的追寻、概括、判断、批判等形成对实践原则和行动的理性洞察，从总体和基础上实现对教育实践的规范和指导。教育哲学就在这种与实践的关系中获得了它的合理性和实践性。

　　因此教育哲学就在实践哲学的这种传统中，是对"生活及其全部目标，对已在人类生活中成熟的一切文化形式与文化系统的普遍批判"[12]，它形成教育智慧，指导实践的价值选择，使教育实践更趋向于善。教育哲学这种哲学的努力，不仅出于对真理的真诚的渴望，而且是对教育实践和人的生活负起责任。这就是教育哲学作为实践哲学的深层价值。

参考文献

[1] 亚里士多德. 形而上学：第6卷 [M]. 北京：商务印书馆, 1981：118.

[2] 亚里士多德. 尼各马科伦理学 [M]. 北京：中国社会科学出版社, 1990：118.

[3] 张汝伦. 释义学的"实践哲学" [J]. 哲学研究, 1993 (5)：65-71.

[4] 伽达默尔. 赞美理论：伽达默尔选集 [M]. 上海：上海三联书店, 1998：69.

[5] 伽达默尔. 科学时代的理性 [M]. 北京：国际文化出版公司, 1988：80-81.

[6] 同 [2] 1.

[7] 同 [3].

[8] Husserl E. The Crisis of European Sciences and Transcendental Phenomenology [M]. Evanston：Northwestern University Press, 1970：131.

[9] 胡塞尔. 现象学与哲学的危机 [M]. 北京：国际文化出版公司, 1988：138.

[10] 同 [4] 72.

[11] 里克曼. 狄尔泰 [M]. 北京：中国社会科学出版社, 1989.

[12] 同 [9] 152.

（本文原载《教育研究》1995年第1期）

论教育之适应与超越

鲁 洁

"教育要与社会的经济、政治、文化等相适应，培养出适应社会需要的人。"这是长期以来在教育学上被公认为符合马克思主义的正确命题，并被论证为决定教育其他具体规律的一条基本规律，也被看成人们从事教育工作的一个根本出发点。这一"命题""规律""出发点"之所以被认作正确、科学的，是因为从客观的实际出发去考察教育，并把受教育者培养成适应这种实际的人，这种观点是完全符合以往通行的哲学教科书所阐发的物质本体论的世界观和历史观的。但是，随着人们对马克思主义哲学本义的探究和重新认识，教育学上的这一命题也开始失去其理论上的立足点，而新时代的历史和教育实际也同样向它提出众多的质疑和问难。

什么是马克思主义哲学？它的本质特征是什么？它与旧唯物主义的根本区别是什么？这些是任何一门以马克思主义为指导的社会科学所必须正确回答的问题。教育学当然也不能例外。应该说，作为现代唯物主义的马克思主义是实践的唯物主义。它与旧唯物主义的根本区别就在于它把实践的观点作为首要的基本的观点。马克思所理解的实践是人自身通过对环境的改造和创造来达到与环境统一的活动。因此，实践就其本质而言就是超越的，它是人自身对所处环境的超越。这是人与动物在和其所处环境关系上的根本区别。动物凭借本能去适应环境，人则是通过实践来改造超越环境。从实践唯物主义基本观点出发，教育作为一种培养人的实践活动，它必然具有超越的特征。

　　教育作为培养人的活动，它的超越的核心就是，要培养出能改造现存世界的人，也即具有实践意识和实践能力，能超越现实世界、现实社会的人。赋予人以人所独具的实践本质，这是教育的基本功能。

　　人们常说，教育的职能（或功能）是传授人类已有的、历史上积累下来的文化科学知识。应当承认教育确具这方面的职能。但是，需要明确的是，这种传授的目的并不是将这"已有的"一切在新一代人身上重复创造出来，并使他们去"适应"已有的和既定的一切。教育的根本任务在于通过这种传与授，使它所培养的人，能够把已有的一切文化科学知识作为一种工具与手段，去改造和发展现存的世界、现存的社会（其中也包括已有的文化科学知识）以及现存的自我。为此，教育的着眼点不在于使人"接受""适应"已有的，而在于为"改造""超越"的目的而善于利用已有的一切。诚如《学会生存》这一国际文件所指出的："教育是在环境中进行的，因而它提供了有关环境的知识，于是教育便可以运用这种知识，帮助社会觉察到它的问题，而且如果人们集中力量培养'完善的人'，而这种人又会自觉地争取他们个人和集体的解放，那么，教育就可以对改变社会和使社会具有人性作出巨大的贡献。"[1] 为此，在教育过程中如何将已有文化知识的传授与受教育者对现实世界的改造、发展、批判意识以及创造能力的培养这两种因素建构成一个合规律、合目的的结构，这是当代教育学正在解决和尚待进一步解决的重大问题。"教师的职责现在已经越来越少地传递知识，而越来越多地激励思考……他必须集中更多的时间和精力去从事那些有效的和有创造性的活动：互相影响、讨论、激励、了解、鼓舞。"[2]

　　除了传授文化科学知识以外，教育还要使受教育者具备他所处时代的各种规定性：具备该时代所必须有的特征、素质、心理模式、思维方式等，只有这样才能使受教育者成为某一特定社会的积极实践者，发挥现实的实践改造的作用。这是因为：要改造现实必须从现实出发；要在改造现实中获得自由，就必须掌握人类已有的一切实践、改造的思想、方法与手段，总之，只有站在历史的巨肩上才能实现对历史的超越。实践，这种人的基本特性，对于每个个体来说并非生而具有的，它必须经历一个现实化的历史生成过程，教育在这个过程中发挥着重大的作用，在当代尤为如此。教育使人具有时代的规定性，从这个意义上说，教育的过程是个体社会化的过程。但是，如果对教育的理解仅止于此，那就大为不然了。教育赋予人以现实的规定性，是为了否定这种规定性，超越这种规定性。一切现实的规定性只能规定人的现在，而不是要去决定他的未来。理想的教育并不是要以各种现实的规定性去束缚人、限制人，而是要使人从现实性看到各种发展的可能性，并善于将可能性转化为现实性。它要使人树立起发展与超越现实的理想，并善于将理想赋予现实。培养一种理想与现实相统一的人、超越意识与超越能力相统一的人，这才是教育之宗旨。背离这一宗旨，一味强调教育赋予人以现实规定性的功能，则教育可能成为束缚人的发展和限制社会发展的一种消极因素，极有可能的情况是：受教育越多，受束缚也越多。人们从教育中所得到的一切——既定的价值观念、道德规范、审美意识、思维模式乃至科学技术[①]等，都可能成为"束缚人的框架"。诚如《学会生存》中所分析的那样，教育既有培养创造精神的力量，也有抑制创造精神的力量。

　　人的超越性的培养，究其实质也即人的主体性的发展。所谓主体性，也即能自觉认识、掌握、超越各种现实客体的限定和制约，能在与客体关系中取得支配地位，能按照自主的目的能动地改变现实客体的一种人的特性。当代，在现代化过程中暴露出的种种危机，都在召唤着人的主体性的培养与弘扬。从西方现代化已经走过的路来看，科学技术的高度发展，物质财富的大量涌现，带来的却是人的主体性的丧失。"现代人发现，科学进展与生产力的发展是不受人们支配的，它们服从它们自己的逻辑而它们

[①] 海德格尔就认为，现代技术的本质就是框架（gestell），它把人完全束缚住，使人仅仅囿于技术的视野，完全听凭技术生产和制造的统治。

的逻辑是非人性的"[3]，"技术已经产生了严重的有害结果。它已经危害着，并且仍然在破坏着人与他的环境之间、自然与社会结构之间、人的生理组织与他的个性之间的平衡状态。无可挽回的分裂状况正在威胁着人类"[4]。正是基于这种危机，人们呼唤教育培养出能控制科学技术、控制社会力量、具有主体性的人，即培养出能够改变、超越现实生产力与现实社会规定性的人。"科学与技术必须成为教育事业基本的组成部分；科学与技术必须同一切儿童、青年或成人的教育活动结合起来，以帮助个人既控制自然与生产的力量，也控制社会的力量，并从而控制他自己，控制他作出的决定和行动。最后，科学与技术还必须帮助人类养成科学精神，因而使他能促进科学而不致为科学所奴役。"[5]此外，随着经济的发展、物质的丰富而席卷西方乃至整个世界的物质主义、享乐主义、消费主义恶浪，使一切人与人之间的关系都化为金钱关系、商品关系，使人们只是追逐本能、冲动的满足，感官的刺激与兴奋，非理性的快感与享乐生活，物质至上已成为人类的通病。为人所创造的物质，却来奴役人、支配人、驱使人，使人们在对它的疯狂追逐中失去主体性，导致人性的沦丧。曾经失落了自己主体意识，失落了精神与灵魂家园的人们在沉痛的反思中开始把眼光转向教育，特别是道德教育，这也是当代物质主义走向极端后所呈现的历史逻辑。人们希望教育能形成人的自主力量，得以控制和操纵物质力量，使它不至成为一种"异化"因素去消融、腐蚀人的性灵，使得一切受过教育的人都能按照人自身的尺度、美的尺度去改善世界，使这个世界真正成为属人的世界。当前在我国，教育的主体性的讨论已逐渐成为一个热点。这是一种可喜现象，因为它涉及教育的根本问题。然而，讨论似乎较多的还是集中于教育过程中的主体性问题，涉及的是师生关系中的主客体关系等问题，而对于主体性的教育，也即发展人的主体性、培养主体性人格的讨论才刚开始[6]，还有待于深化。从哲学、教育哲学的角度，以人的实践性为根本理论依据去认识人的主体性及其超越性的内涵并用以对教育的整体，包括教育目的、过程、内容、方法等做出新的全面的思考和研究，还有待于我们进一步的努力。

根据实践唯物主义的观点，教育要为现存的（现存中包含着历史）经济、政治、文化所制约。这一论题也是应予以肯定的。它具有外在和内在的根据。其外在根据主要是：教育作为整个社会体系中的一个组成部分，必定与其他组成部分，特别是构成社会基础的经济及其集中表现的政治发生联系。与教育相联系的其他组成部分作为一种现实力量，必定会对教育的现状及其发展起一种规范、制约的作用。其内在根据是：如前所述，教育只有使受教育者具有现存社会所必需的规定性，才能使其成为一个现实的实践者。因此现实的各种社会因素，特别是现存的文化，必定内在地渗透于教育之中。否则，教育也不能实现对现实的超越。承认这一点，说明人们在制定教育的方针、政策，规定教育的目的与计划时必须从现实出发，任何脱离实际的做法都将使教育失去其现实存在根据。这也是说：教育与现实的经济、政治、文化等之间存在着一种肯定的关系。但是，承认教育存在于现实的社会实际之中，教育要从这种实际出发，并不意味着把教育的功能理解为将一个现存社会再复制、再生产出来。教育要培养出改造世界、改造现存社会的人，以此来推动社会经济、政治、文化等的变化与发展，就这点来说，教育与现实社会的关系只能是一种否定的关系。在上述的肯定性与否定性两种关系中，本质的关系是否定性的。"它对对象的肯定性关系只是作为环节而蕴涵于对于对象的否定性关系中的。"[7]因为教育这种实践活动存在的依据，所指向的是外部世界——现存自然与社会规定性的改变与消灭。教育的存在就是"为了通过消灭外部世界的规定的（方面、特征、现象）来获得具外部现实形式的实在性"[8]。只谈教育与经济、政治、文化等的肯定性关系（适应性关系），而忽视乃至抹杀它们之间的否定性关系（超越性关系），也许正是当前许多教育危机产生的理论根源。

当代许多教育社会学家正在用一种批判的眼光，以大量的实证材料，揭露资本主义社会的教育在不断地将一个现存社会再复制、再生产出来。

《学会生存》也指出，人们对现存教育种种弊端的责难，其中最主要的也就是它的"保守性"。"人们时常责备它是固定不变的"[9]，甚至有的人，如伊里奇因为正规教育机构——学校只去迎合现存社会的需要，不能培养出为人民服务和能够与他人、环境建立独立而有创造性关系的人，甚至主张禁止开办学校、推翻学校。当然，这种观点是偏颇的。同时，我们也看到，直到现在也还有人在为教育的这种保守性、适应性做辩护，认为教学的功能是使社会再生。那么我们就不应该忘记，从遗传学来说，一种再生体系的原始性质是尽可能确切地和忠实地再生它的类型，并保证"再生的生物的不变性"以促进种类的生存。以生物学的遗传再生性来论证作为一种社会现象的教育的再生性，其立论的科学性自然是值得怀疑的，况且就生物遗传而言，物种也在不断进化之中。对这种教育"保守论""适应论"的否定性反应是，"教育为未来社会培养人"在当代已逐渐成为一种世界性的共识。在我国由国家领导人提出的教育要"面向未来"，也正是这种共识的体现。由于科技和社会发展的突飞猛进，适应性和保守性的教育越来越显露出它的功能性危机。"自古以来教育的功能只是再现当代社会和现有的社会关系"[10]，这种教育只能存在于一种缓慢发展的社会之中，那时，不同时间（过去、现在、未来）限定之中的社会，它们的差别并不显著，为此，教育的功能也基本上是再生的、保守的，它的超越性功能难以凸显和为人们所认识。在当代，这种情况发生了根本的变化，未来绝不再是现在、过去的"翻版"，教育的使命是要"替一个未知的世界培养未知的儿童"，"在历史上第一次为一个尚未存在的社会培养新人。这就为教育体系提出一次崭新的任务"[11]。这些有关教育的明智总结与概括为我们道明了教育的超越性已成为当代教育的一个主要现实和主要观念。当代，人们不仅认识到教育要超越现存社会而为未来社会培养人，而且认为"教育是形成未来社会的一个主要因素，在目前尤为如此"[12]。在这里值得注意的是，教育所指向的"未来社会"，它绝不是宿命论式的被规定的，具有某种既定蓝图的，从而我们可以"按图索骥"地去培养"适应于"某种蓝图的人。当然，科学发展已使社会的发展具有某种可预测性。这种预测性也有助于我们对当前的教育做出相应的规定。但是，应当看到，在一个以人为主体的社会中，是人决定着、推动着社会的发展，由今天的教育培养出来的从事未来建设的人将是创建、推动新社会的主体与原动力。因此，教育的根本问题是要"培养一种能动的、非顺从、非保守的精神状态的人"[13]。有了这样的人才会有未来的社会，这些人所形成的各种素质和特征将会为未来社会的各种特性做出规定。

关于这种超越性的教育，当代的教育理论与教育实践已经做出过多方面的探索，其中包括人的主体性的培养。教育如何培养具有主体意识、主体人格的人，使他们得以不断改变和超越包括社会存在在内的人以外的一切存在，这个问题已经开始为人们所重视。此外，如创造性的培养，人的智力、能力的发展等方面也已有大量研究，其实质都是对教育的超越性所进行的探索。值得一提的是，在当代关于超越性课程的研究方面，1971年费尼克斯出版了《超越与课程》（Transcendence & Curriculum）一书。他认为"人类的意识是植根于超越的"，超越意识对于教学来说，起着决定性的作用，由此提出"指向超越的课程"，并且论述了同超越意识相对应的几种心态，如希望、创造性、觉悟等。[14]

当然，要使我国的教育学在教育哲学观上发生从适应论到超越论的根本转变，由此出发建构从教育目的、过程、课程到方法的系统论体系，并为教育学的一些分支学科，如德育论、教学论建构学科的理论框架，则还有待做出大量的理论研究和实践探索。

参考文献

[1] 联合国教科文组织国际教育发展委员会. 学会生存 [M]. 华东师范大学比较教育研究所，译. 北京：职工教育出版社，1989：92.

[2] 同 [1] 118-119.

[3] 同 [1] 131.

[4] 同［1］145.

[5] 同［1］132.

[6] 孙喜亭，等.人的主体性内涵与人的主体性教育［J］.教育研究，1995（10）：34-39.

[7] 高清海.突破真理论的传统狭隘视界［J］.哲学研究，1995（8）：13-18.

[8] 列宁.列宁全集：第55卷［M］.北京：人民出版社，1990：183.

[9] 同［1］92.

[10] 同［1］38.

[11] 同［1］18-40.

[12] 同［1］149.

[13] 同［1］149.

[14] 钟启泉.现代课程论［M］.上海：上海教育出版社，1989.

（本文原载《教育研究》1996年第2期）

人、世界、教育：意义的失落与追寻

刘铁芳

当代教育面临着意义的失落与重建。理论层面，应在深入反思教育存在之根本的基础上构建整合人文与功利的回归生活的教育理论体系；实践层面，应实现由主知教育向生活教育的提升，把智力的开发转换成意义的生发，在广泛的交往中把人引入世界。人、世界、教育构成一个真实的意义的世界。

一、人、世界、教育

（一）世界是什么

World（世界），意指 the universe, everything（宇宙，万有，万物）[1]。世界是物质的，但世界不等于物质。世界不是物的集合。世界是"一切事物的总和"[2]。"物"拓展于空间，"事"延宕于时间，世界是时间与空间的统一。"事"是有"物"的"事"，"物"是有"事"的"物"，构成世界的"事""物"是不可分割的整体。作为整体的世界不等于部分之和，即世界不能还原为一件件"物"，一个个"元素"。世界的每一物都是世界的产物，是"世界的物"。"世界的物"蕴含、传递、表达着"世界的事""世界的信息"。故每一物，连同它所负载的"信息"，构成一个"小世界"。人通过与"小世界"交往去认识"大世界"。

世界总是有"事"的"世界","事"是"活"的、开放的,世界亦是"活"的"世界"。"活的世界"蕴含着诗意、美、意义,我们说,世界是诗意的、美的、有意义的。世界的诗意、美、意义只向那些懂得这种"诗意""美""意义"的人呈现出来,它们不会自在地呈现。世界呈现在理解并接受它的人的面前是"诗意的世界""美的世界""意义的世界",而呈现在不理解也不去理解它的人的面前则只是"物的集合"。所以,不同的人,有不同的世界"观"。

(二)人与世界

动物"有"花,"有"草,"有"山,"有"水,但动物"无""世界"。人不仅有"有"花,"有"草,"有"山,"有"水,而且"有""世界"。"只有'人'才'有'一个'世界',动物混同于世界之中,所以'有'是人与'世界'的一个最为基础性的关系,……就像世界向我们提供五谷杂粮一样,'世界'、'物质的世界',不仅是'我(们)'的'物质的'基础,同时也是'我(们)'的'精神的'基础。"[3]人不仅存在而且能意识到自己的存在,人的"意识"拓宽了存在的内涵并改变了混同于动物存在的本质。人在世界中存在,与世界交往,建立关系。从根本上说,人与世界的关系,一方面并不是"纯物质"的,因为人不是动物,纯粹地与世界发生占有自然物的关系;另一方面也不是"纯精神"的。人具体地实实在在地生活在世界中,人在世界中生长、交往、劳动、思想、创造、收获、奉献,人在世界中展开生活与人生。人"有"一个"世界",但并不是"持有""占有",而是"生活""在世界中"。"世界"是人的"生活"的"家园"。

人在世界之中,"我已住下,我熟悉、我习惯、我照料","我居住于世界,我把世界作为如此这般熟悉之所而依寓之、逗留之"。[4]人并非纯粹地"占有""世界",人理解它、欣赏它、亲近它、称谓它、吟诵它,而非单纯地利用它、操纵它。世界原本是有声有色的活的"世界",

活的"世界"向人展示出它的"活",人进入这个"世界"并领略其中的"意义"。人"享有"这个"活"的"世界",领受、欣赏、看护、赞美这个"世界"。

"'在世界中'来'看'这个'世界','世界'就不是静观的'对象',而是'交往'的一个'环节'。"[5]人在世界中"烦忙",力图去改造世界,使世界更好地"为人"。要使世界更好地"为人",人亦必须更好地"为世界"。世界不仅是"为人"的,而且是"自为"的。世界只有是更好的"世界",才可能是更好的"人的世界"。人改造世界的"改革"是有限度的,人只能依凭世界的"事"(规律)去改造世界。常言"征服世界","征服"的并不是作为整体的"世界",只是世界中的"物",而不是"物"中的事,不是规律,"世界"本身并不是一个"征服"的"对象"。我们改造"世界",建设"世界",使"世界"更多地富于"诗意""美""意义",使世界"世界化"。人更多地领承"世界"的"诗意""美""意义",更好地"生活""在世界中"。在此意义上,使世界"世界化"即使世界"人化"。

(三) 人、世界与教育

人与世界的关系是不断发生、发展变化的。人并非一生下来就"有"一个"世界",就"在世界中"。人对世界的开放性,使人有可能去亲近"世界",领略"世界"。"世界"启发人的感觉和思维,启发人的思想与精神、情感与智慧。人在"世界"中交往,被塑造、被改造、被锻炼。"世界"是一本"大书","活"的"书";"世界"是一个大的"课堂","活"的"课堂"。"世界"培育了"我们","世界"使"我(们)"成为"人"。在我们创造"世界"之先,"世界""创造"了我们,世界首先教会我们如何去"创造"。这个过程乃是教育的过程。

教育的过程即把个体带入"世界""之中",让"世界"成为"人的世界","人的生活的世界"。陌生于"世界"的个体受教育导引,逐渐地进入"世界""之中",让"世界"不断地成为"我"的"生活的世界"。"我""在世界中"生活,"我"的"世界"的品质成为"我"的品质。在提高"世界"的品质的同时也提高了"人"的品质,在"改造""世界"的同时也改造了"人"自身。

世界本是同一个世界,人却是不同的"人",人的实际的"生活的世界"千姿百态、各不相同。我们都在世界之内去"看"这个"世界","听"这个"世界",但许多时候许多人却"看"而"不见","听"而不"闻"。世界不会自明地彰显世界之为"世界",只有那些能"看""世界"、"理解""世界"的人,才能"理解""世界"的意义、发现"世界"的美、领略"世界"的诗意。教育启发人去"看""世界"、"理解""世界"、"发现""世界"、"体验""世界",从而真正地进入"世界","在世界中""生活"。

人在世界中,人在教育中,教育要引导人进入"世界",让世界成为"人的世界",人和世界都必须"在教育中"。人、世界、教育玉成人之为"人"。教育因为揭示"世界"的意义并启发人的意义而获得自身的意义,世界的意义、人的意义、教育的意义由此获得统一。

二、从和谐到征服与从人文到功利

文明伊始,人类尚把自身混同于世界之中,依赖自然而生存,世界赐予人们祸福,故初民对世界怀有一种内心的虔敬与畏惧,当然不敢扬言征服世界,征服自然。古希腊前苏格拉底时期,希腊人已开始"把整个自然界看作人和神的伪装、面具或变形",在他们看来,"人是事物的真理和核心。"[6]斯芬克斯半人半兽的形象表明,人类已经意识到自己和动物之间的差别,已经从自然界、动物间抬起头。但这一时期的思想家们更多地看到的是人与世界的统一,如赫拉克利特所认为的那样,"世界是亘古岁月的美丽而天真的游戏"[7]。

人、世界、教育：意义的失落与追寻

普罗泰戈拉的名言"人是万物的尺度"毫不留情地撕开了那"美丽而天真的游戏"的面纱。对于苏格拉底而言，作为思维者的人才是万物的尺度（笛卡儿），他提出"认识你自己"，他的思想、人格与行为使之成为追求知识与美德的楷模，他也成为激励人们去认识世界、认识自我的文化先驱。亚里士多德秉承这一精神而成为古希腊文明的集大成者，他把知识加以分类，并奠定了整个西方文化科学知识发展的基础，"世界"也由此而开始不仅被作为研究的"客体"，而且被分割而列入不同的知识范畴之中。

分析的智慧带来了西方科学文化的繁荣。中世纪宗教的神秘色彩给自然或世界以某种"附魅"（enchanted），文艺复兴和启蒙运动则把人稳定地移向宇宙的中心，把世界置于科学的观照之中。"知识就是力量"，人类不愿再顺从世界或自然的秩序，而力图征服世界，控制世界，世界不再是负载人生意义与伦理价值的"附魅"的宇宙体系。伴随 16 世纪、17 世纪的科技革命，世界逐渐成为物的集合的场所，一切自然物被统统"去魅"（disenchanted）[8]。自然界的事物不再与价值、意义相关，它是纯客观的、独立于人的、非生命的。自然被物化、数学化，世界展示为客观物的世界，世界的诗意开始隐退。

人类不断地改造世界，世界也在不断地"改造"着人类。人本是世界中的人，是"世界"的人，当人以功利化的心态去应对周遭的世界时，人自身亦被功利化。"我们同周围大多数人之间只能建立有限的相互介入关系……我们是以实用主义来确定我们同大多数人的关系的。"[9] 我们以实用主义来确定人跟世界的关系，我们同世界同样只能建立有限的相互介入关系。人的世界的简单化，意味着人自身的简单化。人类处于征服世界、改造世界以改善物质生活条件来赢得"美好生活"的积极进取的热望之中，"批判意识已消失殆尽，统治已成为全面的，个人已丧失了合理地批判社会现实的能力"[10]，人因此而成为"单向度的人"。

与此同时，人的生活诗意与生活意义缩减。在认识世界、征服世界的进程中高扬的是人的工具理性，"我（们）"始终作为依凭理性来审视世界的主体,世界始终处于"它之国度","我(们)"不可能把自我完全交付其中,沉浸"在世界中",去体验这个"世界",领略"世界"的诗意和意义,"我(们)"遂不能借与世界的交往来启发个人的生活诗意与意义,意义的失落在所难免。"理论或理智的片面高扬意味着人失去了诗意的存在状态,人不再生活在感性的因而是诗性的自然中,而是在静寂、冷漠、客观的环境中寻生计。"[11]不仅如此,现代文明所带来的生态失衡、能源危机、战争威胁、核武器的恐惧等构成现代人真实面对的"文明危机",更加重了现代人的意义危机。

教育是建构人与世界关系的中介。"经验与功用造就人'与'之世界的基本关系。……随着'它'之世界的扩展,人之经验能力与利用能力也持续增长。人越来越多地获致这样的能力:以'学习知识'这一间接手段来取代直接经验,把对'它'之世界的直接'利用'简化为专业性'利用'。人不得不一代代将此种能力传递下去。"[12]现代教育一开始就适应了人类开发、利用自然的力量,人始终作为被武装的手段而投入现代教育之中,功利性成为现代教育的首要特征。功能化的世界、功利化的人生与功利性的教育相统一。

"什么知识最有价值?一致的答案就是科学。"[13]这样,科学教育和职业技术教育占据主导地位,人文教育退居教育的边缘,价值与意义不可避免地为功利所湮灭。现代教育给学生开设了各式各样的课程,但通过教育,学生获得的并不是对世界整体的印象,而是支离破碎的知识的堆积。学生在其中感受到的更多的是知识的压力,没有通过知识而积极地启发世界的意义,也启发人生的意义。人在教育中感受不到意义的充盈与生活的完满,亦感受不到教育的意义。世界、人生、教育共同面临着意义的失落。

三、回归生活世界:意义的追寻

应该说,人类在近两个世纪内改造世界、征服世界的过程中获得的成功是无可比拟的。人类不仅实现了外在的生存条件的日新月异的改善,而且获得了科学技术本身的飞速发展,使人类得以将征服世界、改造世界的活动不断推向前进。但与此同时,人的内在生存境遇却并未同步上升。20世纪的人们,在经济、政治、文化诸层面面临着经济与伦理、科学与人文、物质文明与精神文明、传统与现代化、东方文化与西方文化之间的碰撞、冲突、分裂、失衡。"理性与价值的分裂所造成的人的异化,在当代主要已不再是肉体的,而是精神的,即人的意义世界的埋葬。"[14]深入反思人类的生存境遇,反思人与世界的关系,成为穿越世纪的主题。

随着人类的认识能力的提高,科学文化得到了发展,人凭借科学去认识自然、改造世界,这本无可非议。但随着人们改造世界的成功,科学与理性的作用被无限夸大,从而笼罩了人的整个视野,使人遗忘了就在他身边的生活世界。胡塞尔在《欧洲科学危机和超验现象学》中明确提出,欧洲的科学已陷入深刻的危机之中。这种危机并非具体科学本身的危机,而是因之而引起的文化危机,是人自身的危机。人们被实证科学的表面繁荣所迷惑,让自己的整个世界观受实证科学支配,理想化的科学世界遂偏离了关注人生问题的理性主义传统,把人的问题排斥在科学世界之外,科学同人的存在分离,科学失去了意义,人在对科学的迷信中亦失去了意义的世界。胡塞尔率先倡导向生活世界回归。在生活中,人和世界保持着统一性,这是一个有人参与其中的,保持着目的、意义和价值的世界。"现存生活世界的存在意义是主体的构造,是经验的、前科学的生活的成果。世界的意义和世界存有的认定是在这种生活中自我形成的。"[15]

维特根斯坦提出了"生活形式",通过回归生活形式,把语言从抽象的逻辑王国拉回到日常生活世界之中的意义世界,试图为陷入危机之中的科学世界和人文世界提供一个内在于生活世界的意义世界。"他对生活形式的回归实际上就是在寻找被实证主义所遗忘的人的世界和生活的世界","寻找作为生活形式的语言是寻找一个安宁的家"。[16]

海德格尔把"此在"而非单纯把人作为其哲学的核心。"此在"就是

"去存在",就是"在世界中存在"。"在世界之中"就是同世界相亲熟,"熟悉之","依寓之","逗留之"。人们在这个世界中的存在先于主体自我意识。人的存在过程在时间中展开,先于解释、反思、认知。人对自身存在的关心,意味着人关切他自己在这个世界中的存在,关切他与世界的各种联系。关切的对象,是包括人类自身在内的整个的存在世界。这种关切表现在对存在的理解中,就是要求在人的存在与他所处的世界之间建立有意义的联系。

这样,笛卡儿的"我思故我在"的命题被转换成"我在故我思","我"先在这个世界中存在,才能在这世界中"思","思"这个世界。不是"在"去回应"思",而是"思"要回归"在";不是人的生活向理性与知识回应,而是理性王国向生活世界回归。"生活"重新作为人与世界的根本的基础的关系在现代人的视域里凸显出来。人与世界的关系由征服而逐渐转换成平等与对话。"对话关系不仅消解并超越了抽象普遍性对人的统治,使普遍—特殊结构向整体—部分结构转变,而且还消解并扬弃了人的自我中心结构,使人的存在获得了开放性和创造性。"[17]人重新向世界开放,在"附魅"与"去魅"之间,利用、操纵与欣赏、理解之间保持适度的张力,对世界保持适度的"温情与敬意",以谋求平等与对话,在对话中参与世界意义的生成,并启发、创造人生的意义。

当工业、科学、技术推动着教育向前发展时,教育思想领域也始终没有放弃对教育意义的追寻。从卢梭、裴斯泰洛齐到福禄培尔,都坚决赞同遵循自然的儿童教育,反对压抑儿童的天性,强调教育应发展人的天赋的内在力量,把教育的目光指向人自身。19世纪末20世纪初,伴随着"人文科学"的复兴和大发展,教育领域中出现了"人文学科观点"的时代。在德国,以狄尔泰的生命哲学和精神科学方法论为基础,出现了"文化教育学",反对实证主义、理智主义,坚持以完整的、生成中的人的生命为根据来考察教育现象,主张生命是完整的,教育应培养完整的人格。20世纪30年代的实验的、科学的教育,忽视甚至排挤人文学科和人文精神的教育,这一情况促成了永恒主义教育运动的兴起。它明确提出自然主义的、实用主义的和科学的哲学及其在学校中的教育实践(占优势)是不合适的,学校需要有除自然主义哲学、实用主义学说以外的指导价值和标准。"二战"后,西方物质财富的急剧增长和科学技术的大发展,再度消解了教育思想领域中的人文精神。直至五六十年代,当人们关注全球性的问题时,人文主义的教育学才日渐上升到教育理论中的主导性地位。存在主义教育学强调人的主体性、个体性,强调个人的"自我创造"、"自我设计"和"自然超越",强烈反对"人格异化"。教育人类学依据哲学人类学和生命哲学的成果,探讨人的"完整的"存在。强调教育应遵循人的天性,关注人并增进人的完满的存在,这在理论上促使教育得以超越功利的趋向,捍卫了教育的意义。应该说,教育哲学的出现,也在一定程度上体现了这种要求,即教育开始在哲学的高度来反思教育的方方面面,追寻教育的意义,如奥地利的马丁·布伯和美国的乔治·尼勒用存在主义哲学观来说明和解释教育,认为教育的目的和价值在于使人深刻地理解人生,发展人的个性[18]。

但是,在实践领域,受科学技术和大工业生产推动,教育自身也被工业化和技术化,以统一的教育技术、统一的课程、统一的教育程序,制造统一的标准的教育产品,不关心世界与人的价值和意义,服膺于外在的目的,功利性淹没了教育的内在意义,也不去追思教育的内在意义。贯穿教育过程始终的是如何有效地致知,强调知识技能的学习掌握,并不关心知识技能对于人自身的意义,古典人文教化转换成知识技能训练,并且一直兴盛不衰,甚至还随着教育的技术化水平提高而更趋强化。众多教育改革改来改去大都跳不出主知主义的背景与框架,多具改良色彩。20世纪上半叶,杜威主张教育即生活,把社会生活移进课堂以取代传统的知识教育,可谓彻底的反正,但由于他没能很好地处理教育与知识这一现代教育无法回避的问题而使其发动的进步教育运动不了了之。传统主知教育的根基尚十分牢固,人们开始思考"教育改革的限度"(挪威的波尔·达林语)。

教育的意义究竟何在，教育何以捍卫自身的意义，教育何以应对人与世界的意义，这些都成为20世纪与21世纪之交的迫切问题。

四、当代教育的命题：意义的重建

教育处于人与世界之中。人类对世界的征服依赖教育的支撑，人与世界关系的根本改善同样也离不开教育的支撑。教育的发展植根于人类生存的命运，人类的命运与教育密切相关。当人类与世界的生存与发展面临着危机时，教育应当积极关怀人与世界关系的改善，关怀人与世界的命运。

长期以来，教育不能主动而有效地选择、消化并汲取社会对教育的影响，教育缺乏这种充分消化吸收的能力。教育目的在教育实践中是不言自明的，或者说不是一个教育自身的问题，而是社会的问题，教育的问题就是如何有效地实现此目的。在教育范围内，人们关注的是"怎么做"而缺乏对前提——"为什么做"的充分反思。即使教育思想领域提出了合理的教育目的，也并没有将之内化而成为整个教育的"声音"，目的与内容、手段、方式、方法彼此脱节。教育科学名目繁多，但大多数只是从不同角度来解释传统的教育视域，并没有充分拓展教育的视野，把教育置于"世界"之中，立足于人与世界的关系来探讨教育的根本问题，反思教育作为一种客观存在其存在本身的根本意义，并由此而展开整个教育理论体系的建构。所以，"繁荣"的背后难免是"思想的贫困"。当前，教育的改革必须先从理论层面上打破先见，突破"限度"，面向"世界"，实事求是，去建构富于时代特色和长远意义的教育理论体系。

教育是培养人的，人的根基在世界。没有"世界"的教育是"无根"的教育。人"在世界中"生活，这是教育的基本事实，是教育的起点，亦是教育的归宿。教育必然地在人与世界的生活关系中展开并进一步拓展人与世界的关系，把陌生于人的外在的世界转换成人的"生活的世界"，建构人与世界的活泼丰富的富于意义的关系，改善人的生活品质，充实生活

人、世界、教育：意义的失落与追寻

与人生，最终使完满的世界、完满的生活与人生、完满的教育相统一，世界的意义、人的意义、教育的意义相统一。当代教育应以人的生活为根本立足点，以人与世界关系的改善为根本指向，建构整合人文与功利的向生活世界回归的教育理论体系。

从"学会学习"到"学会生存""学会关心"主题的转换，意味着当代教育开始了一种不自觉的转型。"在文明人那里，随着知识的不断增长和积累，一切都颠倒过来了。认识、知识成了第一性东西，欲求和意志则成了认识的仆从。仿佛人一诞生下来他的全部生命就是认识世界，对他来说似乎从来就没有一个生存问题……他们受的教育越多，他们的思想就越包裹在一层坚实的知识硬壳之中。……现代文明人对知识的崇拜更为严重，只有当他们的生存被撕开一个裂口，即面临巨大灾难时，他们的目光才会重新回到生存问题上来"。[19]人们越来越多地经由知识的积累而获得了谋取生存的"力量"，人们的自立性越来越高，独立性越来越强，在人们心目中人越来越少地直接依赖于他人，依赖于外在世界，故人也越来越多地在疏离他人与世界。人受功利性驱使不断地获取知识，向前探索创造，却遗忘了人的生存本身。教育引导人不断地求知、致知，掌握技能，以顺应社会，却遗忘了教育自身究竟是什么，应该做什么。在此意义上，20世纪后期的教育命题"学会生存""学会关心"，就不仅仅是一句针砭时弊的口号，而是指涉对人类生存命运的关切，它呼吁人关心自我生存本身，关心他人，关心生存于其中的世界，在此关心中实现人性的复归与完满，也实现教育向自身的回归。

在实践层面，要完成主知教育回归生活教育①的转换与超越绝非一朝一夕之功，当前从应试教育向素质教育的转轨可以说是一个全面的开端。

在人类大肆开发自然的同时，人自身也成了开发的对象——并非把"开发"作为完善自我的手段而更多地把"开发"本身作为目的，人类借

---

① 本文所言的生活教育不同于杜威的生活教育，亦不同于陶行知的生活教育。

不断科学化的教育像开发自然那样地开发人力资源①,故知识技能掌握与人力开发是当代教育的核心。当我们要转换主知教育时,并不是排斥知识技能掌握与智力、体力、心力开发,而是在此基础之上引导学生去理解世界,去"看"世界,去"体验"世界,理解人生,"体验"人生,理解人与世界的关联,在此"理解"中领悟世界的意义,践行教育的意义,启发人生的意义,从而把知识掌握、人力开发与对生活的理解密切结合,把知识与人生经验融合,使生活自然地整合教育的影响,教育及时而有效地充盈生活与人生。所以,在教育实践中,要把"理解"作为教育关注的核心,在"理解"中实现教育的"内化""潜移默化""人文教化",把人力开发转换成意义的生发,把知识教育提升为生活的教育。

教育要切实地拓展并深化人对世界的理解,还必须关注交往实践,时刻把人引向与世界的交往,拓展交往的广度与深度,提高交往的品质,在交往中实践人与世界的关系。人经由交往不断地"在世界中"去生活,不断把陌生于人的世界转化成人的"生活的世界",完善"生活世界"的品质。这样,交往就不仅是教育的一个环节,而是教育的整个环节,即教育就是为了人与世界去交往,去"打交道"。

人在教育中,即人在与世界的交往中,人在理解世界意义的"理解"中。人通过完整地理解世界意义、理解人与世界的关系而启发人自身的意义,故人在教育中即人在意义中。由此,世界、人生、教育彼此观照,交相辉映,构成一个活生生的真实的意义的世界。

参考文献

[1] 张芳杰. 牛津现代高级英汉双解词典 [M]. 北京:商务印书馆,1988:1332.
[2] 吴昌恒,等. 古今汉语实用词典 [M]. 成都:四川人民出版社,1988:25.
[3] 叶秀山. 美的哲学 [M]. 北京:人民出版社,1991:41.

---

① 从当前名目众多的智能开发工程和儿童从小就要受到的繁重"开发"教育可见一斑。

[4] 海德格尔.存在与时间[M].陈嘉映,王庆节,译.北京:生活·读书·新知三联书店,1987:67.

[5] 同[3] 43.

[6] 尼采.希腊悲剧时代的哲学[M].周国平,译.北京:商务印书馆,1994:31.

[7] 同[6] 72.

[8] 吴国盛.追思自然[J].读书,1997(1):3-10.

[9] 托夫勒.未来的震荡[M].任小明,译.成都:四川人民出版社,1985:104.

[10] 马尔库塞.单向度的人[M].张峰,译.重庆:重庆出版社,1988:中译者序.

[11] 朱红文.人文精神与人文科学[M].北京:中共中央党校出版社,1995:29.

[12] 布伯.我和你[M].陈维纲,译.北京:生活·读书·新知三联书店,1986:56-57.

[13] 斯宾塞.教育论[M].胡毅,译.北京:人民教育出版社,1962:43.

[14] 何中华.回到自身:世纪之交的哲学重建[J].学术月刊,1995(10):10-18.

[15] 胡塞尔.欧洲科学危机和超验现象学[M].张庆熊,译.上海:上海译文出版社,1988:81.

[16] 尚志英.寻找家园[M].北京:人民出版社,1992:198,204.

[17] 同[14].

[18] 桑新民.呼唤新世纪的教育哲学[M].北京:教育科学出版社,1993:15.

[19] 俞吾金.问题域外的问题[M].上海:上海人民出版社,1988:14-16.

(本文原载《教育研究》1997年第8期)

让课堂焕发出生命活力
——论中小学教学改革的深化

叶 澜

一

教学,尤其是课堂教学(其中最基本的是必修课的课堂教学),过去是,现在依然是我国中小学教育活动的基本构成部分。近年来,随着课程改革的开展,不少学校冲破了必修课一统天下的局面,增设了选修课和活动课,丰富了课堂教学的内容和形式,但在必修课的课堂教学中却大多还保留着习惯的方式,顽强地展现着传统教育思想。有些同志认为,提倡素质教育就是加强选修课和活动课。由此,往往会提出这样的问题:实施素质教育降低了升学率怎么办?似乎素质教育就是只发展学生的特长和多让学生活动,不追求基础学科的教育质量。在这种思想指导下,占教学总时数比例最高的必修课的课堂教学的改革,不会有本质意义上的进展,也不可能产生真正的效应。在此背景下,集中探讨课堂教学改革问题,就具有推进、深化学校内部教育改革的全局性意义。

课堂教学改革是学校教育改革中的一场攻坚战,对此我们必须有充分的认识。课堂教学作为教学方式在我国已有近百年历史。它随新学校的诞生而逐渐形成,20世纪初首先由国外引进的日本式的赫尔巴特学说控制,50年代后至"文化大革命"前,则以苏联教育家凯洛夫的教学理论为指导

（在教学形式理论方面实质上与西方传统教学论是一致的），在实践中形成了较稳定的传统模式。粉碎"四人帮"后，学校恢复正常教学秩序时主要采用的依然是凯洛夫的教学理论。近十多年来，随着教学改革的开展，课堂教学有了不少新的组织形式，开始注重学生的主动投入。但大多数的课及在教师的教学观方面，在深层次上并没有发生实质性的变化。这一传统之所以具有超常的稳定性，除了因为它主要以教师为中心，从教师的教出发，易被教师接受外，还因为它视知识的传授和技能的训练为主要任务，并提供了较明确的可操作程序，教师只要有教材和教学参考书，就能进入规范，依样操作，理论也因此而得以广泛传播，逐渐转化成实践形式，扎根于千百万教师的日常教学观念和行为之中。总之，已有教学理论传统之长，深入实践主根之深，形式硬壳之坚，传习的可接受性之强，都使今日教学改革面临着强劲的真实"对手"，教学改革不只要改变传统的教学理论，还要改变千百万教师的教学观念，改变他们每天都在进行着的、习以为常的教学行为。这几乎等于要改变教师习惯了的生活方式，其艰巨性就不言而喻了。

攻坚战之艰巨性还来自课堂教学综合研究之不足。我们已有丰富的教学论著作，但大多只是从某一侧面或层次切入：传统教学论从教的角度探讨问题，实用主义教学论则从学生立场出发；教育心理学的兴趣在心理过程的分析——无论是对"教"还是对"学"；社会学的眼光集中在师生互动、课堂生活、人际关系等的描述上；学科教学法则偏重于结合学科内容的教学原则与方法的设计；国外学派林立的教学模式的研究，各自强调一个侧面，或认知，或策略，或行为控制，或情感、人际关系、人格发展。这一切虽然都有助于我们认识课堂教学，但我们依然缺乏对"课堂教学"作为一个整体的、师生交互作用着的动态过程的研究，缺乏整合，缺乏对课堂教学复杂性的认识。因此，我们面临的任务不只是改变实践，同时，还需要在对已有理论的批判性反思的基础上，通过对课堂教学的深入研究，通过整合与创造，形成既能揭示课堂教学实质，又能指导课堂教学改革实践的新理论,这同样是一项艰巨的任务。可以说,在理论上我们已走近"百川汇合"的"入海口",但还没有见到浩瀚无边的"大海"。

二

传统课堂教学的主要问题是什么?为何会存在这些问题?这是当前深化课堂教学改革首先要回答的。应该说,这些问题曾有过讨论,人们的认识也有进展。如认为过去的课堂教学主要关注教师的教,忽视学生的学;重视知识的传递,忽视能力的培养,忽视学生学习中的非智力因素,等等。这些认识的进展,尽管起了拓展思路、丰富认识的作用,但仍然局限在对教学性质的传统认识中,并未跳出原有的"大框架"。今天,课堂教学改革的深化首先要求我们重新审视这一"大框架"的合理度。

所谓"大框架",即指把教学活动的性质框定在"特殊认识活动"范围内的教学观。故揭示教学作为认识活动的特殊性,历来是教学论的基本任务。它具有广泛影响并至今活跃在教学论界。现被普遍认同的观点大致如下:在教学中,学生不是独立地,而是在教师指导下进行学习的;学习的内容不是随意、自发产生的,而是经过选择和教育学加工的人类已经创造出来的、最基本的文化知识;教学过程是有目的、有计划、有组织的活动过程,不是日常生活中随机进行的认识过程。

上述教学理论在实践中特别是在教师的课堂教学行为中的表现,一般呈现出如下特征。

(1) 完成认识性任务,成为课堂教学的中心或唯一目的。教学目标设定中最具体的是认识性目标,浅者要求达到讲清知识,深者要求达到发展能力。其他的任务,或抽象,或附带,并无真正的地位。

(2) 钻研教材和设计教学过程,是教师备课的中心任务。尽管也提出研究学生的任务,但大多数情况下,只是把学生作为一个处于一定年级段的抽象群体来认识,研究的重点也是放在学生能否掌握教材、难点在何处等方面，依然是以教材为中心来认识学生。教学过程的设计除了包括课程进行的程序外，重点是按教材逻辑，分解设计一系列问题或相关练习，在教师心目中甚至在教案上都已有明确的答案设定。

（3）上课是执行教案的过程，教师的教和学生的学在课堂上最理想的进程是完成教案。教师期望的是学生按教案设想做出回答，教师的任务就是努力引导学生，直至得出预定答案。学生在课堂上实际扮演着配合教师完成教案的角色。于是，我们就见到这样的景象：课堂成了演出"教案剧"的"舞台"，教师是"主角"，学习好的学生是主要的"配角"，大多数学生是不起眼的"群众演员"，很多情况下只是"观众"与"听众"。

以上就是传统课堂教学模式的"大框架"在理论和实践中表现出来的基本特征。本文无意否定它的合理性方面。教学确实应以完成认识任务为主，确实与日常生活中和科学研究中的认识活动不同，具有自己的独特性。但是，我认为这种认识又是有局限的。我们有必要进一步思考以下两个指向不同层面的问题。第一，现行理论是否已经把握了作为认识活动的教学之特殊性？传统理论在区别教学与其他认识活动的同时，是否忽视了它们之间的联系？这一问题在它所处的认识层面上与传统观点是相同的，即仍然把教学当作特殊的认识活动来研究，区别只是在具体观点和视角上。第二，对课堂教学的认识是否仅仅在认识论层次上就足够了？换言之，"特殊认识活动论"能否概括课堂教学的全部本质？这是比第一个问题更富有冲击力的问题，它要求从更高的层次、更综合的角度去认识课堂教学，而且也只有这样，才能更准确地把握教学作为认识活动的特殊性。

总之，把丰富复杂、变动不居的课堂教学过程简单概括为特殊的认识活动，把它从整体的生命活动中抽象、隔离出来，是传统课堂教学观的最根本缺陷。它既忽视了作为独立个体、处于不同状态的教师与学生在课堂教学过程中的多种需要与潜在能力，又忽视了作为共同活动体的师生群体在课堂教学活动中多边多重、多种形式的交互作用和创造能力。这是忽视课堂教学过程中人的因素之突出表现。它使课堂教学变得机械、沉闷和程式化，缺乏生气与乐趣，缺乏对智慧的挑战和对好奇心的刺激，使师生的生命力在课堂中得不到充分发挥，进而使教学本身也成为导致学生厌学、教师厌教的因素，连传统课堂教学视为最主要任务的认识性任务也不可能得到完全和有效的完成。

为了改变上述状态，我认为，必须突破（但不是完全否定）"特殊认识活动论"的传统框架，从更高的层次——生命的层次，用动态生成的观念，重新全面地认识课堂教学，构建新的课堂教学观。它所期望的实践效应就是：让课堂焕发出生命的活力。

三

从生命的高度用动态生成的观点看课堂教学，包含着多重丰富的含义。

首先，课堂教学应被看作师生人生中一段重要的生命经历，是他们生命的有意义的构成部分。对于学生而言，课堂教学是其学校生活的最基本构成部分，它的质量，直接影响学生当前及今后的多方面发展和成长；对于教师而言，课堂教学是其职业生活的最基本的构成部分，它的质量，直接影响教师对职业的感受、态度，专业水平的发展，生命价值的体现。总之，课堂教学对于参与者具有个体生命价值。

然而，这一重要价值以前被人们普遍忽视，包括被一些强调教育与生活关系的教育家所忽视。如提出"教育即生活"的美国著名教育家杜威，他反对把教育的意义只看作为学生将来的社会生活做准备，主张要从学生的生活出发来改造以书本为出发点的旧教育，然而，他并未提及教育、教学活动对于教师的生命意义。我国近代著名的教育家陶行知先生提出过"生活教育"，主张"关于生活"、"依据生活"和"为了生活"的教育，但主要是从社会生活与教育的关系的角度、从学生的角度提出要求的，同样未涉及教师。还有一位著名的教育家是苏联的列·符·赞可夫，他曾以

《教学论与生活》为题发表过专著,主要也是从教学与学生个体发展的关系角度进行阐述,同样没有顾及教师。在《和教师的谈话》这本著作中,赞可夫专门谈到了课堂上的生活。他突出强调了课堂教学不仅要在内容上反映生活,更要注意"儿童在课堂上的生活","不要忘记学生本身的生活",[1]应当从精神生活(人们的思想、感情、愿望)的意义上来理解生活。精神生活可能是积极的、丰富的、多方面的,也可能是贫乏的、萎靡不振的、单调的。[2]这里涉及个体的生活,但依然把视线停留在学生身上。我认为,这些认识是重要的,但依然是不完全的,必须看到的是课堂教学质量对教师个人生命质量的意义。如果一个教师一辈子从事学校教学工作,就意味着他(她)生命中大量的时间和精力,是在课堂中和为了课堂教学而付出的。每一堂课都是教师生命活动的一部分。因此,十分重要的是使每个教师都要意识到这一点:课堂教学对他们而言,不只是为学生成长所做的付出,不只是对别人交付任务的完成,它同时也是自己生命价值和自身发展的体现。每一个热爱学生和自己生命、生活的教师,都不应轻视作为生命实践组成部分的课堂教学,从而激起自觉上好每一节课,使每一节课都能得到生命满足的愿望,积极地投入教学改革。这就是我们在认同课堂教学的社会价值、促进学生发展的价值的同时,再指出它对教师同样具有生命价值,从而形成课堂教学对教师和学生都具有个体生命意义这一观点的重要原因。

其次,课堂教学的目标应全面体现培养目标,促进学生的全面发展,而不是只局限于认识方面的发展。

如前所述,把课堂教学目标局限于发展学生认知能力,是当前教学论思维局限性的最突出表现。这一方面是近代以来理性主义哲学和主智主义教育主流思想的反映,另一方面是习惯于把原本为整体的事物分割为部分、方面的思维方法的表现。具体地说,就是把生命的认知功能从生命整体中分割出来,突出其重要性,把完整的生命体当作认知体来看待。

平时,当谈及学校教育培养目标,即学生发展的理想目标时,几乎无人会不顾及人的发展之全面性。但在学校教育的实施中，在教学实践中，却又常常把某一类的活动，或以某种内容为主的活动视作只为某一方面发展服务的。人们忽视的恰恰是一个重要的基本事实：无论是教师还是学生都是以整体的生命，而不是生命的某一方面投入到各种学校教育活动中的。因此，任何学校教育活动都会对人的身心产生影响。所以，每一项学校教育活动都应顾及学生多方面的发展。课堂教学，作为教学的基本活动形式更应该关注这一点。

在此要指出的是，我并不否认在课堂教学中认识发展作为中心任务的地位，但是，不赞成把学生其他方面的发展任务丢掉，或者使它们完全依附于认识任务。有不少教学论著作也强调教学过程中要十分注意调动学生的情感，引起学习兴趣，使学生乐学、好学，这里，对情感的重视，实际上只是把它作为服务于学习的手段。又如，有的学者强调语言学习中的情境与情感体验，其意旨是使情感作为有助于识记的背景发挥作用。还有学者强调把文学教材中的情感发掘出来，使学生体验并内化，这比前两者仅把情感作为帮助教师完成教学认识任务的工具前进了一步，但还没有注意到课堂生活本身促进学生情感发展的价值。在我看来，课堂教学的目标应该包括情感目标，但不是美国教育家布卢姆在目标分类中所提到的，服务于认知目标完成、与认知目标相呼应的情感目标[3]，而是指向学生对己、对事、对他人、对群体的情感体验的健康与丰富，指向情感控制能力的发展。显然，这不是一节课能完成的，但却必须渗透在课堂教学的全过程之中，通过每节课来实现。自然，课堂教学的完整目标，还应该包含学生意志、合作能力、行为习惯及交往意识与能力等多方面。其中每一项，都应既有与认知活动相关的内容及价值，又有其相对独立的内容及价值。这些方面的统合，才构成学生生命整体发展。因此，在研究课堂教学时，要注意两方面的关系与整合：一方面是知识体系的内在联系、多重关系，以求整合效应；另一方面是学生生命活动诸方面的内在联系、相互协调和整体发展。这是一个尚需下大力气深入研究的问题：不仅要揭示上述两方面的规律，还要研究课堂教学与这些目标之间的具体关系。但今天可以明确提出的是：我们需要课堂教学中完整的人的教育。

最后，问题进入到对课堂教学过程的探究。本文提出的观点是：课堂教学蕴涵着巨大的生命活力，只有师生的生命活力在课堂教学中得到有效发挥，才能真正有助于对新人的培养和教师的成长，课堂上才有真正的生活。因此，要改变现有课堂教学中常见的见书不见人、人围着书转的局面，必须研究影响课堂教学师生状态的众多因素，研究课堂教学中师生活动的全部丰富性，研究如何开发课堂教学的生命潜力。

所谓影响课堂教学师生状态的因素，是指那些对教师、学生参与课堂教学的态度和活动产生影响的因素，不是指那些课堂教学过程中，因教学活动本身的进行状态而生成的动态的影响继续活动的因素。这些属于"前在"的因素有间接和直接影响之分。其中，主要的直接作用因素可做以下分类。

影响课堂教学师生状态的主要直接因素从大的方面可分为物质因素和心理因素。物质因素包括自然条件（季节、天气、星期几、上、下午等）和教室条件（空间、空气流通度、光线的亮度、室内布置、洁净状态、设施功能、物品有序态、教学用品配置量、座位排列方式、周边噪声程度等）。心理因素较为复杂，又分为个体稳定性因素（在学生方面，包括学习成绩、学习兴趣、习惯、获奖情况、在班级中的地位、期望、与教师的关系、认同程度、个性等；在教师方面，包括业务水平、教学能力、自信度、准备状态、对班级的态度、师生关系、个性、期望等）、个体不稳定因素（师生即时心态、身心疲劳状态、外界临时性强刺激的效应等）和群体因素（包括班风和师生关系等）。

显然，上面所列的因素，除了自然条件外，其他的因素都是可改变和可控制的，改变、控制都应该以教学任务的优质完成为定向。其中，心理因素大部分是通过一段时间的教育、教学实践形成的，形成后即成为稳定态，对形成后的教学实践产生影响。对心理因素做出"个体"与"群体"

之分，是因为两者不仅有区分，而且有相互作用，尤其是当群体因素形成后，会对个体产生有效的影响。另外，心理因素的非实体性，往往使师生都易忽视，或者不被自觉意识到，但它们却最具影响力。它们不仅影响到学生在课堂上认知活动的状态与质量，而且影响到人生中处世、对人的态度与方式、整体的情绪状态、情感体验（满足与否）、意志行为等。教师同样如此，他（她）也是带着自己的全部身心和已有经验、状态进入教室的，他（她）的心理状态影响他（她）对学生的态度、处理问题的方式、宽容度、耐心、机智，以及满足与否等情感体验。显然，这些都不能被简单地归结为认知因素或仅仅是与认知相关的因素，它们的存在本身具有自己的形态，有自己的作用方式和独立的意义。认识影响课堂教学的全部因素（包括显性的和隐性的），努力形成积极的因素（包括物质的和更重要的心理的），改变消极因素（包括稳定的和暂时的），这些都是为达到课堂教学高质量所必须首先要做的。

众多的因素参与、影响课堂教学，还不是课堂教学丰富性的全部，甚至可以说还不是主要部分。课堂教学的丰富性主要在过程中展现。若要使其丰富性发挥积极效应，则必须改变课堂教学只关注教案的片面观念，树立课堂教学应成为师生共同参与、相互作用、创造性地实现教学目标过程的新观念。也就是说，课堂教学要真正成为实现上述新的教学目标的过程，不但要使师生的生命活力在课堂上得到积极发挥，而且要使过程本身具有生成新因素的能力，具有自身的、由师生共同创造出的活力。

为此，仍然首先要做好课前的教学设计，但应该按照新的教学任务来设计，内容的组织、方法的选择、学生教师共同活动的方式与过程，都应全面策划。不同的教学观必然会影响教学的设计，本文不可能具体地详细讨论服务于新目标的教案应如何设计（这需要有另一篇文章做专述），只能以提问设计为例。我们不要以为凡提问必能达到启发学生、调动思维积极性的目的。教师也许把问题编得十分细碎，使学生易获标准答案，由一串细问题循序渐进走向目标；也可能设计得使学生调动起自己的经验、意向和创造力，通过或发现、或选择、或重组的多种过程形成答案。前者体现出教师控制具体过程，希望学生按规定路线行进的强烈愿望；后者则表现出教师重视学生努力进行获取、形成、发现知识的过程，相信这一过程对学生的发展具有多方面的意义。关于教学设计与上课的关系，我十分赞赏德国教育家克拉夫基关于教学计划与教学关系的论述："衡量一个教学计划是否具有教学论质量的标准，不是看实际上进行的教学是否能尽可能与计划相一致，而是看这个计划是否能够使教师在教学中采取教学论上可以论证的、灵活的行动，使学生创造性地进行学习，借以为发展他们的自觉能力与团结能力作出贡献——即使是有限的贡献。"[4] 所以，一个真正关注人的发展的教学设计，会为师生在教学过程中发挥创造性提供条件，会关注学生的个体差异（不仅是认知的）和为每个学生提供主动积极活动的保证，会促使课堂中多向、多种类型信息交流的产生和对及时反馈提出要求。这样，教学设计就会脱去僵硬的外衣而显露出生机。

教师只要思想上真正顾及了学生的多方面成长，顾及了生命活动的多面性和师生共同活动中多种组合与发展方式的可能性，就能发现课堂教学具有生成性的特征。因为课堂上可能发生的一切，不是都能在备课时预测的。教学过程的真实推进及最终结果，更多地是由课的具体行进状态，以及教师当时处理状态的方式决定的。从这个意义上可以说，一名教师尽管教同一门课，面对同一批学生，但他（她）在每节课上所处的具体情况和经历的过程都并不相同，每一次都是唯一的、不可重复的、丰富而具体的综合。教师的创造才能、组织及指导作用，正是在处理这些活的情境中得到发挥的，这些活的情境向教师的智慧与能力提出一系列的挑战：当学生精神不振时，你能否使他们振作？当学生过度兴奋时，你能否使他们归于平静？当学生茫无头绪时，你能否给他们以启迪？当学生没有信心时，你能否唤起他们的力量？你能否从学生的眼睛里读出愿望？你能否听出学生回答中的创造？你能否觉察出学生细微的进步和变化？你能否让学生自己明白错误？你能否用不同的语言方式让学生感受关注？你能否使学生觉得你的精神脉搏与他们一起欢跳？你能否让学生的争论擦出思维的火花？你能否使学生在课堂上学会合作，感受和谐的欢愉、发现的惊喜？……

也许，我们还可以再列出一百个这样的问题，但却不可能穷尽一个真正充满生命活力的课堂可能发生的一切。我们把教学改革的实践目标定为探索、创造充满生命活力的课堂教学。因为，只有在这样的课堂上，师生才是全身心投入的，他们不只是在教和学，他们还在感受课堂中生命的涌动和成长；也只有在这样的课堂上，学生才能获得多方面的满足和发展，教师的劳动才会闪现出创造的光辉和人性的魅力，教学才不只是与科学相关，而且是与哲学、艺术相关，才会呈现育人的本质。

参考文献

[1] 赞可夫. 和教师的谈话 [M]. 杜殿坤, 译. 北京：教育科学出版社，1980：8.

[2] 同 [1] 9.

[3] 克拉斯沃尔，等. 教育目标分类学：第二分册：情感领域 [M]. 施良方，张云高，译. 上海：华东师范大学出版社，1989：198-208.

[4] 瞿葆奎. 教育学文集·教学：上册 [G]. 北京：人民教育出版社，1988：778.

(本文原载《教育研究》1997 年第 9 期)

中国教育学百年

瞿葆奎

20世纪中国的教育学在史册上即将画上句号。对作为学科或课程的中国教育学,试鉴察其史实,寻觅其逻辑。这"阴晴圆缺"的教育学百年,大致是旧中国近50年,新中国近50年。也许可以说,有四次热潮,两度曲折——一小一大。试论其实然沿革,试论其应然求索,就教于同行,再事订正。

实然沿革

我国教育学百年,似可分为相对的几个阶段。

第一阶段(1900—1919年)

中国在中日甲午战争(1894年)中大败于日本帝国主义。"唤起吾国四千年之大梦,实自甲午一役始也"[1],于是我国萌发了改良主义的"维新运动"。

19世纪末至20世纪初,由于师范教育在我国的议论与出现,就涉及教育学这门学科或课程了。

1896年,梁启超撰《论师范》一文,主张自办师范学堂,认为"欲革旧习,兴智学,必以立师范学堂为第一义",并举日本师范学校设置有教育课程。[2]这也许是我国议论师范教育的发端。

同年,盛宣怀奏请在上海筹设南洋公学。1897年,先办师范院(师范学堂),说"西国学堂必探源于师范",因此,"先设师范院一学堂",似犹未开设教育学课程。又仿日本师范学校附设小学校,称为"外院",派师范院生兼任教习,且学且诲。[3]这是我国师范教育的起点。我国师范学校附设小学也以此为始。

自1896年起,一些开明官员都主张设立京师大学堂。1898年2月,光绪以"京师大学堂迭经臣工奏请,准其建立",并着军机大臣会同总理各国事务衙门议奏详细章程。1898年,岁在"戊戌",6月11日(光绪二十四年四月二十三日)光绪下诏正式宣布变法维新,史称"戊戌变法"。在诏书中又强调京师大学堂为各行省之倡,尤应首先举办,着军机大臣、总理各国事务衙门会同妥速议奏。[4]顽固派仍然拖延,康有为焦急上奏,光绪于6月26日再次发出上谕,严令迅速复奏,毋稍迟延。这样,管学大臣孙家鼐只得把梁启超请来,略取日本学规,参以本国情形,为军机大臣、总理各国事务衙门起草《遵筹开办京师大学堂折(附章程清单)》。[5]1898年7月3日,光绪正式批准设立京师大学堂。

京师大学堂创办于1898年,是戊戌维新运动的产物,也是19世纪中叶开始的中学与西学、科举与学校长期斗争的产物[6]。它是我国近代第一所国立大学,是北京大学的前身。1998年适值北京大学百年校庆,正如季羡林的题词:"巍巍上庠,世纪风云。"[7]

在《遵筹开办京师大学堂折(附章程清单)》中,有"西国最重师范学堂,盖必教习得人,然后学生易于成就。今当于堂中别立一师范斋,以养教习之才"的话。但这个"师范斋"没有开办。

正当京师大学堂积极筹备时,1898年9月21日,顽固派发动政变,慈禧以"训政"名义重掌政权,光绪被囚禁,"维新"仅百日而已。维新派的改革措施几乎全被废止,只京师大学堂保留了下来。迨1890年夏,义和团进入北京。8月上旬,慈禧下令停办大学堂。同月中旬,八国联军入侵北京，校舍被占。其后慈禧佯称也要"变法维新"，于是在1902年1月下令恢复大学堂。所谓"学堂弦诵辍响者年余"。

1902年颁布的《钦定学堂章程》，规定了我国近代法定学校系统和师范教育的起始建制。其《钦定京师大学堂章程》规定京师大学堂附设速成科，"师范馆"为速成科的一门，修业4年。所谓"学堂开设之初，欲求教员，最重师范"[8]。其《钦定高等学堂章程》规定各省高等学堂应附设师范学堂，并按《京师大学堂师范馆章程》办理。其《钦定中学堂章程》规定中学堂内应附设师范学堂。我国的高等师范教育，是以1902年京师大学堂的师范馆为起点的。北京师范大学以师范馆为其前身，为其最早的名称[9]。师范馆于当年10月与仕学馆一起开始招生考试，并明确设置"教育学"课程①，而且4年分年规定内容，包括教育宗旨、教育之原理、学校管理法以及"实习"，还规定了每星期的课时。[10] 12月17日师范馆举行入学典礼，宣布正式开学。

实际上在1902年时，各地已经设立了一些师范学堂，例如武昌师范学堂、保定师范学堂、成都府师范学堂、贵州公立师范学堂、全闽师范学堂等。它们都设有教育学课程。这些师范学堂都是"官立"的。

张謇于1894年（光绪二十年）中了状元，倒是主张废科举办学堂。他创办的民立通州师范学堂（学校）于1902年开始建校，1903年开学。"中国之有师范学校自光绪二十八年（1902年）始，民间自立师范学校自通州始"[11]。这是我国第一所民间单独设立的中等师范学校。它设置了"教育"课程。其寻常师范科，修业4年。第一年为"预科"，第二至第四年为"本科"。"本科"设"教育"课程，含教育史（授中外教育沿革，中外著名教育家传记、主义、方案要略），教育学（授教育宗旨，智育、

---

① 当年关于"课程"，或称为"课程门目"，或称为"科目"，或称为"课目"，或称为"学科"，或称为"课"，等等。当年关于"教育学"这门课程，或称为"教育学"，或称为"教育"。课程或含教育宗旨、教育原理、教育法令、教授法、学校管理法、教育实习等，或含中外教育史、教育理论、教授法、教育法令、教育制度、学校管理法、学校卫生、学堂参观（即教育见习）、教授实事练习（或称实事授业，即教育实习），甚至还包括心理学大要、伦理学大要、辨学（即论理学）大要等。

德育、体育、伦理学大要、教授原则),"学校设置、编置、设备管理、经济卫生等之方法",以及"练习教育附属小学儿童之方法"(今日或可概括为学校管理以及教育实习)。其速成科修业2年。第一学期课程为"教育史",第二学期课程为"教育学",第三学期课程为"教授管理法",第四学期课程为"教育管理、实习"。寻常师范科和速成科都规定了每星期的课时。[12]

《奏定学堂章程》于1904年颁布。当年,所谓"办理学堂,首重师范";所谓师范学堂"为学堂之本源,兴学入手之第一义";所谓"宜首先急办师范学堂";所谓"师范学堂为教育造端之地"。当然,"中学为内学,西学为外学;中学治身心,西学应世事","中学为体,西学为用";当然,所谓"智能必取资欧美,道德必专宗孔孟"。根据其《奏定初级师范学堂章程》和《奏定优级师范学堂章程》,师范分"初级"和"优级"两级。自此我国师范教育有了相对独立的系统,有了比较完备的学制。初级师范学堂(完全科)规定学习5年,每年都设有"教育学",且规定分年内容和每星期课时数。那时初级师范学堂的教育学,规定包括教育史,教育原理(含心理学大要),现行教育宗旨,德育、智育要义,辨学大要(或作辩学大要,即论理学大要),教授法大要,教育法令,学校管理法,以及"实事授业"(实习)。[13]优级师范学堂规定课程分为4类:(1)以中国文学、外国语为主;(2)以地理、历史为主;(3)以算学、物理学、化学为主;(4)以植物、动物、矿物、生理学为主。辨学、心理学已独立设置。教育学在第二、第三年开设,也规定分年的内容和每星期课时数。它包括教育理论、教育史、教授法、学校卫生、教育法令,以及"教授实事练习"(实习)。[14]

京师大学堂师范馆在1904年按《奏定优级师范学堂章程》办理,改称为"优级师范科",分4部:国文、外国语部,历史、地理部,数学、物理部和博物、农学部。各部都设教育学、教育法令和学校卫生课程。

当年《奏定大学堂章程》规定政法科大学"政治学门"的"主课

中设"教育学";文学科大学的英文、法文、俄文、德文、日文学门的"补助课"中都设"教育学",文学科大学的中国史学、万国史学和中国文学门也列"教育学"为"随意科目"。而《奏定进士馆章程》规定第一年、《奏定译学馆章程》规定第五年学习"教育学"。这反映了当年泱泱大国急需师资以及教育学翻译人才。教育学"红火"得很。

这样的概括是描述了当年真相的:"今日中国之言革新者,不论保守党、进步党、急激党,莫不公认教育为当今唯一之问题矣。即教育而论,不论官立学堂、民立学堂,莫不公认师范为当今唯一之急务矣。"[15]

王国维在1906年评论《奏定大学堂章程》时,认为"分科大学章程中最宜改善者,经学、文学二科是已"。"其根本之误何在?曰在缺哲学一科而已。"他主张合经科大学于文学科大学之中,定文学科大学的分科为:经学科、理学科、史学科、国文学科和外国文学科。他设计了各个分科的科目。在各个分科的科目中,都有"教育学"[16]。王国维如此青睐教育学,也许是空前的。

而我国女子师范教育,是到1907年3月8日清政府颁布《奏定女子师范学堂章程》才取得地位的。当时这个章程规定"教育学"课程含"心理学大要",也规定了分年的每星期课时数。

那时作为课程的教育学,是通过日本引进西方的教育学,主要是赫尔巴特学派的教育学。它在清末两个学堂章程颁布之前,已被介绍到我国来了。可是,两个学堂章程肯定和加速了教育学作为一门课程正式列入我国师范教育的计划。各种版本的教育学陆续出现。它们主要凭借两条途径。

一是翻译。翻译日本的教育学著作可以说是当年的一大时尚,包括翻译日本的教育学教师的讲义。其原因大致有三:一则"吾国教育尚在幼年时代,罕有窥斯界之真面者。与其为武断之议论,不如直译外籍,供人采择,尚不致贻误后来"[17];二则我国与日本一衣带水,文化接近,交流相对便当;三则当时日本经过明治维新,门户大开,学习西方教育思想与制度,变革自身教育,已见成效,颇有为他国借鉴的价值。所以日本成为当时中国派遣留学生,引进教育学及有关教师的首选国家。

　　由于留日学生多,学习日文的人多,翻译力量强,所以教育学译文甚多。例如,立花铣三郎讲述、王国维译的《教育学》,牧濑五一郎著、王国维译的《教育学教科书》,就分别在 1901 年和 1902 年的《教育世界》连载;加纳友市、上田仲之助的《实用新教育学》,吉田熊次的《新教育学释义》、《兰因氏之教育学》(兰因即莱因),熊谷五郎的《大教育学》的译文,分别发表在 1902 年、1904 年、1906—1907 年、1907 年的《教育世界》上。大濑甚太郎著,江夏、杨彦洁译的《实用教育学》,刊登于1906—1907 年的《学部官报》。直隶学务处办的《教育杂志》(1907 年改名为《直隶教育杂志》),在 1905 年连载波多野贞之助讲、直隶留日速成师范生编的《教育学讲义》;1906 年连载波多野贞之助讲、直隶游历绅士笔记的《教育学参考书》;1906—1907 年连载邓边朕、诗女史译的《家庭学校通用教育学》和直隶留日速成师范生笔述、韩梯云节修的《教育学讲义》;1907—1908 年连载佐口美都子著、蔼辰译的《女子师范教育学》;1911 年发表柳政太郎著、蔼辰译的《实际的教育学》。商务印书馆的《教育杂志》于 1911 年第 9 期,刊载了张世杓的《莱因氏之五段教授法》一文,并附"五段教授法举例";中华书局的《中华教育界》于 1914 年 7 月号,发表了欧化的《十九世纪大教育家海尔巴特之学说》(海尔巴特即赫尔巴特);等等。[18]这是刊物上的。

　　又如 1902 年,上海文明印书局出版天眼铃木力著、张肇熊编译的《教育新论》;上海作新社出版成濑仁藏著,杨迁栋、周祖同译的《女子教育论》。1903 年,移山堂出版中岛半次郎著、田吴炤译的《普通教育学要义》(两册);上海会文学社出版熊谷五郎著、范迪吉译的《教育学》,东京富山房编、范迪吉等译的《教育学问答》和《教育学新书》;广智书局出版下部三之介著、冯霈译的《教育学问答》;三江师范学堂出版松本孝次郎的《新编教育学》讲义。1904 年,北京华新书局出版小泉又一著、周焕文等译的《教育学教科书》(1906 年天津官书局印行);东京教科书译辑社出版尺秀三郎、中岛半次郎著,季新益译的《教育学原理》;湖北出版了速成师范讲义丛编本的波多野贞之助讲述、颜可铸编辑的《教育学原理》。1905年,东京泰东同文局出版伊泽修二著、三屋大四郎译的《教育学》;湖北官书处印行波多野贞之助编、闵豸等译的《教育学》。1906年,江苏学务处印行土肥健之助、小泉又一讲,江苏师范生编辑的《教育学》。1909年,商务印书馆出版吉田熊次著、蒋维乔译的《新教育学》;同年,群学社出版植田荣次著,陈宪熔、许家惺译的《女子教育学》(三版)。1911年东京富山房出版中岛半次郎编著、韩定生译的《新编教育学讲义》。中华书局于1913年出版大濑甚太郎著、宋嘉钊译的《中华教育学教科书》;1914年出版顾倬译的《师范学校教育学》;1915年出版大濑甚太郎著,刘本植、周之冕译的《新编教育学教科书》(二版);等等。[19]这是出版的书籍。

二是自己编著。在大量翻译的过程中,我国教育学研究者对原作予以推敲、变通,多少结合当时国情而编著了一些著作。例如:王国维的《教育学》(为江苏师范学堂学生讲授),教育世界社1905年印行;缪文功的《最新教育学教科书》,文明书局1906年出版;张继煦的《教育学》和金祝华的《教育学教科书》,1907年湖北官书处印行;季新益的《教育学教科书》,广智书局1907年出版;侯鸿鉴的《教育学》,无锡速成师范学校1908年再版;泰敏均的《教育学》(沈恩孚、顾倬校订),中国图书公司1908年出版;蒋维乔的《教育学》(初级师范课本),商务印书馆1909年出版;吴馨的《简明实用教育学》,中华书局1910年出版;张继煦的《教育学讲义》(据森冈常藏《教育学精义》),昌明公司1910年出版;北京女子师范学校于1913年出版周维城、林壬的《实用教育学》;商务印书馆于1914年出版了张毓聪的《教育学》(师范学校新教科书,杨保恒、蒋维乔校,据森冈常藏等人著作)、张子和的《大教育学》(高等师范学校教科书,据松本孝次郎、松浦秋作原本);中华书局于1914年出版了刘以钟的《新制教育学》、彭清鹏的《实际教育学》,以及宋嘉钊、张沂的《教育学教科书》（据小山左文《实用教育学提纲》），1915 年又出版了周维成、林壬编的《实用教育学讲义》；等等。此类图书共计 20 余种版本。[20]

以上两条途径，从现象上看，无不以日本的教育学为中介，但就实质而言，这个时期引进的主要是赫尔巴特及其学派的教育学。赫尔巴特及其学派教育学的引进与国人译、编、著教育学，形成了中国教育学百年中的第一次热潮。

日本自明治维新起，其教育学界多崇尚赫尔巴特及其学派，不少教育学研究者把赫尔巴特学派的教育学融入自己的教育学著述中。赫尔巴特教育学是目的—手段体系，这是中外早有定论的，况且赫尔巴特的《普通教育学》的"全称"是《从教育目的推论出来的普通教育学》。当年日本学者和中国学者编著的教育学著作在结构上多循赫尔巴特教育学由目的而手段的思路，尤其是赫尔巴特学派的"教学的形式步骤"（formal steps of instruction），通常称为"五段教授法"（后来叫"五段教学法"），更是被吸收无遗。

我国当年由旧时私塾的个别教学转变为班级上课，塾师多未知如何应对。"五段教授法"初行，教学上好像是发明了一种新的技巧。当年在我国实施时，除"五段"外，也有"四段""三段"。[21]

当时，如《教育丛书》（罗振玉编，教育世界社印行）1901 年刊行初集的第 1 册，称赫尔巴特（当时译为"海鲁伯尔""费尔巴尔图"等）为"教育改良家之泰斗"，说他的"教育之法，依统编定，真全体闳深肃括，其各部周匝致密，升教育学于科学之地位，而创立今日之教育学"。初集的第 4 册为《教授学》专集，详细叙述赫尔巴特学派的教学论，并附有六种学科的"教授案"。《教育丛书》的第 3 集，为《费尔巴尔图派之教育》，是据中岛端对德加谟 1895 年出版的《赫尔巴特与赫尔巴特学派》（Herbart and the Herbartians）转译的。当时还没有完整地引进赫尔巴特的作为学科代表作的《普通教育学》。

京师大学堂师范馆招生，据《钦定考选入学章程》，须考"教育学大义"。有一份试题是这样的：第一题，"孔子言上智不愚不移，而孟子乃曰人皆可以为尧舜。其旨异同，盖举其大义以对"；第二题，"教育学以伦理学、心理学为根据，试阐其理"。[22]试题可说是一中一西、一古一今的。学部成立于1905年，中国教育史上教育行政有国家正式领导机构从此肇始。当年学部为译学馆甲班学员毕业时出的教育学试题，其中一题为："莱茵瓦（莱因）之五教段，能一一举之否?"[23]从这里，也可以看到赫尔巴特学派的教育学在我国已居官方的"席位"了。

在赫尔巴特学派的教育学步入我国之际，以近代而言，西方其他教育学说也陆续来华，如洛克、卢梭、裴斯泰洛齐、福禄培尔、斯宾塞、尼采的教育思想，以及纳托普的社会教育学等。

1892年，由赫尔巴特的再传弟子莱因的美国学生德加谟、麦克默里兄弟等发起，在美国组成"赫尔巴特俱乐部"（Herbart Club）。1895年，他们仿照耶拿大学成立了"全国赫尔巴特教育科学研究学会"（National Herbart Society for the Scientific Study of Education），简称"全国赫尔巴特学会"（National Herbart Society）。杜威也是这个学会的理事。他的论文《与意志有关的兴趣》（Interest as Related to Will）1896年发表在这个学会的《1895年赫尔巴特年鉴增刊二》上，《文化分期理论的解释》（Interpretation of the Culture Epoch Theory）1896年发表在这个学会的第二本年鉴上，《教育学的伦理学原理之基础》（Ethical Principles Underlying Education）1897年载于这个学会的第三本年鉴上。[24]1901年①，这个学会又改名为"全国教育科学研究学会"（National Society for the Scientific Study of Education），在这里，它脱掉了"赫尔巴特"的"帽子"。1910年，它再改名为"全国教育研究学会"（National Society for the Study of Education，NSSE）。[25]20世纪初，原来那些赫尔巴特学派的中坚，像德加谟、麦克默里兄弟等，陆续离开赫尔巴特学派，成为坚定的杜威学派的成员了。[26]

---

① 参考文献[25]中三书均认为是1902年，误，应为1901年。参见：Jaszczak S. Encyclopedia of Associations, 31st ed [Z]. [S. l.]: [s. n.], 1996: 1014.

就国际范围来说,赫尔巴特学派的教育学影响了将近半个世纪,它的全盛时期,是在1880年左右至1910年左右。20世纪开始不久,教育界就逐渐地倾向于杜威的实验主义教育学。从国际范围来看,实验主义教育学大致也影响了近半个世纪。它们有其各自出现的时代,真是"每个原理都有其出现的世纪"[27]。

我国以翻译日本教育学为主、以自己编著为辅的局面并没有维持过久。至1915年左右,无论是翻译还是自己编著,都进入低谷,意味着这一阶段已近尾声。

第二阶段(1919—1949年)

杜威的实验主义教育学早在20世纪初期就开始在我国传播了。例如:蔡元培1912年发表的《对于新教育之意见》,1915年在巴拿马举行的"万国教育会议"上提出的《1900年以来教育之进步》,1918年在天津中华书局"直隶全省小学会议欢迎会"上演说的《新教育与旧教育之歧点》,还有1919年杜威来华前于北京青年会演说的《贫儿院与贫儿教育的关系》,都谈到了杜威的教育思想。我国的一些报刊上也有介绍,例如商务印书馆的《教育杂志》于1917年4月就发表过《台威氏之教育哲学》《台威氏明日之学校》(台威即杜威)等文章,1918年又发表《今后之学校》的连载,系摘译杜威与伊夫琳·杜威合著的《明日之学校》(*School of Tomorrow*)等。

1919年,杜威应北京大学、江苏省教育会、南京高等师范学校等五单位之邀访华。他来华前夕,陶行知在3月31日的《时报·教育周刊》上发表了《介绍杜威先生的教育学说》;胡适在江苏省教育会讲演《实用主义》①,并将之发表在当年4月的《新青年》上;4月,《新教育》第1卷第3期刊出专号"杜威号",登载《杜威先生传略》、杜威肖像、杜威偕夫

---

① 《胡适文存》第1集第2卷(亚东图书馆1921年版)的《实验主义》一文是1919年7月的"改定稿"。

人参观上海申报馆照片，胡适的《杜威哲学的根本观念》《杜威的教育哲学》以及上述在江苏省教育会讲演的《实用主义》，蒋梦麟的《杜威之伦理学》和《杜威之道德教育》①，刘经庶（伯明）的《杜威之伦理学》，朱进的《教育与社会》，还刊登了《记杜威博士的讲演大要：平民主义、平民主义的教育、平民主义教育的办法》，为杜威来华讲演"开道"。

随着杜威于1919年五四运动前四天即4月30日抵达上海，1921年7月回国，实验主义教育学在我国的传播达到了高峰。1919年5—6月商务印书馆的《教育杂志》，连载真常的译文《教育上之民主主义》，该文系移译杜威《民主主义与教育》（Democracy and Education）第七章"教育中的民主概念"（The Democratic Conception in Education）。《教育潮》6月发表杨贤江转译吉田熊次记录的杜威在日本的讲演《理科教授之目的》的译文。6月的《新中国》杂志，发表胡适的《杜威论思想》。7月6—9日的《民国日报·觉悟》转载了蒋梦麟的《杜威之道德教育》一文。北京高等师范学校1919年的《教育丛刊》第1集，刊出了王文培的论文《杜威博士对于实业教育之意见》、陈兼善译的《杜威学校与社会之进步》和夏宇众译的《杜威教育学说之实地试验》。就是温州的"永嘉新学会"1919年第1期的《新学报》，也发表了许文镕的论文《杜威教育的观念》。《中华教育界》1920年10月发表《杜威的试验学校》和《杜威教育哲学讲演大纲》（作者讲稿）；12月，登载《杜威论工业教育在德谟克拉西的需要》的译文。在杜威离华前夕，胡适做了《杜威先生与中国》的讲演，并发表在7月的《东方杂志》上；当年秋季，胡适在北京大学还开设了"杜威著作选读"这门课程。

杜威走后，1922年10月，《中华教育界》又刊出《杜威之教育学说》和《读杜威〈平民主义与教育〉后的几个疑问》。迨1930年4月，《教育

---

① 《新教育》第1卷第3期所载蒋梦麟的《杜威之伦理学》和《杜威之道德教育》为前、后两篇，前篇署名，后篇未署名。或谓蒋文前篇为《杜威之人生哲学》（曲识培.蒋梦麟教育论著选[M].北京：人民教育出版社，1995：83-89.），与《新教育》第1卷第3期题目在形式上不符，文字也有所改动。或谓《杜威之道德教育》为胡适的论文，误。

杂志》还发表了杜佐周的《杜威与现代小学教育》；5月，发表了郑宗海（晓沧）的《杜威博士治学的精神及其教育学说的影响》。同年，郑宗海还在《儿童教育》第2卷第6期上发表《杜威博士教育学说的应用》一文。郑宗海的这两篇论文，寓有纪念杜威1929年70岁生日之意。1930年12月，《教育杂志》译载了杜威1928年写的《进步的教育与教育之科学》（Progressive Education and the Science of Education）；1935年第25卷第4期上，还发表了章育才译的杜威1934年写的《教育的哲学基础》（Need for Philosophy of Education）；等等。

杜威的重要教育文章与著作，在我国于20世纪20—40年代陆续翻译出版。例如：《我的教育学信条》（My Pedagogic Creed，1897）（郑晓沧译为《杜威氏之教育主义》，《新教育》1919年第1卷第2期）；《学校与社会》（The School and Society，1899）（刘衡如译，中华书局1935年版）；《儿童与课程》（Child and the Curriculum，1902）（郑晓沧译为《儿童与教材》，中华书局1922年版）；《我们怎样思维》（How We Think，1910）（刘伯明译为《思维术》，中华书局1929年版、1933年第2版；孟宪承、俞庆棠译为《思想与教学》，商务印书馆1936年版）；《明日之学校》（1915）（朱经农、潘梓年译，商务印书馆1923年版）；《民主主义与教育》（1916）（邹恩润译、陶行知校《民本主义与教育》，商务印书馆1928年版；也有"万有文库"本5册，1929年版）；《教育科学之源泉》（Sources of a Science of Education，1929）（张岱年、傅继良译，天津人文书店1932年版）；《经验与教育》（Experience and Education，1938）（李相勖、阮春芳译，文通书局1941年版；李培囿译，正中书局1943年版）。1940年拉特纳编辑杜威的《我的教育学信条》以及其他5篇论文，集为《今日的教育》（Education Today）（董时光译，商务印书馆版）。杜威为克拉普的《教育资源的使用》（The Use of Resources in Education，1952）一书（邱瑾璋译，商务印书馆版）写了引言，这是他发表的最后一篇文章。此外，杜威的一些弟子和进步教育派代表人物的一些著作，也在这个时期陆续传入，并被移译出版。

　　杜威长达两年又两个多月之久、足迹遍布 13 个省市的讲学[28]，口头传播了他的实验主义教育学。像江苏省教育会的贾丰臻说的："按博士之言，真是至情入理。"[29] 可以说，这是当年教育界的普遍观感。1919 年江苏省立第二师范学校（上海）新学社编印了《杜威在华讲演集》；杜威在北京的系统讲演，汇成《杜威五大讲演》，由北京《晨报》社于 1920 年出版；在南京的讲演汇成《杜威三大讲演》，由上海泰东图书公司出版；在福建的讲演，也于 1920 年由福建省教育厅编为《杜威在福建的演讲》。此外，郭智方、张念祖、金海观、倪文宙据杜威在南京高等师范学校讲授教育哲学时的笔记，编成《杜威教育哲学》，常道直据杜威在北京高等师范学校讲授教育哲学时的英文笔记，译成《平民主义与教育》，分别于 1921 年和 1922 年由商务印书馆出版。

　　杜威实验主义教育学的内核，被比较普遍地熔裁吸纳于国人编著的教育学书籍中。如王炽昌编的《教育学》（新师范教科书，中华书局 1922 年版），在首页中说："教育之意义，自来有预备、启发、陶冶诸说，而以近时之生长说较为完善。依生长说而论，则教育一义定为经验之继续改造"，并直言其内容"大部分取材于杜威、桑代克、密勒三氏之学说"。又如孟宪承编的《教育概论》（商务印书馆 1933 年初版），从儿童发展与社会适应两方面展开，先用华生、桑代克、比纳等人的学说，佐证儿童的生长与发展，从而肯定杜威"教育即生长"的观点，再用许多教育学家的名言说明"生长是向着将来的继续的前进，是对于社会环境的继续的适应"，把杜威的"教育即生长""教育即生活""学校即社会"的思想融入了自己的著述。这本《教育概论》的作者厚积薄发，言简意赅，并具有自己的风貌。还有吴俊升、王西征编著的《教育概论》（正中书局 1935 年初版），融合国内外各家，自成"一家"。其前三章分别为"儿童的发展""学习的功能""社会的适应"，所受杜威之影响是了然的。可以并不夸张地说，杜威实验主义教育学的思想几乎占领了当年高校的教育学讲坛。

杜威教育学在教育实践界也产生了很大反响。当年，"教育即生活""学校即社会""从做中学"，写在许多中小学的墙上，挂在许多教育界人士的嘴上，成为时尚。杜威的"问题教学法"（Problem Method）在1918年由克伯屈推演成"设计教学法"（Project Method）。依布鲁贝克的看法，"第一次世界大战结束，正当问题教学法濒于诱入旧的形式主义的圈套时，克伯屈试图挽救问题教学法，把它改造成为设计教学法"[30]。用克雷明的话来说："设计教学法的问题就是为了设计一种尽可能'像生活'的教育。"[31]克伯屈的《教学方法原理》（Foundation of Method）可以认为是他的设计教学法的理论基础，或者说，它就是对设计教学法的详细阐述。克伯屈说，尤其是杜威、桑代克的学说，充溢在自己著作的字里行间。① 设计教学法是一种打破学科界限，以儿童自发活动作为选择和组织教材的中心的教学法。其实，与其将设计教学看作一种教学的方法，毋宁说它是一种教材的组织，是以自发活动即自愿活动或志愿活动（purposeful activity）② 为中心，混合组织各科教材的活动课程[32]。"活动课程"（activity curriculum）也称"儿童中心课程"（child-centered curriculum）或"经验课程"（experience curriculum）。我国研究和试行设计教学法首推1919年俞子夷在南京高师附小的实验。1920年以南京高师附小为首的"江苏省立师范学校附属小学联合会"做出决定，号召各地小学试行设计教学法。1921年第七届全国教育会联合会通过决议，号召小学推广设计教学法，于是设计教学法在我国不少地方实施起来[33]。不过，在20世纪二三十年代，我国教育界开始对当时从外国引进的"新教学方法"进行反思，意识到要就其根据的理论与国情的需要加以判别。

尽管实验主义教育学在我国教育实践界的影响经过一段时间后开始降温，但它对我国教育理论界的影响却是长久的。也许原因主要有以下几个

---

① 相关观点可以参阅克伯屈的《教育方法原论》（商务印书馆1927年版）"原序"和《教学方法原理》（人民教育出版社1991年版）"前言"。
② 需要注意的是，这里的"purposeful activity"是不可译为"有目的的活动"的。

方面。一是辛亥革命后，教育理论界如同其他各界一样更加渴望民主与自由，因而对宣传民主与自由的实验主义教育学情有独钟。二是以反对赫尔巴特传统教育学起家的杜威教育学，所谓批判教育与生活脱节、学校与社会分离的"新教育主义"，具有崭新的学术魅力。三是师从杜威的学者多声名显赫，助推实验主义教育学在我国流行了30年。胡适、蒋梦麟、陶行知、郑宗海等都是杜威的学生，而且教育学界的许多人士都非常积极地介绍他的教育学说。再说像蔡元培这样有学术声望的人。1919年杜威在北京度60岁生日的晚餐会上，蔡元培代表北京大学发表演说，说杜威与孔子同一生日，并以杜威比孔子，认为孔子与杜威所处的地位、时期不同，有根本的区别，但是孔子的理想与杜威的学说又很有相同之点。他说孔子是中国第一个平民教育家，破除了"阶级的教育的主义"；说他因材施教，他的教育是重在发展个性，适应社会；又说孔子的"学而不思则罔，思而不学则殆"，就是经验与思想并重的意思，"多闻阙疑，慎言其余""多见阙殆，慎行其余"，就是试验的意思。蔡元培还说："孔子的人生哲学与教育学，不是曾研究西洋人生哲学与教育学的，也决不能十分透彻，可以适用于今日的中国。所以我们觉得返忆旧文明的兴会，不及欢迎新文明的浓至。"[34]这也强化了杜威及其教育学在国人心目中的地位。

  盛行的实验主义教育学，并没有完全取代赫尔巴特教育学。赫尔巴特及其学派的教育学对当时我国教育学界仍有不小影响，赫尔巴特的《普通教育学》，由尚仲衣主要据费尔金夫妇1892年的译本《教育的科学》(*The Science of Education*)，而佐以赫尔巴特的原文移译，在我国出版（商务印书馆1936年版；也有"万有文库"本3册，1936年版），此其一。赫尔巴特在《普通教育学》中主张教育者要有自己的科学——教育学[35]，这一直鼓励着我国潜心研究教育学的人们，此其二。赫尔巴特学派的一些观点尤其是"五段教学法"，一直影响着广大中小学的教学实践。"五段教学法"由于其模式化、操作性强，有利于系统知识的传授，在班级授课制中比较有实效，此其三。如此等等。

杜威是以"进步的教育学"——"教育即改造"（education as reconstruction）批判赫尔巴特的"保守的教育学"——"教育即塑造"（education as formation）的。然而，杜威还认为："赫尔巴特的伟大贡献在于使教学工作脱离陈规陋习和全凭偶然的领域。他把教学带进了有意识的方法的范围，使它成为具有特定目的和过程的有意识的事情，而不是一种偶然的灵感和屈从传统的混合物。"[36]当时出现了"通都大邑之国、省立小学校，多行新方法；县、市所立之小学校，以及乡村小学，均行旧方法"的两者分道的现象[37]。如果不用凹透镜或凸透镜来反观，也许可以说，赫尔巴特学派的教育学对于我国中小学教学实践曾经产生过的影响，"几达半个世纪之久"[38]。

这一阶段我国还相继引进了其他的教育学，如熊子容译、桑代克和盖茨合著的《教育学原理》（世界出版合作社 1933 年版），赵演改译、查浦曼和孔次合著的《教育原理》（商务印书馆 1935 年版），等等。此外，不少世界教育名著，如夸美纽斯的《大教授学》、洛克的《教育漫话》、卢梭的《爱弥儿》、裴斯泰洛齐的《贤伉俪》、斯宾塞的《教育论》、凯兴斯泰纳的《工作学校要义》、拉伊的《实验教育学》、沛西·能的《教育的重要原理及其根据》和罗素的《教育论》等，都先后移译过来。文化教育学派的思想也得到了介绍。还有来自苏联的著作，如品克微支的《教育学新论》等。如此地不分东、西，不分"资""社"地兼引并蓄，开阔了国人的眼界，充实了国人编著教育学的底蕴。

在广泛学习和研究国外教育学的基础上，我国学者涵泳、梳理，多少结合国情，编撰教育学书籍的热情迸发了出来。这主要表现在量和质两个方面：从量上看，几十家出版社或机构出版了本国学者编著的七八十种版本的教育学书籍；从质上看，影响大或较大的，有舒新城著的《教育通论》（中华书局 1927 年版）、庄泽宣著的《教育概论》（中华书局 1928 年版）、范寿康编的《教育概论》（开明书店 1931 年版）、孟宪承编的《教育概论》（商务印书馆 1933 年版）、罗廷光编的《教育概论》（世界书局1933年版)、吴俊升和王西征编著的《教育概论》、孟宪承和陈学恂合编的《教育通论》(商务印书馆1948年版)等。杜威实验主义教育学的引进与国人译、编、著教育学书籍形成了中国教育学百年中的第二次热潮。

　　这里可以说至少有三点非往昔可比。一是有些著作分析国外教育学,挑战权威。如陈科美著的《新教育学纲要》(开明书店1932年版),在分析教育的意义时,认为:"杜威之'教育即生活'说,确能指出教育之真谛……吾人进一步研究,仍发现缺点,不能不别立一圆满之说以代之,杜威学说之缺点有二:(1)解释生长之内容尚嫌简单;(2)教育之范围过于广泛。详言之,即生长内容不仅为依赖与可塑性构成,尚有其他特性与能力,教育范围亦非如生长之广,可以包含一切继续不断之历程也。"他进而提出自己的见解,即"教育乃意识之连续适应"云。

　　二是有些著作超越外来教育学的框架,力创自己的教育学体系。如庄泽宣著的《教育概论》,全书16章。学习与游戏、环境与卫生、教法与分级、课程与教材、测验与统计分章论述,再逐章讨论初等教育、中等教育、高等教育、特殊教育,由一般到具体,纵横二线,不无一定特点。

　　三是多种取向的教育学各有其一定空间。一方面,有反映国民党政治立场的教育学,如范锜著的《三民主义教育原理》(民智书局1929年版)、汪懋祖编著的《教育学》(正中书局1942年版)、潘廉方编著的《三民主义教育概论》(国民图书出版社1946年版)等,还有反映国家主义派的教育学,如余家菊编著的《国家主义教育学》(中华书局1925年版)等;另一方面,也出版了如杨贤江的《新教育大纲》,其力图用马克思主义的观点分析教育的本质与功能,论证"教育是阶级的,是阶级斗争的武器","是社会上层建筑之一,是观念形态的劳动领域之一"。其阐述了"劳动阶级的教育运动""劳动者的国际组织"[39],将为劳动者争取教育权利的宗旨贯彻到底。该书的体系在当年是独具匠心的,涵盖了对原始社会的教育到社会主义社会的教育的纵向剖析,对教育与经济、政治等的关系的横向审视,以及对教师与学生关系的独立考察,形成了该书的纵横驰骋的个性。又如钱亦石编的《现代教育原理》(中华书局1934年版)、程今吾著的《新教育体系》(重庆时代出版社1944年版,1948年由生活教育社在上海再版)也刊印了。[40]

在战争状态和物质条件极其困难的情况下,共产党领导下的地区也办有师范学校,其中有的属师资训练班、简易师范,它们都重视以马克思主义的唯物辩证法研究教育问题,强调教育实习。以20世纪40年代陕甘宁边区、苏皖边区、东北解放区为例,中等师范学校和初等师范学校多设教育原理,或新民主主义教育概论,或教育概论等课程。[41]1941年,延安的中央研究院成立教育研究室,它联系教育实践,研究创立新民主主义的教育理论,并评议各种教育理论和流派、教育史,共产党领导的各抗日根据地、国民党统治的后方以及敌占区三个地区的教育现状,等等。[42]

第三阶段(1949—1956年)

1949年9月30日,《人民日报》发表了中国人民政治协商会议第一届全体会议通过的《中国人民政治协商会议共同纲领》,其中指出:"中华人民共和国的文化教育为新民主主义的,即民族的、科学的、大众的文化教育。"10月1日,中华人民共和国宣告成立。

同年,华北人民政府教育部出版了《教育学参考资料》(新华书店1949年版,上海联合出版社印行),其"编辑大意"指明,这本《教育学参考资料》"可暂用为(师范学校)'教育概论'一科的基本教材"。1950年,南京市人民政府文教局颁发了《师范学校课程标准草案》,其中包括《教育学课程标准》。这些"基本教材"或"课程标准"以新民主主义教育为研究对象。此外,还有教材性质的著作,如常春元的《新民主主义教育教程》(上海杂志公司1950年版)等。

早在1945年,毛泽东就说过:"苏联创造的新文化,应当成为我们建设人民新文化的范例。"[43]我国东北地区解放早些,在1949年10月1日新中国成立以前，就提倡"学习苏联"，东北当时的一些教育刊物，如《东北教育》等就开始译介苏联教育的经验和理论。新中国成立初，刘少奇曾指出，中国人民的革命过去是"以俄为师"，新中国成立后同样也必须"以俄为师"，"苏联有许多世界上都没有的完全新的科学知识，我们只有从苏联才能学到这些知识，例如经济学、银行学、财政学、商业学、教育学等等"[44]。

《人民日报》于1949年11月14日发表了节译的苏联凯洛夫主编的《教育学》（1948年俄文版）第二十一章"国民教育制度"（《人民日报》题为《苏联国民教育制度》，于卓节译）。1950年3月28日，《人民日报》发表了节译的凯洛夫《教育学》第十二章"劳动教育"（《人民日报》题为《苏联的劳动教育》，蒋洪举节译）。1950年4月3日的《人民日报》又译载了冈察洛夫著的《教育学原理》（1947年俄文版）的"序言"，凯洛夫《教育学》第一章"教育学的对象和方法"的第五节"教育学是科学"（《人民日报》题为《论教育科学》，沈颖、南致善合译，并认为凯洛夫主编的这本《教育学》是理论与实践相结合的"巨著"）。这对当时急于了解苏联社会主义教育经验和理论的人来说，乃是"雪中送炭"了。

教育界迅速掀起了学习苏联的教育学热，尤其是学习凯洛夫主编的《教育学》热。这可以说是中国教育学百年中的第三次热潮了。

这个热潮的主要特征有六个方面。一是翻译了许多苏联的教育学书籍，如凯洛夫主编，沈颖、南致善等译的《教育学》（据1948年俄文第2次修订版翻译。新华书店1950年上册初版，1951年下册初版，分两册。自1951年上册第2版和下册第2版起，改由人民教育出版社先后出版，南致善做过部分修订。1951年上册第3版和1952年下册第3版，由南致善、陈侠共同修订。1953年合上、下册为第3版合订本，其中前7章，尤其是第五章的译文，又做了订正）；冈察洛夫著、郭从周等译的《教育学原理初译稿》（人民出版社1951年版）；叶希波夫、冈察洛夫编，于卓、王继麟等译的《教育学》（分为上、下两册，东北教育出版社曾出版上册，其后人民教育出版社于 1952—1953 年出版）；斯米尔诺夫著，陈侠、丁酉成译的《教育学初级读本》（人民教育出版社 1953 年版）；申比廖夫、奥戈罗德尼柯夫著，陈侠、熊承涤等译的《教育学》（人民教育出版社 1955 年版）；凯洛夫总主编，凯洛夫、冈察洛夫、叶希波夫、赞科夫主编，陈侠、朱智贤等译的《教育学》（人民教育出版社 1957 年版）；等等。上述苏联的教育学著作译本中，以凯洛夫主编的于 1950—1952 年出版的《教育学》影响最大。不少师范院校以之为教材或主要教学参考书，一些教育行政干部和中学教师也以之为业务进修读物。当时上面大力提倡，倒也总是叮嘱"结合中国实际"，可以说是一种"政府行为"；下边积极响应，教育界可以说真是满怀学习激情，奉之为教育学的"经典"。它成为衡量与评价我国教育理论和教育实践的主要依据。

二是邀请不少苏联专家讲授教育学。如中国人民大学、北京师范大学、华东师范大学等先后邀请苏联教育学专家讲学，召集师范院校老中青教育学教师办进修班，或挑选教育专业本科学生办教育学研究班等，直接听专家的讲授。

三是本国学者积极做辅导性或普及性报告。如孟宪承在华东教育部干部进行业务学习时，做学习凯洛夫《教育学》第一编"教育学总论"（《新教育》1951 年第 4 期）和第二编"教学理论"的辅导报告（《新教育》1952 年第 3 期）；又如张腾霄应北京市文教局之邀，于 1951 年春对北京市小学教师做教育学报告；曹孚于 1952 年秋和 1953 年春应上海市教育局之邀，向上海市小学教育工作者做教育学报告；等等。当年曹孚的每次报告，由速记员记录，并整版发表于《文汇报》，供教育界学习。1955—1956 年，上海市教育局还曾组织"上海市中等学校教育学广播讲座"，由张文郁、胡守棻等在上海电台分别播讲等。与此同时，报刊开始介绍一些学者的学习体会。如《人民教育》，连载青士（陈选善）的学习凯洛夫《教育学》第一章后的体会[45]。

四是学习苏联的教育学十分用心。有的研究者比照原版阅读翻译的

《教育学》,并历数翻译谬误。举例来说,正风书局于1951年出版了高晶斋、陈汝言翻译的奥戈罗德尼柯夫、史姆比辽夫(申比廖夫)所著《教育学》(据1950年俄文版),由于抢时间,瞩目于经济效益,不顾社会后果,翻译的错误累累,被陈侠、尤真、马骥雄等——读了出来(《人民教育》1952年4月号、5月号)。

五是不断引进苏联教育学研究的最新信息。如1952年苏联围绕10个教育和教育学问题展开讨论,《人民教育》1952年5月号及时进行介绍。这10个问题是:(1)教育这个社会现象的专门特点;(2)教育与经济基础的关系;(3)教育与上层建筑的关系;(4)教育是永恒的范畴还是历史的范畴;(5)教育中的阶级的、民族的以及全人类的东西;(6)教育与发展;(7)教育与遗传性;(8)对于过去的教育遗产的态度;(9)教育研究的方向与任务;(10)教育学方面的理论工作与教育实践的关系。《人民教育》1952年7—8月号,刊出胡沙译的包德列夫、叶希波夫等的《关于作为社会现象的教育的专门特点的争论总结》[①]。

六是出版国内外专家、学者的教育学讲义和报告。如波波夫的《共产主义教育思想》(人民教育出版社1953年版),普希金的《教育学讲义》(北京师范大学1952年),崔可夫的《教育学讲义(上册)》(人民教育出版社1954年版),杰普莉茨卡娅的《苏维埃教育学讲义》(华东师范大学出版社1957年版),《安娜斯达西耶娃专家教育学辅导和专题报告记录汇编》(共3辑,教育行政学院1957年),张腾霄的《小学教师业务学习讲座》(大众书店1951年版),曹孚的《小学教育讲座》(人民教育出版社1953年版,1954年再版时易名为《教育学通俗讲座》,是在上述口头报告的基础上成书的,前者先后印刷33万册,后者累计发行80余万册),等等。

在学习苏联的教育学的基础上,教育部于1952年印发了供中等师范学

---

① 在华东师范大学教育系教育学教研室编《教育学参考资料》时,胡沙译文的个别地方,曾请杜殿坤校改过;同时,文中引用马克思主义经典作家的论述,都改用了新的译文(见该书第131-157页)。又见:黄云英.关于作为社会现象的教育的专门特点的讨论总结[G]//瞿葆奎.教育学文集·教育与教育学.北京:人民教育出版社,1993:76-104.

校教学参考用的《师范学校教育学教学大纲》。这份大纲尤其参考了叶希波夫、冈察洛夫合编的苏联师范学校《教育学》的体系。教育部师范教育司邀请张凌光、丁浩川、朱智贤、陈选善等 14 位学者专家据上述教学大纲撰稿,潘开沛、王铁校订,人民教育出版社于 1953 年出版"师范学校课本"《教育学》(4 册,暂缺第二章内容)(以下简称中师《教育学》)。该书 1953 年出版第 3 版时,由王忠祥修改,曹孚校订,1956 年第 5 版则合并为 2 册,由陈元晖等修改,曹孚校订。这部中师《教育学》第 5 版的"出版者的话"说:"编写本书的目的是在学习苏联先进的教育理论和经验的基础上,试用马克思列宁主义的观点来通俗地论述教育科学问题,以供师范学校学生学习之用。"[46]

1954 年,教育部组织编订了《初级师范学校教育学教学大纲(草案)》,并说明:"新中国的教育学是研究如何对新生一代进行社会主义教育的科学。它是马克思列宁主义教育学说与中国教育实践相结合的产物。""这本教学大纲又是参照苏联教育学的一般体系拟成的。"[47] 教育部又于 1956 年组织编订了《师范学校教育学教学大纲(试用)》和《师范学院、师范专科学校教育学试行教学大纲》,都提到它们是参照了 1954 年苏俄教育部批准的师范学院教育学教学大纲,结合我国过渡时期教育的实际情况制定的。[48]

可见,当年苏联教育学的"榜样作用"是极其有力的。这一阶段,除上述中师《教育学》外,不少高师都编写了教育学教材,只是正式出版的少。举例来说,有北京师范大学教育系教育学教研室编的《教育学讲义》(上、下册,1955 年版。其后,北京出版社 1957 年第一次印刷时,分上、中、下三册,同年第二次印刷时,则分为上、下两册)、陈友端、郑其龙编的《教育学》(上、下册,1954 年版),东北师范大学教育系教育学教研室编的《教育学讲义》(上、下册,1956 年版),开封师范学院教育教研室编的《教育学讲义》(湖北人民出版社 1957 年版),等等。

由人民教育出版社出版的中师《教育学》,对全国中师影响甚大。它到 1958 年"教育大革命"时停止使用。人民教育出版社一直到 20 世纪 80

年代才出版新的中师《教育学（试用本）》教材。北京师范大学教育系教育学教研室编的《教育学讲义》前言中说，它是1953年下半年"为了提高各系公共必修教育学的教学质量，企图在几年来学习苏联先进教育理论的基础上，根据苏维埃教育学科学体系，编写一套能够初步适合要求的教育学讲稿"而面世的。它对全国高师产生过影响。

1948年俄文第2次修订版凯洛夫的《教育学》，从一个侧面说，是苏联20世纪三四十年代教育经验的写照和总结。自1931年起，联共（布）中央直接出面，反复指出："学校目前的根本缺点是：学校的教学没有提供足够的普通教育知识，学校的一项重要任务——培养充分掌握科学基础知识（物理、化学、数学、语文、地理等）而且完全符合中等技术学校和高等学校要求的人——也完成得不能令人满意。"[49]其还严厉批判了"反列宁主义的学校消亡论""伪科学的儿童学""教学法上空洞计划的设计教学法"等。犹如人们所说的，概而言之，这本《教育学》在指导思想上是"三中心"的："以书本为中心""以课堂为中心""以教师为中心"。它是苏联这个时期的产物。

在苏联以1947年对亚历山大洛夫《西欧哲学史》的批判为起点的批判运动中，俄罗斯联邦教育科学院教育学理论和教育史研究所于1948—1950年也组织了对麦丁斯基的《教育史》、奥戈罗德尼柯夫和申比廖夫的《教育学》、凯洛夫主编的《教育学》、格鲁兹杰夫的《教育和教学问题》，以及冈察洛夫的《教育学原理》的讨论与批判。[50]我们许多人只知道冈察洛夫的《教育学原理》曾受到过学术上的批判①，但是长时期以来并不了解或不大了解凯洛夫主编的这本《教育学》也曾受到学术上的讨论和批判。在那次哲学社会科学领域的批判运动中，总的矛头是针对所谓"资产阶级客观主义""反爱国主义的世界主义"。

历史地看，我国当时学习、移植苏联的教育学是有其积极意义的。从

---

① 郭从周、石宝常译《教育学原理》时，把一些讨论和批判文章以及冈察洛夫本人所做的检查，已作为"附录"。

教育实践的角度看，苏联的教育学强调制度化教育，这种教育学对稳定新中国成立初期学校的教学秩序，提高教育质量，起了一定的推动作用。从教育学建设的角度看，苏联的教育学帮助国人完成了教育学理论模式的格式塔转化，填补了当年社会主义教育理论的空白。当然苏联的教育学本身有许多不足，如操作性较强、理论性较差，教条性较强、辩证性较差，等等。由于种种原因，一般来说，当时这些不足或在热忱的学习下未多察觉或在反复号召全面学习苏联的条件下不便分析。

在这一阶段，由于1951年我国思想战线上批判资产阶级思想的过程中发生了电影《武训传》宣传"武训精神"的问题，《人民日报》于5月20日发表社论《应当重视电影〈武训传〉的讨论》。全国文教界开展了学习社论和批判《武训传》及"武训精神"的运动，并进而对陶行知教育思想进行批判。[51]

陶行知于1946年逝世后，至1951年以前，对他的评论的基调是：陶行知是伟大的人民教育家；陶行知的教育理论为新民主主义的教育理论。从批判"武训精神"开始发起的批判，主要倾向是：陶行知的教育思想是改良主义，基本上是杜威的实验主义。[52]批判采取政治运动的做法，就不是学术的争鸣，不仅出现一时的"大褒"，一时的"大贬"，而且出现同一个人观点前后迥异的现象。[53]

同时，也对陈鹤琴的"活教育"展开了批判。对陶行知和陈鹤琴的教育思想的批判从1951年延续到1953年。

1957年下半年，有人对陶行知教育思想从1951年起受到的批判提出异议，于是展开了1957—1959年的学术讨论。

也是在这一阶段，1954年俞平伯所做的《红楼梦》研究中的"胡适派资产阶级唯心论"受到了批判。并且当时认为，在教育领域中几年来没有对资产阶级教育思想进行系统的批判，抓紧批判杜威、胡适的实验主义教育思想，进而批判其他资产阶级教育思想，是宣传唯物主义思想、批判资产阶级唯心主义思想的一个重要组成部分，同时也是我国教育建设中的一个重要任务。一些报刊开始批判杜威、胡适的实验主义教育思想。《人民教育》于1955年5月号发表题为《批判唯心主义思想的重大意义》的社论，号召教育界全面开展对教育领域的资产阶级唯心论的批判，并开辟专栏。这一批判运动持续至1957年。[54]

关于对杜威实验主义教育思想的批判，例如《人民教育》1950年就发表过曹孚的《杜威批判引论》（1951年3月由人民教育出版社出版单行本，又见《曹孚教育论稿》，华东师范大学出版社1989年版）。自1955年开始延至1957年左右的对杜威、胡适实验主义教育思想的批判，是"运动式"的"急就篇"。在当年的批判中，出版过若干本书籍，论文极多。人民教育出版社在1955年、1956年曾选编报刊上的文章，汇集成《资产阶级教育思想批判》第1集、第2集、第3集出版。运动式带有政治性的自上而下的批判，往往是"宁左勿右"的，往往是用凸透镜和放大镜的，或临阵磨枪，或违心随流，如此等等。这里失却了"言不得过其实，实不得过其名"的古训。在新中国近50年的教育学建设中，这种消极的影响殊多且大。只是到粉碎"四人帮"和改革开放以后，对杜威实验主义教育学才有了较全面的评价，如赵祥麟的《重新评价杜威实用主义的教育思想》[55]等。

这次批判运动，也兼及批判晏阳初的平民教育思想和实践，批判梁漱溟的乡村教育思想和实践。

第四阶段（1957—1966年）

1956年，《人民日报》先后发表《关于无产阶级专政的历史经验》《再论无产阶级专政的历史经验》，明确提出"反对现代修正主义"。中苏关系开始发生变化。凯洛夫的《教育学》在我国1958年的"教育大革命"中开始受到批判，这迫使我国拿出自己的教育学。另外，1956年我国社会主义改造基本完成以后，正号召向现代科学进军，我国教育步入了一个新时期，需要相应的理论。

这个阶段大体上可分两个时期：一是以1958年"教育大革命"为中心的前4年（1956—1960年），二是以1960年开始的调整、总结为开端的后6年（1960—1966年）。在教育学的建设历程上，留下了这两个时期的一些色彩。

1955年夏，教育部在上海召开了一次高师教育学教学大纲的讨论会，提出要"创建和发展新中国教育学"[56]。随后，有些同志论述了教育学中国化问题。其实，在中国教育学史上，过去在引进赫尔巴特教育学、杜威教育学的过程中，也曾有教育学家在不同的具体条件下，提出过教育学中国化或类似中国化的课题，在引进凯洛夫教育学过程中这一课题又提了出来。可见这是一个合规律性的问题。教育学中国化就是要建设中国的教育学。在教育学中国化问题上，尤其如曹孚，他于1957年春应中央教育行政学院之邀，做了题为"教育学研究中的若干问题"的学术报告，其后应《新建设》杂志的要求，根据记录稿，整理成文。他在教育观念上对以凯洛夫主编的《教育学》为代表的苏联教育学提出了挑战，从教育与社会结构等基本问题入手，阐述教育学研究中的方法论，反对教育理论中的僵化观念，批评把马克思主义教育理论教条化，否定把社会主义教育模式化与孤立化，从而在方法论方面丰富了教育学中国化的理论基础。[57] 1957年4月底开始的整风运动，6月上旬起迅速转为反右派斗争。6月8日《人民日报》的社论《这是为什么？》是序幕。当时还是一个"半青半黄时期"，对苏联的教育理论还是不可擅作评论的，不宜指天画地的。曹孚的超前行为，当然受到批判。他写了检讨[58]，但也滑到了所谓"边缘"。反右派斗争是一场大规模的、急风暴雨式的群众性的政治运动。它严重地扩大化了，严重地混淆了两类不同性质的矛盾。反右派斗争，使刚起步的教育学中国化的探赜索隐，几乎倏然而止。

1958年4月，中央召开的教育工作会议讨论了教育工作方针，批判了教育部门的教条主义、右倾保守思想，以及教育脱离生产劳动、脱离实际，并在一定程度上忽视政治、忽视党的领导的错误；又认为凯洛夫的

《教育学》是一本社会主义教育学著作,采用凯洛夫的《教育学》就代替了杜威的实验主义教育学。会议同时认为凯洛夫的《教育学》还存在不少问题:在培养目标上,认为能从事任何职业是空想主义;在党的领导上,不强调教育工作除了思想原则上的领导外,还有具体政策上的领导;在办学上,单一刻板;在教育方法上不要因材施教,并主张中国要有自己的教育学。6月,教育工作会议继续举行,讨论学校下放、中小学学制和课程等问题;同时指出凯洛夫的《教育学》从反对"教育即生活"走向另一极端,强调基础知识,忽视教育与生产劳动结合,尤其是忽视党的领导,于是被否定了的那套西欧资产阶级教育学复活了。[59]

在"鼓足干劲,力争上游,多快好省地建设社会主义"总路线的号召下,在工农群众运动推动下,各级各类学校师生"破除迷信,解放思想",也发扬了"敢想、敢说、敢干"的创造精神,迅速出现了教育"大跃进"的局面,贯彻了教育与生产劳动相结合的方针,实行了勤工俭学,出现了大办工厂、大办农场,课程、教学改革的群众运动。"教育大革命"开始了!

《红旗》杂志和《人民日报》在1958年8月发表了陆定一的文章《教育必须与生产劳动相结合》[60],9月中共中央、国务院发布了《关于教育工作的指示》[61],都指出:党的教育工作方针,是教育为无产阶级的政治服务,教育与生产劳动结合。为了实现这个方针,教育工作必须由党来领导。

教育界对凯洛夫的《教育学》进行了内部的批判,批判它不要教育与生产劳动相结合,批判它不要教育为无产阶级政治服务,批判它不要共产党的领导,也批判它的书本中心、课堂中心和教师中心。20世纪50年代初期,教育界对凯洛夫的《教育学》唯恐学得不认真、不系统、不全面;50年代后期,教育界则对凯洛夫的《教育学》唯恐批得不认真、不系统、不全面。不亦"天悬地隔"乎?

"教育大革命"的极"左"浪潮汹涌澎湃,对教育学建设产生了不小的负效应。中国教育学百年中的一个小曲折就发生在这个时期。北京师范大学1958年9月编的《教育学教学大纲》中说,"过去教育学的教学,不是从毛主席的教育思想出发,不是从党的教育方针出发,不是从我国的教育实际出发",这也许是当时许许多多教育理论工作者"深刻反思"的说法。在"教育大革命"中,贯彻了"大跃进",坚持了"群众路线",发动大学本科生(可能有的还没学过或没学完教育学课程)参加或单独编写教育学教学大纲,甚至教育学教材,并与教师编写的大纲或教材一起进行评量。结果总是学生的先进,教师的落后;学生的受表扬,教师的挨批评。在教育学中国化道路上,真是"水有九道弯,路有十八坡"。

1959年下半年,华东师范大学、上海师范学院、上海市教育局、共青团上海市委和上海教育学会等组成的上海教育学编写组,在"大跃进"的鼓舞下,在"反右倾"的声势下,试图编著一部具有真正中国气派的一流的社会主义教育学。它"以毛泽东教育思想为唯一指导思想,以党的教育方针为红线,从理论上和实际上来阐述毛泽东教育思想和党的教育方针,并反映我国教育革命的丰富经验,尤其是1958年教育大革命以来丰富的创造性经验,全面揭露全日制学校(以中小学为主)、半日制学校和工农业余学校教育的规律性,使我们的教育能为伟大教育革命服务,为多快好省地发展社会主义教育事业服务,为社会主义建设总路线、大跃进和人民公社三大法宝服务"。1960年《教育学(初稿)》出版了。

《教育学(初稿)》分为五编:第一编,毛泽东关于教育的基本理论;第二编,全日制学校教育;第三编,半日制学校教育;第四编,工农业余学校教育;第五编,教育的科学研究。这是一本囊括了普通教育与职业教育、全日制教育与业余教育的"百科全书式"的"大教育学"。就其与其他教育学著作的可比部分,即对全日制学校教育的论述而言,共有九章:全日制学校的性质和任务、德育、智育、体育、学生的生产劳动、学生的科学研究与科技活动、学校中的共青团少年先锋队与学生会、班主任工作、学校的组织和领导。在其"智育"一章中,智育的基本原则被概括为:"加强党对教学工作的领导,确保教学的共产主义方向""贯彻群众路线,大搞群众运动""理论联系实际""全面发展与因材施教相结合"。

"教育大革命"中不少实践上"左"的措施和不少理论上"左"的思想,逆教育客观规律而行,造成教育工作的混乱,教育质量的下降,早已由历史做出结论。用一些论者的讲法,以"教育大革命"为中心的这一阶段前期编写的教育学教材,往往有方针政策学、方针政策诠释学之嫌,甚至就是方针政策学、方针政策诠释学。这在实质上是否定了教育学自身。可是也要看到,走这种方针政策学、方针政策诠释学的道路,在当年是无可奈何的抉择,也是一种"明智的经验总结"。不其然乎?

这一时期的教育学教材,还有河北北京师范学院教育教研室编的《教育学讲义》(河北人民出版社1959年版),南京师范学院教育系编的《教育学》(江苏人民出版社1959年版),华东师范大学教育学教研组、上海师范学院教育学教研室编的《教育学讲义(初稿)》(上、下册,1959年版),上海市师范学校教育学教材编写组编的《教育学讲义(试用稿)》(上、下册,1959年版),华南师范学院教育系教育学教研组编的《教育学讲义(初稿)》(1959年版),华中师范学院教育系编的《教育学(初稿)》(1959年版),等等。

进入20世纪60年代,一方面,全国工、农、商、学都进行调整,教育领域"左"的倾向得到了遏制,教育学建设出现了转机。特别是周扬在1961年4月中央宣传部召开的高等学校文科教材会议上做了报告,为编写教育学教材提供了重要的指导原则[62]。与此同时,教育部从1961年开始,草拟了《高校六十条》,即《教育部直属高等学校暂行工作条例(草案)》,1978年修订,更名为《全国重点高等学校暂行工作条例(试行草案)》。《中学五十条》,即《全日制中学工作暂行条例(草案)》,1978年修订,更名为《全日制中学暂行工作条例(试行草案)》。《小学四十条》,即《全日制小学暂行工作条例(草案)》,1978年修订,更名为《全日制小学暂行工作条例(试行草案)》[63]。它们是在1961年执行"调整、巩固、充实、提高"八字方针的过程中,总结了新中国成立以来大、中、小学教育的主要经验,尤其是1958年以来正反两方面经验的成果。

另一方面，进入 60 年代以后，在"阶级斗争必须年年讲、月月讲、天天讲，阶级斗争一抓就灵，千万不要忘记阶级斗争"的背景下，全国开展了以反对"现代修正主义"教育思想为中心的批判运动，批判了所谓的资产阶级"量力性"原则、"系统性"原则，批判了所谓超阶级的"母爱教育""美育""红专"等，对凯洛夫主编的《教育学》，尤其对凯洛夫总主编的《教育学》，进行半公开的"笔伐"。例如《人民教育》于 1964 年 6 月号发表了《社会主义教育学中的一个重要问题》《资产阶级教育观点必须批判》等文章；1965 年 2 月号刊登了《冒牌的马克思主义教学论》，3 月号刊登了《"智育第一"思想必须批判》等文章。"口诛"是"教育大革命"的继续，是相当公开的。例如 1964 年暑期，江西省教育学会在庐山举行教育学讨论会，逐章批判凯洛夫的《教育学》，等等。

1961 年那次高等学校文科教材会议，确定由刘佛年主编一本教育学教材。当他拿出编写组的《教育学提纲（初稿）》后，周扬针对它先就政策与理论、共同规律与特殊规律、阶级观点与历史观点、史与论、正面问题与反面问题、共性与特性等一般性问题提了意见，然后逐章提出建议。周扬认为：要以探索特殊规律为主，但不能忽视共同规律；要历史地看问题，并把历史的方法与逻辑的方法结合起来；教科书以正面讲述为主；要注意教育学的学科特点。周扬谈话的方法论意义，至今依然有其重要价值。嗣后 3 年，刘佛年主编的《教育学（讨论稿）》4 次内部印刷试用，4 度修改补充。从 1962 年第 1 次印刷试用，到 1964 年印刷试用，已踏入 1963—1964 年"九评"的岁月。由于"文化大革命"的原因，这本书长时间没有出版。粉碎"四人帮"后，为应教学上的急需，这本书 1978 年重印了一次。后应人民教育出版社的要求，《教育学（讨论稿）》（上、下册）稍加修改于 1979 年正式出版，署名为"上海师范大学《教育学》编写组"[①]，旋又合成一册，到

[①] "文化大革命"中，1972 年，华东师范大学、上海师范学院、上海体育学院、上海半工半读师范学院和上海教育学院五院校被强行合并，改名为"上海师范大学"。1978 年，上海师范学院、上海体育学院、上海教育学院相继恢复建制，从"上海师范大学"中分离出去。1982 年，经教育部批准恢复华东师范大学原名。

1981年人民教育出版社停印时，已印刷4次，印数近50万册。对于这本《教育学》，人们自有议论，有人认为它以提高理论水平和"古今中外法"为方法论原则，力求从"政策汇编"与"工作手册"式的教育学模式下解脱出来[64]。作为特定条件下的产物，虽然它曾以努力探讨教育规律为己任，并在联系我国当时的实际上迈出了一步，但毕竟不可避免地留下了"阶级斗争为纲"的一些时代痕迹。

高等学校文科教材会议后，同期还有其他的教育学著作出版，如：北京师范大学教育系教育学教研室编写的《教育学讲授提纲（初稿）》（1961年版），师范学校《教育学讲义（初稿）》（江西教育出版社1962年版），《教育学讲义（试用本）》（福建人民教育出版社1962年版）；华中师范学院教育系教育学教研组编写的《教育学》（1962年版、1963年版）；等等。

第五阶段（1966—1976年）

1966年5月—1976年10月的"文化大革命"，使我国的生产力和生产关系、经济基础和上层建筑、科学和技术都遭到新中国成立以来最严重的破坏。这是国家的灾难、民族的灾难、人民的灾难，也是学术的灾难。这是10年"人妖颠倒是非淆"的疯狂岁月！

1966年5月，《中国共产党中央委员会通知》（即"五·一六通知"）中提出"彻底批判学术界、教育界、文艺界、出版界的资产阶级反动思想，夺取在这些文化领域中的领导权"。6月1日，《人民日报》发表了题为《横扫一切牛鬼蛇神》的社论，其中说："一个无产阶级文化大革命的高潮，正在占世界人口四分之一的社会主义中国兴起。"同一天晚上，在各地广播电台联播节目中，全文播放了经授意的北京大学七人的一张有"国际知名度"的大字报。次日，即6月2日，《人民日报》在头版头条刊登了这张大字报，并发表了题为《欢呼北大的一张大字报》的评论员文章。这张大字报说："坚决、彻底、干净、全部地消灭一切牛鬼蛇神，一切赫鲁晓夫式的反革命修正主义分子,把社会主义革命进行到底。"所谓"上揪下扫","文化大革命"迅即席卷全国。

"文化大革命"开始后,在一片打倒声中,在一片砸烂声中,在一片斗争、批判声中,教育学在劫难逃。这是中国教育学百年中的一次大曲折、大破坏。1966年8月,中共中央《关于无产阶级文化大革命的决定》("十六条")规定:"改造旧的教育制度,改革旧的教育方针和方法,是这场无产阶级文化大革命的一个极其重要的任务","在这场文化大革命中,必须彻底改变资产阶级知识分子统治我们学校的现象"。

大约在所谓"复课闹革命"后,"教育学"的名称才先后出现在师范院校的校园里。当时对中小学的复课闹革命是这样说的:复课闹革命,复的是毛泽东思想的课,上的是无产阶级"文化大革命"的课;上课,主要是结合无产阶级"文化大革命",认真学习毛主席著作和语录,学习有关无产阶级"文化大革命"的文件,批判资产阶级的教材和教学制度。

那时师范院校里"教育学"这个名称所表征的,是语录化的"最高指示"。教育学语录化了,有的院校干脆叫"毛泽东教育思想课",在许多师生心目中是"毛泽东思想教育课"。其教学纲目往往是:"教育要革命""必须在教育领域对资产阶级实行全面专政""无产阶级的教育方针""坚持'五·七指示'和'七·二一指示'的道路""学校一切工作都是为了转变学生的思想""改革旧的教育制度、改革旧的教学方针和方法""教改的问题,主要是教员问题""工人阶级必须领导一切,加强党对教育工作的领导",以及"建国以来教育战线两条路线的斗争"等。这些专题都是介绍和讲解毛泽东的语录的,因而教育学变成了"语录学"。这些语录是教育大批判的特殊武器,因此讲语录与批教育学相互为用,可以说这合成了当年的"语录教育学"。

有论者认为,"在一定意义上,可以说文化大革命的发动和延续正是推行对毛泽东个人崇拜的结果"[65]。林彪、"四人帮"是"天才"的造神论者。毛泽东被神化了,毛泽东思想,包括毛泽东教育思想的作用也被神化了。各种辑集的"教育革命"的语录不说"铺天",也是"盖地"了。1967年人民出版社发行的语录《毛主席论教育革命》,说这本陈伯达一伙编辑的本子,是进行无产阶级教育革命的伟大纲领,并要求各地立即在一切学校中掀起一个学习和执行这个纲领的群众运动[66],连小学生也人手一册。

1971年4月15日至7月31日,"四人帮"控制了所谓的"全国教育工作会议",由迟群"挂帅"起草、姚文元修改、张春桥定稿,编造了名噪一时的所谓《全国教育工作会议纪要》(以下简称《纪要》)。它全盘否定新中国成立后17年的教育工作,提出所谓"两个估计":"文化大革命"前17年的教育战线是资产阶级专了无产阶级的政,是"黑线专政";大多数知识分子的世界观基本上是资产阶级的,是资产阶级知识分子。这个《纪要》称"全民教育""天才教学""智育第一""洋奴哲学""知识私有""个人奋斗""读书做官""读书无用"为17年资产阶级统治学校的八根精神支柱。张春桥、姚文元一下子成了"教育学"的暴发户。这个《纪要》,是这些"教育学"骗子被钉在中国当代教育学史的耻辱柱上的一份黑色的骗子"教育学"。

历史往往是一位公正的"法官",有时也会成为最大的"被告"。10年"文化大革命",是一场为了错误的目的、用错误的方法发动的一场错误的运动。它留给人们的思索是十分沉重的。当时广大的教育学工作者真感到:天苍苍,地茫茫,教育学在何处?

这一时期只给人们留下了教育学的零星的"证明性"材料,如上海师范大学教育系《教育学》公共教学小组编的《凯洛夫修正主义教育思想批判辅导材料(初稿)》(1972年版)、广西师范学院教育革命理论教研组编的《教育学讲义(试用稿)》(1973年版)、广东师范学院教育学教研室编的《教育学讲义(讨论稿)》(1974年版)、上海市出版革命组编的《彻底批判凯洛夫的〈教育学〉》(1970年版)等。

第六阶段（1976 年— ）

1976 年粉碎了"四人帮"，一场 10 年历史的、时代的悲剧落幕了。之后，全国人民批判了所谓的"两个估计"和"两个凡是"，并开展了"关于实践是检验真理的唯一标准"的讨论，使教育学工作者重新解放了思想，决心更新观念，矢志重振教育学。这在 1978 年萌发、1979 年兴盛，历时 10 年之久的"教育本质"的讨论中也可得到印证。1978 年，于光远在《学术研究》上发表《重视培养人的研究》[67]一文，认为教育这种现象，虽含有上层建筑的东西，但不能说教育就是上层建筑。这是向当时"教育是上层建筑的一部分"的习惯性认识的挑战。"一石激起千层浪"，"教育本质"的争鸣开始了，《教育研究》杂志成为主要论坛。1978—1996 年，全国各类报刊发表教育本质的讨论文章约 300 篇，关于教育本质的"生产力说"与"上层建筑说"之辩、"双重属性说"与"多重属性说"之辩、"社会实践活动说"与"特殊范畴说"之辩、"生产实践说"与"精神生产说"之辩、"社会化说"与"个性化说"之辩、"培养人说"与"传递说"之辩、"产业说"与"非产业说"之辩等，确乎百花齐放，蔚为壮观。

1983 年邓小平为景山学校题词："教育要面向现代化，面向世界，面向未来。""三个面向"是我国教育理论和实践的旗帜。它成为教育学界关注的主题，人们围绕它相互研讨，著书立说，形成热点。

如此活跃的学术气氛，与高师院校对教育学的迫切要求，促进了 20 世纪 70 年代末至 80 年代中期即"文化大革命"后首批教育学教材的出版。刘佛年主编的《教育学（讨论稿）》于 1979 年出版时，在"前言"中说："稿子是十多年前写的。现在看来，许多内容已经陈旧，理论上也存在着不少缺点和错误。"又说："这个讨论稿在表述上，从概念、从方针政策出发多，从实际出发，提出问题、分析问题少。在编写时，我们虽然注意到把历史的叙述和逻辑的证明结合起来，可是由于水平的限制，没有做到材料与观点的统一。有的地方,只作论断,缺乏材料;也有的地方,材料堆砌,分析不足。文字也写得呆板,读起来很不生动","殷切期望不久就有较好的教育学教材来代替这本旧作"。自我剖析,存真求实;拳拳之情,寄于来者。

1978年,北京师范大学教育系教育学教研室率先编写了《教育学讲授提纲(征求意见稿)》(四个分册),1980年修订为《教育学讲授提纲》(上、下册);徐国桼主编的中等师范学校试用课本《教育学》,也于1979年出版;华中师范学院、河南师范大学、甘肃师范大学、湖南师范学院和武汉师范学院五院校一些同志协作编写的高等师范学校本科公共课教材《教育学》,于1980年由人民教育出版社首次出版,经多次修订再版,共发行200余万册,后由王道俊、王汉澜担任主编,对这本教育学教材进行了较大修改,于1988年由人民教育出版社出版[书名修改为《教育学(新编本)》],1989年又出版了第2版;南京师范大学教育系编的高等师范学校教育系本科用教材《教育学》,由人民教育出版社于1984年出版,它是在1980年编的《教育学》基础上做了较大修改而完成的;顾明远、黄济主编的中等师范学校教材《教育学》,作为试用本由人民教育出版社1982年出版,1987年出了第2版;等等。

这些先声之作为带动我国教育学的迅速发展做出了自己的贡献。在它们之后,到1990年12月为止,经与北京中国版本图书馆核实,我国公开出版的各个类别、各种层次的教育学教材共111本(包括哈萨克文的、朝鲜文的)[68],尤以1986—1989年为高峰期。在1979—1990年12年时间里,各种教育学教材可谓风起云涌、火树银花,且多有融汇、取舍。1991年至今,估计又增二三十本。这表明教育学工作者力求使教育学教材配套,并在各种层次上使比较单一化的教材转向多样化。各种教育学本子,在框架结构、理论研讨、反映实践、表达形式等方面,都有所尝试。在这么多教材面前,读者一方面感到有如"山阴道上,应接不暇";另一方面,又不时有"似曾相识燕归来"的议论。对有的教材自诩在观点、内容和形式上的"突破"云云，论者称"雷声"与"雨点"未必谐和；对有的教材以"新""填补了空白"自负，论者认为评价的主体在出书后的读者，而不是出书前的作者。诚哉斯言。

教育学的教材建设，这一阶段是在改革开放的氛围中前进的，同时也面临着一些问题，需要反思。例如：教育学教材中较合理的教学目标是什么？又该如何理解教育领域中的实践与理论、规律与政策、历史与逻辑、批判与继承等之间的关系？再如教育学教材改革和建设的"出路"在哪里？还有，教育学作为一门社会科学与作为一门课程的教材，其建设的关系怎样？如此等等。

在这个阶段，与教材出版并行的是一批教育学专著的出版。例如厉以贤主编的《现代教育原理》（北京师范大学出版社1988年版）、张诗亚和王伟廉的《教育科学学初探》（四川教育出版社1990年版）、成有信主编的《现代教育引论》（河南教育出版社1992年版）、陈桂生的《教育原理》（华东师范大学出版社1993年版）、孙喜亭的《教育原理》（北京师范大学出版社1993年版）、方展画的《教育科学论稿》（上海教育出版社1995年版）、黄济和王策三主编的《现代教育论》（人民教育出版社1996年版）、陈桂生的《"教育学视界"辨析》（华东师范大学出版社1997年版）等。此外，不少教育出版社先后出版了多部教育学或教育丛书，还出版了一些参考资料，如华东师范大学教育系教育学教研室编的《教育学参考资料》（上、下册，人民教育出版社1980年版），南京师范大学、上海师范大学、安徽师范大学、苏州大学、扬州师范学院教育学教研室合编的《教育学教学参考资料》（3册，人民教育出版社1985年版），瞿葆奎主编的《教育学文集》（26卷共30本，人民教育出版社出版）。

国家教育委员会师范教育司为了推动教育理论的研究和建设，从1991年起，组织教育理论工作者、教育行政方面的专家和优秀中小学教师等成立了课题研究组，经五次研讨会，八度改稿，组编了《教育学学科建设指导性意见》（人民教育出版社1995年版）。

这个阶段，还翻译出版了一批外国的教育学专著和教材，如：联合国教科文组织国际教育发展委员会编著、华东师范大学比较教育研究所译的《学会生存——教育世界的今天和明天》（上海译文出版社 1979 年版，教育科学出版社 1996 年版）；米亚拉雷等著，郑军、张志远译的《教育科学导论》（国际教育局"教育科学丛书"之一，光明日报出版社 1989 年版），思穗、马兰也译了这本书（教育科学出版社 1991 年版）；巴拉诺夫等编、李子卓等译校的《教育学》（人民教育出版社 1979 年版），陈历荣等也译了这本书（青海人民出版社 1985 年版）；哈尔拉莫夫著、丁酉成等译的《教育学教程》（教育科学出版社 1983 年版）；休金娜编、华东师范大学比较教育研究所译的《中小学教育学》（人民教育出版社 1984 年版）；巴班斯基主编、李子卓等译的《教育学》（人民教育出版社 1986 年版）；奥恩斯坦著、刘付忱等译的《美国教育学基础》（人民教育出版社 1984 年版）；大河内一男等著，曲程、迟凤年译的《教育学的理论问题》（教育科学出版社 1984 年版）；筑波大学教育学研究会编、钟启泉译的《现代教育学基础》（上海教育出版社 1986 年版）；等等。

综观这一阶段，我国教育学建设的成绩斐然可观，其方方面面，促成了中国教育学百年中的第三次热潮，而且是中国教育学百年史中一次空前的热潮。它似乎有如下主要特点。一是在主体上，思想解放，自觉性强，许多教育学研究者向历史负责，放眼世界，四海择珍，广收教育信息。二是在内容上，一些新的研究成果以及许多新的教育观念都被吸收到教育学中来。三是在方法上，思辨与实证、定性与定量互补为用的观念正在为大多数研究者接受，并逐步落实到研究过程中。四是在结果上，如前所述，各种版本的教育学著作如雨后春笋，其中有学风严谨、思路开阔、具有一定特色的著作。但毋庸讳言，也还有为数甚少而社会影响甚坏的一些情况。如为评职称突击编写的"复印式"教育学书籍；热衷外延轻视内涵，套用新概念叙述旧话语编写的"装潢式"教育学书籍；借权行事，利用行政手段与"红头"文件发行的"树碑式"教育学书籍；"跨校合股"，自编自用、短平快的"同仁式"教育学书籍；以实利为目的编写的"创收式"教育学书籍。这是教育学界既要敢于面对自己，又要敢于面对别人，端正学风的问题。

我国台湾教育学者也有许多成就。在近50年中，前后编著正式出版四五十册著作，其中如田培林主编的《教育学新论》（文景出版社1968年版）、庄怀义等的《教育概论》（空中大学1994年版）、叶学志主编的《教育概论》（正中书局1994年版）、王家通主编的《教育导论》（丽文文化事业股份有限公司1995年版）、欧阳教主编的《教育概论》（师大书苑有限公司1996年版）等尤可注目，贾馥茗的《教育概论》（五南图书出版公司1979年版）具有独特观点，黄光雄主编的《教育概论》（师大书苑有限公司1990年初版，1991年增订版）印行最多。又如杨深坑的《理论·诠释与实践——教育学方法论论文集（甲辑）》等，甚有分量。

历史是"见证人"，它把中国百年教育学的光明与灰暗、荣耀与羞辱、进步与落后，努力和盘托出，让人评说。

应 然 求 索

如果说上面实然描绘我国教育学百年的画面是"形"于外的话，那么教育学研究者对教育学的应然的思考就是"神"于内了。盖实然重于事实的求"真"，而应然倚于价值的求"善"、求"美"。面对这一个百年求解的问题，我国教育学研究者或常以教育学科学化、中国化和现代化的有关命题为审思对象。这里的"应然求索"，试亦作结束语。

（一）教育学科学化的思考

教育学科学化是一个过程，也许是一个永恒的课题。它的直接命题是：怎样使教育学成为一门科学？教育学是一门什么样的科学？20世纪初的教育学研究者大都强调实证方法，追求教育学"自然科学化"。

受赫尔巴特学派的观点和实验教育学派的倾向等影响，在1918年我国就有人说："至海尔巴脱出，遂有所谓科学的教育学发现。"[69]于是出现了"建立教育学究当如何"的思考。在西方，早有学者称赫尔巴特的《普通教育学》以实践哲学（伦理学）说明教育的目的、以心理学说明教育的方法，为教育学奠定了科学基础，是第一本以教育学命名的书籍①；称他使教育学成为一门独立的科学，他是科学教育学的创始人。甚至有的学者说，在很长的时间里，人们把赫尔巴特教育学与科学教育学看成同义词。

然而在实验教育学派看来，要使教育学具有科学性，就必须革除教育学的思辨性，采用实验的方法。而赫尔巴特及其学派的教育学仍属思辨教育学。实验教育学是自然科学蓬勃发展的产物，尤其是实验心理学发生、发展下的产物。同时，由于实验教育学逐步为人们熟悉，人们开始感到"近代科学之所以迅速发达，其原本于实验；教育家有鉴于此，以为研究教育，或实施教育，也非注重实验不可"[70]。例如，德国实验教育学创始人之一的拉伊就认为实验教育学才是新教育学，才是科学教育学。新教育学与旧教育学的主要区别，在于它们积累经验的方式和研究方法不同；科学教育学与思辨教育学的主要区别在于前者运用包括系统观察、统计以及与假设、验证连成一体的实验，对教育现象做客观的因果解释，而后者运用的方法多是一些个人的经验与推论。[71]而且拉伊还认为只有实验教育学才是"普通教育学（一般教育学）"，才是"全球通用的教育学""全世界的教育学"，因为它使实验研究在世界各地都能重复验证和推广、深化。[72]

当年我国论者反映出这样的观点："今日时令所趋，教育学术受了科学的洗礼"，往后教育研究应"（一）打破个人之私见，求客观的标的。

---

① 德国的特拉普（1745—1818）是主张从经验科学入手建立教育学的先驱。他是与康德同时代的教育学者。1779年他就任哈雷大学教育学教授，这是德国设教育学讲座之始。翌年，即1780年，他的授课讲义《教育学探究》（*Versuch einer Pädagogik*）刊行。它较由林克（F. T. Rink）于1803年编辑出版康德的《论教育学》（*Über Pädagogik*）要早23年，较赫尔巴特1806年出版的《普通教育学》要早26年。参见：杨深坑. 理论·诠释与实践：教育学方法论论文集：甲辑[M]. 台北：师大书苑有限公司，1988：118, 188.

(二) 废除散漫的观察, 做严密的实验。(三) 由等级的评判, 进于单位的测量。(四) 由定性的方法, 进于定量的研究"[73]。这些见解多少受了当时德国教育学者克莱茨迈的影响。他写了一本《哲学教育学之末运》, 宣告空疏的教育理论的"死刑", 认为"传统的哲学的教育学不久将自归消灭"。这番话的底蕴被科勒揭示出来。科勒认为, 克莱茨迈所谓的"哲学教育学之末运"一语, 是经验教育学派的口号, 他们排斥思辨的教育学, 而以纯粹经验的科学为基础去建设一种经验的教育学。[74]

在当时的条件下, 人们认为教育学科学化的主要标准之一是: 有科学精神、用科学方法。某种学术含有科学的精神, 而完成的步骤采用科学方法, 亦得成为一种科学。所谓科学的精神, 列举起来, 约有几件, 最有关系的就是: (1) 求真实的知识; (2) 化品质为数量; (3) 执简驭繁; (4) 纯客观; (5) 有系统; (6) 可反复证明。[75]当时要求的教育学的科学化主要是"自然科学化"。许多教育学研究者热衷于在教育学中介绍如梅伊曼、拉伊等人的实验教育学以及实验法、观察法等实证方法。如钱歌川在《现代教育学说》(中华书局1934年版) 中介绍的第一个学派便是实验教育学; 舒新城著《教育通论》(中华书局1927年版)、庄泽宣著《教育概论》(中华书局1928年版)、陈科美著《新教育学纲要》(开明书店1932年版) 等, 都有专章或专节论述教育科学方法。

较早对这种自然科学化倾向发难的研究者, 于1918年撰文批评了盲目采用实验等实证方法的做法: "研究之态度, 必不可舍本求末。苟先致力于理论的研究, 而后根据理论以为实际的研究……所谓实际的研究, 当以自己之教育理想及理论证之于实际……若无意义无理想之实际, 只可谓之教育的游戏实际。"[76]

后至20世纪30年代, 蒋径三发表了《反海尔巴脱主义者迪尔泰的教育思想》, 进一步深化了对自然科学化倾向的批评, 指出1888年迪尔泰 (狄尔泰) 发表了《关于普遍的妥当的教育学的可能》 [今译为: 《论普遍性教育科学的可能性》(Uber die Moglichkeit einer allgemeingultigen Padagogischen Wissenschaft)］一文，客观上否定了赫尔巴特教育学的"科学的教育学的普遍性"。狄尔泰认为绝没有超越时空而适合任何时代、任何民族的普遍性的教育学，绝没有可能建立自然科学般的纯然经验的教育学，只能建立基于精神科学的考察法的教育学。精神科学的考察法有"历史与心理的两方面的特性"[77]。

狄尔泰是精神科学教育学即文化教育学第一代的代表，这个学派以精神科学为理论基础。他认为，赫尔巴特教育学不考虑民族的差异性以及国家对现存学校制度的需要而树立一般的模式，而且视学生为物，为单纯的客体，是一种没有人的教育学。他主张把这种传统教育学的单一的知的教育，转变为知、情、意三者整合的活生生的真正主体的教育——总体的人的教育、全人的教育。[78]总之，狄尔泰的精神科学的考察法就是要研究"总体的人"，把人的"主体性"凸显出来。这种精神科学教育学观念的出现，使教育学科学化有了与教育学自然科学化倾向不同的意蕴。

此后不久，罗廷光的《教育科学纲要》面世，这是一本论述教育学的专著，有"元教育学""教育科学学"的性质。它从"何谓教育学"讲到"教育学是不是一种科学"以及"教育学属于何种科学"等，逐步分析。特别是它关于教育学是科学和教育学属于何种科学的较有力的论证，似乎将当时的教育学科学化的思考提升了一个层次。[79]

至20世纪50年代，在学习苏联教育学的过程中，教育学的科学化问题又提了出来。但与以前不同的是，"阶级性"几成教育学科学化的首要标志，有时甚至是唯一标志。当时一般认为资产阶级教育学不是科学也不能成为科学，因为教育是一种社会的历史过程，而它见不到阶级与阶级的斗争，所以不能正确反映社会发展的规律；它脱离了具体的社会关系（特别是生产关系），抽象地孤立地研究人的身心，所以不能正确反映人的发展的规律。而苏维埃教育学是科学的教育学，因为它一是有"党性"，即阶级性，二是有"科学方法"，即辩证方法。这种阶级性观点在20世纪50年代、60年代上半期编写的教育学著作中有较充分的反映。在阶级社会中，教育是有阶级性的。可是"文化大革命"期间，所谓"教育是阶级斗争的工具""学校是无产阶级专政的工具"得到了荒谬的主观膨胀和空前的浑身媚骨的极端表现。

1976年"文化大革命"结束以后，我国教育理论界开始揭发"文化大革命"对社会主义教育学的严重破坏，教育学科学化成为一个热门的话题。《教育研究》编辑部于1980年2月召开的教育实验座谈会上，提出"教育科学的生命在于教育实验"。之后，有的学者认为"实验的自然科学加上实验的教育科学的大发展，必将为我们社会主义祖国引来一个真正伟大的新时代"[80]。于是在教育研究中运用客观化、数量化、形式化方法的风气在一些方面初步形成。出现这种对自然科学方法的热情是可以理解的。因为在新中国成立以来的许多岁月中，教育研究一直重思辨、轻实证，不过，此时对自然科学方法在教育研究中价值的认识，已开始升华。有的学者认为不是单一地使用自然科学的方法，而是将之与定性的、思辨的等社会科学常用方法结合起来，使"求真"与"求善"互相沟通。[81]在这方面的思想逐步深化的同时，人们对下列问题也产生了较大的兴趣。

其一，教育学的性质问题。教育学到底是"基础科学"还是"应用科学"，虽有择其一端主张教育学是基础科学或应用科学的[82]，但较多的学者认为教育学应是基础科学与应用科学的统一。教育学体系的基础理论研究与应用研究是并存的，但两者的价值不在于它们浑然一体的结合状态中，而在于各自从不同的方向发展，各得其所，然后才能在联系中真正地相互促进。[83]

在国外，尤其在英国，教育理论是以怎样的理论形态而存在的，是经验科学理论，还是实用理论，引发了许多激烈的争论①。看来，几乎可以

---

① 见：O'Connor D J. An Introduction to the Philosophy of Education [M]. London：Routledge and Kegan Paul，1969；O'Connor D J. The Nature of Educational Theory [J]. Philosophy of Education，1972，6（1）：97-109；Hirst P H. The Nature of Educational Theory：Reply to D. J. O'Connor [J]. Philosophy of Education，1972，6（1）：110-118；Tibble J W. The Study of Education [M]. London：Routledge and Kegan Paul，1966；Hirst P H. Educational Theory and It's Foundation Discipline [Z]. 1983；Evers C W. Epistemology and the Structure of Educational Theory：Some Reflections on the O'Connor-Hirst Debate [J]. Journal of Philosophy of Education，1987，21（1）：3-14.

肯定地说，教育理论不可能成为纯粹意义上的经验科学理论，它是一种实用理论。但是，教育理论中存在着"解释"部分，而且实用理论是"关于实践"的理论，它并不直接规定人们今天干什么，明天怎样干。它不同于直接的"处方"，而是"处方"的依据。

其二，教育学的体系问题。关于这个问题的解决思路主要朝两个方向发散。

（1）教育学的逻辑起点问题。逻辑起点是一门科学或学科的体系的起始范畴。作为一门课程的教材的体系也必然有它的逻辑。但是作为一门学科的逻辑与作为一门课程的逻辑是不同的。我们过去把两者混淆了，这是不正确的[84]，也许可以说，教材体系是经过教学论加工改造了的科学体系。教育学逻辑起点的探索，是研讨作为一门学科的教育学的逻辑"始项"。首先要辨明的是："什么是'逻辑起点'？"其次要辨明的是："谁的'逻辑起点'？"最后要辨明的是："'逻辑起点'的规定性是什么？"这是研讨的前提[85]，否则就是没有认清"门牌号码"了。教育学的逻辑起点问题，自1984年起迄今的十几年里，引起教育学研究者的争鸣，虽然没有取得共识，但是由于对问题的多种剖析，在思路上不断深化了。在学术讨论上，就一定的意义来说，可能本身的价值更大于取得的结果，而况真理往往产生在争论中。

（2）教育学的内容建构问题。人们先后提出了多种框架的设计。例如：一是"大教育学"框架或微观与宏观教育学统一的框架。大教育学框架内含第一编"教育本质论"，第二编"宏观教育论"，第三编"微观教育论"。若将此三编分开，可编成两种教育学，即由上述第一编和第三编组成微观教育学，第二编组成宏观教育学。[86] 二是理论体系教育学和工作体系教育学框架。后者是作为普通教育理论知识供参考用的教育学，前者是作提高用的理论性强的教育学。[87] 三是学科体系框架和教材体系框架。教育学的学科体系是指教育科学的学科体系群，教材体系是所有这些教育学科的"缩编"[88]，云云。教育学作为一门科学或学科是社会科学的一个分支。它以教育的科学规律来反映教育的客观规律。它的建构是以教育学范畴的体系、规律的体系来反映的。

20世纪80年代后半期以来，人们对教育学的反思日甚。例如，从叶澜的《关于加强教育科学"自我意识"的思考》[《华东师大学报（教育科学版）》1987年第3期]的发表，到何齐宗的《建立"教育学史"刍论》（《教育研究》1989年第8期）、肖川的《建立"教育科学学"刍议》（《教育研究》1989年第11期）等的刊出，再到《华东师范大学学报（教育科学版）》1995年第1期起展开"元教育学"（meta-pedagogy）的专栏讨论，教育学又经历了一次剧烈的锻造，在锻造中迸发出了思想火花。元教育学是随着教育学及其分支学科的不断发展，产生了自我反思的需要而正在形成的，也就是产生了对教育理论本身的研究而正在形成的。布雷岑卡的"特约稿"《教育学知识的哲学——分析、批判、建议》[《华东师范大学学报（教育科学版）》1995年第4期]①，也许有一定的借鉴意义。它是一种"方案"：建议教育学化为教育科学、教育哲学和实践教育学。教育科学的任务是揭示教育规律，教育哲学侧重于建立价值与规范，实践教育学则在于为教育活动提供实践的建议或指示。

人们对教育科学化的思考已取得了不少的成绩。不过，一方面，教育理论归根结底是来源于教育实践，是为教育实践服务的；另一方面，教育理论又不能满足于跟踪教育实践的"脚步"，而忘记了自己审视的、批判的本质和使命。

（二）教育学中国化的探讨

教育学中国化也是一个过程。也许可以认为，在20世纪的一二十年代教育学中国化的思想被从"经验层次"上提了出来。如1911年第5期

---

① 布雷岑卡的观点，也见他的：Metatheorie der Erziehung. Eine Einfuhrung in die Grundlagender Erziehungswissenschaft, der Philosophie der Erziehung und der Praktischen Padagogik, 1978 (Philosophy of Educational Knowledge: An Introduction to the Foundation of Science of Education, Philosophy of Education and Practical Pedagogics. translated by J. S. Brice R. Eshelman. 1992).

《教育杂志》中评价张继煦的《教育学讲义》时说:"现今坊间所通行之教育学,出版者寥寥数种类,皆译自东书。新理则具,而于我国之国情,多枘凿不合。"而张继煦的这本《教育学讲义》,"于发挥我国国粹,抉摘近时利病,多有独到之处,迥非寻常译籍可比",云云。于是,编写适合我国情况的教育学书籍成为一些研究者的动机。又如在谈编写《大教育学》的意图时作者说:《大教育学》"其原本,实草创自日本教习松本、松浦①二氏之手。余为中国产,思欲讨论修饰,以适合于中国教育界之理想实际,遂不惮搜集近今东、西人之名著,参合而折衷之,思想之崭新,资料之弘富,盖皆余事也"[89]。后来,随着各种新教育思想和教学法的传入,怎样吸收并改造使之适合我国情况,成为人们不得不认识的问题。"我们采取人家发明的教学法,决不是抄 A 即 A,抄 B 即 B,照抄一下就算的,必须将 AB 结合,化成一个适合国情童性的 C 来,才是教育者的天职"[90]。还有人说:"中国之社会,乃生中国特有之教育问题",所以要"就吾国各地现今之通行之旧教法中,尽量采用新方法之长,而焙成一效果宏著而适合于吾国各方面现状之'小学新教学法'"。[91]这种例子是不少的。

　　较早提出"教育中国化"概念,并从理论上始予以论证的有庄泽宣。他于1929年提出教育中国化的标准:(1) 合于中国的国民经济力;(2) 合于中国的社会状况;(3) 能发扬中国民族的优点;(4) 能改造中国人的劣根性。[92]

　　教育学中国化源起于对外来教育学的思考,是中与外的问题,是教育学领域中的中外关系问题。教育学中国化也就是教育学本土化的问题、教育学民族化的问题。在百年的中国教育学史上,由于各阶段外来教育学的主体不同,因此教育学中国化的对应性也有差别。

　　逐步深入地研究教育学中国化是新中国成立之后尤其是近十多年来的事情。

　　1951 年,《人民日报》发表了钱俊瑞为纪念中国共产党成立 30 周年而

---

① 松本、松浦系指当年两江师范学堂日本教习松本孝次郎、松浦杙作。

作的论文:《学习和贯彻毛主席教育思想》。接着《人民教育》以这篇文章为代社论。《新华月报》在转载时,加了"编者按":"这篇论文对毛主席教育思想的特点、内容作了系统的介绍和阐述。我们号召全国教育工作者研究和讨论这篇文章,以便在毛主席教育思想基础上逐步建立新中国的教育科学。"[93]也许可以认为这是新中国成立后教育学中国化的早期信息。又如1954年的《初级师范学校教育学教学大纲(草案)》说,这个大纲是参照苏联教育学的一般体系拟定的;又说,新中国的教育学是研究对新生一代进行社会主义教育的科学,它是马克思列宁主义教育学说与中国教育实践相结合的产物。1956年的《师范学校教育学教学大纲(试用)》和《师范学院、师范专科学校教育学试行教学大纲》,都提到它们是参照了1954年苏俄教育部批准的师范学院教育学教学大纲,结合我国过渡时期的实际情况制定的,等等。

这里可以窥见,当年讨论教育学的中国化,一方面是以马克思主义教育学说、毛泽东教育思想为指导,以中国教育实践为出发点,建立中国的社会主义教育学;另一方面又认为当年苏联的教育学就是马克思主义教育学的化身,就是社会主义教育学的标准模式。其实它最多是"苏联化"的产物,可是把它看成了准经典性的权威理论。经过这个"代数学",于是出现了一个非逻辑的"逻辑",教育学中国化似乎可以"简化"为:苏联教育学与中国教育实践相结合。当年在中国化问题上,我自己就是反映过这种错误"思维逻辑"的一个例子[94]。

1961年4月,周扬在高等学校文科教材编选的意见中说:"要编出一本好的教材首先要总结自己的经验,整理自己的遗产,同时要有选择有批判地吸收外国的东西,只有这样,才能编出具有科学水平的教材,才是中国的教育学、中国的文艺学。"这是一个中外与古今的问题。所谓只有中没有外,就没有全面观点;只是今没有古,就没有历史观点。这是个正确的命题。

尽管如此,教育学中国化仍然是也必然是"路漫漫"的。把起点和终点放在中国,深入而系统地研究中外古今的教育理论和实践,更加深入而系统地研究中外当今的教育理论和实践,博观精考,科学地进行总结,批判地进行选择,这大致是20世纪80年代教育学中国化——创建有中国特色的社会主义教育学——的基调。《教育研究》杂志还于1991年5月辟"教育理论与教育实践"专栏,开言路,集思益,历时七月余。这方面的广泛探讨和争鸣使人们的认识逐步相对集中起来,教育学中国化的思路大致从两方面展开。一方面是"个性为主"的中国化,即充分重视本国教育实践,注重中国教育规律的探索。这样,教育学中国化体现在:(1)把马克思列宁主义教育学说和毛泽东教育思想同我国当前的社会主义教育实践相结合,以建立具有中国特色的社会主义教育学为目标。(2)重视我国教育经验的总结,通过三个途径积累本国教育材料:整理古代教育经验,发掘教育遗产;总结老区的尤其是新中国成立以来的教育经验;立足当前我国的教育实际,采用教育实验、调查等积累本国材料。(3)科学地吸收国外先进的教育经验、有益的教育理论,但理论体系的建构须以本民族的教育经验为主体。(4)在语言、行文和体例上,要适合中国人的语言习惯。[95]

另一方面可以说是"共性为主"的中国化。例如董远骞认为,要立足于中国实践,但要重视和强调在寻求中国教育规律的同时,探索普遍的教育规律。教育学中国化体现在普遍性与特殊性的结合上。[96]又如鲁洁认为,作为一种特殊的教育学,就必然存在着一个普遍性与特殊性的关系问题,这两方面的内容形成教育学多层次的结构:第一层反映的是教育的普遍规律,只有通过它才能把教育的一切现象、一切过程联系起来,揭示教育的本质,形成教育学的统一;第二层反映的是某一种生产力发展水平、某一种经济形态下的教育及其规律;第三层反映的是某种社会制度下的教育现象及其规律;第四层是当前历史条件下我国教育的规律。论者同时认为,不能脱离当代高度发展的国际背景来考察具有中国特色的教育学问题,在我们建构的教育学中,共性的因素应显得更为突出。[97]20世纪80年代以来,我们也许可以认为,不少教育学论著在共性寓于个性之中的中国化道路上毕竟是取得了一些新的进展。

也有研究者对中国特色教育学这一"口号"提出异议,认为并不存在一种有某国特色的教育学,科学无国籍,它探求的是普遍规律。因此教育学中国化不是一个学术概念。[98]如果据上文布雷岑卡的观点,教育学分化为教育科学(科学教育学)、教育哲学(哲学教育学)和实践教育学的话,那么,科学教育学是没有本土化、民族化特点的;而哲学教育学和实践教育学则面对着教育行动取向的问题,所以就有地域、国家、民族等特点了。

那种认为我国教育学是"先抄日本""继袭美国""再搬苏联"的观点,是一种"简单化"了的认识的声音。在教育学中国化的道路上有做得多或少的差异,有做得好或不大好(甚至不好)的区别,可是不能完全否定我国多少代教育学者在中国化上的劳心与劳力。教育学中国化这篇"文章"没有做完,也不可能做完,甚至这也是一个永恒的课题。探讨教育学中国化的目的,是在历史唯物论的指导下,创建中国自己的社会主义教育学。这是我国教育学领域里"无限多的有限的人的头脑"从事认识的成果。只有建立了并不断完善自己的具有中国特点的教育学,我国才能立足于教育学的国际学术之林。

(三)教育学现代化的追求

如果教育学科学化可以说是侧重于内容的话,那么在一定意义上相对而言,教育学中国化可以说是侧重在空间,教育学现代化可以说是侧重在时间上。如果说教育学中国化是反映民族精神的话,那么教育学现代化就是表述时代精神了。如果说教育学中国化和现代化是过程的话,那么民族性和时代性就是教育学的属性了。

据一些学者研究,我国现代化意识的最初萌芽,始于鸦片战争以后。当年,梁启超所说的"新化",陈独秀所说的"欧化",胡适等人所说的"西化",是20世纪初中国思想界对"现代化"的理解。"现代化"一词,在五四运动以后已偶尔出现,而且"现代化"与"西方化"并提。"现代化"一词作为新的社会科学词语在报刊上使用,由"西化"引出"现代化",则在20世纪30年代。[99]

20世纪40年代初,冯友兰对"现代化"说的一段话倒是"入木三分"。他说:"以前人常说我们要西洋化,现在人常说我们要近代化或现代化。这并不是专是名词上的,这表示近来人的一种见解上的改变。这表示,一般人已渐觉得以前所谓西洋文化之所以是优越的,并不是因为它是西洋的,而是因为它是近代的或现代的。我们近百年之所以到处吃亏,并不是因为我们的文化是中国的,而是因为我们的文化是中古的。这一觉悟是很大的。"[100]

新中国成立以后,我们是"一边倒"的,曾相当长时期自我封闭于西方教育学现代化,这是历史教训。在那场称为"文化大革命"的最大政治运动画上句号以后,1979年召开了全国第一次教育科学规划会议,提出了解放思想、冲破禁区、向教育科学进军的号召,提出了"教育科学研究必须为社会主义四个现代化服务"的号召。教育是打开通往现代化道路大门的钥匙。教育现代化与"四个现代化"是唇齿相依的。教育学现代化在一定意义上说,是教育现代化的一个条件。

教育学现代化可以说源起于对传统的思考,核心是以其保守、落后的因素为对立面。要教育学现代化,就要反对泥古守旧。在教育学现代化的行程中,一个明显的案例是教育学的"分化"。

在19世纪末,尤其是从20世纪初起,从一门教育学的母学科或课程中已分化出了教育哲学、教育心理学、教育社会学、教育行政学、教育统计学等,课程论、教学论、德育论大致也在20世纪一二十年代开始建立了起来。30年代比较教育学也独立"开户","二战"以后教育经济学、教育技术学等也脱颖而出,等等。

新中国成立以前,在高校的教育学系,作为课程来说,总是设置如教育哲学、教育心理学、教育行政学、教育统计学、比较教育学以及教学论(普通教学法)、德育论(训导原理)等课程,甚至开设教育社会学、教育生物学、课程论等课程。新中国成立以后到"文化大革命"以前,除教育心理学外，其他几乎都消失了。这是取法于苏联模式。教育学现代化是一个向前变化的过程，是一个向上变化的过程，是一个发展、扬弃和创新的过程。回顾这段往事，我国教育学在客观上是自甘游离于现代化之外了。粉碎"四人帮"以后，尤其改革开放以后，教育学领域学科的研究、课程的设置就逐渐步上了现代化的征程。可是教育学现代化是不能一劳而永逸的，它是随着时代的变化不断行进的。

分化是当代教育学发展的一个重要趋势，它借助两种途径：一是"衍生性"分化，即从教育学内部纵向分化出许多分支学科；二是"交叉性"分化，即教育学与其他学科"联姻"的横向分化，又分化出许多分支学科。按我们初步的分类设想[101]，以对象为依据，教育学学科可以分为两大类：第一类是以教育活动为研究对象的学科；第二类是以教育理论为研究对象的学科——元教育学。第二类学科是在第一类学科发展的基础上产生的，是第一类学科发展"自我意识"产生的标志。

经过纵横两种分化，教育学已有一个庞大的"家族"，已分化为一个庞大的教育科学群体了。进一步的发展，教育学可能呈现相对意义上全方位、多层次的格局，由一级分化向二级分化甚至三级分化拓展。目前，我国教育学主要处于一级分化阶段，这是我国教育学现代化取得的成果。这里只能举例而已。

就"衍生性"分化而言，在一支上，上述许多教育学教材，可以说是中小学教育学的。此外，还有学前教育学和高等教育学方面的，如黄人颂主编的《学前教育学》（人民教育出版社1989年版）等，潘懋元的《高等教育学》（人民教育出版社1984年版）等。在另一支上，有如王策三的《教学论稿》（人民教育出版社1985年版），吴杰的《教学论——教学理论的历史发展》（吉林教育出版社1986年版），钟启泉编译的《现代教学论发展》（教育科学出版社1988年版），李秉德主编的《教学论》（人民教育出版社1991年版），吴也显主编的《教学论新编》（教育科学出版社1991年版）等；又如陈侠的《课程论》（人民教育出版社1989年版），廖哲勋的《课程学》（华中师范大学出版社1991年版），靳玉乐的《现代课程论》（西南师范大学出版社1995年版）等。

就"交叉性"分化而言，如鲁洁、吴康宁主编的《教育社会学》（人民教育出版社1990年版），杨葆焜主编的《教育经济学》（华中师范大学出版社1983年版），厉以宁的《教育经济学》（北京出版社1984年版），邱渊的《教育经济学导论》（人民教育出版社1989年版）等；有黄济的《教育哲学》（北京师范大学出版社1985年版，初稿1982年版），傅统先和张文郁的《教育哲学》（山东教育出版社1986年版），刁培萼、丁沅的《马克思主义教育哲学》（华东师范大学出版社1987年版），张家祥、王佩雄的《教育哲学研究》（复旦大学出版社1990年版），曾成平的《现代教育哲学新论》（重庆出版社1991年版），王坤庆的《现代教育哲学》（华中师范大学出版社1996年版）等；还有根据流派编著的，如崔相录的《二十世纪西方教育哲学》（黑龙江教育出版社1989年版），陆有铨的《现代西方教育哲学》（河南教育出版社1993年版）等。此外，如王承绪、朱勃、顾明远主编的《比较教育》（人民教育出版社1983年版），吴文侃、杨汉清主编的《比较教育学》（人民教育出版社1989年版）等。

分化会不会导致教育学的"解体"或"终结"？杞人忧天是不必的。分化出的各分支学科之"和"并不等于整体的教育学。也就是说，分化出的任何一门分支学科各自接触教育活动的某一方面，从某一方面揭示教育的本质属性。这些方面的认识不能通过简单相加形成关于教育学的整体认识。相反，对这些认识进行必要的抽象，再概括出具有普遍意义的原理，有关教育的整体认识才可能形成。而这种使命舍教育学而谁？教育学分化的现象背后，有着深厚的统一的基础，也就是所有分化出的任何一门学科都聚焦于教育，也就是说，它们都以教育现象为汇集点。这与物理学与化学、社会学与经济学，以及心理学等分化出许多分支学科以后自身依然存在的道理是一样的。因此，可否认为有关教育知识的学科经历了从一门"教育学"到多门教育学科的发展过程，教育学既是一门整合的学科，又是多门教育学科的总和。这也许就叫分化与整合的辩证法则。

20世纪80年代，运用系统论、控制论、信息论等横断科学提供的思想方法和具体研究手段来认识和研究教育现象，也取得了成果，这也是我国教育学现代化的一个侧面的反映。横断科学的出现是现代科学整体化和综合化趋势的一种表现。它沟通了不同学科、不同领域的联系，尤其是沟通了社会科学与自然科学的联系。

教育学的科学化、中国化和现代化，都有"取人之长而弃其短，矫己之弊而存其粹"的问题。在宇宙间，唯一不变的是变化本身。在教育领域，"事实"在变，"价值"观念也在变，事实与价值的关系在实质上是现实与理想的关系。价值是与超越于事实的理想联系着的，它是理想中的事实。我们不会满足于中国教育学"是这样"，对"是这样"的今天持一批判的审视态度，而使中国教育学变化为、拓展为、创造为"应这样"，有更美好的明天。"芳林新叶催旧叶，流水前波让后波"才是中国教育学的发展流程图。

有人说，教育学是教育学史的总结，教育学史是教育学的展开。站在21世纪的门槛上，我国21世纪进一步"面向现代化，面向世界，面向未来"的有中国特色的社会主义新教育学，乃是20世纪教育学史的总结了。

参考文献

[1] 梁启超. 戊戌政变记 [M]. 北京：中华书局，1954：123.

[2] 朱有瓛. 中国近代学制史料：第1辑：下册 [G]. 上海：华东师范大学出版社，1986：980-983.

[3] 舒新城. 盛宣怀：筹集商捐开办南洋公学折（附章程）[G] //舒新城. 中国近代教育史资料：上册. 北京：人民教育出版社，1961：151-152.

[4] 翦伯赞，等. 戊戌变法 [M]. 新1版. 上海：上海人民出版社，1957：17.

[5] 陈学恂. 中国近代教育史教学参考资料：上册 [G]. 北京：人民教育出版社，1986：434-445；朱有瓛. 附录：康有为记章程起草经过 [G] //朱有瓛. 中国近代学制史料：第1册. 上海：中华书局，1928：664-665；舒新城，罗惊磊. 京师大学堂成立记 [G] //朱有瓛. 中国近代学制史料：第1册. 上海：中华书局，1928：15-161；周予同. 中国现代教育史 [M]. 上海：良友图书印刷公司，1934：193-195.

[6] 萧超然, 等. 北京大学校史: 1898—1949 [G]. 北京: 北京大学出版社, 1988: 3.

[7] 北京大学校刊编辑部. 百年校庆特刊 [Z]. 北京大学校刊, 1998 (2).

[8] 朱有瓛. 中国近代学制史料: 第2辑: 上册 [G]. 上海: 华东师范大学出版社, 1987: 754.

[9] 北京师范大学校史编写组. 北京师范大学校史: 1902—1982年 [G]. 北京: 北京师范大学出版社, 1984: 1.

[10] 同 [8] 760-762.

[11] 舒新城. 中国近代教育史资料: 下册 [G]. 北京: 人民教育出版社, 1961: 989.

[12] 朱有瓛. 中国近代学制史料: 第2辑: 下册 [G]. 上海: 华东师范大学出版社, 1989: 313-318, 224-234, 248-257, 275.

[13] 同 [12] 224-234.

[14] 同 [12] 248-257.

[15] 同 [12] 275.

[16] 舒新城. 近代中国教育史料: 第2册 [M]. 上海: 中华书局, 1928: 30-37.

[17] 陈鸿祥. 王国维年谱 [M]. 济南: 齐鲁书社, 1991: 65.

[18] 雷尧珠. 试论我国教育学的发展 [J]. 华东师范大学学报 (教育科学版), 1984 (2): 39-47; 周谷平. 近代西方教育学在中国的传播及其影响 [J]. 华东师范大学学报 (教育科学版), 1991 (3): 77-96; 陈元晖. 中国教育学七十年 [J]. 北京师范大学学报 (社会科学), 1991 (5): 52-94; 阿部洋. 中国的近代教育与明治日本 [M]. 李季湄, 摘译. 东京: 福村出版株式会社, 1990; 陈学恂. 中国近代教育大事记 [Z]. 上海: 上海教育出版社, 1981; 陈学恂. 中国近代教育史教学参考资料: 上册 [G]. 北京: 人民教育出版社, 1986: 682-685.

[19] 同 [18].

[20] 同 [18].

[21] 俞子夷. 现代我国小学教学法演变一斑: 一个回忆简录 (一) (二) [J]. 华东师范大学学报 (教育科学版), 1987 (4): 51-58.

[22] 同 [8] 939.

[23] 同 [8] 942.

[24] 简·杜威. 杜威传 [M]. 合肥: 安徽教育出版社, 1987: 88-89.

[25] Eby F, Arrowood C F. The Development of Modern Education, 1934 [Z]. 1946: 787; Connell W F. A History of Education in the Twentieth Century World [Z]. 1980: 61; 滕大春. 美国教育史 [M]. 北京: 人民教育出版社, 1994: 614-615.

[26] 康内尔. 二十世纪世界教育史 [M]. 北京: 人民教育出版社, 1990: 139-140.

[27] 马克思, 恩格斯. 马克思恩格斯选集: 第1卷 [M]. 北京: 人民出版社, 1972: 113.

[28] 黎洁华. 杜威在华活动年表 (上) [J]. 华东师范大学学报 (教育科学版), 1985 (1): 91-96; 黎洁华. 杜威在华活动年表 (中) [J]. 华东师范大学学报 (教育科学版), 1985 (2): 85-94; 黎洁华. 杜威在华活动年表 (下) [J]. 华东师范大学学报 (教育科学版), 1985 (3): 93-96.

[29] 贾丰臻. 聆杜威博士讲演教育者之天职赘言 [J]. 教育杂志, 1920 (12).

[30] Brubacher J S. A History of the Problems of Education [M]. 2nd ed. [S.l.]: [s.n.], 1966: 233.

[31] 克雷明. 学校的变革 [M]. 上海: 上海教育出版社, 1994: 243.

[32] 孟宪承. 教育概论 [M]. 上海: 商务印书馆, 1947: 116.

[33] 瞿葆奎, 丁证霖. "设计教学法"在中国 [G] // 瞿葆奎. 教育学文集·教学: 上册. 北京: 人民教育出版社, 1988: 343, 345.

[34] 蔡元培. 杜威六十岁生日晚餐会演说词 (1919年10月20日) [M] // 蔡元培. 蔡元培教育论著选. 北京: 人民教育出版社, 1991: 239-240; 蔡元培. 蔡元培全集: 第3卷 [M]. 杭州: 浙江教育出版社, 1997: 715-716.

[35] 赫尔巴特. 普通教育学·教育学讲授纲要 [M]. 北京: 人民教育出版社, 1989: 10.

[36] 杜威. 民主主义与教育 [M]. 北京: 人民教育出版社, 1990: 75.

[37] 侯鸿鉴. 四十年来江苏教育之回顾 [J]. 江苏教育, 1932 (9): 10-14.

[38] 常道直. 赫尔巴特的教学论的再评价 [G] // 瞿葆奎. 教育学文集·教学: 上册. 北京: 人民教育出版社, 1988: 409.

[39] 李浩吾. 新教育大纲 [M]. 上海: 上海南强书局, 1930.

[40] 中央教育科学研究所. 中国现代教育大事记: 1919—1949 [G]. 北京: 教育科学出版社, 1988: 541.

[41] 陈桂生. 教育学的迷惘与迷惘的教育学 [J]. 华东师范大学学报（教育科学版），1989（3）：33-40；瞿葆奎. 教育学文集·教育与教育学 [G]. 北京：人民教育出版社，1993：745.

[42] 陈元晖. 中国教育学七十年 [J]. 北京师范大学学报（社会科学），1991（5）：52-94.

[43] 毛泽东. 毛泽东选集：第3卷 [M]. 北京：人民出版社，1953：1084.

[44] 刘少奇. 在中苏友好协会总会成立大会上的报告 [N]. 人民日报，1949-10-08.

[45] 青士. 学习凯洛夫"教育学"第一章后的一些体会 [J]. 人民教育，1951（8）：60-62；青士. 学习凯洛夫"教育学"第一章后的一些体会（续）[J]. 人民教育，1951（9）：54-56；青士. 学习凯洛夫"教育学"第一章后的一些体会（续）[J]. 人民教育，1951（10）：54-55；青士. 学习凯洛夫"教育学"第一章后的一些体会（续）[J]. 人民教育，1951（11）：51-52，11.

[46] 瞿葆奎. 教育学 [M]. 北京：人民教育出版社，1956：出版者的话2.

[47] 中央人民政府教育部. 初级师范学校教育学教学大纲（草案）[M]. 北京：人民教育出版社，1954：1.

[48] 中华人民共和国教育部. 师范学校教育学教学大纲（试用）[M]. 北京：人民教育出版社，1956：1-3；中华人民共和国教育部. 师范学院、师范专科学校教育学试行教学大纲 [M]. 北京：人民教育出版社，1956：1-13.

[49] 瞿葆奎. 教育学文集·苏联教育改革：上册. 北京：人民教育出版社，1993：242，251，260.

[50] 同 [49] 386-544.

[51] 中央教育科学研究所. 中华人民共和国教育大事记：1949—1982 [G]. 北京：教育科学出版社，1984：40，114，131，145；《中国教育年鉴》编辑部. 中国教育年鉴：1949—1981 [G]. 北京：中国大百科全书出版社，1984：930.

[52] 郭笙. 新中国教育四十年 [M]. 福州：福建教育出版社，1989：569-585.

[53] 同 [52] 569-585.

[54] 中央教育科学研究所. 中华人民共和国教育大事记：1949—1982 [G]. 北京：教育科学出版社，1984：40，114，131，145；《中国教育年鉴》编辑部. 中国教育年鉴：1949—1981 [G]. 北京：中国大百科全书出版社，1984：934-935.

[55] 赵祥麟. 重新评价杜威实用主义的教育思想 [J]. 华东师范大学学报（教育科学版），1980（2）.

[56] 程谪凡. 对教育学教学大纲的意见 [N]. 光明日报，1956-11-26.

[57] 瞿葆奎. 教育学文集·教育与教育学 [G]. 北京：人民教育出版社，1993：579-599.

[58] 曹孚. 对《教育学研究中的若干问题》一文的检讨 [J]. 新建设，1958（2）：38-42.

[59] 中央教育科学研究所. 中华人民共和国教育大事记：1949—1982 [G]. 北京：教育科学出版社，1984：221-222；《中国教育年鉴》编辑部. 中国教育年鉴：1949—1981 [G]. 北京：中国大百科全书出版社，1984：81.

[60] 瞿葆奎. 教育学文集·中国教育改革 [G]. 北京：人民教育出版社，1991：261-279.

[61] 同 [60] 280-288.

[62] 周扬. 关于高等学校文科教材编选的意见 [J]. 教育研究，1980（3）：6-14；瞿葆奎. 教育学文集·中国教育改革 [G]. 北京：人民教育出版社，1991：341-360.

[63] 同 [60] 381-433.

[64] 陈桂生. 教育学的迷惘和迷惘的教育学 [J]. 华东师范大学学报（教育科学版），1989（3）：33-40；瞿葆奎. 教育学文集·教育与教育学 [G]. 北京：人民教育出版社，1993：753.

[65] 黄楠森，等. 马克思主义哲学史：第7卷 [M]. 北京：北京出版社，1989：312.

[66]《中国教育年鉴》编辑部. 中国教育年鉴：1949—1981 [G]. 北京：中国大百科全书出版社，1984：943；中央教育科学研究所. 中华人民共和国教育大事记：1949—1982 [G]. 北京：教育科学出版社，1984：416-417.

[67] 于光远. 重视培养人的研究 [J]. 学术研究，1978（3）：25.

[68] 瞿葆奎. 建国以来教育学教材事略 [J]. 华东师范大学学报（教育科学版），1991（3）：67-76.

[69] 天民. 教育学之性质 [J]. 教育杂志，1918（2）：19-31.

[70] 黄公觉. 最近教育思潮的趋势 [J]. 教育杂志，1922（9）：1-8.

[71] 瞿葆奎，等. 拉伊与实验教育学 [M]. 北京：人民教育出版社，1996.

[72] 同 [71].

[73] 甘豫源. 论教育上之科学方法 [J]. 教育杂志，1927（17）：17-23.

[74] 姜琦. 中国教育哲学之方向的商榷 [J]. 教育杂志, 1937 (4): 13-22.

[75] 夏承枫. 教育学术科学化与教育者 [J]. 教育杂志, 1926 (2): 1-6.

[76] 朱元善. 教育者研究态度之革新 [J]. 教育杂志, 1918 (1).

[77] 蒋径三. 反海尔巴脱主义者迪尔泰的教育思想 [J]. 教育杂志, 1931 (2): 1-12.

[78] 邹进. 现代德国文化教育学 [M]. 太原: 山西教育出版社, 1992: 24-54; 杨深坑. 理论·诠释与实践: 教育学方法论论文集: 甲辑 [M]. 台北: 师大书苑有限公司, 1988: 8, 11, 79.

[79] 罗廷光. 教育科学纲要 [M]. 上海: 中华书局, 1935: 35-40.

[80] 胡克英. 提高教育质量, 实验必须先行 [J]. 教育研究, 1980 (2): 28-29.

[81] 张定璋. 教育实验科学化的几个认识问题 [J]. 教育研究, 1995 (2): 3-10.

[82] 吴杰. 东北地区高师课教育学教材和教学问题讨论 [J]. 教育研究, 1982 (8): 96; 王铁军. 倾听教育改革的呼声, 探讨教育学的自身发展 [J]. 江苏教育研究, 1988 (1-2): 19-22.

[83] 叶澜. 关于加强教育科学"自我意识"的思考 [J]. 华东师范大学学报 (教育科学版), 1987 (3): 23-30.

[84] 瞿葆奎, 喻立森. 教育学逻辑起点的历史考察 [J]. 教育研究, 1986 (11): 37-43.

[85] 瞿葆奎, 郑金洲. 教育学逻辑起点: 昨天的观点与今天的认识 (一) [J]. 上海教育科研, 1998 (3): 2-9; 瞿葆奎, 郑金洲. 教育学逻辑起点: 昨天的观点与今天的认识 (二) [J]. 上海教育科研, 1998 (4): 15-20, 6.

[86] 徐毅鹏. 关于当前教育学研究中的几个问题 [J]. 东北师大学报 (哲学社会科学版), 1984 (2): 67-75; 叶澜, 唐莹. 教育学体系 [G] //瞿葆奎. 社会科学争鸣大系 (1949—1989) ·教育学卷. 上海: 上海人民出版社, 1992: 26-45.

[87] 唐文中. 群策群力, 积极开展教育学理论研究 [J]. 教育科研通讯, 1982 (3): 1.

[88] 高德建. 教育学体系之我见 [J]. 天津师范大学学报, 1984 (5): 30-34.

[89] 张九如. 大教育学 [M]. 上海: 商务印书馆, 1914: 自序.

[90] 张九如. 协动教学法的尝试 [J]. 教育杂志, 1923 (10): 4-15; 张九如. 协动教学法的尝试 [M]. 上海: 商务印书馆, 1925.

[91] 李邦和. 小学旧教法中参用新教法之实验方案 [J]. 教育杂志, 1927 (11).

[92] 庄泽宣. 如何使新教育中国化 [M]. 上海: 民智书局, 1929: 23-24.

[93] 钱俊瑞. 学习和贯彻毛主席教育思想 [J]. 新华月报, 1951 (8).

[94] 瞿葆奎. 关于教育学"中国化"问题 [J]. 华东师范大学学报（人文科学版）, 1957 (4): 26-39.

[95] 叶澜, 唐莹. 教育学体系 [G] // 瞿葆奎. 社会科学争鸣大系（1949—1989）·教育学卷. 上海: 上海人民出版社, 1992: 27-28.

[96] 董远骞. 试谈教育学研究的广度和深度 [J]. 教育研究, 1983 (11): 66-73.

[97] 鲁洁. 建设具有中国特色的社会主义教育学管窥 [J]. 教育评论, 1988 (1): 1-5.

[98] 丛立新. 关于"建立有中国特色的教育学"口号的争议 [J]. 中国教育学刊, 1993 (2): 57-61.

[99] 罗荣渠. 现代化新论 [M]. 北京: 北京大学出版社, 1993.

[100] 冯友兰. 新事论 [M]. 郑州: 河南人民出版社, 1985: 225.

[101] 唐莹, 瞿葆奎. 教育科学分类: 问题与框架 [J]. 华东师范大学学报（教育科学版）, 1993 (2): 1-14.

(本文原载《教育研究》1998年第12期、1999年第1期、1999年第2期)

怎样理解"教育与生产劳动相结合"

萧宗六

我国新时期的教育方针,已经确定下来,并且写入了《中华人民共和国教育法》,这就是"教育必须为社会主义现代化建设服务,必须与生产劳动相结合,培养德、智、体等方面全面发展的社会主义事业的建设者和接班人"。这个方针在出台之前,经过长达十年的酝酿、讨论和辩论。中国教育学会就曾多次举行学术年会或座谈会,研讨新时期教育方针的表述问题。

教育方针是国家在一定历史阶段根据政治、经济和社会发展的需要提出的教育工作的总方向和总目标,包括三个方面的内容。一是教育为什么服务,即教育的总任务。过去的提法是"教育必须为无产阶级政治服务",现在的提法是"教育必须为社会主义现代化建设服务"。二是培养什么样的人,即培养目标。过去的提法是培养"有社会主义觉悟的有文化的劳动者",现在的提法是"培养德、智、体等方面全面发展的社会主义事业的建设者和接班人"。三是培养人的途径,过去和现在的提法都是"教育必须与生产劳动相结合"。新的教育方针公布后,许多教育理论工作者和实际工作者认为,第一句话和第三句话联系现实很紧,容易理解,第二句话则难以理解,也不好掌握。早在1958年,教育与生产劳动相结合(通常简称为"教劳结合")就是教育方针的重要组成部分,那时对这句话的理解很肤浅,以为教劳结合就是组织师生参加体力劳动,以致工作上出现了不少失误,给教育工作带来了不良后果。现在这样理解的还大有人在,因此,对教劳结合如何理解,直接关系到如何具体贯彻执行教育方针,这不仅是一个重大的理论问题,也是一个迫切需要解决的实际问题。

教劳结合之所以不好理解,是因为有几个重大的理论问题在认识上不一致。诸如教劳结合的含义是什么?教劳结合的目的和具体内容是什么?教劳怎么结合?教劳结合的理论根据是什么?等等。对这些重大理论问题,1958年以来,我国没有统一的解释。

教育与生产劳动相结合的含义是什么?有两种不同的理解。一种理解是,学校教育与生产劳动相结合,即在校学生(包括全日制学校学生)都要参加生产劳动。这是40多年来最普遍的理解。根据马克思主义经典著作的解释,生产劳动指的是工农业生产劳动,不包括公益劳动、家务劳动和自我服务劳动,更不包括"第三产业"的劳动。另一种理解是,整个教育事业要与国民经济发展的要求相适应。这是从宏观方面来理解的。长期以来,我们在谈论教育与生产劳动相结合时,总是从学校内部考虑,很少从宏观方面考虑。按照后一种理解,则远非学校力所能及的,主要应是各级政府和教育行政部门的事。因为整个教育事业要与国民经济发展的要求相适应,涉及教育制度、教育结构、教育发展的规模和速度、师资队伍、课程设置、教材编写等大问题,一般学校尤其是中小学是无能为力的。

教育与生产劳动相结合的目的是什么?也有多种说法。1958年的教育方针提出时,曾被认为是为了消灭脑力劳动与体力劳动之间的差别,使人类进入共产主义社会。随着时间的推移,又有了另外一些说法,例如:有的认为是为了改造世界观;有的认为是为了培养学生的劳动观点、劳动习惯和主人翁的劳动态度,这实际上把它看成了德育内容的一部分;还有的认为是为了理论联系实际,以便学生学到"完全知识"。总之,众说纷纭。

教育与生产劳动怎么结合?这历来是学校管理者遇到的最大难题之一。在安排方式上,有集中与分散两种;从途径上说,有下厂、下乡和自办工厂、农场两种。城市学校尤感困难。在工业劳动方面,组织学生下厂

怎样理解"教育与生产劳动相结合"

劳动，工厂不欢迎；自办工厂安排学生劳动，又不能保证产品质量。在农业劳动方面，1958年和"文化大革命"期间，许多高等学校和部分重点中学，为了实行教育与生产劳动相结合，竟到农村去大办分校，后来不得不一一撤出，造成极大浪费。

教育与生产劳动相结合的理论根据是什么？许多同志经常引用马克思、恩格斯、列宁等革命导师的一些语录作为理论根据。马克思、恩格斯、列宁有关教育与生产劳动相结合的论述并不多，可分为两类：一类是鉴于在资本主义条件下，童工受到残酷剥削，失去了受教育的权利，马克思、恩格斯为了保护童工，提出限制童工的劳动时间，强调童工应享有受教育的权利。他们强调的重点在于使儿童有受教育的机会，而不是让儿童整天参加劳动。另一类是对未来教育（共产主义社会的教育）的设想，是指培养全面发展的人，能将脑力劳动与体力劳动结合起来的人，即"会做一切工作的人"（列宁语），与我们今天所说的德、智、体全面发展的含义不同。下面两则语录是经常被引用的：其一，"正如我们在罗伯特·欧文那里可以详细看到的那样，从工厂制度中萌发出了未来教育的幼芽，未来教育对所有已满一定年龄的儿童来说，就是生产劳动同智育和体育相结合，它不仅是提高社会生产的一种方法，而且是造就全面发展的人的唯一方法"[1]。这段话说的是未来教育，是指生产劳动要同智育和体育相结合，是对工厂办学校而言的，并以欧文的实验为证。欧文是英国著名的空想社会主义者，他第一个在自己办的纺织工厂内实行8小时工作制，开办托儿所、幼儿园和小学，还为童工建立夜校，进行生产劳动同智育和体育相结合的实验，使工厂变成"模范新村"，他因此而闻名于英国乃至整个欧洲。马克思对欧文的实验大为赞赏，由此而推导出"它不仅是提高社会生产的一种方法，而且是造就全面发展的人的唯一方法"的结论。马克思的这段话，是在论述当时英国的"工厂法"的卫生和教育问题时说的，是针对工厂办学校来说的。它是不是适用于社会主义时期各类学校呢？对各级各类学校来说，教育与生产劳动相结合（马克思的原话是"生产劳动同智育和体育相结合")是否也是造就人才的"唯一方法"呢？我国几十年的实践证明，它并不是造就人才的"唯一方法"。其二，"阶级的存在是分工引起的，到那时现在这种分工也将完全消灭……教育可使年轻人很快就能够熟悉整个生产系统，它可使他们根据社会的需要或他们自己的爱好，轮流从一个生产部门转到另一个生产部门。因此，教育就会使他们摆脱现在这种分工为每个人造成的片面性"[2]。这是恩格斯1847年在回答"彻底废除私有制以后将产生什么结果"这一问题时写的一段话，更是对未来教育说的。但是，在"彻底废除私有制以后"的未来社会，分工是否会"完全消灭"？教育是否能使年轻人"根据社会的需要或他们自己的爱好，轮流从一个生产部门转到另一个生产部门"？今天谁也无法证实，只能由未来的社会实践去检验。

有的同志还经常引用下面一则语录作为教育与生产劳动相结合的另一个理论根据："没有年轻一代的教育和生产劳动的结合，未来社会的理想是不能想象的：无论是脱离生产的教学和教育，或是没有同时进行教学和教育的生产劳动，都不能达到现代技术水平和科学知识现状所要求的高度。"[3]这段话也是对未来的教育说的，是列宁1897年在流放中写的，那时列宁只有27岁。列宁的文章主要是评论民粹主义者尤沙柯夫的教育思想，尤沙柯夫写了一本《教育问题》，他主张中学同时应该是农庄，应该靠本校学生的夏季劳动来维持。列宁批驳说："有钱出钱，无钱出工，穷学生服工役，这就是尤沙柯夫整个计划的基础。"[4]但列宁同时指出，尤沙柯夫的教育思想也有正确的一面，这就是上面引用的那段语录，这段语录并非列宁的话，而是列宁概括的尤沙柯夫的教育思想。

简言之，马克思、恩格斯、列宁有关教育与生产劳动相结合的论述，一是针对资本主义制度对童工的剥削说的，是针对工厂办学校说的；一是对未来教育的设想。没有一条语录是针对社会主义时期特别是社会主义初级阶段的教育说的。当然，他们所处的时代不同，我们不能要求马克思、恩格斯、列宁对社会主义时期的教育提出具体的见解。他们提出的教劳结合的原理值得重视。但是社会主义初级阶段教劳结合的理论根据,应该从邓小平理论中去寻找。

综上所述,教劳结合的含义、目的、内容、方法和理论根据,在认识上存在很大分歧。

那么,应该怎样理解教劳结合呢?根据"教育要面向现代化,面向世界,面向未来"的要求,根据邓小平教育思想的有关论述,我认为,应该从以下几个方面来理解。

一、要从"双向结合"来理解

马克思、恩格斯、列宁都谈到,不仅教育要与生产劳动相结合,生产劳动也要与教育相结合。也就是说,这种结合是双向的,不是单向的。马克思、恩格斯说:"对一切儿童实行公共的和免费的教育。取消现在这种形式的儿童的工厂劳动。把教育同物质生产结合起来……"[5]这里说的是教育要同物质生产相结合。马克思又说:"生产劳动和教育的早期结合是改造现代社会的最强有力的手段之一。"[6]这里说的是生产劳动要与教育相结合。列宁说:"无论是脱离生产的教学和教育,或是没有同时进行教学和教育的生产劳动,都不能达到现代技术水平和科学知识现状所要求的高度。"[7]这就是从"双向"的角度来阐明的。可见不仅学校要贯彻教育与生产劳动相结合的方针,有的集体生产部门,在社会生产过程中也要贯彻这一方针。

二、要从微观和宏观两个方面来理解

邓小平就是从微观和宏观两个方面来论述教劳结合的。他复出后不久就对什么是劳动做了科学的解释。他说:"无论是从事科研工作的,还是从事教育工作的,都是劳动者。不是讲脑力劳动、体力劳动吗?科研工作、教育工作是脑力劳动,脑力劳动也是劳动嘛。"[8]"科学实验也是劳动。一定要用锄头才算劳动?一定要开车床才算劳动?自动化的生产,就是整天站在那里看仪表。这也是劳动。这种劳动同样是费力的,而且不能出一点差错。要把这类问题讲清楚,因为它同调动知识分子的积极性有关。"[9]"左"的思想横行时,脑力劳动是不算劳动的,所以知识分子要到工厂、农村去接受工人、贫下中农的"再教育"。邓小平对劳动的科学解释,起了拨乱反正的作用。他对教育与生产劳动相结合,有详细的论述。他说:"为了培养社会主义建设需要的合格的人才,我们必须认真研究在新的条件下,如何更好地贯彻教育与生产劳动相结合的方针。"[10]这里强调的是"在新的条件下"如何"更好地"贯彻这个方针。紧接着,他说:"要做到这一点,各级各类学校对学生参加什么样的劳动,怎样下厂下乡,花多少时间,怎样同教学密切结合,都要有恰当的安排。"[11]这是从微观方面说的,指出"要有恰当的安排"。但他强调说:"更重要的是整个教育事业必须同国民经济发展的要求相适应。不然,学生学的和将来要从事的职业不相适应,学非所用,用非所学,岂不是从根本上破坏了教育与生产劳动相结合的方针?"[12]这是从宏观方面论述教劳结合的。这就是说,能否做到"学生学的和将来要从事的职业"相适应,能否做到学用一致,是从根本上坚持或反对教育与生产劳动相结合的一个非常重要的问题。这样创造性地、深刻地论述教劳结合,是前无古人的。他还把教劳结合同劳动就业联系起来,指出"我们制订教育规划应该与国家的劳动计划结合起来,切实考虑劳动就业发展的需要"[13]。过去我们在谈论教育与生产劳动相结合时,几乎没有从宏观方面考虑。这个问题如何解决?有的工作是学校应该做的,有的则非学校力所能及。从学校来说,应该多从微观方面考虑;从各级政府和教育行政部门来说,应该多从宏观方面考虑。可见贯彻教育与生产劳动相结合的方针,不仅学校有责任,各级政府有责任,总管教育的领导部门更有责任。因为只有总管部门才了解整个教育事业如何与国民经济的发展相适应。

三、要从更宽更广的角度来理解

教育与生产劳动相结合作为教育方针的组成部分，是 1958 年提出来的。40 多年来，特别是"大跃进"年代和"文化大革命"期间，教劳结合在内容和方法上都有许多教训值得总结。那时我们把教劳结合的含义理解得很狭窄，把教劳结合同师生参加体力劳动完全等同起来，以致劳动过多，用劳动代替系统的文化科学知识的学习。教劳结合的方式也很简单，就是组织师生下厂、下乡劳动，或者自办工厂、农场。粉碎"四人帮"后不久，邓小平就指出："现代经济和技术的迅速发展，要求教育质量和教育效率的迅速提高，要求我们在教育与生产劳动结合的内容上、方法上不断有新的发展。"[14]这就是说，教育与生产劳动相结合的内容和方法要考虑到"现代经济和技术的迅速发展"。我们一定要吸取历史教训，不要把教劳结合简单地看成参加体力劳动。"大跃进"年代，有人强调，教育与生产劳动相结合是无产阶级教育与资产阶级教育的分水岭，这种说法不符合事实。一些发达国家也很重视教育与生产劳动相结合。但国外并非统称教育与生产劳动相结合，有时说"教育与生产劳动相结合"，通常的说法是"教育与生产相联系""教育与生活相联系""教育与社会相联系"。我们应该把教育与生产劳动相结合的内容看得更宽广一些，不要仅仅限于参加体力劳动。

四、要明确教育与生产劳动相结合的目的

关于教劳结合的目的，曾经有过多种说法。1958 年具有权威性的解释是，教劳结合是为了使学生成为多面手，使工人、农民成为多面手，工人兼农民、农民兼工人，工人农民即学生、学生即工人农民，是为了消灭脑力劳动与体力劳动的差别，使人类进入共产主义社会。这种解释显然不切

实际，是把理想当作现实。1971年8月公布《全国教育工作会议纪要》，"四人帮"提出两个反动的估计，说教师的大多数"世界观基本上是资产阶级的"，"要创造条件，让原有教师分期分批到工厂、农村、部队，政治上接受再教育，业务上进行再学习，尽快地适应教育革命的需要"。认为教劳结合是为了改造教师的"资产阶级世界观"，把劳动作为惩罚手段，完全歪曲教劳结合的意义。后来还出现了其他一些说法，例如认为教劳结合是为了理论联系实际，以便学生学到"完全的知识"；是为了培养学生的劳动观点和劳动人民的思想感情；是为了创造经济效益，节约国家开支；等等。这些说法并没有错，但不全面。我们必须从学用结合，从培养人、提高人的素质的高度来认识教劳结合的目的和意义。

五、要明确教育与生产劳动相结合的具体内容

从广义说，教育与生产劳动相结合包括以下内容。

一是知识分子与工人农民相结合。工人农民是主要生产者，是社会主义建设的主力军。学校师生要有机会接触工人农民，了解工农业生产的现状。这不仅是教育、教学工作的需要，也是自我提高的需要。近几年在师生中开展的社会实践活动，是教劳结合的重要形式之一。

二是脑力劳动与体力劳动相结合。脑体结合的含义，实质是手脑并用。我国著名教育家陶行知早在20世纪30年代写的一篇题词，就通俗而深刻地阐明了脑力劳动与体力劳动相结合的意义。他说："人生两个宝，双手与大脑。用脑不用手，快要被打倒。用手不用脑，饭也吃不饱。手脑都会用，才是开天辟地的大好佬。"[15]知识分子习惯"用脑不用手"，给自己的知识和能力带来了很大的局限性，所以应该"手脑并用"。

三是理论与实践相结合。这是中国共产党三大优良作风之一。教师教书，学生学习，尤其是理论工作，均不可脱离实际。教劳结合是理论联系实际的主要途径。

四是学与用相结合。学以致用,学用一致,是教育与生产劳动相结合的重要标志。学生学的和将来要从事的职业不相适应,学非所用,用非所学,则是从根本上破坏了教育与生产劳动相结合的方针。学校要在力所能及的范围内解决学非所用的问题,例如,从小培养学生良好的劳动品质,培养学生讲质量、负责任、守纪律的职业意识,培养学生重视技术、重视动手的观念等。养成这些品质,不仅会使学生终身受益,而且对社会主义建设大有好处。

从狭义来说,就是"要有恰当的安排"。这些年来,学生轻视劳动、糟蹋劳动成果的现象日益严重。要通过劳动教育,培养学生的劳动观点和劳动习惯,使学生珍惜劳动成果,爱护公共财物,并学会一定的劳动技术。但劳动内容要与学生的年龄特点和知识水平相适应,不是一律参加"生产劳动"。例如小学生应参加一些家务劳动、自我服务劳动和力所能及的公益劳动,参加一些手工制作和植物栽培、小动物饲养;初中学生已开始学习物理、化学、生物等自然科学知识,可以组织他们参加一些手工劳动和简单的机械化劳动;高中学生所学的自然科学知识比较多了,可以组织他们参加一些能体现生物过程、化学过程的劳动和一些自动化生产劳动;高等学校学生则应根据他们的专业,参加某些有关的生产劳动和社会实践。新中国成立后,我国对劳动教育曾经提过"综合技术教育""生产劳动教育"。从其含义来说,都是指工农业生产劳动。这几年的提法是"劳动技术教育",包括劳动教育和技术教育两方面。劳动内容,不仅包括工农业生产劳动,也包括公益劳动、家务劳动、自我服务劳动和自动化生产劳动;所谓技术,既包括手工业劳动技术,也包括现代科学技术。根据我国的国情,对学生既要加强劳动教育,也要进行技术教育。从几种不同的提法来看,劳动技术教育的提法更为全面,更符合我国的国情。德、智、体、美、劳的"劳"即劳动技术教育,把它列为学生全面发展的内容之一,有利于学生的成长。

教育与生产劳动相结合,是培养人的途径。培养人的途径是多种多样的,例如,学校教育、家庭教育、社会教育、继续教育、社会实践、半工半读等,都是培养人的途径。从学校教育内部来说,德育、智育、体育、美育、劳动技术教育,是另一层次的培养人的途径。人的成长是多种途径综合起作用的。如果认为教劳结合是培养人的基本途径或根本途径,则应对教劳结合重新解释。本文以上论述,就是试图做出这样的解释。

新时期教育方针的三句话,是一个有机的整体。这三句话是互相联系、互为条件的。"教育必须为社会主义现代化建设服务",是通过"培养德、智、体等方面全面发展的社会主义事业的建设者和接班人"来实现的;"培养德、智、体等方面全面发展的社会主义事业的建设者和接班人",应通过"教育与生产劳动相结合"的基本途径。这里的关键是要把"教育与生产劳动相结合"解释清楚,使人们易于理解和掌握。

参考文献

[1] 马克思.资本论[M]//马克思,恩格斯.马克思恩格斯全集:第23卷.北京:人民出版社,1972:531.

[2] 恩格斯.共产主义原理[M]//马克思,恩格斯.马克思恩格斯全集:第1卷.北京:人民出版社,1956:222.

[3] 列宁.民粹主义空想计划的典型[M]//列宁.列宁全集:第2卷.北京:人民出版社,1984:413.

[4] 同[3].

[5] 马克思,恩格斯.共产党宣言[M]//马克思,恩格斯.马克思恩格斯选集:第1卷.北京:人民出版社,1972:273.

[6] 马克思.哥达纲领批判[M]//马克思,恩格斯.马克思恩格斯选集:第3卷.北京:人民出版社,1972:24.

[7] 同[3].

[8] 邓小平.邓小平文选:第2卷[M].2版.北京:人民出版社,1994:50.

[9] 同[8].

[10] 同[8]107.

[11] 同[10].

[12] 同[10].

[13] 同[8]108.

[14] 同[10].

[15] 四川省纪念陶行知先生诞辰九十周年大会筹备组.陶行知纪念文集[M].成都:四川人民出版社,1982:插页.

(本文原载《教育研究》1999年第6期)

我们究竟需要什么样的教育取向研究

吴康宁

教育研究包括教育事实研究、教育取向研究及教育工程研究三种基本类型。由于这三种类型都有其自身的研究目的,并因此对教育实践具有特定的服务功能,故而对于指导教育实践来说都是不可或缺的。但另一方面,由于教育是一种方向性与预期性色彩很浓的实践活动,教育事实研究说到底只能为提出、支持或批判特定教育取向提供事实依据,教育工程研究也必须在一定的教育取向引领下进行,因而,关于教育的应循方向及应达目标的研究,亦即以阐明教育的应然状态为旨归的教育取向研究,在整个教育研究的结构中也就不能不占据一种"魂灵"的地位。因此,我们对于教育取向研究的状况也就不能不予以特别关注。这些年来,我国教育理论工作者对于教育取向的研究应当说取得了不少成绩,但也存在着诸多问题。就研究者自身因素来看,既有技能层面的问题,更有思想层面的问题。本文主要目的是结合思想层面的一些突出问题,阐明我国的教育取向研究本身的应然状态,并求教于同人。

一、教育取向研究必须直面本土教育需求

我国教育取向研究的第一个突出问题是,不少研究与我国当前教育需求相脱离。它至少表现在以下三个方面。

其一，这些研究很少甚至完全不去考虑我国的经济与社会发展现状，不去分析我国当前教育实践的主要问题与主要需求，而是仅仅关注或者首先关注国外尤其是西方发达国家的教育实践，并以这些国家教育实践的现状与走向为尺度来判断我国当前教育实践的应有取向，确定教育取向研究的课题。其所研究的，在相当程度上，其实是"非本土"的问题。

其二，这些研究很少甚至完全不去顾及语言的文化可融性要求，而是一味搬用西方教育学者在其自身文化土壤中所创构出的整套话语系统，包括思想的逻辑与展开、模式框架的构成与呈现、概念的内涵与表达、关系的确定与处理等，完全用这些话语系统来解释我国教育实践的现象与问题，阐述应循取向。可以说，这些研究所使用的其实是"非本土"的语言。

其三，作为上述两种表现的必然后果，这些研究最终提出的关于教育应有取向的诸多主张，每每同我国教育与社会的当前需求相去太远，近乎"空想主义"，故而很难被广大教育实践工作者所接受（在许多场合下是被"敬而远之"），无法对我国当前教育实践产生实际指导作用。在这个意义上，这些研究所产生的其实是"非本土"的结果。

教育取向研究若不能直面我国的教育需求，所提出或支持的教育取向若不能适用于我们当前教育实践的改善或改造，那就毫无存在的意义。对于这种研究本身，我们是不难提出批评的。但问题的关键并不在于这种研究本身，而在于作为其思想支撑的"研究观"，即相当一段时间以来在我国教育理论界颇为流行的所谓"国际接轨观"。按照这种观点，我国的教育研究应当同国际接轨，应跟进国际学术潮流，应站在国际学术前沿云云。

教育研究尤其是教育取向研究真的必须与国际接轨吗？在教育取向研究领域中，真的存在着一个所有国家均须奋力推进或跟进，准确来讲是西方国家在前导引、其他国家都应趋之若鹜的所谓国际学术潮流吗？真的存在着一些公认的国际学术前沿吗？对于这种研究观，笔者以前也持同见[1]，但经过认真反思，现在持否定态度。原因在于，至少就教育取向而言，任何国家都有自己的主问题域。所谓教育的前沿性研究，首先应当适应于本国教育的主问题域。反过来说，只有在本国的主问题域中进行的研究，才有可能成为本国所需要的前沿性研究。这样，不同的国家也就可能有其各自不同的前沿性研究。在教育取向研究中，并不存在每个国家均须认同的所谓国际学术前沿，并不存在每个国家均须跟进的所谓国际学术潮流，并不存在每个国家均须接续的所谓国际轨道。盲目地认同这些"前沿"、跟进这些"潮流"、接续这些"轨道"，很可能会对本国当前教育实践的合理发展产生误导。

当然，国家教育的主问题域可能会涵盖一些全球性的教育问题，但这些全球性教育问题正是因为涵盖于各个国家教育的主问题域中，才有通过各个国家的教育实践获得解决的可能。对于一个国家的教育研究者来说，尤其是对于一个经济与社会发展尚处于不发达阶段的国家的教育研究者来说，思考教育取向研究的正当逻辑应当是，首先立足于本国教育的当前迫切需求与实施条件，对本国教育进行脚踏实地的了解与分析。事实上，即便是西方教育学者，他们自第二次世界大战以来陆续予以极大关注并倾力研究的一些所谓具有全球普遍意义的教育问题，诸如教育机会均等、教育民主、环境保护与教育、信息化发展与教育等，也无一不首先是他们所在国家陆续面临并迫切需要解答与解决的重要问题。

如果不顾本国实际情况，一味强调教育研究要与国际接轨，要跟进国际学术潮流，要站在国际学术前沿，那么，我们的教育取向研究就可能会延误我国当前教育实践的合理发展。对于一些不去而且也不想深入了解与分析本国教育实践的研究者，我们不能不大声疾呼：不要把目光只是盯在国外教育动态上，而应更多地关注本土教育需求；不要把精力只耗费在对于国外教育研究的研究上，而应扎根于自己的土壤，致力于建立与发展本国教育理论，指导本国教育实践；不要盲目地跟进所谓的国际教育学术潮流，这些潮流也许会把我们当前的研究引向歧途。

因此，教育取向研究实在是一种本土化要求很高的研究。至此，我们可以明言这种研究必须至少具有的三个基本特征，即研究的课题必须是关怀本国教育实践的问题意识的产物，必须是审查本国教育需求及其实施条件的结果；研究的语言必须具有"本土可读性"与"本土可言性"，必须成为沟通研究者与实践者的桥梁，而不是阻隔研究者与实践者的障碍；研究的结果必须对于本国教育的改造具有圆顺的解释力与强劲的导引力，必须成为本国教育理论的有效组成部分。

二、教育取向研究必须直通相应的教育工程研究

教育取向研究的第二个突出问题是，大部分研究都与教育工程研究相分离。这是一个老问题，且在今天有日趋加剧之势。其典型表现是，研究者在提出或批判了关于教育的某种价值取向之后，便算是完成了任务，不考虑究竟如何去实现自己所提出的那些教育取向，或纠正自己所批判的教育取向的技术路径，亦即不向前再迈进一步进行相应的教育工程研究。其结果是产生以下四种伴随现象。

一是教育取向研究者对于实现或纠正教育取向的现实可能性无法获得真实、准确的把握。而这种真实、准确的把握对于证实或证伪特定教育取向的合理性是至关重要的。

二是当教育取向研究者所提出的教育取向不能实现，或他们所批判的教育取向得不到纠正时，他们常常把责任推到教育实践工作者身上，归咎于教育实践工作者自身没有确立相应的价值取向或缺少相应的知识技能。而教育实践工作者则通常也会把责任推到教育理论工作者身上，归咎于教育理论工作者的研究脱离实际，闭门造车。于是，两者相互推诿、埋怨。

三是教育取向研究者有可能毫无顾忌地提出关于教育的一个又一个新的取向，或对现行教育取向展开一波又一波新的批判，以致一边是教育理论工作者实施的持续不断、愈演愈烈的教育取向"狂轰滥炸"，一边是教

育实践工作者愈发感到无所适从。

四是教育研究内部也形成了"取向性"研究与"工程性"研究的坚硬区隔，出现了研究的"断裂"，导致教育研究队伍内部也因研究职能的僵硬分化乃至基本固化而形成了"取向研究者"与"工程研究者"的不同人群，出现了研究队伍的"分裂"。不同类型研究者之间互不关注、互不沟通、各自为政，甚至不时相互指责，客观上造成了研究的浪费及研究队伍的内耗。这已成为我国教育研究中的一种久治不愈的严重弊病。

大部分教育取向研究之所以与教育工程研究相分离，除了研究者知识结构方面的原因（只会说应该是什么，而不知道究竟应该做什么、怎么做）及研究作风方面的原因（不想花费时间与精力对自己所主张的教育取向进行技术转换的实际尝试）之外，一个很重要的原因乃在于"研究观"，即不少研究者所持有的"角色分工观"。按照这种观点，教育取向研究与教育工程研究是两种不同类型的研究，它们需要不同的知识结构与研究方式。因此，研究者应根据自身特点及兴趣所在来确定自己的研究类型，整个研究队伍应有一定的角色分工，一部分人主要进行教育取向研究，一部分人主要从事教育工程研究。这种观点表面上看来似乎有一定道理，但从教育研究的历史事实与现实需求中均找不到充分的支持依据。

第一，从教育研究的历史事实来看，凡是真正有作为的教育思想家所提出的教育取向，无不伴有实现这些取向的相应的技术路径，无不具有这些教育思想家本人所亲身经历、亲自设计或亲自指导的教育实践或教育实验的技术支撑。越是著名教育思想家，越是如此。孔子、蔡元培、陶行知、陈鹤琴、昆体良、夸美纽斯、裴斯泰洛齐、福禄贝尔、杜威等，莫不如是。对于教育问题，他们既"指向"，又"示范"。在他们本人那里，教育取向研究与教育工程研究已实现了连通。

第二，从教育研究的现实需求来看，教育实践要求教育研究不仅能正确地"指向"，而且能明确地"示范"，要求"指向"与"示范"相互关联，而不是相互分离。而对于作为研究结果的特定教育取向，最有解释权、最有资格进行技术转换的,其实是研究者本人。这并不是说包括教育实践工作者在内的其他人就不能进行技术转换,而是说由研究者本人进行的解释是"本真的解释",由研究者本人进行的技术转换更容易保证"指向"与"示范"之间的关联。在这个意义上,研究者本人就不能不负有将自己所主张的教育取向进行示范性技术转换的职责。

当然,在只研究教育取向、不研究相应的技术转换的众多研究者当中,确有一部分人是因为受到其自身知识结构的限制。他们并不是不想,而是不会进行技术转换。对此,笔者想说的是,在当今时代,只会说应该是什么,不知道究竟应该做什么、怎么做的单一的教育取向研究者,其实已经是一种过时的角色。以专职的教育思想生产者自居的教育取向研究者其实一直受到包括教育实践工作者在内的广大教育工作者的冷漠和鄙视。这是一个对于许多教育取向研究者来说多少有点"残酷",但却无法回避的事实。唯一的办法只有下决心尽快充实、改善自己的知识结构,使自己既能生产思想,也能探索技术。唯有如此,教育取向研究才能真正成为一种"负责"的研究。

因此,教育取向研究是一种实践性要求很高的研究,它不仅要求研究者切实针对教育实践的主要问题与迫切需求,明确提出自己关于教育取向的主张,而且要求研究者关注自己的教育取向研究成果的命运,进行相应的示范性的教育工程研究,推动教育取向指导实践的必要的技术转换。

三、教育取向研究必须直映研究者自身的价值取向

我国的教育取向研究的第三个问题是,相当一部分研究者的教育取向主张同其自身的价值取向相背离。这不是个别性问题,而是已成为一种"日常现象",成了我国教育取向研究中的一道颇为怪异的"风景线"。君不见,研究者在论著中、报刊中、讲坛上、研讨会上所提倡的明明是教育要培养学生的主体意识与批判精神,但其本人在其周围环境中却总是扮演

着一个"无条件适应者"的角色，并不尝试对于自身所处环境的积极参与、认真反思与必要改造；所宣讲的明明是学校应教会学生关爱他人，但其本人平时却对他人的困难和疾苦视而不见、充耳不闻；所主张的明明是教师应平等对待学生、实行教学民主，但其本人在自己的学生面前却总是以权威自居，毫无民主可言；所强调的明明是应使学生形成豁达的人生观，但其本人对于住房、职称、评奖等却是寸土必争，寸步不让；等等。

如果说，前面提到的教育取向研究与本土教育需求相脱离的问题表明一些教育取向研究者在"说大话"，教育取向研究与教育工程研究相分离的问题表明一些教育取向研究者在"说空话"的话，那么，教育取向研究同研究者的自身价值取向相背离的问题则表明一些教育取向研究者在"说假话"。在这个意义上，教育取向研究同研究者的自身价值取向相背离的问题也就比前面两个问题更令人担忧，因为它反映的是研究者的道德人格的低萎状况。在研究中，研究者很少考虑自己实际奉行的价值取向同作为其"研究"结果的教育取向主张是否相吻合，他们所倡导的所谓教育取向只不过是一些与己无关的、自己也未必相信的口号。对于这一点，研究者本人十分清楚，旁观者也非常明白。"己所不欲，勿施于人"，明明是连自己都并不相信、不遵循的价值取向，却又煞有介事地要求别人去信奉、去执行，这就难怪人们对当前一些教育取向研究者常常给予诸如"夸夸其谈""口是心非"之类的评价了。

因此，教育取向研究又是一种自律性要求很高的研究。它要求把研究者自己摆进去；要求研究过程同时成为研究者的心路历程，成为研究者的价值生活史的结晶与延续；要求作为研究结果的教育取向主张，首先要经得起研究者自身心灵的比照。

上述三个突出问题的存在，使得教育取向研究的实际威信受到极大威胁，使得教育取向研究结果对于教育实践的实际指导作用受到极大影响。现在已到了必须尽快克服这三个突出问题，尽快提高教育取向研究的实际威信，尽快增强教育取向研究结果对教育实践的实际指导作用的时候了。

直面本国教育需求，直通相应的教育工程研究，直映研究者自身的价值取向，便是其必由之路。而这也就意味着，研究者首先必须进行自身的改造。

参考文献

［1］吴康宁. 对我国教育理论发展的思考［J］. 教育研究，1992（12）：20-25.

（本文原载《教育研究》2000年第9期）

政策型研究者和研究型决策者

袁振国

江泽民同志2002年9月8日《在庆祝北京师范大学建校100周年大会上的讲话》，基于对"各国之间的竞争，说到底，是人才的竞争，是民族创新能力的竞争"的深刻分析，高瞻远瞩地提出了教育创新的战略思想。教育创新战略立足全局，立意深远，把握了国家与民族发展的脉搏，确立了我国教育今后若干年发展的战略目标，明确了各级各类教育的工作重点，赋予了全国广大教育工作者崇高的历史使命，是一篇教育创新的时代宣言。

改革开放以来，特别是党的十五大以来，我国教育突破了许多长期制约教育发展的瓶颈，取得了跨越式的发展。面对教育改革和发展的新情况、新形势和新问题，我们唯有响应号召，"要十分注意研究和解决教育面临的新情况新问题，深入探索新形势下教育发展的规律，更新教育观念，确立与21世纪我国经济和社会发展需要相适应的教育观和人才观"，不断进行新的制度创新和政策创新，才能不断取得教育事业发展的新跨越。

创新必须是符合我国经济和社会发展客观要求的创新，跨越必须是科学的跨越。在这样的背景下，无论是教育理论工作者，还是教育决策人员，都有关注与研究现实，关注与研究重大教育问题，深化两者交流的任务。

政策型研究者和研究型决策者

由于教育决策环境与决策因素越来越复杂，决策的难度也就越来越高，为了使我们的决策更科学、更民主、更有效，我们有理由提出决策者应该是研究者的要求，决策者应该努力使自己成为"研究型决策者"。由于社会科学研究所富有的社会功能越来越重要，所承担的社会责任越来越重大，为了使学术研究的成果发挥更大的社会效益，我们有理由提出研究者应该是政策参与者的要求，研究者应该努力使自己成为"政策型研究者"。

随着政策问题越来越重要和越来越复杂，对政策的专门研究也越来越受重视。现在，政策分析者和政策规划者在西方国家已经成为一种专门职业，而且这支队伍在不断扩大之中。这一人群无疑是政策型研究者的典型，他们被冠以一个专门的称呼，叫"政策知识分子"。随着政府职能的转化和政策科学化进程的加快，我国的政策分析机构和职业性的政策知识分子群体也在形成之中。不过，笔者在这里指的主要还不是这种作为专门职业的政策型研究者，而是强调研究人员要有政策意识，要重视政策研究，并逐渐把教育研究的主要人员和研究人员的主要精力转移到为政策和对政策的研究上来。教育部陈至立部长在2002年全国教育科学"十五"规划课题评审会上讲话时强调："教育科研工作必须树立为重大教育决策服务的意识，研究教育发展中出现的一些热点、难点问题，对一些教育问题作长远的、全局性的和深层次的科学研究，提出新思路、新办法，为教育决策当好参谋。"[1]政策型研究者的形成既是社会发展的客观要求，也是政府部门的热切期盼。而要成为一名训练有素的政策型研究者，固然有许多专业性的知识和技术性要求，但依笔者从事教育科学研究的感受和认识，首先重要的是要关注现实世界，了解现实需要，有解决现实问题的强烈意识，为解决现实教育问题提供有根据的政策建议和可操作的措施。著名经济学家和史学家陈翰笙先生积毕生之经验，深有感触地说："学术研究是一种创造性劳动，就是要解决问题，尤其要解决现实中存在的问题。"关注现实世界，关注教育政策研究，并不是要丧失教育理论工作者具有的独立品格。恰恰相反，正因为教育理论工作者具有独立意识、独立知识结构和独立思考能力，他们对教育政策研究才显得特别重要。

"九五"期间，在"科教兴国"战略的指引下，我国教育在许多方面取得了跨越式的发展，同时也面临着许多新形势、新情况、新任务、新问题。从国家教育发展的宏观角度来看，教育部提出"十五"期间下列问题是特别值得关注和研究的：如何处理好高等教育的发展规模与办学条件保障的关系，如何规划相应高中阶段教育发展的规模问题；高校扩招以后毕业生的就业状况和拓宽就业渠道的研究；进一步提高高等学校教学质量和保障教学秩序、规范教学的研究；高校后勤社会化中的公寓管理、学籍管理、网络管理、大学城、并校及分校或异地办学管理等引发的办学秩序与学生思想教育工作的对策研究；高等教育宏观管理与进一步增强地方、高校自主权和依法自律的关系研究；高等教育新的拨款体制与科学评估体系研究；各地在贯彻落实全国基础教育工作会议精神和《国务院关于基础教育改革与发展的决定》中出现的带有普遍性的难点、热点问题研究；进一步改进高校招生、录取、考试与收费制度等的研究；规范小学、初中、高中阶段升学、择校、收费的问题，促进义务教育均衡发展的问题研究；落实西部地区教育发展措施及教育对口支援工作的研究；新形势下职业教育发展趋势和机制的研究；教育依法行政所面临的形势与相关建议研究；加入世界贸易组织对我国教育的影响及相关对策的研究；进一步促进民办教育健康发展的政策研究；我国教师教育的转型研究等。

这些情况和问题在不同地方又有不同的表现形态，有不同的特点，也需要有不尽相同的解决办法。要对这些问题提出有针对性、有根据、有说服力的意见，只有一些思想理念、一些价值标准、一些教育学概念是不够的。一定要对我国宏观的和不同地区不同层面、不同方面的实际情况，对其经济数据、人口数据、教育数据、科技数据、文化数据等有经常性的、准确的了解，并且要对这些数据有历史感，也就是对这些数据的历史变化心中有数；还要对世界有代表性国家的相关数据有系统的了解，以便能够把我国的教育发展放在全球环境下有比较地考虑。只有这样，我们的教育研究才能充满朝气和生命力，才能对教育的改革和发展提出切实可行的意见。

毋庸讳言，教育研究中杜撰的题目、无病呻吟的题目、拾人牙慧的题目和空洞无物不知所云的题目，还是有一定数量的，有时候还被误作为一种学术高深的表现。而研究者对现实问题缺乏敏感，对解决现实问题缺乏热情，导致了对解决实际问题缺乏真知灼见。有些学者由于脱离教育实际，不了解真实的情况（包括不了解国外的真实情况），只能凌虚蹈空，唱"空城计"。这不仅是一种研究方法的问题，而且是一种研究价值取向的问题，其根源是对教育科学的现代特性缺乏全面、正确的认识，对教育科学的发展趋势和现代使命缺乏敏锐的反应。

当然，强调问题意识，强调关注和解决现实问题，强调为教育政策的制定、实施、改进做出贡献，绝不是削弱理论研究、降低理论研究水平，恰恰相反，越是能够指导实践的理论，越是具有深刻性和超前性，越是需要做细致而缜密的工作。马克思曾经精辟指出，最深刻的理论可以还原为最具体的实践。而还原为具体实践的理论一定是从具体的实践中提升出来的。对于教育科学这门应用性很强的学科来说，抽象的理念不与鲜活的教育事实相联系，原则上的概念不与具体的教育情况相结合，研究者难以提出有价值的命题，难以对科学、高效、公正的教育政策提供有价值的意见，因而也就难以体现知识分子参与社会生活、影响社会生活、引导社会文明的责任和功能。

美国知名政策分析专家帕顿（Carl V. Patton）和沙维奇（David S. Sawichi）把政策分析分为两种基本类型：研究型分析（researched analysis）和一般分析（basic analysis）。研究型分析是运用比较程式化的研究方法，对有关政策问题进行专门研究，以"寻求问题背后的真相和非直觉的甚至反直觉的解决方案"[2]。一般分析则是在短时间内、在资料不充分的情况下对政策的简单建议，以便在主要问题上不会发生错误。决策者不可能像专门研究人员那样进行仔细、周详、高度量化的研究,他们只能用有限的时间,在资料不充分的情况下,做出决策的框架。从这个意义上说,研究型分析更适合于专门研究人员,一般分析更适合于决策者。当然,他们之间的关系并不是一成不变的,在需要的时候,也可以互换。

如果说关注现实世界是政策型研究者首要的品质,那么,关注评价标准则是研究型决策者的首要品质。所谓关注政策评价标准,就是对将要制定的政策的合理性、有效性、经济性等有一个比较具体的、可靠的参照依据,或参照依据在不同的政策方案之间进行选择。从政策的全过程来说,评价标准可以分为不同的层次。帕顿和沙维奇把评价标准分为四个层次:总体目标(goals)、具体目标(objectives)、评估标准(criteria)、测量标准(measures)[3]。这对我们分析问题和把握要求是很有帮助的。

总体目标:对政策预期的长时段将获得的成就所做的正式而全面的描述。

具体目标:对最终状态所做的更集中、更具体的描述,大部分有明确的时间范围和影响范围。

评估标准:用于考虑制定和选择政策方案的具体指标,其中最重要的包括成本,效益,公平性,政治、经济、行政的可行性与可操作性等。

测量标准:对评估标准明确的可操作(最好是量化)的解释。

比如,我们以某一地区的小学合并为例,对这些术语做一些阐释。在这项政策中,总体目标是提高办学效益和办学质量。具体目标是使该地区小学的规模平均达到300名学生以上。评估标准与以下内容直接相联系:规模扩大真的能使效益提高、成本降低吗?影响教育质量的因素在学校合并以后真的有所改善吗?经济投入、学生和教师的集中所产生的困难能克服吗?测量标准包括学生每天上学步行能够接受的最长距离,以图表的方式列出不同学校合并的最经济、最合理的指标,等。

当然,面对不同的问题、时间、对象,决策者需要对处于问题中心地位的标准心中有数。比如高考政策与课程政策的制约因素就有很大不同,虽然上述因素对这两项政策都是相关的，但对课程政策来说，成本、效益是非常重要的，而对高考政策来说，公平性、可行性无疑需要优先考虑。

下面，我们主要就政策的评估标准做进一步的讨论。

第一，成本。任何政策都是旨在推行某种改革、重组某种资源或解决某个特定的问题。任何政策的实施都是有成本的。成本分析是政策分析的核心。但是，忽视成本或错误地计算成本是政策制定和实施过程中常见的现象。"不惜一切代价"是忽视成本最典型的语言和表现，也是"政策祸害"最严重的原因之一。所谓"政策祸害"是指由于错误的政策导致的收益小于成本的结果，引发了更多的社会问题和社会矛盾。"政策祸害"是一个值得专门研究的概念。随着社会文明的进步，"不惜一切代价"的政策取向正逐渐被人们抛弃。但由于观念、思维方法不正确，错误计算成本的现象还是普遍存在的。这里分析四种重要的，也是决策者容易忽视的成本概念：间接成本、相应成本、机会成本、边际成本。

（1）间接成本。在考虑政策成本时，我们通常主要考虑的是政府需要多少投入，特别是要花多少钱。其实这里只是考虑了直接成本，特别是货币成本。而一项政策的实施仅有直接成本是不够的，它一定不得不付出间接成本。比如并校、扩大学校规模需要必要的投入，这种直接成本是显见的，也是容易计算的，而很多学生每天要多走很多路则是它的间接成本。学校为了维持操场草坪的美观和生长，限制学生在操场上的活动，学生活动机会的减少也是间接成本。有时，间接成本比易见的直接成本要大得多。

（2）相应成本。任何政策都与受政策影响个体的利益直接相关。相应成本讲的是不同个体在形式上付出相同代价的时候，在实质上所付出的代价是不同的。比如提高收费标准以改善学生公寓条件，对经济条件好的家庭来说，不仅可以接受的，而且是他们所期望的；而对于经济条件差的家庭来说，为了支付提高的住宿费用，就不得不削减或延迟其他必要的开支，比如推迟购买电脑的时间。其实人们宁可维持居住条件比较差的状况而先购买电脑,也不愿推迟购买电脑的时间而先改善居住条件。分析相应成本对政策的可行性和社会反响非常重要。对相应成本的分析,为公共政策雪中送炭而不是锦上添花提供了理论依据。

(3) 机会成本。计算成本时,我们往往只计算可见的成本,而忘了计算当我们用现有的资金、设备、人员等资源从事某项活动时,我们就不能用这些资金、设备、人员干其他的事。在同一时间我们丧失了从事其他活动的机会,就是我们付出的机会成本。比如一个人大学毕业以后读研究生还是工作?工作可以拿工资,开始计算工龄;读研究生就不能工作拿工资,还要付出很多费用,而且研究生毕业后还可能找不到合适的工作。这个时候如何选择都需要付出相应的机会成本。公共政策同样如此,现有资金是用来改善薄弱学校还是用来加强重点学校?在这种时候不仅要看到某一政策使某一方面得到了加强,而且要看到另一方面失去了发展的机会,这就是这一政策所付出的机会成本。

(4) 边际成本。边际成本与平均成本相对。比如一幢四层教学楼的造价平均每层100万元,六层教学楼的造价平均每层95万元。那么这幢教学楼五、六层的平均造价就只有85万元。85万元就是边际成本,比平均造价节省出来的钱就是边际效益。再比如一个班级符合卫生条件和教师工作条件的学生数是40人,现有一个班级人数是35人,增加进去5人就是边际效益。效益最大化的秘密往往就在于边际成本的计算与边际效益的发挥。

第二,效益。在确定了一个目标之后,投入越小效益就越大。但是公共政策的效益要比企业的投资效益复杂得多。因为政策的效益有直接的(如减免学费),也有间接的(如提供教师进修的机会);有短期的,也有长期的;有有形的(如建立学校网络系统),也有无形的(提升学校文化品位);有货币化的,也有非货币化的。综合分析效益因素,是确定教育政策的轻重和缓急的必要条件。在这里,我们特别要强调公共政策调动民间资源的力量。考虑效益问题不仅仅是考虑政府资源效能发挥的问题。在市场化的背景下，政府的重要职能是运用市场规律调动民间投资于公共教育事业的积极性。笔者在《发展我国教育产业的观念创新与政策创新》一文中，提出了一个观点：教育的事业性和产业性并不是教育的固有属性，而是对教育活动的某一历史阶段运行特征的规定。在现代社会，教育活动是事业性的还是产业性的，并不是它客观上具有的不能变更的属性，而是人们根据特定的历史条件，对把它作为事业来运行有利还是作为产业来运行有利的主观判断与选择。笔者列举了交通、文化、体育、教育等多方面正反两面的例子来说明这个问题。[4] 公共教育政策能够把握时机，促进教育产业的发展，利用社会资金使更多的人受到更好的教育，这同样是扩大政策效益的重要途径。而且这也许更能体现现代公共政策的本质作用。

第三，公平性。政策的公平性是政策制定者需要十分认真和小心对待的问题。一方面，公平地对待每一个平等的人，是现代文明社会的基本理念；另一方面，公平和效率往往是一对矛盾，处理好这对矛盾恐怕是永久的难题。当我们制定一项政策的时候必须清楚：谁是最大的受益者？谁可能会是利益的受损者？教育与医疗、保险、养老等公共福利事业都有所不同，它不仅是一种消费，而且是一种投资行为，受到较多、较好教育的人，也同时会获得较高的收入和更好的发展机会。优惠的教育政策具有政府投入、个人收益的特征，因此，哪部分人得到优惠，实际上就是政府为这部分人投资。从这个意义上说，教育政策带来的利益差别可能造成双倍的不平等。

这里有两组概念对把握教育政策评估标准是有帮助的：宏观公平与微观公平、横向公平与纵向公平。宏观公平是指中央政府调节地区间、各级各类教育间投入和发展机会的公平，比如发达地区与欠发达地区、高等教育与基础教育之间的公平；微观公平是指地方政府对个人的教育投入与个人受教育机会的平等。横向公平即平等地对待每一个人，它关心的是一项政策对类似的人群提供的物品和服务是否一致；纵向公平关注的是政府的投入和服务对不同阶层、不同环境中的人们的公平性问题。

作为公共政策的价值取向，绝对的公平是达不到的，相对差距的不断扩大也是不能容忍的。有一种观点甚至认为，竞争、效率是市场功能，政府主要是关注弱势群体。

第四，可行性与可操作性。政策在经济上、政治上的可行性是决策者的基本考虑，对政策可行性的正确判断是决策者的核心素质；政策在行政上的可操作性是政策文本转化为政策行为的基本要求，也是判断政策水平的重要标准。

（1）经济上的可行性。从公共政策的角度说，我们需要做的事情很多，做什么事情、不做什么事情，什么事情先做、什么事情后做，什么事情一气呵成、什么事情分阶段进行，固然与其重要性、迫切性密切相关，但很多时候是由经济上的可行性决定的。事实上，任何决策从经济上说都有两种类型：一种是先对要做的事情进行预算，比较经济能力，决定做还是不做，做多做少；一种是先确定经济额度，再决定做什么事情。在这个时候，有几个经济概念是决策的重要标准：成本－收益率，成本低收益高的无疑会被优先考虑；成本效力，以最小的成本完成既定计划的项目会被优先考虑；政府投入动员力，政府的有限投入能最大限度动员社会资源的项目会被优先考虑。

（2）政治上的可行性。任何政策都会涉及个人或团体利益的分配或调整，反对意见越小、反对的人数越少，政策通过的可能性就越大，实施的过程就越顺利。但是，不可能所有的政策都只有很小的反对意见和很少的人反对。政策往往是利益的重新分配。为了减少阻力，确保政策的顺利实施，妥协的措施、弥补的措施、分人群对待的措施，往往都是需要考虑的策略。为了增加对政策的可行性的把握，在对政策进行可行性论证的同时，对政策进行不可行性论证往往会收到意外的效果。虽然不可行性论证并不真的否定政策实施计划，但会使制定者对于政策实施的难度和矛盾加深认识，对采取补充措施拓宽思路。

（3）行政上的可操作性。一项政策的顺利实施不仅取决于它的合理性和可行性,还要看实施政策的行政系统是否可靠而有力。帕顿和沙维奇认为,评估行政可操作性的具体标准包括权威、制度约定、能力和组织支持四个方面。[5] 权威是一个关键的标准,没有协调各方面意见、组织相关机构共同活动的权威,政策的制定和实施是很困难的;制度约定说的是自上而下或自下而上的组织原则,明确和承担政策执行的责任;能力包括工作人员的能力和财政能力;组织支持包括充足的装备、物资设备以及其他的支持设施。决策者在决策时对这些因素必须心中有数。否则,政策再好,也会事倍功半。此外,管理的便利性也是行政可操作的重要条件,能简化的应尽量简化,烦琐和重复劳动都会阻碍政策的有效实施。

随着我国教育事业的发展和教育水平的提高,我们已提出使广大中小学教师逐渐成为研究型教师的要求,作为各级各类教育的领导者,使自己成为研究型决策者应该是顺理成章的;随着信息化程度的加深和社会交融在广度和深度两个维度的发展,学术转化为技术、理论转化为方法、理念转化为政策的要求也与日俱增,教育研究者将自己塑造成政策型研究者,当是水到渠成。

参考文献

[1] 陈至立.教育科研要为教育决策当好参谋[N].中国教育报,2002-02-04.

[2] 帕顿,沙维奇.政策分析和规划的初步方法[M].孙兰芝,等译.北京:华夏出版社,2001:5.

[3] 同[2] 187.

[4] 袁振国.发展我国教育产业的观念创新与政策创新[J].教育研究,2002(4):10-14.

[5] 同[2] 215.

(本文原载《教育研究》2002 年第 11 期)

教育学的学科反思与重建

项贤明

一、世纪的忧患与新生

回顾历史我们可以看到，教育学在发展道路上遭遇危机并非只有一次，其中有一个不断消长的过程。总体上讲，教育学的危机在某种程度上与哲学曾经面对的危机有相似之处，这种危机直接来自两个方面：一是知识体系的分化；二是来自"科学"的挑战。从杜威稍微往前回溯，赫尔巴特1806年发表的《普通教育学》，其重要目的之一就是要建构一门"科学的教育学"——我们至今仍将其作为科学的教育学的一个起点——而其结果之一是导致了关于教育的知识体系的进一步分化。赫尔巴特最重要的一个作为，就是在从前的哲学之外再将心理学引为教育学的基础，其科学化的意图显而易见。这也是教育学应对危机的反应之一。同样是应对危机，不同学者提出的方案却有很大不同。卢梭强调对僵化狭隘的经院主义教育的否定，主张一种人在社会生活中全面地自然地生成的教育理论。赫尔巴特不同意卢梭的这种教育理论，认为教育学以学生的可塑性作为其基本概念，并特别强调"通过教学来进行教育"的思想。[1]杜威则强烈批判赫尔巴特的这种教育学，重新强调个人在社会生活中的全面生成，但与卢梭不同的是，杜威强调的是人的社会生成而非自然生成过程。从中我们清楚地看到教育学对其研究对象的理解和探索有一个"整体——部分——整体"的否定之否定的辩证历程。实际上,从卢梭再往前,或从杜威再往后,经布鲁纳到如今的《学会生存》等,我们都可以看到,教育学每一次面对危机,都会经历一次辩证法的否定。在"整体"的环节上,由于论域的扩大,教育学涵盖的问题极其繁杂,所以往往是克服了狭隘和僵化而又面临体系松散的危险;在"部分"的环节上,由于论域主要集中于"教学"这一典型的教育活动,教育学的理论体系相对集中而紧凑,但克服了松散却又难免狭隘和僵化。整个教育学的发展历史都充满了这样的此消彼长的辩证运动。[2]

我们的教育学今天正处在一个从"部分"走向"整体"的辩证环节上,即通过对布鲁纳、赞可夫、巴班斯基等否定环节的否定,最后如《学会生存》中所说的"走向完人",完成新一轮的否定之否定的辩证历程,这是危机中的新生。很明显,处于否定环节上的布鲁纳对杜威的教育理论持明确的批判态度,并再次以"科学的"面貌将教育学引向学校教学这种教育现象的"部分",与他同时代的赞可夫和巴班斯基也是一样。在20世纪的最后20多年时间里,以联合国教科文组织为核心的一批学者提出了一系列新的教育理念,预示着教育学一个回归"整体"的新的否定之否定发展阶段即将到来。他们突破布鲁纳等人的狭窄视界,重新将教育视为"人类生存的一种进程",从原始社会教育活动朴素的丰富性出发来论述教育的本质,并且认为"只要我们初看一下当今学校进行时(school-going)的社会,我们就会发现情况并没有发生多么大的变化"[3]。基于这样的认识,教育学自然要全面探讨所有的教育现象和人的全面生成,而不是仅仅局限于学校教学。狭隘和僵化可以被克服,但结构松散的问题又会暴露出来,再加上教育学科群空前的分化发展,于是有人惊呼教育学已经"终结"或"解体"就不足为怪了。

这样看来,教育学的危机似乎算不上真正的危机,而是一种矛盾运动的合理状态。那么,为什么我们今天的教育学会令人如此真切地感觉到岌岌可危呢？难道这全然是一种错觉？要探讨这危机的根源，需要做进一步的分析和反思。

二、在冲突与反思中成熟

教育学受到最多诘难的就是其科学性或有效性。赫尔巴特时代以前主要被怀疑的是其有效性、可靠性或合理性，从赫氏时代及其以后则主要受到关于其科学性或"科学"身份的攻诘，在总体上其前后的意义是相近的。教育学受到这样一类的怀疑和质问并不奇怪。人自身的问题太复杂了，尽管人类探询的目光已经洞察前后亿万年的时间和亿万光年之外的空间，但对人自身，我们仍旧所知甚少。赫尔巴特当初指望在哲学之外再找一门心理学作为教育学的基石，从而使其成为一门"科学"，然而心理学自身也并没有发展到无可置疑的"科学"的程度，甚至如今也偶尔有人要将其"逐出科学的殿堂"。这里并非只是一般科学方法和手段发展不够的问题，更重要的是"人"自身的发展与自然界的发展变化有着根本的差异，那就是人作为主体，其发展的自主性和能动性。斯金纳等人企望通过他们的"行为科学"将人"一个一个地转移到控制性环境上"[4]的幻想，是注定不可能实现的。在这种意义上讲，教育学的确不像自然科学那样"科学"。这是不是它面临"终结"的原因呢？显然不是。因为科学的发展是永无止境的过程，几乎所有的科学都很难宣布自身的科学性已经达到绝对的极致境地，然而并非所有学科都遭到这样的质疑。我们承认，教育学还远未成熟，但这只能说明它还需要进一步发展，并不构成对其学科地位的根本威胁。

另一种质疑教育学学科地位的理由是它与其他学科关系暧昧，没有自己独立的范畴和话语体系，只是借用其他学科研究成果来研究人的发展问题而已。的确，因为教育学探讨的是人的成长发展这样一个复杂的问题，所以广泛借用其他科学的研究成果几乎是不可避免的，在教育学否定之否定辩证发展的"整体"环节上，由于要全面观照人的成长发展，所以这种"借用"更为明显。不少人引用杜威的话来质疑教育学的独立性，杜威说过："我们没有一门特别独立的桥梁建筑学，同样也没有一门特别独立的教育科学，但是，从其他科学抽取来的资料，如果集中在教育上的问题，就成为教育科学的内容。"[5]我们不能不说这里确实蛰伏着20世纪教育学的危机。然而，且不论杜威将教育学比作"桥梁建筑学"是否恰当，仅就这种观点本身而论，也并不能真正否定教育学存在的必要性，因为我们显然不能将人的成长发展问题分散开来分别交付给其他各门相关学科去研究。况且"借用"的现象绝非仅在教育科学领域存在，而是科学界极其普遍的现象。学科关系暧昧只能说明教育学的开放性，并不构成对其学科地位的动摇。

宣布教育学终结还有一条重要理由，即认为教育学作为一门学科已无存在的必要。其一方面的前提就是前面杜威的观点，认为只要将其他学科的成果借用来研究教育问题就行了，没有必要再建立一门教育学。这种观点显然是站不住脚的。对人自身的成长发展这样重要的问题，我们实在没有理由任其处于散漫的研究状态。另一方面重要的前提是教育学已经分化成为一系列学科组成的学科群，其职能可由教育哲学、课程教学论、教育心理学等分别代行。这个前提也不充分，因为教育学作为一门研究有关教育问题的基本原理和原则的学科，有很多任务是别的教育分支学科所无法替代的。特别是当我们的论域突破学校教育而周延至人的全部教育时，更是有很多领域是其他分支学科不能涉足的。退而言之，即便教育学的各种具体任务已经可以由各分支学科分别完成，但要完成从总体上回答人的成长发展的问题这一根本任务，就仍然需要有一门学科来克服各门学科各行其是的散漫状态。当然，我们可以不用"教育学"来指称这门学科，譬如另建一门"育教学"，或者将譬如教育哲学这一分支学科改造提升为一门关于人的成长发展的总体的学问。（尽管我们明确地将教育哲学定位在一门边缘学科的地位上[6]，但如今并非没有这种改造的发展趋势和迹象，其中教育学本身的弱化也是原因之一。这是一个可以另外讨论的问题。）然而，无论如何，这门学问独立存在的必要性是毋庸置疑的。

回顾历史我们可以看到，教育学的历次危机，其最根本的原因还是在发展变化了的教育现实面前，教育学对现实解释能力和指导能力的弱化。也就是说，理论与实际之间的矛盾冲突，才是危机的根本原因，教育学也正是在这种冲突及其反思中逐步走向成熟。就其解释现实进而在此基础上指导现实的能力而言，我们今天的教育学的确有成堆的问题没有解决。譬如：在理论上，就连"教育"这样最基本的概念，也还有模糊的所谓广义和狭义之分，而对"广义"的教育（其实应是完整的"教育"概念本身）几乎是存而不论；面对教育实际，人类教育中几乎普遍存在厌学、道德教育效能低下、教育的训练化、规训与反叛的冲突，等等。对这些理论的和现实的问题，教育学都没能提出一个有相当说服力的解释，因而也无法指明总体的方向，更不用说有效的解决方案。而像教育学这样的一般理论，其存在的根据、意义和价值就在于它对现实的洞察力和解释力，丧失了这些，人们就有理由因此对教育学提出怀疑和质询。这才是教育学危机的真正根本原因所在。

然而，这些问题的存在并不能否定教育学存在的必要性，相反正好说明了它存在和发展的必要性，问题是我们如何发展它。

三、从整体出发为重建而谋划

教育学危机的化解及其学科地位的重建，关键在于增强其对现实的解释能力，这是所有理论的生命力源泉。面对如今已经分化成相当规模的学科群的教育学科体系，教育学自身的重建还须从整体出发。站在教育学发展新的否定之否定环节上，我们应为探索其世纪新生的希望之路而谋划。

教育学对现实的解释能力为什么会弱化？简而言之，根本原因在两个方面：一是教育学理论视野的狭隘化；二是分散的局部的理论由于缺乏统整而造成理论视野的支离和局限。作为一种人类学事实（而不是从某个抽象概念出发）的教育现象遍布人类社会生活的各个领域，其构成也十分复杂。这里既有课堂教学这种特殊教育形式，也有一般的教学或教授，还有生活世界那些有意的、随意的、不知不觉的甚至是缄默而难以言说的形形色色的教育。每当教育学的发展在"整体——部分——整体"的辩证运动中处在"整体"的环节上时，它往往会承认甚至强调教学或课堂教学以外的那些教育现象，而在"部分"的否定环节上，它的兴趣常常聚焦于教学或课堂教学这些特别典型的教育活动，却忽视或至少忽略其他形态的教育现象。在20世纪中叶前后三四十年时间里，教育学的发展主要处在"部分"的环节上，在布鲁纳、巴班斯基等人的著作中，虽然没有像赫尔巴特那样宣布没有"无教学的教育"或"无教育的教学"[7]，但"教学"还是几乎占据了全部内容。如此，教育学实际上逐渐狭隘化成"教学学"甚至只是"课堂教学学"了。到了《学会生存》等产生广泛影响的时候，教育科学虽然日渐趋于对教育的"整体"观照，但由于教育学作为一门学科的发展已相当疲弱，教育科学分化出的众多分支学科各自从不同的角度研究和解释教育现象（而且主要仍局限于教学，远非全部教育现象），却没有一门学科从总体上来对这些现象做出解释。与此同时，现代学校教育制度及与其相适应的教育理论在长期发展过程中逐步形成了"知识中心主义"的倾向，并由此带来了现代教育的训练化；教育学视野的狭隘化及其对大众教育理念的影响又造成了生活的非教育化和教育的非生活化。[8]这种深层局限导致了厌学、"考试地狱"、道德教育弱化、学校教育与生活世界的教育相互冲突等现象。凡此种种，视野狭隘而分散的教育科学已丧失对其进行解释分析进而提出解决方案的能力。危机由此而产生。

否定之否定不仅是一个循环的过程，更是不断上升的过程。从卢梭经赫尔巴特到杜威，教育科学分化成一个科学体系，而不再像在卢梭时代那样混沌一体；从杜威经布鲁纳到今天，教育学的学科重建也不是简单地回到杜威或卢梭，而是要在整体考虑教育科学体系分化发展的基础上来思考教育学自身的重建问题。

教育学科群中各学科之间的关系主要取决于两个方面：一是研究教育现象的不同角度或方面；二是研究教育现象的不同种类或领域。这两个方面，根本上反映于这一学科领域中各个基本概念之间的关系，而这些基本概念恰恰是人类对教育现象认识水平的根本反映。教育学，就其所研究的教育现象本身而言，就存在着辩证概念和知性概念的层次关系。人们对社会生活中一些具体的教育现象进行初步的概括，形成"教学""教授""教训""教导"等概念，在辩证逻辑看来，这些都是知性概念，黑格尔说它们是"将事物的感性改变为概念"；而"教育"则是一个辩证概念，它在抽象具体的层次上"达到了多样性的事物的差别"[9]。"教育"本身并不直接指某种十分具体的活动，正如彼德斯（R. S. Peters）所言，"'教育'不指称某一特殊过程，相反它囊括了一个过程家族中任何一个成员都必须符合的标准"[10]。由于这种概念的层次关系，教育学就处在一个较之其他如教学论等研究具体某一种教育现象的教育学科抽象程度更高的层次上。在教育学这门在抽象具体层次上总体地研究教育现象的学科下面，主要存在着三类教育学科：一类是如教学论、德育学、体育学等研究某一种具体教育活动的学科；另一类是研究某一特殊领域中教育现象的学科，如学校教育学、家庭教育学等；还有一类是从哲学、经济学、社会学、法学等不同角度具体研究教育现象的学科，如教育哲学、教育经济学、教育社会学、教育法学等。教育学的重建，不应脱离这样一个学科体系关系，尤其是不能脱离它自身在这个学科体系中的地位和作用。

教育学要成为一个统领教育学科群的学科，它首先必须是以全部教育现象为研究对象的。所谓"狭义"的教育学，实际上只能是教育学下面的分支学科，不能简单地称之为"教育学"。教育学不应有广义、狭义之分，它就应当在一般的层次上全面研究教育这种社会现象。因此，我们现存的教育学理论体系需要进行彻底的改造。其次，作为一门从根本上总体研究教育现象的学科，它必须通过分析研究，能够从根本上揭示现实教育问题的深层原因，譬如：厌学与现代教育训练化的关系；道德教育弱化背后潜藏着的科学世界的教育与生活世界的教育之间发生断裂，以及由此带来的现代社会中生活的非教育化和教育的非生活化问题；等等。只有增强对现实的解释力，才是教育学摆脱危机的根本出路。再次，教育学必须突破具体的知性框架而在抽象具体层次从总体上全面研究人的成长发展及其一般规律，借用中国儒家的概念，它应当成为一门研究人之何以成为人的"成人"之学。道理很简单，因为如果教育学不承担这一任务，那我们目前还没有哪一门学科能够承担。如果所有的学科都不承担这一任务，那么人自身的成长发展将被抛弃在人自己的理性认识之外，我们只能见到一些支离破碎的模糊影像，却看不清根本的方向。

基于以上三个基本认识，我们首先应当从一个完整的"教育"概念出发，以"教学""教养""训练"等表述不同教育现象的概念之间的层次关系为线索，根据各种基本概念的结构、类别及其相互之间的逻辑联系，修订和重建教育学的范畴体系。对一门独立的学科来说，拥有自己的基本概念和话语体系，特别是核心的范畴体系，是一个重要的基本要素。在以"学校教学学"这一部分取代教育学整体的否定的发展环节上，教育学的概念和话语体系不仅是不完善的，而且是狭隘的。我们要在否定之否定中实现向更高层次的完整性回归，就有必要修订甚至重建教育学的概念和范畴体系。正是这些概念，最集中地反映了人类对教育现象的认识水平。这些概念都是人们认识教育现象的网上纽结，以这张由基本概念联结成的思维之网为基础，我们接着要围绕现实的个人的成长发展，全面地概括总结出教育学的基本命题和基本原理。我们现有的教育学由于没有自己完善的概念和话语体系，其基本命题和基本原理的发展也受到了很大限制，贫乏的同义反复和肤浅的描述比比皆是，并且相互之间常常缺乏内在联系。重建基本命题和基本原理及其内在逻辑联系，这是我们重建教育学这门学科的第二层次，在此基础上，我们还要按照逻辑与历史统一的原则，将这些概念、命题和原理运用于对实际教育问题的解释和分析，并在解释和分析的过程中加以检验和发展。正如恩格斯在《自然辩证法》中所说的那样，辩证逻辑"不满足于把各种思维运动形式，即各种不同的判断和推理的形式列举出来和毫无关联地排列起来。相反地，辩证逻辑由此及彼地推出这些形式，不把它们相互平列起来，而使它们相互隶属，从低级形式发展出高级形式"[11]。遵循形式逻辑和辩证逻辑的基本原则，我们从表述教育现象的知性概念上升到"教育"这一辩证概念，进而全面概括出教育学的基本命题和基本原理，以这些概念和命题为基础，我们应当面对现实生活中的各种教育现象，以教育哲学、课程教学论、教育心理学、教育社会学等教育学科群中其他学科的研究为基础，以心理学、社会学、文化学等相关科学的理论为支持，演绎和重建出一整套新的教育学理论。这套处在新的否定之否定发展环节上的教育学理论，应当是一种关于人的成长发展的全面的"成人"之学。

教育学应当走向"成人"之学，这是它在新世纪重建自身的希望之路。这无疑将是一条遍布艰难险阻的道路，因为对"人"自身，我们是如此无知，但我们必须选择无畏，选择登攀。

参考文献

[1] 赫尔巴特. 普通教育学·教育学讲授纲要（合订本）[M]. 李其龙，译. 北京：人民教育出版社，1989：190.

[2] 项贤明. 泛教育论：广义教育学的初步探索 [M]. 太原：山西教育出版社，2000：121-191.

[3] Faure E, et al. Learning to Be [R]. Paris: UNESCO, 1972: 5.

[4] 斯金纳. 超越自由与尊严 [M]. 王映桥，栗爱平，译. 贵阳：贵州人民出版社，1988：200.

[5] 杜威. 杜威教育论著选 [M]. 赵祥麟，王承绪，编译. 上海：华东师范大学出版社，1981：281.

[6] 中国大百科全书总编辑委员会《教育》编辑委员会，中国大百科全书出版社编辑部. 中国大百科全书：教育 [M]. 北京：中国大百科全书出版社，1985：185.

[7] 同 [1] 12-13.

[8] 同[2].

[9] 黑格尔.精神现象学:上卷[M].2版.贺麟,王玖兴,译.北京:商务印书馆,1979:162,271.

[10] Peters R S. The Concept of Education [M]. London: Routledge & Kegan Paul Ltd., 1967:1.

[11] 恩格斯.自然辩证法[M]//马克思,恩格斯.马克思恩格斯选集:第3卷.中共中央马克思恩格斯列宁斯大林著作编译局,编译.北京:人民出版社,1972:545-546.

(本文原载《教育研究》2003年第10期)

"人的全面发展"内涵新析

扈中平

"人的全面发展"思想是我国教育目的的理论基础,也是科学发展观的重要内涵。然而,在不少人看来,"人的全面发展"既不可能,也无必要,而且还会阻碍人的个性和特长发展,造成人的"全面平庸"。笔者认为,导致这种认识的重要原因就在于对"人的全面发展"的内涵还存在着种种理解上的误区和认识上的偏颇。

一、理解"人的全面发展"内涵的两个理论前提

"人的全面发展"在本质上是一种理想、追求和信念。不断追求人的完善、和谐、丰富,一方面是人性的内在向往和本能的自然追求;另一方面,也是社会进步和发展的外在要求。它是主客观的统一。在主观上,人总是倾向于不断追求尽可能的全面发展;在客观上,随着社会的进步,社会也不断要求人的全面发展。这既是应然的,也是必然的。相应地,"人的全面发展"的动力来自两个方面,即内在动力和外在动力,前者是主观的,后者是客观的。内在动力来自人的本能性的自然需求,外在动力来自社会发展的要求。

人在本能上倾向于追求自身的不断完善,追求新异刺激和挑战。从生理学的意义上讲,人在通常情况下都是不喜欢单调和乏味的,单调和乏味

会使人处于消极和抑制状态。如果排除社会的种种外在限制和人自身素质的种种内在限制，多数人在多数情况下是不愿意终身从事一种工作和一种职业的，尤其是那些一成不变和缺乏挑战性的工作和职业。从本能上讲，人更倾向于新异、丰富和多样化，更喜欢在变化中发展、生活和寻求新异与挑战，这是人不断追求自我完善和超越自我发展的强大动力。因此，从主观和本能上讲，人是愿意和乐于全面发展的。

"人的全面发展"还有更为重要的外在动力，即来自社会发展的要求。人类总是在不懈地追求社会发展的全面和完善，这就必然要求人类自身要不断地丰富和完善自己，否则不仅个人难以生存和发展，更谈不上促进社会发展。马克思指出："承认工人尽可能多方面的发展是社会生产的普遍规律"，现代生产必然要求"用那种把社会职能当作相互交替的活动方式的全面发展的人，来替代只是承担一种社会局部职能的局部个人"。[1]在社会化机器大生产的条件下，如果劳动者不能成为"各种能力得到自由发展的个人"，就不能适应现代生产的"交替变换职能"和"极其不同的劳动需要"，因此，"人的全面发展"是现代生产"生死攸关"的事情。在马克思看来，大工业生产不仅对"人的全面发展"提出了客观要求，同时也为"人的全面发展"提供了可能性。他认为，现代生产技术的革命性逐渐使"工人终生固定从事某种局部职能的技术基础被消除了"[2]，因而也为体力和智力在劳动过程中的统一，以及体力劳动与脑力劳动的结合创造了条件。正是从这个意义上，马克思把生产劳动与教育相结合看成是造就"全面发展的人"的唯一方法。此外，自由时间的不断增多也为"人的全面发展"提供了必要的条件。由于现代化大生产提高了劳动效率，不断缩短劳动时间，增加自由时间，这就为"人的全面发展"和自由发展提供了更加广阔的"空间"。马克思指出：要实现"必然王国"向"自由王国"的过渡，"工作日的缩短是根本条件"[3]，因为"无论是个人，无论是社会，其发展、需求和活动的全面性都是由节约时间来决定的"，只有拥有大量的自由时间，个人才能"获得应当具备的各方面的知识或者满足他的活动的各种要求"。[4]总之，社会的发展性、全面性、丰富性、流动性以及现代生产技术的革命性，决定了人的发展将逐步走向全面和丰富。"人的全面发展"与社会的全面发展是相互制约、相互促进、互为因果的关系。

"人的全面发展"既是个人的理想、追求和信念，也是社会的理想、追求和信念，个人和社会不断朝着这个目标和方向努力和接近。"人的全面发展"是人类永远追求而又永远没有止境的目标。所以，所谓"人的全面发展"的实现，只是相对意义上就某一社会发展阶段和特定社会条件以及个人主客观条件而言的。

过去，只把"人的全面发展"的必然性和可能性简单地归结为社会发展的外在要求，没有充分认识到"人的全面发展"的必然性和可能性也来自人的自然性的内在需求。如果新异、多样、丰富、完善与人的自然需要存在着天然的排斥和冲突，如果全面发展对人来说是一种不快和痛苦，那么，即便社会发展对"人的全面发展"有着再大的客观要求，"人的全面发展"也是难以实现的，因为趋利避害的本能会使人最终拒斥它。"人的全面发展"之所以能够成为人类的一种理想和追求，之所以能够逐步变为现实，就在于它既符合人的本性，也符合社会发展的要求，就在于人自身发展的内在要求与社会发展的外在要求存在本质上的一致性。正因为如此，"人的全面发展"和自我完善，是古往今来人们的一个永恒的理想和追求。"人的全面发展"并不是马克思主义独有的理想，马克思只是用他的方法论和理论框架继承与发展了"人的全面发展"理论，使这一理论变得更为现实、更为科学、更为崇高。

"人的全面发展"尽管是一个理想和一种追求，但它也存在于每一个时代的现实中，存在于每一个人的现实生活中。每一个时代都可以有每一个时代对"全面发展"的不同理解，每一个人也可以有对"全面发展"的不同追求，但其实质又是相同的，即不断完善自己，不断接近这个目标，直至生命的终结。

把握"人的全面发展"内涵的实质还必须认识到"人的全面发展"只

是一个相对的概念。所谓"相对",在这里有两层含义。第一,"全面发展"是相对于"片面发展"而言的。"人的片面发展"的实质是指人在发展上受强制、遭奴役、被凝固,以及由此而造成的人在发展上的分裂、失衡、扭曲和畸形。在片面发展的状态下,人所感受到的是痛苦、折磨和摧残,是自由和自主的沦丧。与之相对应,"全面发展"的实质是指人在发展上的自由、自主、和谐、丰富以及流动和变化。在全面发展的状态下,人所感受到的是幸福和愉悦,是自我价值和尊严的实现和确立。第二,"全面发展"的"全面"只具有相对的意义,而不具有绝对的内涵。但许多人总喜欢把"全面"绝对化,似乎"全面"就是无一缺陷,无一短处。说到教育上,那就是德、智、体、美、劳各方面都好,数、理、化、文、史、哲各门功课均优。

把"全面发展"的"全面"理解为一个绝对的概念,是许多人不相信人能全面发展的一个重要的思想障碍。他们认为,社会活动的"面"是无限的,人的发展的"面"也可以是无限的,因此,对于作为个体的人来讲,要"面面俱到"是根本不可能的,人的"片面发展"倒是必然的和正常的。这种观点犯了一个致命的错误,即不知道"人的片面发展"和"人的全面发展"都是特定的和有所特指的概念,体现的是两种不同的价值观和人的发展观。

一些"西方马克思主义"学者认为,马克思所向往的"人的全面发展",只不过是一种空想的浪漫主义,歌颂的是一种手工业方式的技术全面性。著名的"西方马克思主义学者"波皮茨(H. Popitz)也认为,马克思关于分工对人的发展所造成的危害的批判,与浪漫主义相差无几,这种批判的性质是反技术的,与现代化社会格格不入,同时"马克思的理想是手工方式的劳动"[5]也是对马克思的曲解。新托马斯主义的代表人物马利坦(J. Mariatin)也讥讽马克思在构思"共产主义社会中个人将会享受到何种最高幸福"的概念时,"所描绘的无非是一个处于能同样地完成所有社会职能的状态中的个人",一个能"做一切"工作的人。[6]对于这种指责,马克思主义是断然不能接受的。马克思、恩格斯在抨击近代分工给人的发展所造成的恶果时,的确赞扬过手工业方式那种"原始的丰富性",但在他们看来,这只是一种低级的"圆满境界"。他们之所以要拿自然经济时代的手工劳动与近代分工条件下的劳动进行比较,其实质是为了揭露近代分工造成的人的片面发展的事实,从而揭示近代生产力的发展在一定程度上是以工人的畸形片面发展为代价换来的,而绝不是号召人们回到古代和中世纪的劳动方式中去。他们曾声明"留恋那种原始的丰富,是可笑的"[7]。马克思和恩格斯所说的劳动能力的全面发展,并不是指那种能够独立完成制造某一完整产品所需全部技能的手工业方式的技术全面性,而是指个人能够将智力和体力统一地运用于生产过程,使体力劳动和脑力劳动能够有所结合,具有能够根据需要变换劳动的能力和机动性,以及能够熟悉整个生产过程的一般原理,而不是被长期强制性地凝固和依附于某一职业和某一操作上。同时,这与蒲鲁东(P. J. Porudhon)所鼓吹的"综合劳动"也是决然不同的。在小资产者的代表蒲鲁东眼里,用机器代替手工劳动的全部工业革命以及由此而带来的成倍增长的劳动生产力,是不应该有的事情。在他所构思的世界里,每个人从事着各自独立的小生产,并能完整地制造出某一产品,这样,"永恒公平"就得到了实现,最美好的世界就在地球上建立起来了。马克思、恩格斯在《哲学的贫困》中曾对蒲鲁东说道:"蒲鲁东先生连工厂的这唯一革命的一面也不懂得,竟倒退一步,建议工人不要只做别针的十二部分中的一部,而要顺次做完它的所有十二部分。据说,这样工人就可得到做别针的从头到尾的全部知识。这就是蒲鲁东先生的综合劳动。"[8]恩格斯指出,"整个蒲鲁东主义都渗透着一种反动的特性:厌恶工业革命,时而公开时而隐蔽地表示希望把全部现代工业、蒸汽机、纺织机以及其他一切伤脑筋的东西统统抛弃,而返回到旧日的可靠的手工劳动上去",他的口号是:"只求公平得胜,哪怕世界灭亡!"[9]很明显,马克思对那种手工业方式的技术全面性,即"会做一切工作"的中世纪的技术全面性是不赞同的。但令人遗憾的是,今天的一些人仍然在用"手工业方式的技术全面性"这种思维方式对"人的全面发展"作庸俗的理解。

之所以这些人总是把马克思所说的"全面发展的人"作绝对化的和纯粹浪漫主义的理解，除了其思维方式本身有问题外，还与这些人对《德意志意识形态》中的一句话的误解有很大关系。马克思、恩格斯在对未来社会人的发展状况进行描绘时曾说过这样一句话："在共产主义社会里，任何人都没有特定的活动范围，每个人都可以在任何部门内发展，社会调节着整个生产，因而使我有可能随我自己的心愿今天干这事，明天干那事，上午打猎，下午捕鱼，傍晚从事畜牧，晚饭后从事批判，但并不因此就使我成为一个猎人、渔夫或批判者。"[10] 马克思主义创始人对未来社会人的发展状况的预测，往往只具有一般和抽象的特点，而不是具体、细致的描绘。有人认为，这段话是马克思、恩格斯著作中唯一对未来社会人的发展状况所做的具体、形象的描绘。而根据这段话，一些人便认为马克思所说的"全面发展的人"具有浓重的空想色彩，因为这种人似乎是随心所欲、无所不能的。显然，这不符合马克思对未来社会的预测。马克思主义创始人在这里只是运用了一种带有浪漫色彩的形象比喻的手法来形容和说明未来社会人的活动方式和活动内容的多样性和变化性，其目的只在于表明未来社会人的活动没有强加于他的凝固不变的活动范围，个人不再屈从于分工，不再屈从于外在的目的和条件，而是可以根据自己的兴趣和爱好变换自己的活动。这段话中所列举的具体实例——"打猎""捕鱼""从事畜牧""从事批判"之类的活动，必须联系上文来理解。其上文是："原来，当分工一出现之后，每个人就有了自己一定的特殊的活动范围，这个范围是强加于他的，他不能超出这个范围：他是一个猎人、渔夫或牧人，或者是一个批判的批判者，只要他不想失去生活资料，他就始终应该是这样的人。"[11] 很明显，马克思只是为了便于和上文对应才在下文中沿用了"打猎""捕鱼"之类的活动。那么为什么要选用"打猎""捕鱼"这类具体的而且是非常原始的活动？这与空想社会主义者在描绘人的活动的多样性时常用这类字眼有关,马克思在这里仅仅是一种借用和举例而已。至于"从事批判"和"批判的批判者",则是对青年黑格尔派的嘲讽,是共产主义社会根本不可能存在的事情。至于人在一天中的什么时间干什么,显然也是借用了空想社会主义者的表达方式,其实质只在于说明未来社会人的活动的多样性和自由度,并不是像傅立叶那样认真地为"法郎吉"成员一天的活动制定具体的时刻表。[12]

这样看来,"人的全面发展"是一个理想的追求、方向和一个力求不断接近的目标。它既在理想中,又在现实中。现在为什么越来越强调通识教育,越来越强调基础宽厚,越来越强调学科综合与交叉,越来越强调弱化专业,越来越强调扩大专业口径,越来越强调社会适应性?这在很大程度上都是在适应社会对"人的全面发展"的要求。

二、"人的全面发展"的基本内涵

根据对马克思关于"人的全面发展"学说的理解,笔者认为,"全面发展"应包含四个层面的内涵,即完整发展、和谐发展、多方面发展和自由发展。

"人的全面发展"首先是指人的"完整发展",即人的各种最基本或最基础的素质必须得到完整的发展,各个方面可以有发展程度上的差异,但缺一不可,否则就是片面发展。至于这些必须获得完整发展的基本素质是指哪些方面,似乎不必强求一个统一的界定,这在很大程度上只是一种愿望和价值指向。我们可以把它理解为"做人"与"做事"两个方面的完整发展;可以理解为"身"与"心"两个方面的完整发展;可以理解为我们通常所说的德、智、体、美诸方面的完整发展;可以理解为真、善、美的完整发展。"完整发展"强调的是人的发展的偏移不可逾越的底线,即可偏移而不可偏废,即不能只发展人的能力的一方面而偏废了其他各方面。[13]

"人的全面发展"同时也指人的"和谐发展",即人的各种基本素质必须获得协调的发展,各方面发展不能失调,否则就是畸形发展。一般说来,一个人只要生活在社会中,他的各种最基本的素质,如德、智、体或身与心等基本方面都会获得一定的发展,不可能在某一方面完全是空白;但如果某一方面的发展水平过于低下,一个人的发展就会失衡,就会呈现出畸形状态,这不仅会影响其他素质的发展,也会进而影响人的整体素质的发展。"和谐发展"强调的是人的各基本素质之间关系的适当和协调,是人的发展上所体现出的一种美。

"人的全面发展"还指人的"多方面发展",即人的各种基本素质中的各素质要素和具体能力在主客观条件允许的范围内应力求尽可能多方面地发展。人的各种基本素质内部也有着丰富的内涵,还可以分解为诸多素质要素,如"德",就可以分解为道德认识、道德情感、道德意志和道德行为等方面;如"智",按照不同的理论又可以划分为若干方面。不仅人的各基本素质之间,而且各基本素质内部各要素之间都是相互牵连、相互制约和相互促进的,社会对个人素质的要求也具有不同程度的多方面性,对此,个人应该在可能的条件下,根据个人发展的需要和社会生活的要求,尽可能地追求个人素质和能力的多方面发展,以避免人的发展的单一。必须强调的是,"多方面发展"只是一个尽可能的追求,因为"多方面"是没有界限的,也具有很大的个别差异性,与主客观需要和主客观条件直接相关。就每一个个体来讲,"多方面"具有相对性,在现实生活中实际上是很有限的。

"人的全面发展"还意味着人的"自由发展",即人自主的、具有独特性和富有个性的发展。马克思关于人的发展学说中,"全面发展"和"自由发展"是两个关系极为密切的概念,他有时提"人的全面发展",有时提"人的自由发展",有时又把二者并列起来提"人的全面而自由的发展"。"全面发展"与"自由发展"的区别在于,前者主要是就人的发展的完整性、统一性和和谐性而言的,后者主要是就人的发展的自主性、独特性和个别性而言的。"全面发展"并不是指平均发展和人的发展的一律化，更不是指所有个人的发展都必须遵从一个相同的模式。"自由发展"的本质就是"个性发展"，"个性发展"的核心就是人的素质构造的独特性，这主要体现在两个方面：一是指人的基本素质中各要素及其要素因子在发展上应努力形成范围和程度上的个人独特性，即个人不可能在某一基本素质内的所有方面都获得发展，也不可能在几个方面获得平均程度的发展，各素质之间总会有一定的不平衡性或偏移性；二是指人的各基本素质和其内部各要素及要素因子在其组合上应努力建构个人的独特性，假设两个人所具有的素质成分是相同的，但如果这些成分有不同的组合，那么他们的素质就会呈现出不同的结构，从而呈现出不同的个性和特长。"全面发展"指向的并非缺乏个性和创造性的"万金油"式的平庸者。正因为如此，马克思才把"每个人的全面而自由的发展"作为未来社会的基本原则，特别强调"个人独创的和自由的发展"，才极力提倡人的"自由个性"。

"人的全面发展"在不同的历史时期和不同的社会条件下有着不尽相同的内涵和层次，然而，无论不同历史时期的人还是同一历史时期的不同人对"全面发展"的理解和追求有多么不同，其实质却是相同的，即不断地追求自身的完善。所谓"全面"，只是相对的，不是绝对的，它主要是指人的发展的自主性、多方面性和"每一个有拉斐尔的才能的人都应当有不受阻碍地发展的可能"[14]。

三、"全面发展"与"个性发展"的关系

如果对"全面发展"理解不当，以为"全面发展"就是"面面俱到"和无所不能，的确就很容易导致"全面平庸"，但真正的"全面发展"所追求的恰恰是个性和卓越。

首先，"全面发展"是"个性发展"的基础。没有人基本素质的相对完整、和谐的发展，个性及特长的发展就缺乏基础，就会失衡，这样的个

性和特长发展实际上就是片面和畸形发展。按照马克思的观点,"人的全面发展"是人的"自由个性"形成的基本条件。他认为,要使"自由个性"成为可能,"能力的发展就要达到一定程度和全面性",因为"自由个性"是"建立在个人全面发展和他们共同的社会生产能力成为他们的社会财富这一基础上的"。[15]事实上,一个人的基本素质如果没有一定的全面性,那他也就在发展上失去了选择个性和形成特长的条件,就失去了自由发展的前提,就只能被迫在一个狭窄的范围内片面、畸形地发展,其结果,与其说是个性的突显,还不如说是个性的扭曲。任何一种创造性才能,都是人的知识、能力、道德、审美、意志和身体等各方面素质的有机组合,是一种"合力"。

其次,"个性发展"又是"全面发展"的动力。人要想真正形成自己突出的个性特点并使发展具有较强的可持续性,就必须使自己的素质达到一定的全面性,特别是在人的那些最基本的素质方面,更是不能缺失。这样,"个性发展"就成了人追求"全面发展"的动力。

时下一些人总爱举出一些好几十年前的陈旧例子来为人的片面发展辩护,有说鲁迅先生某几门功课也曾不及格的,有说少年郭沫若数理成绩位居下游的,有说爱因斯坦小时候如何愚钝的,最极端的例子则是说钱锺书也曾有过"数学考零分"的时候,[16]并以此来证明全面发展必然导致"全面平庸"。以往对"全面发展"即"门门功课得五分"式的庸俗理解的确造成过部分学生的"全面平庸",现存教育也的确存在着压制学生个性与特长发展的严重弊端,但上述仅具个别性的举证却是不适当的和过时的。"零分"与成才之间不存在因果关系,至少不存在线性因果关系。"数学考零分"在钱锺书这么一位特定人物的身上也许虽是弱点却也可爱,如若推而广之,大家都觉得某一科考零分无伤大雅,那简直就是灾难了。怎么不说既能数学考满分,又能在文学方面具有相当造诣的数学家苏步青这类大师级人物呢?怎么不说物理学大师爱因斯坦还有高超的小提琴演奏能力呢?

人的素质全面发展的过程,也是人的素质个性化发展的过程,二者的发展是一个基本一致的过程。所谓全面发展，就是个性的全面发展；所谓个性发展，就是全面发展的个性。因此，全面发展的个人，同时也应该是有个性的人。如果无视人的个别差异，强求一律化和平均化的发展，我们造就的就只能是碌碌无为、毫无个性特点和创造性的庸才。人的精力是有限的，要想在某一方面有较突出的发展，就不能平均使用力量，就必须使自己的发展有适当的偏移。《孙子·虚实篇》中讲："故备前则后寡，备后则前寡，备左则右寡，备右则左寡，无所不备则无所不寡。"这尽管讲的是军事上的排兵布阵，但其哲理对我们理解人的发展问题也颇有启发。由此而引申，在人的发展上也是有所得必有所失，处处用力则处处无力，事事欲成则事事无成，要想有所为就要有所不为，要想有所重就得有所轻。在人的发展上，也是有"机会成本"的。不同侧重的发展目标对素质有不同的偏重和不同的组合，也必然产生相应的素质偏移，甚至产生素质上的盲点和盲区。所谓"通才"，既不是指那种什么都懂又什么都不通的人，也不是指那种平均发展、无棱无角的人，而是指那种既有较全面素质和较广博基础，又在某一方面具有较高造诣的人。

参考文献

[1] 马克思, 恩格斯. 马克思恩格斯全集：第23卷 [M]. 北京：人民出版社，1972：407-534.

[2] 马克思, 恩格斯. 马克思恩格斯全集：第25卷 [M]. 北京：人民出版社，1972：927.

[3] 人民出版社. 马克思 恩格斯 列宁 斯大林论共产主义社会 [M]. 北京：人民出版社，1958：67.

[4] Lamont C. Humanism as a Philosophy [M]. 3rd ed. New York：[s. n.]，1965：32.

[5] 转引自丁学良. 马克思的人道主义：两种截然不同的解释 [M] //关于人的学说的哲学探讨. 北京：人民出版社，1982：189-190.

[6] 同 [5].

[7] 马克思, 恩格斯. 马克思恩格斯全集：第46卷：上 [M]. 北京：人民出版社，1979：109.

[8] 马克思,恩格斯.马克思恩格斯全集:第4卷[M].北京:人民出版社,1958:172.

[9] 马克思,恩格斯.马克思恩格斯全集:第18卷[M].北京:人民出版社,1964:479-480.

[10] 同[1] 407.

[11] 同[8] 37-38.

[12] 傅立叶.傅立叶选集:第1卷[M].2版.北京:商务印书馆,1979:46.

[13] 同[8] 223.

[14] 马克思,恩格斯.马克思恩格斯全集:第3卷[M].北京:人民出版社,1972:458-459.

[15] 同[7] 103-104.

[16] 顾勇华.慎说"数学考零分"[N].人民日报(华东版),1999-11-29.

(本文原载《教育研究》2005年第5期)

论教育实践的逻辑

石中英

在教育学界,无论中外,在有关教育理论与教育实践关系问题的研究上,都存在着两种值得关注的现象:一是学者们对于教育理论的研究比对于教育实践的研究丰富得多,许多人,包括笔者,期望或曾经期望通过对教育理论的严格分析来深入理解和重构教育理论与教育实践之间的关系;二是在为数不多的有关教育实践的研究中,要么侧重于"教育是一种社会实践活动"的一般性论述,要么侧重于对各种具体教育实践活动形式,如学校管理、课程、教学、教师培训、课外活动等的具体研究,对教育实践本身的理论分析不是很多。因此,总体来说,教育学界有关教育实践自身的认识尚显单薄,有待于进一步深化。这种境况,反过来也影响到了人们对教育理论与教育实践关系的认识和把握。因为,无论是谈论还是试图处理教育理论与教育实践的关系问题,精于了解一方而疏于了解另一方,自然在思想上不会很深入,在实际上也不会很有效。基于上述认识和判断,本文试图分析教育实践的逻辑特征,绘制教育实践的一般理论图式,以期从"另一个角度"来理解教育理论与教育实践的关系,尝试促进解决近十几年来相关学术讨论"即使不说倒退,至少并无多大长进"[1]的问题。

一、何谓"教育实践的逻辑"

为了克服教育论述中概念泛化的时弊,有必要先澄清"教育实践的逻辑"这个论题。

首先，该论题关涉的核心概念是"教育实践"，而非"教育理论"。关于"教育实践"的概念，学术界的认识也不尽相同。顾明远教授主编的《教育大辞典》把"教育实践"定义为"人类有意识地培养人的活动"[2]；郭元祥教授的定义是："人们以一定的教育观念为基础展开的，以人的培养为核心的各种行为和活动方式"[3]；日本学者长谷川荣把"教育实践"定义为"向教育对象施加直接、间接的影响以形成其人格的具体行为。其本质就在于，形成人的价值的有目的有意识的影响作用"[4]；英国学者卡尔（Wilfred Carr）则比较强调教育实践的伦理层面，反对将教育实践看成是价值中立的"技术性活动"和单纯的追求理论建构的活动，认为教育实践"乃受教育活动内含之伦理规准所引导之实践形式的活动"[5]。在这些定义的基础上，本文将"教育实践"定义为"有教育意图的实践行为"，或者"行为人以'教育'的名义开展的实践行为"。

其次，研究"教育实践"，可以有许多的层次或多种的角度。从广义上说，所有教育研究都可以说是研究"教育实践"的：有的研究教育实践的"历史"，有的研究教育实践的"现实"；有的研究"宏观的"教育实践问题，有的研究"中观的"或"微观的"教育实践问题；有的研究"中国的"教育实践问题，有的对"国际的"教育实践问题进行比较研究；等等。这些有关教育实践的研究，都是把某一层次或类型的教育实践作为分析的最小单元来对待。至于"教育实践"这个单元本身，并未从理论上得到必要的和充分的认识。本文旨在以这些已有的研究为基础，尝试从教育哲学的角度对"教育实践"本身或"有教育意图的实践行为"本身进行研究，试图分析或揭示各种具体教育实践共同分享的一般形式、结构或内在法则。各种话语实践中的一般形式、结构或内在法则被称之为"逻辑"，因而我们就把这种各种教育实践共同分享和遵守的一般形式、结构或内在法则称为"教育实践的逻辑"。它是教育实践工作者身处其中但又未必完全清晰和无法逃脱的文化系统，是各种具体教育实践样式得以存在、得以展开并在交流中走向未来的内在法则。

上述对"教育实践的逻辑"的界定与国内外相关研究者的已有认识有所不同。根据目前能阅读到的资料，英国学者卡尔可能是较早提出"教育实践的逻辑"的人。① 1986年，他提出这个概念的时候，正是英国教育哲学界对"教育理论的逻辑"讨论得最为热烈的时候。他批评同时期的其他教育哲学家们对教育理论逻辑的探讨既"系统"又"明确"，而关于教育实践逻辑的分析却"结构松散""比较薄弱"。他指出，教育哲学要探讨的首要问题并非"什么是哲学或教育哲学"，而是"什么是实践或教育实践"。与本文的界定不同的是，他所说的"教育实践的逻辑"主要是指人们有关教育实践的"理论图式"[6]或"前有假设"[7]，属于观念形态的范畴，相当于存在于人们大脑中的"教育实践观"。他分析了四种不同教育理论倾向中所蕴涵的教育实践图式及建立于其上的教育理论与教育实践的关系模式，对我国教育学界产生了一定的影响，[8]在一定程度上深化了我国有关教育理论与实践关系的探讨。郭元祥教授于1999年发表了《教育理论与教育实践关系的逻辑考察》一文，提出"从逻辑的角度考察教育理论与教育实践的关系"，把"教育理论的逻辑"界定为"教育认识和思维的逻辑"，把"教育实践的逻辑"界定为"教育活动自身固有的逻辑"，其核心是"教育活动的要素之间及各要素内部因素之间的辩证逻辑关系"，概属于实体形态的范畴，具有相当程度的"客观性"或"规律性"。[9]我国的其他少数论者，有的倾向于接受卡尔的观点，有的倾向于接受郭元祥的观点。本文对"教育实践的逻辑"的界定则以综合的、辩证的态度超越这两种主观的和客观的倾向，因为在研究者看来，作为有意图教育行为的内在法则或一般形式，教育实践的逻辑既非一种纯粹观念的存在，也非一种

---

① 卡尔在《新教育学》（*For Education*）一书中对教育哲学家宁愿去讨论教育理论而不愿意去讨论如何理解教育实践一事"感到惊讶"。他说就他所知，并没有一篇教育哲学文献清晰地讨论"教育实践"概念，以至于人们对"教育实践"的理解停留在常识水平。而一般的哲学文献却已经对"实践"概念进行了大量的分析（参见：卡尔. 新教育学［M］. 台北：台湾师大书苑，1996：94，207-208）。

纯粹实体的存在，而是一种介于二者之间或兼容主观性与客观性的文化的存在。

二、理解教育实践的逻辑

"谈论实践不是一件容易的事"[10]，这是布迪厄（Pierre Bourdieu）在谈到"实践逻辑"时所讲的第一句话，可以把它看成是对试图谈论实践包括教育实践的理论工作者的忠告。郑金洲教授也认为，"教育实践是一个极其复杂的行为，在它的内部所构成的错综复杂的各种各样的关系，在它的外部所形成的方方面面彼此羁绊的联系，是用简单的眼光所无法打量与把握的"[11]。认识教育实践"内部构成"的难度可想而知。一般情况下，实践工作者身处实践系统之中，拥有丰富的"实践感"（sense of practice）①，但很少把"实践"作为一种谈论的主题，他们要谈论的只是实践的诸多细节、困难和策略问题。而理论工作者身处实践之外，与实践本身保持着必要的时间、空间乃至情感上的距离，要恰如其分地谈论实践，实属不易。尤其是当理论工作者张口谈论实践的时候，实践本身立即被符号化、客观化、对象化。"话语中的实践"已非"实践着的实践"。以笔者作为一名教育理论工作者的经验来看，对"教育实践的逻辑"的谈论如果属于"话语中的实践逻辑"，就显得很空洞、很抽象，与真正的教育实践的逻辑之间有很大的距离。因此，理论工作者如何能够克服将教育实践符号化、客观化与对象化的障碍来谈论"实践着的教育实践的逻辑"，真的是一个难题。一个可能的途径是，对丰富多彩的教育实践抱有充分尊重和同情的态度，调动一切感性的、理智的乃至想象的力量，运用人文学科"移情"与"理解"的办法，尽可能贴近实践者的立场来观察、体验和谈论教育实践及其逻辑。当然，理论工作者所断言的教育实践的逻辑能否

---

① 一种存在于实践情境之中、由这种情境所唤醒的同时由能够指导行为人娴熟驾驭这种情境的行为倾向和主观感受，类似于演员在舞台上的那种感觉或军人在战场上的那种感觉。

成立,还要由这种分析本身的解释力和教育实践工作者的主观认同来判定。

遵循如上的认识路线以及对人类一般实践活动的了解,要理解教育实践的逻辑,一个恰当的入口在于了解实践者(教师、校长、家长、社会教育工作者、教育决策者等)。因为无论如何,实践总是实践者的实践,对实践的逻辑特征的认识离不开对实践者存在特性的分析。而要了解实践者,首要的就是要搞清他们是谁,他们作为教育实践者的内在规定性或职业认同是如何获得的,这种内在规定性或职业认同是如何影响教育实践行为的;其次是要搞清他们的实践意图是什么,他们的实践意图是如何产生和改变的,这些意图又是如何支配着实践行为的;再次是要搞清他们是如何发起某种教育行为并不断地延续、协调这种教育行为的,有哪些关键因素影响着他们的教育实践行为。

让我们先来看看教育实践者的身份问题。一个人在某一特殊的情景下,如果把自己界定为教育实践者的话,他就会产生一种强烈的身份意识。这种身份意识迫使他经常思考这样的事情:"我是一名教师,我应该……",从而试图把作为教师的自己与不作为教师的自己以及与其他职业的人区分开来。这一点,可以在新教师走上工作岗位前后从外表到内心所发生的巨大变化中得到印证。走上工作岗位之前,他可能是一个从外表到内心都比较崇尚个性、时尚、自由乃至另类的年轻人。等到他决定或被决定要去做教师的时候,他就会主动或被动地去想自己从外表到内心究竟要做出哪些改变才"像个老师"。类似地,在其他的教育情景中,也有如何"像个校长""像个妈妈""像个辅导员"的问题。这就说明,不管是哪一类的教育实践者,其作为教育实践者的身份内涵是社会区分的结果,是接纳这种外在于个体的社会区分的结果,是个体主观上认同这种先于个体而存在的社会区分并自觉遵守的结果。这就意味着,对一名教师来说,至关重要的"我是一名教师,我应该……"这一答案不是由其个人提供的,而是社会文化系统早已安排好了的。这种安排,可能是通过显性制度加以规范的，如《教师法》或相关资格条例中规定的，也可能是通过一种社会无意识而加以暗示的，更可能是两者交互影响、共同作用的结果。比较起来，显性的制度安排来自现实的政策，隐性的社会无意识可能来自遥远的过去，是教师文化长期积淀的结果。一个人，如果想做一位名副其实的教师，必须熟知和遵守各种各样有关教师身份的界定，特别是那些散落在日常生活中的有关教师身份的要求。如果因某些原因有所偏离或违背的话，就会在教师队伍内部乃至在信奉这种教育文化的社会舆论中引发非议、讨论或争论。例如，"我是一名教师，我应该衣着朴素、整洁、大方"。但是，假如"我"从心里不情愿这样，假如"我"喜欢穿比较新潮的、个性化的和暴露一点的服装，假如"我"在工作时间果真如此着装的话，尽管并未违背显性的制度要求，恐怕也会在全体师生乃至家长和社会舆论中引起很大的反应，抱怨、压力、指责、劝说会接踵而至，其共同目的就在于迫使"我"回到"既定的轨道"上去。

这种存在于显性制度之外，似乎每个人都明白但又未必能说出多少根据来的，既支配实践者的身体又赋予实践者身份的规则系统，按照布迪厄的说法，就是"习性"（habitus）———一种历史生成的、持久的、社会的"潜在行为倾向系统"，一种先于个人而存在并赋予个人以某种社会身份的文化系统和心理习惯。其功能是："它确保既往经验的有效存在，这些既往经验以感知、思维和行为图式的形式储存于每个人身上，与各种形式规则和明确的规范相比，能更加可靠地保证实践活动的一致性和它们历时而不变的特性。"[12] 从这方面来看，作为教育实践者的教师，在教育实践活动中并非是随心所欲的，而是受制约于因而也受惠于习性的。他们丰富的"实践感"也来自这种历史形成的习性。习性通过个体而发挥的作用是自动的、非反思的、不证自明的，赋予他们一种娴熟的"实践技巧"，保证了实践者在处理各种教育问题时的高效率。正是由于习性的存在，充满偶然和意外的教育实践活动获得了某种连贯性和必然性；正是由于习性的存在，个性迥异、任务不同的教育实践工作者能够产生共同的感知、策略和评价系统，彼此之间有一种"自然的"熟识感和亲密感，比较容易产生心灵的共鸣；也正是由于习性的存在，教育实践获得了一种深厚的历史性，从而成为历史性的实践，服从种种历史生成的内在法则。

比起历史形成的习性对实践行为的无意识影响来说，行为人实践意图的影响要自觉得多，可控得多。这里所说的"意图"，与教育学中通常所说的"目的"有些联系，也有很大的不同。一般来说，"目的"是可欲求的一组教育行为的"预期结果"，而"意图"只是行为人主观上发起某个教育行为的"直接原因"。就两者的联系来说，某种教育行为的"直接原因"可能是某种"预期结果"，也可能不是。就两者的区别而言，"目的"作为行为的"预期结果"，在观念上总是明确的，在价值上是得到充分辩护的，在界定时也是不考虑或很少考虑条件因素的；而"意图"作为行为的"直接原因"，在观念上可能是不清晰的，在价值上也缺乏充分的论证，在形成时可能更多地受到情境因素的影响。就两者在行为构成中的地位和作用而言，"意图"比"目的"更内在、更直接，因而也更重要，更值得分析和理解。正在演讲的教师为何突然沉默下来？可能是因为有一位学生在听课时走神了，教师的行为"意图"帮助这位学生重新集中注意力。正在课桌间走动以观察小组讨论的教师为何突然走向讲台，大声地请学生们"安静一下"？可能是因为他发现学生们没有很好地理解自己刚才所布置的学习任务。一位教师为何突然关心起一位他以前很少关注的学生？原来他一分钟前才知道他是自己一位好朋友的孩子。不难理解的是，教师行为的意图是复杂多样的，影响教师行为意图的因素也是复杂多样的，有的是基于行为目的的达成，有的是基于一些行为条件的变化，有的则根本和教育无关。而且，教师行为的意图还不断地为这种意图所引起的行为结果所修正、所改变甚至所阻滞。如果教师短暂的"沉默"并未引起走神学生的注意，如果"安静一下"的要求并没有得到实现，如果教师好心好意的关心并没有得到被关心者积极的回应和评价，教师原初的意图就会被改变，并产生新的意图。

由于存在这种大量的、复杂的、受情境因素影响并不断变化的意图，那种将教育实践行为看成是系统化的"理论""观念""理性"指导下的行为系统的观点，显得过于简单化了。甚至连 T. 穆尔有关教育实践是"负载着理论"（theory-loaded）的说法也有被质疑的空间。也正是由于上述原因，任何对教育实践行为的外在观察、描述与分析，如果不诉诸行为人主观的反省和报告，其客观性、准确性和可靠性都是值得怀疑的。如果考虑到行为人对行为意图的反省和报告本身受到其反省能力、报告目的、报告结构以及报告对象等因素的影响，他们的反省和报告也并不总是可信赖的。

在习性与意图之外，时间对教育实践行为构成也发生不容置疑的作用，这一点往往为以前的教育研究所忽视。布迪厄认为，以往的实践理论的重大缺陷就在于悬置了"时间"对于实践的影响，把实践从"时间序列"中抽离出来加以分析。他认为，"实践在时间中展开"，具有"不可逆转性"；"实践的时间结构，亦即节奏、速度，尤其是方向，构成了它的意义"。[13] 在实践活动中，行为人能够非常明显地感受到这种时间的结构以及时间从过去经由现在没入未来的不可逆性。正是这种无法逃脱的时间结构及时间流逝的单向性，使得行为人在实践过程中产生一种"紧张感"（sense of tension）乃至"紧迫感"（sense of urgency）。在这种感觉的支配下，行为人身处实践过程中没有多少时间来驻足静观、反躬自省，必须尽可能快地对各种情况做出"恰当"处置。实践的这一特点，就连素以理性主义著称的柏拉图也不否认。如果行为人错过了时机或规定的时间，再好的决定也没有价值。在这方面，尽管习性能够提供一些帮助，但是习性所无法处理的"意外事件"也是有的。[14] 这也好比演员正式地在舞台上演出，即便是偶尔忘了台词，也要想办法让演出继续下去。经验的总结和反思都是后来的事情，置身于演出现场或教育实践现场之中，行为人必须能够在信息不充分和无法预见全部后果的情况下采取行动。所以，任何实践行为只有"有限的合理性"（limited rationality），缺乏或抵制理论研究所具有的从容不迫与"充分的合理性"(abundant rationality)。

随着时间一起构成实践"情境"或"场"的还有空间,包括身体空间、心理空间和社会空间。身体空间指实践过程中身体被安置的空间;心理空间指实践过程中各方在态度、情感和价值观等方面相互信任与相互理解的空间;社会空间则指实践过程中各方社会身份及其关系的结构,性别的差异、种族的不同、阶层的分化、信仰的多样性构成了客观的社会空间。这三种空间之间具有内在的联系,经常是综合性地作为关键要素影响行为人的意图、感受与策略选择。例如,课堂生活中教师和学生的身体位置是相对固定的,这种相对固定的身体位置构成了某种课堂生活的秩序,具有不言而喻的心理意义和教育意义。站在讲台之上面对学生,没有受过发声训练的教师声调总是拉得很高,与学生低调的声音构成鲜明的对比。这种基于教育空间布局的高音调可能是无数教师患上慢性咽炎的原因之一,"学会发声"也成了教师职业的一个技术性要求。教师也会经常提醒学生在回答问题时"声音再大点,别像个蚊子似的"。针对教师在课堂上提出的一个问题,几乎每个同学都知道谁是最合适回答问题的人。如果哪位同学"意外"被老师叫起回答,会一连好长时间琢磨:"老师怎么会想到我?!"对于男生和女生的相同提问,教师采取的行动策略却不会相同:一般来说,会鼓励男生自己思考得出答案,会帮助女生克服思考中的困难。总之,就像时间一样,空间不仅构成了实践的"舞台",而且也直接影响到行为人的实践意图与行为。不了解实践行为对于特定空间的依赖性,就不能真正地理解实践行为。如果说,时间性给予了实践行为以某种程度的"紧张感"或"紧迫感"的话,空间性则给予了实践行为以某种程度的"可区分性"或"方向性"。二者共同构成了影响实践行为的"情境"或"场"——"一种任意的和人为的社会构成",一种"漫长和缓慢的自主化过程的产物",一个一旦进入就让人无法自主的"魔法圈子"。[15]

所以,任何有教育意图的实践行为,不管其具体的行为内容有多大差别,都有其自身的一般结构或生成原则,亦即都有其自身的逻辑——受事先习得的习性的支配；受虽有所准备但仍不断被情境因素所修正或改变的意向的支配；受固定的、单向的时间结构的支配；受身体—心理—社会构成的三维空间结构的支配；受上述各因素的共同、交互与重叠的支配。这种种的支配，使得教育实践（或参与者）的逻辑与教育理论（或观察者）的逻辑有很大的不同：实践活动的原则不是一些能意识到的、不变的和形式化的规则，而是一些经由文化的长期积淀而形成的实践图式，这些图式自身是模糊的，并常因情境逻辑及其规定的几乎总是不够全面的观点而异。因此，实践逻辑的步骤很少是完全严密的，也很少是完全不严密的；很少是完全清晰的，也很少是一点儿都不清晰的。布迪厄把这种实践的逻辑称为"不是逻辑的逻辑""前逻辑"，实际上就是把它称为"不是'理论逻辑'的逻辑"或"先于'理论逻辑'的逻辑"。这种实践的逻辑主要支配的是身体——包括思想、语言、姿态、动作、行为等完整的身体。这种支配既是消极的，同时也是积极的。从消极的方面来说，正是由于这种支配形式的控制，人们才不能随心所欲地对待教育实践，使得教育实践有某种程度上的规律或规则性可循，表现出一定的实践合理性；同时，也正是由于这种支配形式的作用，教育实践才能被源源不断地生产和再生产出来，才能在千差万别的独特性之中形成某种具有很大一致性的实践风格。

三、从教育实践的逻辑看教育理论与教育实践的关系

如果上述分析能够成立的话，我们就对教育实践并从而对教育实践与教育理论的关系有些新的看法，发现或提出新的问题。从教育实践方面来说，它并非甚至远非行为人个体理性自主和观念系统的产物，而是牵扯到许多客观的、非理论的历史与现实因素。不了解这些客观的、非理论的历史与现实因素，把教育实践看成是行为人个体理性自主或观念指导下的行为，就不能真正地理解行为人的教育实践行为。这一点，卡尔也有论述。他说："不能以实践乃相对于理论之观点去理解教育实践。同理，我们亦

很清楚,为何教育实践不能完全被理解为追求理论建构之活动。因为,教育实践并不只是受某些实践性理论所引导,而且亦受实际情况之紧急事件所导引。"[16]借用一个未必很恰当的比喻,教育实践,如同人类的其他实践,像科学研究等等一样,是一列"自带轨道的火车",不断地按照自己的方向而非编制好的列车运行图驶向下一个站点。教育实践的这一逻辑特征说明,在教育改革的过程中,人们期望通过理论学习和培训的方式来达到彻底变革实践的目的,恐怕是有些单纯或天真了。如果这种主观的努力不触及经年累月形成的习性,并同时伴随着客观情境以及时间和空间结构的改造,其有效性是会大打折扣的。纵观中外以纯粹理性的实践观为基础的教育改革,尽管能够使得教育实践列车的方向发生一些暂时的偏离,但最终强大的惯性还会使教育实践的列车回到自己的轨道上来。

然而,无论是从实践工作者还是从理论工作者的角度来说,要想了解影响教育实践的那些客观的、历史的因素及其发挥作用的方式,都还是非常困难的。教育的习性是一个边界模糊的行为倾向系统,它如何形成,有哪些内容,如何为行为人个体所把握并影响到其对现实教育情境的认知、感受和评价,实践活动过程中行为人的意图如何被不断进行的活动本身所修正或改变,更是局外人事先所无从知晓的。关于教育实践的时间性要求(学年、学期、课时等)和空间的区分究竟对具体的实践行为本身有什么样的影响?这些问题的存在,使得人们要真正、充分地认识教育实践非常不易。更值得注意的是,当理论工作者试图建构有关教育实践的理论模型时,习惯上不得不采用总体化、客观化和清晰化的认识路线,忽视实践的历史性,忽视活动的细节,忽视客观存在的时间性和空间性,忽视那些对于教育实践的构成来说至关重要的缄默的、偶然的与不确定的因素。这种理论建构的路线所描述的"教育实践"究竟在多大程度上与实践着的教育实践相符合?这种理论逻辑所生产的"教育(实践)理论"的解释力和预测力又究竟如何?因此,是否可以说,尽管教育理论工作者以教育实践问题的研究为己任,但是我们的传统研究路线可能不仅使我们远离实践,而且从总体上使我们存在一种"实践的无知"？经验也表明，一些有着丰富教育实践经验的人在走上学术道路之前，似乎还知道"教育""教学""管理"是什么，有着健全的实践感或实践意识；一旦他们从实践步入理论的殿堂，学习了许多的教育理论之后，反而对实践的认识更加模糊了。

  与教育理论工作者不同，那些无暇在实践过程中进行理性反思的实践工作者总是深深地、直接地卷入实践活动过程中去。从表面上看，他们作为有教育意图的行为主体，是行为的发起者、协调者和终结者。然而实际上，他们的主观意图却打上了深深的客观的烙印。尽管他们不是习性、情境或场域的"奴隶"，但是他们也绝非习性、情境或场域的"主人"，他们的意图和行为与许多客观的因素缠绕在一起，难分难解。尽管是这样，他们还是教育实践的"当事人"而不是教育实践的"代理人"。作为"当事人"，他们对实践的过程与结果都负有责任；作为"当事人"，他们与教育实践之间存在着实在的、利益的和内在的关联。他们在实践中所采取的许多措施，是即时做出的，没有经过也没有时间经过严密的思考与充分的准备。这样，长期以来为人们所信奉的"教育理论"对于"教育实践"的指导作用究竟该如何理解？教育理论工作者在何种意义上可以以"指导者"自居？当教育理论工作者与教育实践工作者坐在一起的时候，应采取什么样的姿态和心态？当理论的逻辑和实践的逻辑发生冲突的时候，理论工作者和实践工作者该如何取舍？既往教育实践对于教育理论的冷漠乃至拒绝有没有其内在的合理性？从教育实践的逻辑视角来沉思，人们应该能够对这些问题有某种新的认识。

  看起来，实践终归是实践者的实践，实践者也是处于各种复杂的客观因素之中的，并不是纯粹的理性主体。理论工作者要想很好地理解实践、解释实践、为实践服务，不深入实践中去，不亲身实践是不行的。正如毛泽东在著名的《实践论》中所说，"世上最可笑的是那些'知识里手'，有了道听途说的一知半解，便自封为'天下第一'，适足见其不自量而已。知识的问题是一个科学问题，来不得半点的虚伪和骄傲，决定地需要的倒是其反面——诚实和谦逊的态度。你要有知识,你就得参加变革现实的实践。你要知道梨子的滋味,你就得变革梨子,亲口吃一吃。你要知道原子的组织同性质,你就得实行物理学和化学的实验,变革原子的情况。"[17] 这些曾经耳熟能详的话语现在看起来仍是那么中肯和深刻。不过,需要补充的是,即便理论工作者能够走出书斋深入实践、亲身实践,这也只是获得正确认识的必要条件,而不是充分条件。面对复杂的、具体的、不确定的实践,理论工作者最需要的是对实践逻辑和实践工作者的尊重,千万不要简单、粗暴地对待实践逻辑和实践工作者。这并不是出于什么个人的礼貌或理论的德性,而是由于我们教育理论工作者根本性的"实践的无知"。因此,就教育理论工作者所扮演的实践角色来说,我们最多只能是教育实践的"提议者",而非"指导者";最好是教育实践工作者的"伙伴",而非他们的"导师"。

参考文献

[1] 陈桂生."教育理论与实践关系问题"的再认识[J].湖南师范大学教育科学学报,2005(1):8-10,17.

[2] 顾明远.教育大辞典[M].上海:上海教育出版社,1998:773.

[3] 郭元祥.教育理论与教育实践关系的逻辑考察[J].华中师范大学学报(人文社会科学版),1999(1):38-42,105,158.

[4] 筑波大学教育研究会.现代教育学基础[M].钟启泉,译.上海:上海教育出版社,1986:236.

[5] 卡尔.新教育学[M].温明丽,译.台北:台湾师大书苑,1996:102.

[6] 卡尔.教育理论与教育实践的原理[M].郭元祥,沈剑平,译//瞿葆奎.教育学文集·教育与教育学.北京:人民教育出版社,1993:559.

[7] 同[6] 562.

[8] 朱晓宏.教育领域中的理论与实践:兼评"理论脱离实际"说[J].教育理论与实践,1998(6):8-13;陈桂生."教育理论与实践关系问题"的再认识[J].湖南师范大学教育科学学报,2005(1):8-10,17;徐继存.教育理论与教育实践关系的嬗变与反思[J].当代教育科学,2004(7):6-9,14.

[9] 同[3].

[10] 布迪厄.实践感[M].蒋梓骅,译.南京:译林出版社,2003:124.

[11] 郑金洲.教育理论研究的世纪走向[M]//熊川武,等.教育研究的新视域.沈阳:辽海出版社,2003:44.

[12] 同[10] 83.

[13] 同[10] 126.

[14] 刘云杉.学校生活社会学[M].南京:南京师范大学出版社,2000:200-201.

[15] 同[10] 102-104.

[16] 同[5] 101.

[17] 毛泽东.毛泽东选集:第1卷[M].2版.北京:人民出版社,1991:287-288.

(本文原载《教育研究》2006年第1期)

素质教育的概念、内涵及相关理论

"素质教育的概念、内涵及相关理论"课题组[*]

20世纪80年代中后期以来,我国教育界涌动着声势浩大的素质教育热潮。素质教育是具有鲜明时代特征和重要理论价值的命题。当前,新的形势和任务迫切需要我们立足于构建社会主义和谐社会的总体目标,把提高全民族的整体素质放在更为重要的地位;迫切需要我们在新的时代背景下,深入探讨素质教育的思想和理论内涵,进一步增强素质教育的可持续发展能力。

一、素质教育研究的演进

素质教育概念及其理论在我国出现并受到重视,有深厚的实践基础、社会背景和时代背景。素质教育是我国改革开放实践尤其是教育改革深化与发展在教育理论和思想上的产物。素质教育是不断发展的概念,素质教育理论也在不断丰富。

(一)素质教育的提出(20世纪80年代初—90年代初)

"素质"概念受到教育理论界关注始于20世纪80年代初。

党的十一届三中全会后,党和国家的工作重心转移到社会主义现代化

---

[*] 课题组成员:朱小蔓、高宝立、刘惊铎、宗秋荣、杨雅文、金东贤、张平、武思敏。

建设上来，社会、经济发展亟需提高全民素质和培养高素质的人才。1985年5月，中共中央、国务院召开了改革开放以来的第一次全国教育工作会议，会议颁布的《中共中央关于教育体制改革的决定》中指出，教育体制改革的根本目的是提高民族素质，多出人才、出好人才。

20世纪80年代中期，纠正片面追求升学率现象、全面提高学生素质的呼声日益高涨，教育理论界开展了关于教育思想的讨论，如《教育研究》杂志于1986年第4期至1987年第4期开设"端正教育思想，明确培养目标"专栏，重点讨论了树立正确的人才观和提高民族素质等问题。与此同时，一些学者开始撰文专门论述国民素质、劳动者素质、人才素质等问题。从讨论中可以看到，"素质"从一开始提出就不仅指狭义的先天生理禀赋，而是具有丰富内涵，包括生理层面、心理层面和社会文化层面的广义概念。综合学者的分析，素质的特点可归纳为遗传性与习得性的统一，自然性与社会性的统一，稳定性与发展性的统一，潜在性与现实性的统一，共性与个性的统一。

素质教育概念出现在20世纪80年代后期。原国家教委副主任柳斌同志于1987年在《努力提高基础教育的质量》一文中使用了"素质教育"一词。[1]此后，有学者撰文从学理上探讨了素质教育问题。

与素质教育同时出现的一个概念是"应试教育"。"应试教育"指那种脱离人的发展和社会发展的实际需要，单纯为应对考试争取高分，片面追求升学率，违背教育规律的教育训练活动。"应试教育"通常被打上引号，作为贬义词使用。

这一阶段教育理论界主要从社会和人的发展的需要出发讨论素质教育的意义，从马克思主义关于人的全面发展的理论层面探讨素质教育的理论基础，从素质教育与"应试教育"的关系角度分析素质教育的概念和内涵，从对素质的认识确定素质教育的内容。

（二）素质教育研究的发展（1993—1999年）

20世纪90年代，我国改革开放和社会主义现代化建设进入新的发展阶段。党的十四大提出了科教兴国的战略，教育被赋予提高国民素质、培养跨世纪人才的使命。

这一阶段，国家从政策上加强了对素质教育的引导。1993年2月，中共中央、国务院印发的《中国教育改革和发展纲要》中提出，中小学要由"应试教育"转向全面提高国民素质的轨道，面向全体学生，全面提高学生的思想道德、文化科学、劳动技能和身体心理素质，促进学生生动活泼地发展，办出各自的特色。这是中央文件中首次对素质教育做出的表述。1994年6月，中共中央、国务院召开全国教育工作会议，李岚清同志在会议总结讲话中指出，基础教育必须从"应试教育"转到素质教育的轨道上来。这些都有力地推动了素质教育的研究与实施，使素质教育的发展进入一个新阶段。

1996年，国家教委在湖南汨罗举行素质教育现场会。1997年，国家教委又在山东烟台召开了全国中小学素质教育经验交流会，进一步总结推广了汨罗、烟台的经验，对实施素质教育做了全面部署。同年，国家教委颁发《关于当前积极推进中小学实施素质教育的若干意见》，将全面推行素质教育作为基础教育的一项重大任务，提出了有效实施素质教育的若干措施。

这一阶段，教育理论界对素质教育进行了多角度、全方位和深入的研究。从理论基础方面，加强了对相关学科和理论的研究与吸纳，如研究者从知识经济理论、终身学习理论、建构主义学习理论、人本主义学习理论、多元智能理论等理论中吸取营养，对素质教育的理论内涵进行了丰富，认识到素质教育不仅要面向全体学生、全面提高学生的素质，还要培养学生的主体性，着眼于学生的终身发展，培养学生的健全人格等。从实践认识方面，学者们对素质教育与"应试教育"的关系，素质教育与个性发展、特长培养的关系，素质教育与考试、升学的关系等进行了深入的探讨，并澄清了一些模糊认识。

（三）素质教育研究的深化（1999年— ）

21世纪，知识经济成为主导型的经济形态，知识和人才、民族素质和创新能力越来越成为综合国力的重要标志，成为推动或制约经济增长和社会发展的关键因素。党的十五大继续提出要实施科教兴国战略，使经济建设真正转到依靠科技进步和提高劳动者素质的轨道上，要增强自主的科技创新能力。

1999年6月，第三次全国教育工作会议召开。这次会议以素质教育为主题，把素质教育提高到事关国家发展大局的重要地位，素质教育被赋予新的时代使命。江泽民同志在会议讲话中指出："教育是知识创新、传播和应用的主要基地，也是培育创新精神和创新人才的重要摇篮。"会议做出了有关素质教育的一系列重大决策。《中共中央国务院关于深化教育改革全面实施素质教育的决定》明确指出，实施素质教育，就是全面贯彻党的教育方针，以提高国民素质为根本宗旨，以培养学生的创新精神和实践能力为重点，造就"有理想、有道德、有文化、有纪律"的、德智体美等全面发展的社会主义事业建设者和接班人。

这次会议推动素质教育进入了新的阶段。素质教育实施的领域更加广泛，贯穿于幼儿教育、基础教育、高等教育、成人教育、职业教育等各级各类教育，贯穿于学校教育、家庭教育和社会教育等各个方面；素质教育的内涵更加丰富和具有时代特征，强调创新精神和实践能力的培养；素质教育的研究和实践不仅涉及考试评价、课程教材、教师队伍等方面，还涉及教育结构、教育体制等宏观问题。

随着社会的发展和教育理论研究的深化，素质教育的研究又出现了一些新的角度，如从人作为活动主体的角度分析素质结构，从生命发展的角度阐释素质教育的价值，从经济学的角度诠释从"应试教育"转向素质教育的意义，等等。

进入21世纪，人们立足于构建社会主义和谐社会，从科学发展观角度对素质教育进行了新的思考，如素质教育自身理论体系的完善问题、素质教育的均衡发展问题、素质教育实施的环境建设问题、素质教育的实践模式问题、素质教育的评价体系问题等受到广泛的重视。

二、素质教育的深刻意蕴

（一）素质教育是具有丰富内涵和鲜明时代特征的概念

近20年来素质教育的实践发展和理论研究成果，为我们正确认识和深入研究素质教育理论提供了大量的有益参考。一般说来，素质即人所具有的维持生存、促进发展的基本要素，它是以人的先天禀赋为基础，在后天环境和教育的影响下形成并发展起来的内在的、相对稳定的身心组织结构及其质量水平，主要包括身体素质、心理素质和社会文化素质等。人的发展是多种素质综合作用的结果，而个体所具有的素质的总量与水平状态、不同素质的组合结构及和谐度不同反映其素质水平高低，影响其生存状态、成长路径，决定其发展的可持续性的强弱。个体素质与所属群体的素质水平相互作用，具有统一性。受教育者的发展过程是各方面素质协调发展的过程。素质教育为实现受教育者素质的不断优化组合，构建科学健全的素质结构，促进受教育者全面、和谐、均衡发展奠定坚实基础。在教育学意义上，对于素质教育的概念可以做如下概括：素质教育就是培育、提高全体受教育者综合素质的教育。它以促进人、社会、自然的和谐发展为价值取向，以德智体美劳全面发展的合格公民为培养目标，以全面贯彻党和国家的教育方针为根本途径，以教育质量的全面提升为显著特征。

关注人的发展是素质教育的灵魂、核心和目标。素质教育注重在教育过程中把人的全面发展放在中心地位，注重人的整体素质的全面提高、个性发展以及创新精神和能力的提高，发挥人的潜力和能力，为人的发展提供条件，并使人有能力掌握自身的发展，将个体的发展与社会发展统一起来。素质教育强调个性化与社会化的统一、个体本位与社会本位的统一、人文教育与科学教育的统一。

素质教育在马克思主义人的全面发展学说的基础上，结合教育和社会发展的需要，进一步丰富和发展了全面发展教育的内涵。依据素质的分类构成，素质教育注重培育和提高学生的身体素质、心理素质、社会文化素质。因而素质教育同全面发展教育在方向、目的、基本内容上是一致的。素质教育从人的身心发展的素质结构入手，为培养与提高学生的素质提供了更加丰富和明确的培养目标体系，并且使全面发展教育的内容更为明确，使之有较强的可操作性。素质教育目标体系的建构丰富了全面发展教育的目的论，而优化个性发展是深化素质教育的必然要求。素质教育明确地表达了人的全面发展——个人、个性的全面发展。素质教育是全面发展教育思想的具体落实，素质教育可以使全面发展具体化，而个性优化发展可使每个学生的素质和个性尽可能达到结构合理的、多层次的优化发展。

教育方针是根据经济社会要求制定的一定历史阶段教育工作的总的指导方针，指明教育总的发展方向，是国家教育政策的总概括，是各级各类教育必须遵循的准则。实施素质教育，要求把教育方针贯彻到教育教学的各个环节中去，纠正偏离教育方针的各种教育行为。

全面提高教育质量，发展优质教育，是当今世界基础教育领域的普遍追求，素质教育理念与这种追求相契合。教育质量与学习者综合素质水平密切相关。素质教育的目的是促进学生综合素质的发展，素质教育的基本载体是学校各类课程与教学活动，因而实施和推进素质教育，必须以有效提高教育教学质量为中心。具体而言，在教育内部，素质教育应重点在德育、课程改革、教师队伍建设和考试评价四个主要环节上扎实推进。

素质教育的内涵可从多个角度来理解。从教育的目标看，素质教育以全面培育和提高受教育者综合素质为目的，以培养学生的创新精神和实践能力为重点，造就德智体美劳全面发展的合格公民；从教育的功能看，素质教育是依据人的发展和社会发展的需要，以全面提高全体学生的基本素质为根本目的,以尊重学生的主体地位和主动精神、注重形成人的健全个性为根本特征的教育。

不同时代,对受教育者的素质的要求总是不断发展的,素质教育具有鲜明的时代特征。第一,主体性。素质教育充分弘扬人的主体性,关注个性发展。第二,全体性。素质教育是面向全体的教育。第三,全面性。素质教育要求全面发展学生的生理素质、心理素质、文化素质。第四,长效性。素质教育强调培养学生的基本素质和终身学习能力,促进学生可持续地自主发展。

(二) 素质教育的相关理论

马克思主义人的全面发展理论关注人的智力和体力的全面、自由、和谐发展,就是强调人的发展的基础性素质。[2]这一理论作为素质教育的理论基础,支撑和论证着素质教育所倡导的价值目标。

素质教育还从众多的相关理论中获得了思想滋养,丰富着素质教育的理论内涵。

教育学理论基于社会学和心理学的理论成果,一方面发现人的发展的可能性,一方面又揭示教育和培养人的合理性与可行性,为素质教育提供了最直接的理论支持与滋养。教育本质与功能的研究用新视角与新观点为素质教育的推进提供了更为有力的理论依据。

社会学理论之学习型组织及终身学习理论[3],改变了人类社会的学习理念和学习模式。终身教育思想主张教育应该贯穿于人的一生的各个年龄阶段,而不是只在儿童和青少年时期。1972年,联合国教科文组织发表国际教育发展委员会的报告《学会生存——教育世界的今天和明天》[4],深刻地分析了新的科学技术革命对人类活动的影响,认为人类正在走向学习化社会,每个人必须终身不断地学习,才能适应科学技术的发展和社会的变革,终身教育是学习化社会的基石。

心理学理论从多角度、多层面揭示人的潜能和素质构成,以及素质表现与实现的主体条件。比如，多元智能理论强调智能是多元化的，包括音乐智能、身体运动智能、数学逻辑智能、语言智能、空间智能、人际关系智能、自我认识智能等，对于教学来说，这些智能既可以是教学的内容，又可以是与教学内容沟通的手段与目的。[5]建构主义学习理论认为，知识是学习者在一定的情境即社会文化背景下，借助其他人（包括教师和学习伙伴）的帮助，利用必要的学习资料，通过建构意义的方式而获得的，即通过人际的协作活动而实现。[6]人本主义学习理论认为，学习是人的自我实现过程，学习是丰满人性的形成，它的根本目的是人的自我实现，学习者是学习的主体，良好的人际关系是有效学习的重要条件。[7]

另外，有些相关理论具有拓展思维、开启新视角的作用。例如人力资本理论把人作为人力资本来看，在给人的发展提出新要求的同时，也凸显了人的素质因素在经济增长中的作用；可持续发展理论从代际和本代人可持续发展的角度，要求教育对人的素质培养超越维持性状态，而进到发展型教育的境界；生活教育理论倡导回归生活世界，关注和引导学生的日常生活问题，引领学生过有意义的生活，有助于构建开放性课堂、生活化课程和互动对话性师生关系，为促进师生、生生间的沟通、互动、交往关系的形成和升华提供了新的认识视角。

三、实施素质教育过程中需要澄清的若干认识问题

自20世纪80年代中期教育界提出素质教育的概念以来，学者们从不同的角度、不同的层面上，对素质教育的概念、本质等一些基本问题进行了分析和阐释，通过不断深入的研究，在一些基本问题的认识上逐步达成共识。例如，关于素质教育与课程改革的关系，课程改革是实施素质教育的重要途径，课程改革的具体目标就是调整和改革基础教育的课程体系、结构、内容，构建以提高学生的素质、发展学生的个性为核心的，符合素质教育要求的新的基础教育课程体系。又如，在素质教育与教师素质的关

系问题上，建设一支高素质的教师队伍是扎实推进素质教育的关键，提高教师素质的核心是教育理念的更新；提升教师实施素质教育的能力与水平是师资培养、培训的重点；建立优化教师队伍的有效机制是教师队伍素质整体提高的保证。再如，在实施素质教育与考试制度和评价体系改革的关系问题上，考试制度和评价体系的改革是实施素质教育的制度保障，因此要改变以升学率为中心、过分强调甄别与选拔功能的评价体系，建立符合素质教育要求的、具有促进学生全面发展和教师不断提高以及改进教学实践功能的评价体系，实现评价的教育功能。但同时，也有一些具体问题需要进一步研究、澄清。

（一）素质教育与"应试教育"

有人认为，"应试教育"能够培养应试素质，因而素质教育和"应试教育"具有某种一致性；也有人认为，"应试教育"着眼于智力培养，而素质教育则注重思想道德和兴趣特长。这些看法是偏颇的。实际上，素质教育和"应试教育"表现了两种截然不同的教育价值观。"应试教育"体现了以应对考试和进行选拔为基础的教育的价值取向。它只重视少数学生，只教授对应考试的知识，强调这部分知识内容的唯一性，忽视教育规律和学生身心发展规律，从而造成学生片面、畸形的发展。素质教育则以提高学生的全面素质为宗旨，它着眼于学生的发展，促进每个学生的发展是基础教育尤其是义务教育的宗旨；承认发展的多样性，倡导个性发展；认为发展的动力是内在的，强调发展的主体性；注重潜能开发。在教育内容方面，"应试教育"以应试、升学为目标设置课程、安排教学内容，妨碍了学生的全面发展和特长发展；素质教育着眼于人的素质的全面提高，以完整的素质结构为核心设置课程、组织各项教育教学活动。在教育方法方面，"应试教育"无视学生主观能动性，强调知识灌输，忽视培养思维能力和动手能力，倾向于死记硬背，学生负担重；素质教育注意调动学生学习的积极性、主动性，引导学生形成好的学习方法和习惯，在学习中培养能力。在教育评价上，"应试教育"仅以考试分数和升学率作为评价指标；素质教育以综合素质提高和教育教学的整体效果全面、合理、科学地评价教育质量。

（二）考试与"应试教育"

有人认为，实施素质教育，就得减轻学生负担；减轻学生负担，就得取消考试，即素质教育就是非考试的教育。这种错误观点把素质教育与考试对立起来，从一个极端走向了另一个极端。诚然，素质教育提出了对现有的考试制度、考试目的、考试内容、考试形式等进行变革的要求，但不是说素质教育不要考试，而是要使考试充分发挥其对教学的诊断和促进发展的功能。

"应试教育"以选拔为宗旨，以把少数人从多数人中选拔出来为唯一目的，其指导思想是功利主义。由于实践中人们模糊了教学评价的质的规定性，把它直接异化成选拔意义上的概念，于是，以选拔为宗旨的考试就成了各层次的教育教学实践者及学生和家长评价教育教学质量的唯一方式，从而导致人们对"应试教育"的"追捧"。因此，要明确考试作为教育评价的一种具体方式，其主要功能是促进教学，即检查学习情况和教学效果，甄别与选拔只是它的附属功能。

（三）素质教育与升学率

在素质教育实践过程中，一些学校认识不足，担心进行素质教育，教师就会"松劲"，不再认真钻研教材、研究教法和认真备课；还担心学生"自由"，放松学习。社会上一些学生家长对实施素质教育有顾虑，担心如果不搞"应试教育"，教师就不会把所有精力放在自己孩子身上，孩子的突出才能就表现不出来，成不了"英才"。似乎素质教育就是降低对教师教和学生学的要求，影响升学率。

"应试教育"的最大弊端是过分重视书本知识，特别是外部灌输性知识的学习，过分重视应试技能，教学方法主要是机械训练，严重忽视学生的情绪、情感及个性发展，忽视学生自我意识和综合能力的培养，学生无法为未来而设计自己的今天。在这种状态下，学习就成为为"他人""服务"和"尽责"的负担，很难激发学习的动机和兴趣，导致一些少年儿童对学习、学校、教师、家长产生逆反心理；以升学为唯一目标，是近期、短效的，不仅束缚学生潜能的发挥，限制其发展，而且"知其然，不知其所以然"的学习往往是高耗低效甚至是无效的。所以，高升学率虽然是"应试教育"的主观诉求，但却并非"应试教育"的必然结果。

素质教育的本质，在于恢复教育的本来意义和价值，即养成学生健康人格，促进学生全面发展。素质教育要求课程内容必须与学生成长经验、与生活世界紧密联系起来，这不但能提高学生的学业成绩，而且能让其体会到学习的乐趣。素质教育是以提高人的生命质量为旨趣的教育，强调为学生探索精神和创新思维的培养、学生禀赋和潜能开发提供充足的时间和空间，使学生能在学习中体验思想、创造之智慧美。这有利于全面激活学生的潜能，增强学生发展的自信心和进取心，使学习成为其人生追求、自觉行动，促进学生全面、高效、可持续发展。而学生的发展，必然要求并将促进教师的发展。所以，高升学率不是素质教育的刻意追求，却是素质教育的当然结果。

（四）素质教育与发展特长

素质教育已经实践很多年，收获不小，但在具体操作层面仍存在一些误区，其中最突出的就是认为搞素质教育就是增加活动课程，搞特长教育。因此就出现了"课外搞素质教育，课内搞'应试教育'"的现象，一味强调减轻学生课业负担，减少学生作业时间，取消分数等。事实上，素质教育的目的是提高学生的整体素质，而不是撇开基本知识、基本能力另搞一套特长教育。

素质教育与基础教育，与基本知识、基本技能、基本能力的教育，与做人做事的教育是紧密联系在一起的。活动课程仅仅是对学生进行素质教育的一个方面，不是素质教育的全部。无论是课堂学习还是活动课程，都要致力于研究怎样培养学生的学习兴趣、学习习惯、学习能力、学习方法等问题，研究怎样提高学生的心理素质、身体素质、综合能力，让学生真正在德智体美劳等方面得到发展。把素质教育等同于特长教育，是对素质教育的狭隘化理解。

四、进一步深化素质教育研究的建议

教育理念是文化的表征，也是文化的产物。[8] 从总体上看，素质教育实施还处于探索阶段，全面推进素质教育任重道远。相应地，素质教育研究还存在诸多不足，有必要进行系统分析和反思，特别是要立足于构建社会主义和谐社会的总体目标，突破和超越原有的思维方式，以更高的定位来思考素质教育问题。

（一）认真分析新形势下素质教育的新要求和发展的不平衡性

转型期人们的价值观念、行为取向和利益需求呈多样化，如何把社会发展的价值和人的发展价值整合起来，进行合理调适，朝着和谐方向前进，是需要面对的新情况和新问题。同时，城乡差距、区域差距、贫富差距问题，社会成员分化和流动问题，社会就业问题等趋于尖锐；激烈的学业竞争、就业竞争、市场竞争不容回避，教育在社会转型、文化变迁、社会分层中的作用凸显。教育只有直面现实，才能为社会发展提供有效支持。当前，构建社会主义和谐社会，迫切要求教育把提高人的整体素质放在重要位置。一方面，素质教育有了更广泛的社会需求；另一方面，在新形势下，人们对各种考试的重视程度不断提高，对高学历和名校学历的追求空前激烈，这给素质教育的实施带来新的机遇和挑战，呼唤着适应新形势新任务的新的素质教育实践形态。由此看来，对于素质教育的具体推进以及实施策略的选择等，都有必要认真研究、逐步完善。

素质教育不是脱离现实条件的"理想化教育"。实施素质教育是教育价值目标与现实教育改革过程的统一，不应强求固定的模式，而应追求动态的和谐；应承认各地实施素质教育不可避免的差别和不同要求，坚持扎实推进，以不断缩小各地各校之间的差距，实现更高水平上的迈进。在此背景下，科学发展观的提出适时地为素质教育建立了一个新的评价标准。

（二）完善素质教育理论

以往素质教育研究上的一些纷争，呈现出繁多而零散的线索，论者的视角有很多偏移和不对称。要集中探讨素质教育理论的核心问题，明确区分核心概念、中间层次概念和边缘概念，不能混用，更不应以下位概念代替上位概念、用边缘概念取代核心概念。有必要深入分析素质教育与各相关理论之间的关系，从而使之提升为一个有严格理论边界的教育哲学概念。

素质教育是一个需要不断地充实、发展与丰富的动态的具有包容性的概念，而不应该是一个一成不变的教条式概念。素质教育理论应当根据中国教育改革与发展的实际状况而丰富与发展。要批判地继承中华民族传统文化教育成果，学习借鉴国外优秀文化教育思想，根据教育发展的新问题和新情况进行新的概括和理论创新，超越政策解释和就事论事的层次，使理论具有前瞻性和导向性。要找到制约素质教育有效实施的关键问题，合力攻关。

（三）研究方法取向上走向理论与实践结合

教育变革的源泉和动力在于深刻变化的生活实践和社会实践。观照现实，是素质教育研究的出发点。从素质教育的缘起看，素质教育的主张来自实践；从素质教育的存在状态看，它既不是仅仅停留在人们头脑中的观念、概念，也并不表现为一些文章中的文字游戏，而是离不开实践的现实存在。使素质教育在实践中"生根开花",成为教育理论研究者与一线教师的共同责任。所以,素质教育研究的一项重要原则是能够使理论工作者与实践工作者携手,共同探讨理念、理论与操作一体的素质教育模式。这样,一些有利于这种追求的研究方法应受到重视,如行动研究法、叙事研究法、质的研究方法、现象学的研究方法等,因此,方法问题也是素质教育研究需要获得突破的问题之一。

目前,素质教育没有获得应有效果的一个主要原因是教师的素质问题。作为教育理论研究者,不能只用哲学思辨的方式研究,还需要回到教育现象中去发现素质教育的机制。一线教师是重要的发现者和经验提炼者,同时也是将思想理论运用到实践中的中介者。因此,教育理论研究者与一线教师携手互动,共同探讨素质教育问题,才能有利于真正推动素质教育的进程。

从有关素质教育问题的争论看,需要研究者有广博的知识背景,提倡多学科的交叉和融合。单靠教育界解决不了实施素质教育的问题,同样,单纯的教育学研究也不足以建构素质教育理论。当前,亟待开展政治学、经济学、社会学、心理学等多学科在素质教育问题上的对话和交流。

(四) 研制教育质量标准

教育质量与学生的综合素质密不可分。没有教育质量观和教育质量标准的转变,就不可能真正实现"应试教育"向素质教育的转变。如何确立针对不同地区和不同学校情况的有效、合理和科学的考核评估体系,使评价成为提高教育质量、促进学生健康发展的必要手段,是世界各国正在积极探索的一项重要任务。

建立新的学校评估体系是推进素质教育的要求。"应试教育"恰恰是导致目前中小学办学效益低下的重要原因。素质教育是全面教育质量观的必然要求。随着素质教育的不断深化,教育评价作为实施素质教育的一个重要的制约因素,越来越受到关注,但还缺少指导教育评价体系改革的系统理论，也还缺少成熟的实践模式，教育评价思想与素质教育观念相脱节。为全面反映学生的发展状况，必须实施毕业生综合素质评价。综合素质评价结果应作为衡量学生是否达到合格标准的重要依据。

20世纪末期以来的世界基础教育改革，提出了政府对学校教育质量的监控与指导以及学校对自身教育的评价问题，它关系到教育质量的提升和这场持久的教育改革的成败。为此，研究新环境下的教育督导问题，融合国内外督导的成功经验，建设高素质的督导队伍已经成为实施素质教育的当务之急。

（五）从社会系统审视素质教育

素质教育不是一个孤立的、单独的存在，而是一个复杂的系统，其主张与追求的核心，是为了每一个个体生命的健康发展。不仅如此，素质教育要观照每一个个体生命，就必须将其遗传特性、生存环境的状况、个人的经验世界等结合起来综合考虑，这样，素质教育的难度、复杂度比"标准化"教育要大得多。因此，素质教育的实施，绝不单纯是教育系统本身的事，也不可能由教育系统本身单独完成，而是一项涉及全社会的系统工程。

这种复杂性给我们的启示是，不能以线性思维方式看待素质教育，无论是对其内涵的界定与理解，还是对其实施人员的素质能力要求，对素质教育实施效果的评价，都不能简单化、形式化、表面化，要将素质教育放在社会系统中来研究。素质教育是一个长期的过程，不可能脱离现实的基础直接到达理想境界。要以促进教育改革和发展为目标，建立素质教育研究、教育政策、教育实践的密切联系，强调教育理论工作者的求实精神、人文关怀，决策的可行性以及教育实践者的主体创造性，创设社会各系统以及包括学生家长在内的广大社会公众积极参与支持素质教育的良好环境。

（六）挖掘素质教育的成功样态

20年来，许多地区进行了区域推进素质教育的整体教育改革试验，积累了有益的经验，在不同地区、不同类型学校、不同层面上，有着许多不同样态的素质教育成功案例，需要很好地研究、挖掘、提炼、展现，以切实推动素质教育的开展。具体而言，素质教育成功样态的研究，应由专家学者与一线教师共同携手，针对不同地区、不同类型的学校，从办学机制、办学条件、校长素质、教师素质、学生素质、课堂教学、校本课程开发、教育资源开发、校园文化建设、家校共建、社会教育等多角度、多层面展开。同时，注重从政策、理论与实践三个层面加以推进，形成教育理论研究、教育决策和教育实践之间的互动机制，以此推动素质教育的有效进行。教育理论工作者走向学校，与一线教师互动，从教育实践经验中总结、提炼、概括素质教育理论；一线教师在实践中不断地开拓、创新，为素质教育理论的丰富与完善提供新的经验。

参考文献

[1] 柳斌. 柳斌谈素质教育 [M]. 北京：北京师范大学出版社，1998：200.

[2] 马克思. 资本论：第1卷 [M]. 中共中央马克思恩格斯列宁斯大林著作编译局，译. 北京：人民出版社，1975.

[3] 圣吉. 第五项修炼：学习型组织的艺术与实务 [M]. 2版. 郭进隆，译. 上海：上海三联书店，1998.

[4] 联合国教科文组织国际教育发展委员会. 学会生存：教育世界的今天和明天 [M]. 北京：教育科学出版社，1996.

[5] 加德纳. 多元智能 [M]. 沈致隆，译. 北京：新华出版社，1999.

[6] 斯腾伯格. 成功智力 [M]. 吴国宏，钱文，译. 上海：华东师范大学出版社，1999.

[7] 马斯洛. 自我实现的人 [M]. 许金声，等译. 北京：生活·读书·新知三联书店，1987.

[8] 中国教育与人力资源问题报告课题组. 从人口大国迈向人力资源强国 [M]. 北京：高等教育出版社，2003：321.

（本文原载《教育研究》2006年第2期）

论教育学的生命立场

冯建军

一、什么是"教育学的立场"

对学科的界定,通常依据的是学科的研究对象、研究方法和概念体系,一个学科区别于另一个学科也就表现在对象、问题、方法的独特性上。这种学科间的差异体现于学科分化程度较低的时期,例如自然科学、人文科学、社会科学在对象、方法、概念体系上都存在着自己的独特性。但随着学科的细化和综合化,学科的研究对象、研究方法,甚至概念体系都出现了"共享"的现象。在这种背景下,学科之间就不可能像原先一样强调自己的独特性了。这时,"学科立场"就成为知识融合、学科融合时期区分学科差异的重要指标。[1]

教育学的发展必须要吸收其他学科的营养,但要站在教育学的"内立场"上,对其他学科的知识进行必要的过滤、筛选、整合和转化,使之为教育所用,变成教育学的知识,为教育实践服务。所以,寻找教育学的立场,并不是为了所谓的"尊严",圈定自己的领域,盲目地排斥他人或排斥其他学科的介入,以便跟其他学科划定界限,这不符合现代学科发展的共在性、渗透性和开放性特点。

教育学立场就是教育学看待问题的方式,教育学以什么样的方式看待问题。换言之，同样一种现象，纳入教育学的视野与纳入政治学、经济学的视野有什么不同，就在于前者是以教育的方式，而其他是以政治的方式、经济的方式看待问题的。最近有学者提出个体教育经济学，认为个体的发展是教育经济学的基本内容——弥补能力的不足，使学生得以在德智体等诸方面和一生中不同时期全面优化发展，是教育经济学的基本原理。[2]这种认识的立足点就不是经济学，而是教育学。

教育学的立场不同于教育学的研究范式，也不同于教育学的学科意识、学科界限，但它们又都是密切相关的。立场不同，对学科的认识和定位不同，必然影响着学科意识的形成，也可能会波及研究方式等。因此，研究教育学的立场，关键是研究"教育的方式"。这不仅是教育自身的问题，而且也是一个时代对教育的要求。

二、教育的生命性

教育的立场就是在本原上回答"教育是什么""教育为了什么""什么是好教育"，这个本原就是生命。理解教育活动、教育现象，进而理解教育学，都不能离开生命。

（一）生命是教育发生的原点

生命是什么？对教育来说，就是人，是具体的、现实的、有血有肉的活生生的个体，是以人的方式展现的"人"，而非展现"物性"或成为"工具"的人。

具体的现实的人，即生命，是教育的原点。这来自发生学上的明证。在发生学的意义上，人首先是一种自然的生物体，但人与动物不同，动物是特定化的，人是未特定化的，具有未确定性和未完成性。人的未完成性，使人无法依靠特定化的图式实现自我。这就决定了人具有发展的需要和对教育的需求。人类学家兰格维尔特（Martinus J. Langeveld）指出，

"人是教育的、受教育的和需要教育的生物","其根源完全在于人的身体素质方面"。[3]

实际上,对于人的可教育性而言,生物性素质的发展要求只是其一,更根本的还在于人的超生物的价值生命的要求。马克思认为:"动物和它的生命活动是直接同一的。动物不把自己同自己的生命活动区分开来。它就是这种生命活动。人则使自己的生命活动本身变成自己意志和意识的对象。他的生命活动是有意识的,这不是人与之直接融为一体的那种规定性。"[4]这就意味着人不再是生物性存在,人在自然赋予的本能生命的基础上,通过自己的活动又创造了支配生命的生命,即超生命的生命。超本能生命是价值生命,表现为人的超越性本质和对真、善、美的追求,最终趋向于自由的实现。人的价值生命的获得与生理生命不同,它不是通过基因遗传,而是通过社会遗传、文化遗传,而社会遗传、文化遗传是由教育来完成的。所以,教育是人的超生命的生命——价值生命的特有存在形式。

因此,从生命的发生来看,人的生命发展离不开教育,教育是生命存在的形式。这就意味着,教育活动的展开当以生命为原点,任何偏离原点的教育,都不是真正的教育或是对教育的异化。

(二)教育是直面生命的活动

教育因为人的生命而发生,离开了生命及其活动就没有人类的教育。教育就其本真意义来说,是"直面人的生命,通过人的生命,为了人的生命质量的提高而进行的社会活动,是以人为本的社会中最体现生命关怀的一种事业"[5]。教育建基于生命之上,就是要理解生命的内涵,尊重生命的逻辑,倾听生命的律动,不断地创造条件,促进生命的发展,提升生命的意义,增大生命的价值,创造新的精神生命,使生命日趋真善美的最高境界。

教育只有服务于生命才有价值。因此,判断一种教育活动是否合理,"基本的尺度是看它有没有体现对生命的尊重和关爱,有没有使每个身处教育世界中的生命都焕发了生命活力，有没有使生命的能量通过这样的教育得到了增殖、提升和扩展"[6]。

（三）关注生命是时代对教育的呼唤

直面生命、回到生命是教育的天职，是教育的一种本义，也是教育的一种理想和追求。虽然中西方教育史上不乏对生命的追求，但都因为缺乏社会基础而只能是教育家美好思想的个人表达。就人类历史的进程看，人类已经进入了关注个体的时代，中国也致力于建设"以人为本"的和谐社会。可以说，历史在今天选择了"人"，从而为教育关注"人"提供了社会基础。[7]因此，教育的生命立场在今天有了实现的可能性，或者说，时代使教育回归了生命，选择了生命。把教育的生命立场放在历史的视野中审视，这是马克思历史唯物主义的观点，而不是单纯的、抽象的人性论或个人本位的思想。

三、教育世界、教育现象的"生命在场"性

教育，只有立足于生命的视角，才称得上是真正的教育。为此，需要立足于教育的生命性，重新审视教育世界和教育现象。

我们通常把教育学看作研究教育现象、揭示教育规律的科学。这一"科学"取向的标示，意味着"教育现象"是一种客观存在的现象，它不以人的意志为转移，具有可重复性。或者说，尽管教育现象有所变化，并不完全重复，但复杂教育现象背后的本质却具有一致性。教育学就是通过研究客观的教育现象，揭示超越时空、永远正确的普遍自然的法则——规律。所以，教育学的科学性取决于教育现象的客观性。客观性与主观性相对，是一种看得见、摸得着的实在，而且更重要的是，它可以外在于个体，离开个体的主观需要、精神、思想和意识等而独立存在。如果教育现象与物质世界的客观性并无二致，就完全可以按照自然科学的思路建立真

正的教育科学。问题是，如果教育现象并非纯粹的客观现象，那么，建立教育科学的根基就会坍塌。因此，确定教育现象本身的性质就成为考虑教育学性质的关键。

生命是教育的原点，这不仅意味着教育要以生命起始，满足生命发展的需要，而且还意味着生命在教育中，教育活动是生命展现的活动，是生命成长的活动。离开了生命，剥夺了生命成长的主动性和自由，就不是真正的教育，而只能是一种控制、压制和规训，或者是一种异化的教育。

生命在教育中，说明教育活动离不开生命，教育活动是生命在教育中的活动，是教育中生命的自由自在的舒展活动。这说明，教育的世界不是人之外的自在的客观世界，而是内在于生命，由生命所参与、创造的世界，即生命的世界。

教育学研究的教育现象，虽然是一个外部的世界，是一种客观的存在，但它不同于自然的外部世界，是一种有生命的客观存在，它包含着人的主观意义。人是教育世界的主宰者，是教育现象的主体，是人创造了教育世界，也是人理解、建构着教育现象。如此，教育现象就不是纯粹客观的，它具有主观性和理解性。

教育现象具有实在性。[8]这种实在性具有客观性，但又不同于与人分离的纯粹客观性。同时，这种实在性又与人自身的存在状况密切相关而具有主观性，但这种主观性又不是唯心的或绝对精神的主观性。因此，教育现象的实在性是一种融合了主观与客观、个别与一般的实在性，是一种具有主体性意蕴的实在性。

共同的教育本质构成了教育现象客观性的基础，但肯定教育现象的客观性，绝不意味着它和自然现象的客观性可以等量齐观。自然现象是自在的、自发的，人为的因素改变不了自然的本性。但教育的世界是人的世界。世界本不存在教育，是人创造了教育，是人引领着教育，规定着教育。因此，教育现象具有人为性。其体现共同本质的客观性，也寓于人们对"好教育"的共同认识之中。

在教育学的研究对象界定上，有研究者不赞同"教育现象"这种说法。他们认为，"教育现象"是一种模糊不清的说法。一种活动，或者一个实践、一种现象，究竟是什么现象，取决于研究者的需要。例如，教师与学生在课堂中的知识传递，教育研究者可以把它看作教育现象，社会学研究者可以把它看作一种角色互动的社会现象，文化学研究者可以把它看作文化传递的文化现象。其实，任何现象都是建构的、理解的，而非"天生"就是某种现象。同样，即便把它们都列入教育学的研究视野，归为教育现象，但由于个体的生活背景、知识经验、人生信仰、情感态度、发展需要等主观因素不同，对教育现象的认识和理解也可能不尽相同。教育现象的理解性，意味着教育现象是一种个体性的存在，离开了个体，教育现象将成为没有内容的"空壳"，失去它自身的意义。教育现象的理解性，也意味着教育现象是一个不断生成、发展、变动的过程，因为，个体本身是一个不断生成、变化的主体，人在不断的发展中生成新的思想、新的体验，从而改变对教育现象的理解。

无论是教育现象的实在性，还是教育现象的理解性，都说明同一个问题：教育现象并不是外在于个体的存在，教育世界是人参与创造的世界，教育现象是人为建构和赋予的，它只有在与个体发生关联后才能存在，也只有在与个体发生关联后才有意义，因而不存在任何脱离人的活动和意志的教育现象。

如此理解教育现象的人为性，就不存在与人分离的纯粹客观的、自然的教育现象。如此，套用自然科学的逻辑建立教育科学的前提和假设就不再成立。模仿自然科学的思路建立教育科学，把教育现象看作与主观相分离的客观存在，与价值相分离的事实，这种对教育现象的研究导致的后果是完全遗忘了人的生命存在在教育学中的地位，使教育学彻底失去了主体性意识，失去了生命的鲜活和灵动，从而产生了"见物不见人"的"无人的教育学""无主体的教育学"。

四、教育学是"成全生命"的人文之学

教育活动和教育现象是教育学得以产生和存在的本体依据。在学科分化程度较低的时代,利用此就可以区别教育学的学科立场。问题是,随着学科界限的日益模糊,当哲学、伦理学、人类学、文化学、社会学、政治学涉足教育领域,把教育包含在它们的研究对象之中,或建立它的子学科时,教育学作为专门研究教育的学科,应该以什么样的立场来研究,才能与它们相区别,到底研究教育的什么成分,就成了问题。这不仅关系到教育学的身份问题,也关系到教育学在学科之林中的独立地位问题。

一种现象或一种活动可以从多视角透视,从而成为不同学科的对象。教育学与其他学科看待同一现象的区别在于它秉持的是"教育立场"。"教育立场"就是关怀生命、促进生命发展的立场,它不同于政治学秉持的权利和正义的立场、社会学秉持的社会冲突和发展的立场、经济学秉持的资源配置和利益最大化的立场。

把教育问题看作教育学的研究对象,这意味着教育学的研究对象并非纯粹客观的、物质的,纯粹的事实不会"自动"进入我们的视野,而是主客体共同作用才产生的。从而,在教育学的学科立场上,仅考察客体是不够的,还必须考察主体,考察主体的认识方式问题。认识角度和样式不同,得到的"景观"亦不一样。教育学的认识方式包括认识的角度和认识的样式,即认识什么和怎样认识。

(一)"成全生命"是教育学的独特视角

之所以说"成全生命"是教育学的独特视角,最根本的原因就在于教育是培育人的、成全个体生命的科学、艺术。教育学是育人之学,是成全生命之学,问题是成全"什么"生命、"怎样"成全生命。

人的生命与动物的生命不同,动物的生命只体现本能的生命,但人不

是简单的生命存在，是有着超生命的更高级的存在。人的本能生命是高级生命的载体，但人的本质不是自然的本能生命，而是超生命的生命。因此，人是双重生命的存在。正是这种生命的双重性，使人的生命体现为自然性与超自然性、有限与无限、现实与理想、事实与价值、实然与应然等的矛盾性。人正是在矛盾中实现着自我的否定，使矛盾的双方实现统一，在自我否定中不断地生成、发展和完善自我。

把人看作一个具有内在矛盾的复杂生命体，人的生命就呈现出如下的特点。一是开放性。人的生命，无论是自然生命的未特定化，还是超生命的本质，都预示着生命是非预成的，具有无限的开放性和"不确定性"。二是生成性。对人来说，没有固定的本质，任何生命的现实都是短暂的，都是要被否定和超越的，人总是生活在现实中，但却面向未来，在"是其所不是"和"不是其所是"的矛盾中建构着自我，永远走在成"人"的路上。三是自主性。人的"流浪生活"带来了人的不确定性，也带来了人的自由。面对这种不确定性和自由，人的生活道路只能由自己去筹划、去选择、去确立，人正是通过自主的活动，促成了自我的发展。所以，生命发展的主人只能是自己，而不是其他。四是超越性。生命是有限的，但人要追求无限；生命是现实的，但人要在对未来的追求中否定现实。人正是在这种自我的否定中，实现着生命的超越。生命也正是在超越中实现着价值的不断跃迁和提升，不断地走向新的解放，不断地生成新的自我。五是统一性。人的生命是由多重关系构成的否定性统一体。在人的生命中，存在着相反的两极：理性与感性、灵魂与肉体、认知与情感、个体性与社会性等，它们构成了人的生命的内在环节。人的生命不存在于任何一极，而存在于这些环节的否定性统一中。六是独特性。生命的独特性不仅来自自然生命的差异，更来自精神生命和社会生命的自为性。不同的人会有不同的信仰、不同的追求、不同的认识，不同的人会赋予生命以不同的含义，使生命显现出不同的色彩，也正因为生命的独特性，人的存在才更有价值，生活才更加丰富多彩。

生命的开放性、生成性、自主性和超越性，说明了生命是一个能动的存在，具有发展的主动性和自组织性。其实，对于如此充满活力和激情的生命，教育与其说要"塑造"生命、"变革"生命、"培养"新的生命，不如说要"尊重"生命，为生命的健康成长创造条件。教育所要做的不是"塑造"，而是呵护、引导。面对鲜活的生命个体，教育的力量是有限的。为此，教育要成全生命，需要以尊重生命为前提，引导生命为关键，提升生命为目的。

首先，尊重生命是教育成全生命的前提。儿童是一个个不断生成着、发展着和创造着的生命体，他们总是在告别过去、走向未来，在向他人、向社会、向自然开放的过程中生成新的"自我"。教育理应依据人的生命本性，尊重生命的价值，促进生命的发展。教师应是儿童生命的"守护者"，而不是"塑造者"。教育尊重生命，就是尊重儿童的人格，尊重儿童的天性，遵循儿童身心发展的规律。对每个特殊的个体来说，这意味着尊重儿童的差异性、独特性，把儿童看成一个独特的生命体，在充分尊重差异和独特性的基础上，创造适合每个儿童的教育，而不是相反，用划一的教育抹平所有的儿童。任何不尊重生命的教育，必然是对生命的折磨，更不可能成全生命。

其次，唤醒和引导生命发展是教育成全生命的关键。生命蕴藏着巨大的潜能，这种潜能处于黑暗的状态，它需要意识的照亮。生命哲学家柏格森把意识比作微弱的烛光，这烛光可能燃成熊熊的烈火，使生命呈现出迷人的神奇。教育就是要唤起沉睡于生命深处的自我意识，将人的创造力、生命感、价值感唤醒。意识是生命之灵，是生命主动发展的力量。唤醒发展的意识，挖掘生命潜能的力量，生命的成全就有了用之不竭的动力。

教育要尊重生命，唤醒生命发展的自主意识，但这并不等于让生命放任自流。放任自流的生命，就是荒山上的树丛，终究成不了大树。教育是一种使人向善的活动，是一种引导性的活动。教育要发挥对生命发展的引导作用，使人的发展既合规律（社会发展的规律和生命发展的特点），又合目的（社会的要求和个人的意向）。教育的本质就在于为生命的发展指引合适的方向，引导生命健康、有效地发展。

再次，提升生命的意义和质量是教育成全生命的目的。生命的成全，最高的目标无疑就是"成为真正的人"，创造自我的价值，完成自己的价值实现。因此，教育作为育人的活动，就责无旁贷，要把促进人的价值实现、提升人的生命质量、促进人的全面自由发展作为自己的重大使命。教育学作为生命成全之学，履行推动人的价值实现、提升人的生命质量的使命，也就为自己找到了存在的价值与位置。

（二）教育学是人文之学

近代自然科学的鼎盛，影响着人文学科的发展，使人文学科丧失了其独特的内涵，加入了追随自然科学的队伍，并且以科学化的程度来衡量学科的发展水平。虽然有过狄尔泰、文德尔班等学者为人文学科争"地盘"的努力，但这种抗争在滚滚而来的"科学化浪潮"面前显然太微弱了，以致被淹没在科学主义的浪潮之中。

教育学在科学化的历程中也节节"胜利"。从赫尔巴特最初以心理学为基础建立科学教育的尝试，到19世纪末斯宾塞将实证主义精神引入教育研究；从20世纪初拉伊、梅伊曼实验教育学的出现，到20世纪二三十年代统计、实验、测量等自然科学的方法在教育学中的全面应用，无疑宣判了思辨教育学的"死刑"。20世纪70年代，虽然布雷岑卡的元教育学为"哲学的教育学"守住了位置，但实际上他所秉持的依然是严格的自然科学立场。

教育学的科学化，就在于成功地运用自然科学的研究范式，透过纷繁的教育现象，寻找普遍的本质和规律，这种本质和规律具有终极性和绝对性，而且是一元的。笔者把这种思维叫作本体论的思维。问题是，教育的这种本体论思维导致了人的失落。第一，本体论思维否定了人的创造性和超越性。因为本体作为一种在现象背后并主宰着现象的终极存在，它存在于人之外或人之上。换言之，人的行为是受外在力量支配的，人只能是本体的工具而已。这就是说，教育的世界并非人创造的世界，教育现象也并非是人为的，而是由教育的"本体"所决定的。"科学教育学"并不是理解教育活动中的人，而是寻找这个抽象的教育"本体"。显然，从本体论思维出发，人在教育世界中是一个被动的存在，完全失去了活生生的、自我发展和自我创造的本性。第二，本体论思维瓦解了人的生命的多重矛盾关系，因为本体论追求的是一元化的绝对本质。从本体论来理解人的生命，人必然失去其矛盾的本质而成为"平面化的"、单向性的存在。第三，本体论思维把事物的本质归结为终极性存在，它超越历史和空间，使人成为失去了现实的"幽灵"，而不是一个生活在大地上真实的、鲜活的生命体。[9]

所以，科学的教育学在运用本体论思维时，遗忘了生命，成了无"人"之学，教育学也就丢失了关怀、成全生命的立场。越是追求科学化，教育学就会在错误的路上走得越远。要走出怪圈，就必须转变认识方式，由科学走向人文。教育学的对象决定了教育学是人文之学。

学界通常把教育学的研究分为两种范式：科学的和人文的。其实，使用哪种范式不是人为选择的，而是由对象决定的。自然科学研究的是"自然的物体""自然的事件"和"物体的存在方式"，是冷冰冰的物质世界；而人文科学研究的是"人""人的意义世界"或者"有目的、有意识的能动的存在"。教育的世界虽然借助于物质的世界，具有客观性，但如果剥离了人的活动及其所体现的意义，它就并非教育的世界。所以，人赋予了教育以意义，教育活动是生命创造的活动，教育的世界也因此构成人的世界、人文的世界。

教育具有一定的客观性，但教育并不是遵循客观规律而自然展开的事实。教育总是人的活动，教育的世界总是一个"人在其中"的世界，对此不能全面运用客观化的方法和手段，寻求不变的教育本质、发现教育的规律、创造教育的艺术。人文科学的对象，与其说是人所可能面对的那些客观的事件,不如说是处在这事件中的人所持的态度,它需要我们设身处地地体验人文的世界、生活的世界。事件、生活、现象背后的意义不能测量、实验、统计,而只能经历、体验、理解和反思。教育的人为性,决定了教育学不可能提供精确的技术和规范知识,而只能是对生命、生活意义的探询、反思、觉悟和关怀。

教育世界和教育现象的人为性和理解性决定了教育学的性质不是"科学",而是人文之学。因此,教育研究也必须放弃科学化的道路,转向生活体验的研究,在研究中体现生命的关怀,这才有可能成为"教育"的研究,成为体现生命立场的"教育学"。

参考文献

[1] 吴黛舒. 论"教育学"的学科立场[J]. 华东师范大学学报(教育科学版), 2004 (3): 13-18.

[2] 胡弼成. 学生发展: 个体教育经济学的基本范畴[J]. 教育研究, 2005 (5): 15-20.

[3] 转引自博尔诺夫. 教育人类学[M]. 李其龙, 译. 上海: 华东师范大学出版社, 1999: 36-37.

[4] 马克思, 恩格斯. 马克思恩格斯全集: 第42卷[M]. 中共中央马克思恩格斯列宁斯大林著作编译局, 译. 北京: 人民出版社, 1979: 96.

[5] 叶澜, 等. 教育理论与学校实践[M]. 北京: 高等教育出版社, 2000: 136.

[6] 李政涛. 教育学的生命之维[J]. 教育研究, 2004 (4): 33-37.

[7] 冯建军. 生命与教育[M]. 北京: 教育科学出版社, 2004: 118-128.

[8] 张新平. 反思与建构: 教育管理现象及相关问题研究[J]. 华东师范大学学报(教育科学版), 2002 (2): 6-16, 41.

[9] 高清海, 等. 人的"类生命"与"类哲学"[M]. 长春: 吉林人民出版社, 1998: 42, 105-111.

(本文原载《教育研究》2006年第3期)

教育学的时代使命

郑金洲

学术是时代的声音。每一个时代,都会有对学术的特定要求;每一个时代的学术,都应反映所处时代的特征。在新的历史发展时期,中国教育学应该承担怎样的时代使命,完成时代赋予的哪些职责,是关乎教育学发展方向的大问题,是每个教育学者都需要思考的重大课题。

一、融入经济社会,彰显教育智慧

教育学教科书在谈到教育规律时,时常有这样的论述:教育适应社会发展需要是教育的基本规律之一。但是,不可否认的是,面对迅速变化的经济社会需要,近年来教育学的研究在一定程度上落伍了,并没有达到"适应"的要求,甚至有游离于经济社会之外的征兆。如果检视一下近年来的教育学研究成果,不难发现存在四个方面的问题。

第一,教育学研究在经济社会发展发生某些重大变化时存在"失音"或者说"缺位"的现象。教育是经济社会的重要组成部分,教育学研究理应密切关注经济社会的发展变化,在经济社会发展中发出本学科的声音,贡献本学科的智慧,让教育成为一个不容忽视的领域,让教育学成为经济社会发展的学术支撑。但事实并非如此。许多经济社会的重大变化,是难寻教育学的踪影的。比如说,城市化是20世纪末以来中国经济社会发展的一个重要标志，但教育学者极少对此予以关注。一方面，在城市化战略选择中极少有人论及教育，对教育的影响加以考证分析；另一方面，当城市化来临时，也极少有教育学者去探讨城市化给教育带来的机遇与挑战，去考量中国教育改革与发展中的城市化倾向等一系列问题。[1]

第二，教育学研究被动适应经济社会变化的现象较为严重，缺乏引领经济社会发展的勇气和智慧。平心而论，教育学对经济社会变化并非熟视无睹，有的学者甚至敏于这些变化，对经济社会变化做出相当迅速的反应。但总体上，这种反应是被动的，是处于"守势"的。常常是经济社会变化在先，教育学界的论说在后，相反的情形近些年来似乎还没有出现过。教育不是经济社会发展的全部内容，经济社会的发展不可能完全依循来自教育的反应与智慧，这一道理是众人皆知的。事情的另外一个方面是，教育毕竟是经济社会发展的重要内容和领域，来自教育学界的智慧理应被尊重，来自教育学界的理论探讨理应被纳入经济社会变革思考的范畴。而教育学界恰恰缺少的是被经济社会发展看重的智慧，无作为也就逐渐变得无地位，如果长此以往，教育学界即使有真知灼见，也完全有可能被有意无意忽略。

第三，教育学研究未能及时捕捉经济社会发展给教育带来的新问题、新情况、新矛盾。当变化成为常态的时候，学术研究的重大职责之一就是把握变化发展的趋向，分析变化引发的各种问题，甄别变化带来的各种矛盾，对教育学研究来说，尤为如此。生活方式的多样化对教育意味着什么？利益群体的多元化给教育带来怎样的冲击？分配方式的变革引发了哪些教育问题？价值规范的歧异化对教育有着怎样的深刻影响？……诸如此类的问题需要教育学回答，但事实上我们极少看到这方面的创新性的研究成果。

第四，教育学研究未能及时倾听民众的呼声，密切关注舆论舆情，为教育困境找出解决问题的方略。对于这样的批评，可能许多教育学者不以为然，觉得关注民生与舆论是政府人员的事情，与教育学者无干。其实，教育学作为一门应用学科,其重要的职责就在于从民众关心的教育问题中确定研究对象,对这些问题提出解决的方略与方法;就在于从舆论舆情中寻找教育热点,对这些热点提出学界的思考与评判。从今天来看,无论是百姓呼声,还是舆论评点,都只看到教育行政部门的回应,很难看到教育学界的独立、客观、学理性的分析。在今天这样一个信息化的时代,民众民主意识空前高涨的时代,教育学界也要考虑转变原有的学术思维定势,转变传统的高居学术殿堂的清高形象,也要急民之所急,回应民情,答对舆情,把民众和舆论关注的问题作为研究的着力点。

教育学研究要改变上述境况,实现历史担当,就需要强化大局意识,真正做到放开视野看教育,把教育活动和问题放在社会发展的历史背景中去研究,从历史和现实的结合中探寻教育困境的出路,从国家发展的大格局中确定教育发展的定位;就需要强化责任意识,把教育学者的职责与经济社会发展变化联系起来,与民众对教育的呼声联系起来,与教育上出现的新问题、新情况、新矛盾联系起来,切实贡献教育学者的智慧,为经济社会发展提供来自教育学者的智力支持;就需要强化服务意识,把为实践服务、为人民服务作为教育学研究的出发点,将教育学理论研究与经济社会实践需要、教育改革的实际需求、人民群众的教育渴望紧密结合起来,在服务中体现自身的价值,体现自身的学术力量。

二、聚焦教育改革,构筑创新体系

2005年,围绕着医疗体制改革和住房改革,社会科学界进行了这样或那样的探讨,为改革问诊把脉,做出了一些不同的判断,提出了一些不同的认识。但反观教育学界,对教育改革似乎未能做深层次的分析与评判,研究者的热情更多的是在教育教学细枝末节的问题上,缺乏学者应有的对教育改革的"宏大"关注。

教育学界游离于教育改革之外的这种现象,并不是今天才出现的,其实已经有了相当长的一段历史。就拿素质教育来说，自20世纪90年代初中国基础教育确立全面推进素质教育的指导思想之后，教育学界对素质教育的深入探讨就不多，虽然成果汗牛充栋，数以千计，但有质量的论著少，解答实践疑难的论著少。素质教育推进至今，已有了十几年的历史，它之所以像有些人士讲的"没有取得突破性进展"，既有体制机制上的原因，恐怕也有教育学界研究不够、学术支撑不足的原因。教育改革涉及千家万户，与社会各领域、各部门都有着千丝万缕的联系，其复杂性、艰巨性远超出我们的预料。这样一种改革，需要教育学界参与，需要教育学界将教育实践的经验加以提炼，对国外有关的做法加以批判吸收，对教育改革各相关利益群体做出分析。而作为教育学界来说，参与这样一场给教育带来重大变化的改革，是一种历史机遇，是彰显其学术价值的重要平台，是提升其学术品质的"可遇不可求"的关键契机。既然毫不动摇地坚持改革方向、不失时机地推进改革已成为经济社会发展的主旋律，教育学界的同人就应当直面教育改革的问题和困难，为教育改革提供智力支持，为解决改革中的深层次矛盾和问题贡献学理智慧，为提高教育改革决策的科学性做出教育学界自身应有的贡献。

把研究的焦点转移到教育改革上来，就需要加强对教育改革问题的研究，从世界范围内把握教育改革的基本特点和总体发展趋势，历史地看待教育改革的发展，敏锐地捕捉改革带来的新变化，着力探讨改革产生的新情况、新问题、新矛盾。就当下来说，就是要按照建设创新型国家的要求，注重对教育创新的各方面问题进行研究，尤其是要加强构建教育创新体系的研究。

学术研究的重要职责就是究根溯源、穷理极辨，因为正是在这种不懈探索中，"理"才逐渐变得明晰起来，"达理"之路才越发变得清晰可见，实践活动才会在既知其然又知其所以然中变得知性而明确。随着国家创新体系的逐渐建立，教育创新体系的建设已提上议事日程，教育创新体系建设的总体思路、教育创新体系的框架结构、教育创新体系与国家创新体系的内在联系等一系列问题，需要教育理论界做出学理分析。

三、推进理论原创，引领理念变革

教育学的原创或者说教育理论的原创，是近几年大家关注较多的一个问题。教育学界清醒地认识到，现有的研究缺乏原创问题、原创素材、原创成果，与教育学的地位不符，与教育改革和发展的实际不符，需要推出大量的扎根本土的原创性研究成果。[2]今天，教育改革与发展所面临的问题是独特的，原有的教育理论不能给予诠释与说明，国外相关的理论充其量也只能起到参照和借鉴的作用，除了扎根中国的教育土壤，消化吸收人类一切先进的教育理论成果，建构符合这一特定时代要求的原创理论，别无他途。

教育是一个独特的社会现象，它和社会文化有着千丝万缕的联系，经济为教育发展提供物质支撑，文化为教育发展提供精神支撑；经济可以为教育披上鲜亮的外衣，而文化则是可以为教育赋予灵魂和擦亮眼睛的。文化复兴是中华民族伟大复兴的重要体现，文化崛起是中国崛起的重要内容，教育作为文化的载体，作为文化的表现形式，理应直面本土实践，在历史的深远眼光和世界的宽广眼光中，形成中国原创性的教育理论成果。唯有原创，才有出路。

理论蕴含理念，理论研究也催生着一系列新理念。原创性的理论研究成果是产生符合时代要求新理念的基础。教育学界在推出原创性成果的同时，一方面要注意自身的研究是建立在何种理念基础之上的，另一方面还应注意从研究成果中析离能够影响实践并且符合实践要求的理念。从现在来看，这方面的研究似乎有待加强。教育学界提供的研究成果是丰富的，但很少有学者就这些成果中体现的新理念做提炼加工，以致这些可能会影响教育实践的理念长期淹没于林林总总的论著之中。实践工作者虽然也可提出形形色色的新认识，倡导这样或那样的理念，但由于其工作的局限、经验的限制、视野的羁绊等，这些理念还需多方理论论证。理念提出，教育学研究者的工作并未终止，还有另外一个同等重要的问题需要探索，那就是理念的实现途径和转化环节。对教育学研究者而言,需要提出理念转化的支撑条件,从学理上判明理念转化过程中的障碍和解决对策,为理念转化提供理论保障。

四、关注教育实践,影响教育决策

教育学是一门实践性学科,教育学问是应用性学问。教育学的这种学科定位,应该说是有一定共识的。从这种学科定位出发,教育学研究者理应关注教育实践,注重从实践中汲取营养,注重将自己的理论应用于实践问题的探讨与解决。但事实似乎并非如此。教育学界对纯学理的关注远大于对实践问题的关注,能够成为教育学之"显学"的常常是推演式的理论思辨,而不是对实践疑难的评判。许多研究,问题来自资料,分析来自推理,对策来自玄思,与教育实践没什么关联。

中国教育发展到今天,到了一个新的历史关头,改革处在一个新的拐点上,一系列重大现实问题需要做出回答。教育学需要关注这些问题,从自己的学科立场给出相关的建议,从历史与逻辑的统一中做出分析,从国际视野与本土实践的观照中做出判断。

教育学除为教育发展重大现实问题进行理性分析之外,还肩负评判教育决策的使命,要对教育决策的影响以及产生的结果等进行甄别,对教育决策的运作机制及前提假设等进行评论,对教育决策的确当性与公平性等进行衡量,从而保证教育决策的科学性。值得注意的是,教育学界对教育决策的分析与评判,应该在与决策保持一定距离的前提下进行,如果没有了距离,也就没有了客观评判,所谓理性分析也就无从谈起。

对决策的关注,仅是关注教育现实的一个方面,大量的教育问题存在于中小学教育实践中,需要教育学贡献智慧、释疑解惑。无论是中小学管理者还是中小学教师,对当今的教育学研究大体都有一种认识,那就是教育理论与教育实践有一定距离,读教育学著作不解渴,品教育学论文没滋味,不能解决其久悬的疑问。对于这种现象,教育学界常进行这样的辩解:教育理论本来就要脱离实践,不可能完全与实践相一致,否则就不能称其为理论。这种辩解虽有道理但显苍白。尤其当经济学界为国企改革提出各种各样见解,社会学界为和谐社会建设把脉问诊,政治学界为公共治理结构的改善提出一系列建议的时候,教育学界的这种辩解就更失去了学科参照系。中小学教育实践不是没有问题,恰恰是问题成堆,这些问题仅靠中小学实践工作者的"行动研究"或"校本研究"是无法解决的,需要有一定的理论引导和一定的理性评判。教育学界失去了学校,也就失去了存在的根基,失去了自己发展的土壤。

教育学既要关注现实,也要关注未来。在今天这样一个未来指导现在的时代,未来的带有趋势性的东西,常常导引着教育的变化。捕捉未来发展动向,预测未来变化趋势,明确未来变革的愿景,是教育学参与教育现实的重要方面。理论研究承担着三个方面的重要职责:描述、解释、预测。先前的教育理论,我们重视了解释,对教育中的一些现象进行了这样或那样的学理分析;在一定程度上忽视了描述,很少就教育现象做出细致入微的刻画,很少有对教育现实的"深描";在一定程度上漠视了预测,极少就教育发展前景做出有理有据的描绘,极少就教育中长期发展做出科学合理的判断。21 世纪头 20 年,是中国经济社会发展的战略机遇期和矛盾凸显期,教育在这 20 年会发生哪些变化,20 年后的教育应呈现出什么样的形态,需要理论界做出深入研究。未来很远,我们需要看到更远!

参考文献

[1] 李明三.中国城市化争辩:城市做大还是城镇做大 [N].21 世纪经济报道,2005-05-30;仇保兴.把脉"城市病"[N].解放日报,2005-08-19;张在元.走出"城市流行病"的思考 [N].解放日报,2005-09-04.

[2] 叶澜.中国教育学发展世纪问题的审视 [J].教育研究,2004(7):3-17;程亮.教育研究原创性缺乏:现象与原因 [J].教育理论与实践,2004(8):9-12.

(本文原载《教育研究》2006 年第 7 期)

教育社会学研究对象探索中需要澄清的三个问题

张人杰

1979年在我国教育社会学作为一门学科开始重建,现已基本上"走过了构建学科体系的阶段"①,已届"而立之年"。因此,今天对它30年历程做一回顾是有特殊意义的。

如果不打算面面俱到,而将视域集中于研究对象,并且同意研究对象包括所研究的领域、范围、课题和树立的基本架构[1],那么,回顾的基点便是这门学科已成功地实现两次转型,亦即"从以学科概论性研究为主、分支领域性研究为辅的阶段,到学科概论性研究与分支领域性研究并重的阶段,再到以分支领域性研究为主、学科概论性研究为辅的阶段"[2]。作为历程的参与者和见证人,笔者对此尤其感同身受。

不过,这里要深究的则是教育社会学研究对象上尚有争论或尚需澄清的三个问题。这三个问题在逻辑上(并非在时间上)是逐步展开的,依序为:教育社会学研究对象"尚不明确"吗?在多学科研究背景中研究对象何以凸显学科性格?在学科内不同理论取向的竞争中对研究对象应做何抉择?为此,我们必须不是笼统地,而是将研究对象区分为应然面和实然面——"应该研究什么"和"实际研究什么"——加以检视。这样,也许可以更加客观地看待过去,更加真实地认清现状,进而更加清楚地知道如何使教育社会学继续茁壮地成长。

---

① 叶澜等提供讨论的教育基本理论学科调查报告。

一、教育社会学研究对象"尚不明确"亦或不甚明确？

教育社会学受到的"尚不明确"的诟病是从实然面或应然面提出的。潘懋元先生根据教材、专著做出的这门学科的"研究对象尚不明确，从而与教育学及其各门分支学科颇多重复"[3]的批评，即属于实然面范畴。至于翟本瑞的"提及教育社会学时，每个人所想到的研究领域也都大不相同，很难视为已经统一了的论域"[4]的判断，则属于应然面范畴。

潘、翟两位的看法都有一定的依据，且并非无的放矢，可惜的是他们都未注意到一个重要的事实。一方面，他们忽略了该学科多年来已形成一种以教育与社会的关系为研究对象并占突出地位的见解，它已被简称为"关系说"[5]。最近，谢维和教授仍强调，与其他学科相比，教育社会学的独特之处在于它是通过教育与社会的关系来研究教育活动和教育现象的。[6]另一方面，潘、翟两位忽略了实际研究的对象大抵也可以用"教育与社会的关系"来概括。对此，笔者案头数十本中文的教材、专著（不含译著）以及吴永军教授关于教育社会学重建以来研究主题的分析报告都能提供证据。由此看来，无论是就应然面还是就实然面而言，声称教育社会学研究对象在总体上"尚不明确"或尚未统一是没有充足理由的。

还须指出，关于国外教育社会学研究对象近百年的梳理［始于1883年美国沃德（L. F. Ward）首次使用"教育社会学"这一概念，直至苏联学者费里波夫（P. Filipov）1980年给出的定义］同样显示：尽管各主要的教育社会学学者对研究对象的表述有所不同，但他们基本上都倾向于认为教育社会学是研究教育与社会及其亚系统相互作用的学科。[7]我们之所以重视近百年梳理的结果，是因为它不仅显示"关系说"并非仅仅存在于一时一地，而且还较为准确地揭示出"关系说"的要义乃是教育与社会之间的互动。申言之，互动的展示便是人们熟悉的教育的社会决定性和教育的社会功能。而社会学学者郑杭生明示的教育社会学"着重研究教育在社会良性运行和协调发展中的作用、功能"[8]，所指的也正是这种互动。

不可否认，还算明确的"关系说"本身确实存在着一些不容忽视的毛病。对"关系说"的质疑自20世纪80年代末就出现了。有些论者在质疑时还提出了自己关于教育社会学研究对象的看法，进而应用于学科概论性研究。1988年，刘慧珍教授即指出，教育社会学是"研究教育活动之社会过程及其与其它社会过程相互影响关系的学说体系"[9]，并推出了她的《教育社会学》一书。同年，卫道治和沈煜峰两教授认为，教育社会学的研究对象不能简单地归结为教育与社会之间的关系，因为教育与政治的关系以及教育与经济的关系不属于教育社会学研究的范围，这样的研究不能称作教育社会学研究。在他们看来，教育社会学应该研究的是教育体系和教育体制。[10]据此，他们推出的《人·关系·文化——教育社会学观略》一书，与刘著一样既有"应该研究什么"又有"实际研究什么"，只是在对"关系说"的批判上显得略为尖锐一点。

此后陆续还有一些也很用心的对"关系说"的批判，其中有些是自称为，或者可以被称为经由"新途径"的探索，且已将重心移至对教育社会学研究对象的重构。[11]更尖锐的批评见诸教育社会学学者刘生全2003年的论述。唯因他矛头所指的并非教育与社会的关系被列为教育社会学研究对象，而是本文将在第三节涉及的问题，所以在此仅先带上一笔，以免有所缺失。

以上勾勒的便是对"关系说"的批判之脉络。这里无意也无法对此脉络和其中的见解详加评说，要做的事只是强调指出：第一，某一研究领域系某一学科的"专利品"之说早已是"明日黄花"；第二，不少批判、重构虽然都能说个"一、二、三"，却都未能就研究对象给出较为令人信服的抽象定义；第三，蕴涵在批判、重构脉络中的一种共同的思考，倒是颇有价值的，因为批判、重构所追问的，都是教育社会学研究对象到底怎样才算凸显学科性格这样一个根本问题。

因此，用"关系说"来界定教育社会学的研究对象不是"尚不明确"，而是不甚明确,还有不少可以改进的空间。通过教育与社会的关系来研究教育的,何止于教育社会学这一门学科?

二、教育社会学研究对象在多学科研究中何以凸显学科性格?

关于教育社会学研究对象的表述尽管多种多样,归根结蒂是使用了"概念=属+种差"的公式。教育社会学遂有它是使用社会学的理论、方法论和方法去研究教育现象、教育活动、教育问题的学科的基本表述模式。在这种表述模式中,教育现象、教育活动、教育问题即使已有所限定,也往往是全称判断,即涵盖所有层面。笔者多年前撰写的"教育社会学"词目释文[12]便属于此列。这种表述存在的问题,在教育社会学作品出现潘懋元先生所说的"与教育学及其各门分支学科颇多重复"现象后被越来越多的人察觉。

在研究对象(包括表述和实施)何以凸显学科性格方面,教育社会学共同体面临的主要课题在于,判定研究对象凸显学科性格与否的标准或原则是什么,以及在实际研究中如何把握这种判定标准或原则。"至少不要走错'门牌号码'",是不少教育社会学研究者和研究生不时对自己的一个调侃式告诫。显然,这种评定标准或原则还关系到对研究成果乃至学科成熟度的评价。

明确提出并应用这种判定标准或原则的是李锦旭,时值 2001 年。他的阐释是基于林清江自 20 世纪 70 年代开始的论述,以及吴康宁教授 1998 年的论述。在我们看来,吴的说法更直截了当,且更为概念化,他认为"教育社会学虽然与其他教育学科同样都研究教育现象与教育问题,或者说它只研究教育现象或教育问题的社会学层面"[13]。李锦旭还将"社会学层面说"的正方与反方的见解简约为"社会学层面 VS 其余层面"。衡诸实际后,他发现有不少所谓教育社会学研究并没有遵循这个原则,致使研究对象泛化,这无疑地会使教育社会学的学科性格趋向于模糊不清。[14]根据这个原则也不难看到,研究对象在应然面和实然面上的泛化现象并不少见于此间。上文已提及的笔者早先撰写的"教育社会学"词目释文,在研究对象部分就因未强调"社会学层面"这一要害而有界定过宽之虑。第一节提及的"互动"之中的教育亦然。

当务之急是实施这种判定标准或原则。其实,有些探索已初见成效。堪称范例者,是明确主张教育社会学研究对象"社会学层面说"的吴康宁教授的《学校课程社会学研究》一书。这一专著的深度,尤其表现在就课程哲学、课程心理学和课程社会学三门学科中课程研究的理论基础、主要假设及基本概念等方面的区别所做的分析,以及秉持"社会学层面说"对课程所进行的研究。

在实际研究中,为把握判定标准或原则而要下功夫解决的困难,是怎样从自己的研究主题中析出"社会学层面"。在这方面,似无通则或要领可循,至少在今天是如此。借鉴成功的探索也许是可行的和有效的因应。除了刚才提及的吴著外,李锦旭先生关于教育社会学究竟应该怎样研究教育与经济的关系之分析[15]便是这样的案例。他详细地指出教育社会学和教育经济学关于教育与经济的关系的研究之主要区别何在,以及将教育与经济的关系逐出教育社会学"疆域"为何不妥。此外,在学业失败、师生关系和教育公平等方面的研究中也都有值得我们参考的解析。

在理论方面,亟须深入研究的现有两大问题:一是教育社会学与其他教育学科在研究对象上"分"与"合"的关系问题。在这个问题上,近年来有论者主张以"分"为代价,以"合"求深刻。教育社会学学者程天君则认为,"分"不仅是必然的也是合理的,坚守与凸显学科性格是多学科乃至跨学科研究的必要的前提[16]。二是涉及教育社会学的学科内部问题,即在不同理论取向的竞争中对研究对象应做何抉择。显然,就这两大问题进行学科间探讨和学科内探讨是缺一不可的。

三、对教育社会学研究对象上的不同理论取向应做何抉择？

在研究对象方面，学科内探讨是以教育社会学者认识到学科内不同理论取向的竞争对研究对象等学科要素已有深刻的影响为前提的，探讨的问题是应该怎样在不同理论取向的竞争中对研究对象做出抉择。换言之，学科间探讨所要回答的问题是，教育社会学研究对象的应然面和实然面怎样有别于其他教育学科，而学科内探讨所要回答的问题却是，教育社会学研究对象的应然面和实然面应该有哪一种主流取向。

直逼这一核心问题的学科内探讨，在过去的 30 年里是围绕着两个具体问题展开的。先涉及的是如何面对所谓"三论"关于教育社会学研究对象的不同界定，后涉及的是如何看待教育社会学主要学派在该学科研究对象方面所产生的影响。

在教育社会学重建初期，直接涉及研究对象问题的，是当时逐渐形成和后来被称为"事实论""规范论"和"事实与规范兼有论"的三种关于学科性质的见解，即这里所简称的"三论"。"事实论"强调事实判断，摒弃价值判断，正如美国社会学学者贝利（K. D. Bailey）所言，此论主张社会学研究者"不去陈述应该如何，而只陈述事情究竟是如何"[17]。不言而喻，"规范论"强调对教育行为进行价值判断，而"事实与规范兼有论"即强调事实与规范兼而有之。

上述格局，在学科重建 20 周年前后已发生明显变化。1998 年，吴康宁教授指出："课堂教学的社会学研究关注的不是课堂教学的规范性问题，而是事实性问题。"[18] 这一说法可以被视为他旗帜鲜明地赞成"事实论"和不赞成"规范论"的声明，以及他对自己提出的教育社会学研究对象"社会学层面说"的补充。1999 年，有论者认为，在学科性质方面"一直没有出现过一种主流取向"是教育社会学重建 20 年中值得反思的问题之一。[19]这是向学界发出的一个信号：应该有一种主流取向的出现，"三论"并存的局面要有所改变。2001年，对此的回应是："三论"都有人赞成实属正常；一旦真的出现了一种并不可取的主流取向，首先就有悖于希望出现一种主流取向的学者之本意；对于仍处于重建阶段的中国的教育社会学来说，更重要的还不是出现一种主流取向，而是努力去识别应有哪一种主流取向。[20]持是论者更关心的，遂是究竟"应有哪一种主流取向"呢？

现在看来，将"事实与规范兼有论"列为应有的一种主流取向似更合适。我们注意到，西方学界的新近研究结果表明：在整个社会科学中是难以将事实与价值观截然分开的；对于社会科学来说，道德或其他价值领域更是它研究的主要成分和对象；而那些声称自己的研究是"价值中立"的社会科学家，往往恰恰就反映出他们带有已经成为定势的价值观。[21]此前，我们关于克隆人问题中的争论之分析业已显示，即使是自然科学，它也无法逃脱价值承诺。[22]因此，在许多情况下，所谓"价值中立"只是一种虚假现象，想使研究更具"客观性"的"事实论"事实上不能成立。同一逻辑的分析也适用于"规范论"。

下面以一个多学科研究的经典领域即个体社会化领域为例，来说明笔者关于教育社会学在其研究对象上如何应用"事实与规范兼有论"的思考。我们赞成苏联学者科恩提出的社会学家在研究儿童世界时面临的任务有两项的见解[23]，因为他阐释的两项任务已充实了此间常说的要分析"应然追求"与做出"实然判断"的内涵，况且也是社会学家研究青少年时所面临的任务。但必须指出，如果承认在这种"应然"与"实然"之间除了存在一致之外还有背离、矛盾或对抗，那就不会不同意紧接着有第三项任务，即基于前两项任务去探究这种"应然"与"实然"之异同。还须指出，在这三项任务内不仅要有年龄范畴，而且要有学龄前儿童或不同年龄段学生群体中的亚群体范畴（主要按阶级或阶层、族群、性别、地区加以区分），以免一般化研究。

毋庸赘言，对"事实与规范兼有论"的肯定并不排斥或削弱侧重于事实或规范的研究。问题在于后两类研究如何使自己的研究对象进一步具体化。风笑天教授关于城市独生子女中学生的社会化过程及其结果的研究[24]，已为此做出了富有成效的努力，称得上是侧重于"陈述事情究竟是如何"的一篇佳作。

至于如何看待教育社会学主要学派在学科研究对象方面所产生的影响之探讨，现在方兴未艾。不过，教育社会学学者刘生全的见解倒已集中地说明了一些问题。2003年，他在论及教育批评时指出：教育社会学以"适应论视角和功能论视角来分析教育和社会的关系的基本倾向至今仍占据突出地位，甚至成为一种'痼疾'"[25]。这一看法表明，他反对的不是本文第一节涉及的研究对象上的"关系说"，而是"关系说"中的结构功能取向；他正确地揭示出这种探讨中的一个事实，即结构功能论已成为多年来的一种主流取向；他还表达了应消解结构功能论一直占突出地位这一"痼疾"之诉求。

的确，现在是认真地对研究对象应有的主流取向重新做出抉择的时候了。那么，采互动论为主流取向是否会好一点呢？依据互动论的观点，"不仅应当研究文化的代际传递和进入现存社会关系体系的过程，而且应当研究年轻人……带来的社会改革和社会创新过程"[26]。

不管怎么说，就教育社会学研究对象探索所进行的爬梳足以显示学界的执着与良好的氛围，以及认识上的深化。这种探索既有对问题解决的进一步考虑，又有对需要深入研究的问题之识别。展望未来，可以认为随着建设性反思的开展和奏效，加上其他努力，"而立"之年的教育社会学不待太久必将实至名归地成为教育科学的一门支柱学科。

参考文献

[1] 吴钢. 教育社会学 [M] // 瞿葆奎. 社会科学争鸣大系：1949—1989：教育学卷. 上海：上海人民出版社，1992：708.

[2] 郭华. 静悄悄的革命: 日常教学生活的社会构建 [M]. 北京: 北京师范大学出版社, 2003: 2.

[3] 张德祥, 周润智. 高等教育社会学 [M]. 北京: 高等教育出版社, 2002: 序言.

[4] 翟本瑞. 为何要读教育社会学 [J]. 教育社会学通讯, 1998 (9).

[5] 刘生全. 教育批评的社会基础透析 [J]. 华东师范大学学报 (教育科学版), 2003 (2): 32-41.

[6] 全国教育科学规划领导小组办公室. 教育科研大家谈 [M]. 北京: 教育科学出版社, 2007: 162.

[7] 钱民辉. 对国外教育社会学知识体系的思考 [J]. 北京大学学报 (哲学社会科学版), 2003 (1): 97-108.

[8] 郑杭生. 社会学概论新修 [M]. 北京: 中国人民大学出版社, 2003: 18.

[9] 刘慧珍. 教育社会学 [M]. 沈阳: 辽宁教育出版社, 1988: 10.

[10] 卫道治, 沈煜峰. 人·关系·文化: 教育社会学观略 [M]. 长沙: 湖南教育出版社, 1988: 10-28.

[11] 王有亮. 试论教育社会学的研究对象及学科地位 [J]. 前沿, 1995 (5): 49-54, 14; 刘生全. 教育社会学研究什么: "关系说"的思考 [J]. 唐山师专学报, 1998 (Z1): 36-40; 董泽芳, 黄学文. 教育社会学研究对象新论 [J]. 华中师范大学学报 (人文社会科学版), 1998 (3): 55-60, 127-128; 楚江亭. 教育社会学研究与发展的困境及应重视的问题 [J]. 当代教育论坛, 2003 (1): 16-18.

[12] 顾明远. 教育大辞典 [M]. 上海: 上海教育出版社, 1998: 771.

[13] 吴康宁. 教育社会学 [M]. 北京: 人民教育出版社, 1998: 6.

[14] 李锦旭. 教育社会学的分歧性 [J]. 屏东师范学院学报, 2001 (9).

[15] 李锦旭. 教育社会学的经济面向 [J]. 初等教育研究, 1993 (12).

[16] 程天君. 在分与合之间: 教育学分支学科之间的关系辨正 [J]. 河北师范大学学报 (教育科学版), 2006 (4): 11-16.

[17] 贝利. 现代社会研究方法 [M]. 许真, 译. 上海: 上海人民出版社, 1986: 9.

[18] 吴康宁. 课堂教学的社会学研究视角 [J]. 上海教育科研, 1998 (8): 11-16.

[19] 方建锋, 何金辉, 周彬. 教育理论的世纪回顾与展望: 全国教育基本理论专业委员会第七届年会综述 [J]. 教育研究, 2000 (3): 74-77.

［20］张人杰. 中国大陆教育社会学的二十年建设（1979—2000）［J］. 华东师范大学学报（教育科学版），2001（2）：1-9.

［21］萧俊明. 走入21世纪的澳大利亚社会科学：构成、变化与走向［J］. 国外社会科学，2001（2）：60-68.

［22］张人杰. 科学技术的负面影响：社会学分析［J］. 华东师范大学学报（教育科学版），1999（2）：1-10，20.

［23］里亚布什金，等. 苏联社会学［M］. 陈一钧，哈余灿，译. 北京：中国社会科学出版社，1986：233-234.

［24］风笑天. 独生子女青少年的社会化过程及其结果［J］. 中国社会科学，2000（6）：118-131，208.

［25］同［5］.

［26］同［23］232.

（本文原载《教育研究》2009年第9期）

教育的文化范式及其选择

孙杰远

教育与文化的关系密切而复杂，这是因为：教育与文化是互动的，教育继承甚至创造文化，文化提供和改变教育的理念、内容、方式；教育与文化具有同一性，教育往往是文化的组成部分，而文化本身是一个用历史积淀的文明成果对人进行改造、提升即教育的过程；作为教育对象的人本身具有文化属性，诚如卡西尔（Ernst Cassirer）所说，"我们应当把人定义为符号的动物"[1]，离开符号这一文化形式，人的精神发展也就不存在了。显然，文化对教育是必需的、重要的，同时，作为以培养、发展人和引导、推动社会进步为价值体现的教育以其特有的社会组织形式，必然要对文化做出选择。笔者认为，这种选择中，至关重要的应该是教育对文化范式的选择。

一、范式、文化范式、教育的文化范式

"范式"（paradigm）一词，其原意为词形的变化规则，但这一术语和相关理论在美国著名的科学哲学史家库恩（Thomas Kuhn）于1962年出版著作《科学革命的结构》之后得到广泛传播与应用。库恩认为，科学知识的增长不是偶然发生的，而是有其发展模式的，这种模式就是：前范式科学——常规科学——革命科学——新常规科学，表征每一阶段的核心就是

"范式"。[2]据英国学者统计，库恩在该书中至少以21种意思在使用"范式"，这些含义可归纳为三个主要部分：第一部分称为形而上学范式或者元范式，可当作一组信念、一种观察方式；第二部分是社会学范式，可以是一个普遍承认的科学领域、一套制度；第三部分是人工范式或构造范式（construct paradigm），可以是典型的问题和解答、一些工具设备、一个语法规范。[3]库恩后来又再次解释了"范式"的内涵，指出"范式"一词无论实际上还是逻辑上都很接近于"科学共同体"（community of science）[4]，即从事某一特定学科的科学共同体成员所共有的基本世界观构成一个范式。库恩的"范式"理论不仅对自然科学，同时也对社会科学产生重要导引，究其原因，主要在于范式理论具有独特的认识论功能和方法论功能。对某一领域本质特征及其转变的认识通过对其是否具有共同体，是否具有共同概念、命题、方式进行断定即可完成，并由此创造、拓展新的领域，这一原理与文化领域的沟通即形成"文化范式"的概念及意义框架。所谓文化范式，就是在一定的历史阶段，文化共同体的成员所共有的世界观，包括文化理念、文化概念、命题、理论模式以及文化认知的方式。它与一般范式的区别表现在：文化范式反映的是特定社会历史背景下主流文化的运行模式，这是由文化共同体所处的主体位置和主导作用所决定的；文化范式内含明确的文化价值取向，而一定历史时期文化价值取向决定这一时期文化的结构，牵引文化主体的思维方式；文化范式具有时代性，它随时代的变迁而动态发展，而这种发展以社会变革的时代要求与文化主体认识水平的矛盾为动力；文化范式具有鲜明的区域特征和族群差异，不同区域、不同族群因其原始文化的迥异而形成适应性与针对性很强的文化范式。

在对文化范式一般意义与特征理解的基础上，可以界定教育的文化范式的内涵。所谓教育的文化范式即教育工作者共同持有的教育理论与实践所依托的文化理念、文化理论框架、文化认知方式。其突出的特征在于：选择性，教育的文化范式的应用基于教育与文化的相互适应和协同发展并借此推动社会进步,教育的文化范式必须在正确理解教育和文化本质及其运行规律的基础上进行合理有效的选择;服务性,教育本质上是为学生发展、社会发展提供动力服务,教育的文化范式应体现这种服务的功能;传递性,教育目标的实现依托于各种不同形式的教育教学活动,作为教育教学组织者和实施者的教育工作者直接或间接地向学生表达和渗透自身的文化价值取向与文化内涵,实现对学生的文化传递。

二、教育的文化范式选择的价值

(一) 确定教育价值观的前提

教育价值观是关于对教育活动所做出的价值判断的倾向和观念,而正确的关于教育价值的认定来自相应文化价值观和文化认知方式。第斯多惠认为:"在教育中必须注意一个人所出生或将来生活所在的地点和时间的条件,一句话,要注意就其广义和包罗万象的意义来说的全部现代文化。"[5]这一论断说明,只要有教育存在就必须有教育价值取向,而这种取向取决于对相应文化的认识,教育实践也证实了这一关联。譬如,若没有对市场经济文化价值的理解就不可能将"学会生存"作为教育目的,没有对民族沙文主义文化思潮的批判和全球化的认识,也就不会产生多元文化教育的价值定位,教育价值认识中极端的"工具意识"和"产业属性"最终都因为对本土国情、文化的廓清而得以改正。

(二) 教育研究的基础

1. 为教育研究提供哲学思想指向

哲学本身是文化的一个构成要素,文化是哲学的上位概念,教育研究必不可少的哲学指导当然也是文化的指导。文化范式的核心是价值取向。美国人类学家克鲁伯和克拉克洪在对160多个文化定义进行归纳后指出:"文化的本质内核是由传统的(即历史衍生的和选择的)观点,尤其是其所附带的价值观构成的。"[6] 由此，文化范式既是教育研究的方法论指引，又是教育理论的价值根源。

2. 为教育理论与实践研究提供具体的方法启示

教育的文化范式反映的不仅是文化价值观、世界观，且涵盖具体的文化认知的方式、工具、途径，"文化的一部分是由行为规范或行为准则构成的"[7]，也就是说，教育的文化范式为教育研究提供具体的途径和方式。事实上，没有多元文化范式的启发就不可能有教育中的多元文化课程开发模式与教学模式，没有文化人类学中广泛使用的田野工作这一典型的文化认知方式，"教育人类学"这一重要的教育学分支就不会产生。

（三）整合协调教育内部和外部要素之间的纽带

教育是一个复杂的关系系统，其内部涉及教师、学生、教育目的、课程、教学、学校管理等要素，其外部联结社会政治、经济、宗教、语言、地域、历史等多个变量。理想的教育必须是对这些要素的有效整合与协调，而文化范式提供了实现这一目标的切入口和手柄。这是因为：一方面，尽管对文化的理解有上百种，但没有人怀疑文化的统一性与共性，文化是社会各种要素共有的背景与成分，因为本质上文化是人类劳动的产物，而劳动是人之所以为人的根本属性；另一方面，文化范式本身具有提炼和整合文化要素的功能，从而为教育系统呈现关系联结的节点与脉络。自然，在教育文化方式确定的前提下，其教育目的取向、课程范式、教学范式、学校管理范式等应然而立；同时，这一整合过程也使教育工作者自身不停地学习、定向，实现与教育系统的主客体和谐。

（四）教育变革的内在动力

库恩关于科学革命的基本思想是：科学革命不是积累性的，而是新范式对旧范式的破坏与替代。他指出："这最终的概念变革同样是对一个以往确立的范式的决定性破坏"，"在革命以前在科学界中的鸭子在革命以后成了兔子"。[8]库恩关于范式更迭的原理在科学革命中得到充分的印证,如数学中非欧几何的创立是对欧式几何范式的更迭,爱因斯坦相对论的胜利取决于爱因斯坦敢于打破牛顿的经典物理学范式。教育变革本质上是对原有文化范式的替代,新的教育理念、教育制度、课程、教学方法是新的文化范式的具体体现。集中体现苏格拉底的教育理念、方法之"产婆术"来自古希腊特有的城邦制度与哲学雄辩的文化机制,西方的"文艺复兴"带来教育革命,中国近代"洋务运动"之新兴教育变革在"中学为体、西学为用"这样的文化范式的变化中才有可能。

三、教育的文化范式选择的依据

(一) 应与一定的教育目的协调

教育目的是关于教育的国家意志与社会期望的统整。教育目的的确立受到一定的文化制约,这种文化制约主要体现在教育理念、教育内容、教育制度、教育背景与教育对文化传递的功用表现,教育应"保证适当地传递社会的一切文化遗产"[9]。相对于教育所要接纳和渗透的文化范式而言,教育目的具有相对独立性。换言之,教育文化范式的选择应符合一定的教育目的,教育通过文化范式的选择推动社会的进步。

(二) 应符合教育对象的主体特征

教育文化范式的选择应充分考虑作为教育活动主体的学生的文化背景与文化特征。在教育过程中,学生不仅是接受教育的对象,同时也是一个文化成员,不同文化成员间的差异,如同处在同一文化内个体间的差异一样,可以完全归因于作用不同的社会条件,尤其个体发育早期的条件作用特别重要,而该作用又是文化机制所决定的。良好的教育应确认或建构学生的文化身份并保持教育情境中的文化认同。巴莫曲布嫫在《口头传统与书写传统》一文中描述了彝族世传毕摩(祭司)学习彝文经书的方式——

口授与声教，诸如彝文《唐文书》长达5364行的长诗通过老祭司的领诵教给生徒，在彝寨经常举行的各种仪式上，主祭毕摩在诵唱各类经籍时，身边的生徒们逐字逐句地随主祭毕摩轻声诵读经文，通过观摩学习主祭毕摩的言语、唱腔、表演，生徒们不仅能够背诵和理解许多经卷，而且掌握了主持仪式的各种知识。这一事实告诉我们，学习者的文化身份的确存在，而针对其文化身份的教育可能是最有效的教育。

（三）应突出社会的时代属性

教育与社会互为制约，教育通过对人的塑造和文化传播促成社会本质的生成与进步，即"学校复制社会"。同时，社会的经济基础与上层建筑决定教育生存的定向与方式。在这样一种互为前提、互为表里的互动制约过程中，教育既要相对独立、适度超前发展，又要适应一定社会形态及其品性。教育的文化范式选择应反映教育与社会的这种关系，教育的文化范式既要与社会事实对接，又要保持前瞻性和"导航能力"。寻找教育对社会适应与发展的临界点，是教育文化范式选择的关键。

四、教育应有的文化范式

（一）自然与人文共生范式

当下，"共生"这一生物学专业术语逐渐在社会科学中得到运用，其基本含义为生物界两个或两个以上有机体生活在一起的共存关系，引申为两个或者两个以上事物之间相互的依存关系、互动关系与合作关系。教育学也开始借用这一生物学概念以解释教育问题。近年来，世界范围内的科技迅猛发展，全球化进程日益推进，而与此同时，自然与人文的对立却日渐尖锐，物质极大丰富而人的精神世界多见荒漠，这对教育提出了挑战。历史上，形成了人类与自然之间、多种文化之间和谐相处的自然生态与文化生态，教育活动延续与维持着自然基因与文化基因的复制及其功能的发挥。人类通过其改变环境的力量造成了自然平衡的急剧变化，文化基因遭受破坏，生态环境恶化加剧，原有的和谐正在消弭。鉴于教育在环境保护与文化发展中的独特作用，建构一个自然与人文的共生教育体系，发挥其对自然与文化和谐发展的推动作用已迫在眉睫。教育应当立足于区域独特的人文生态与得天独厚的自然环境，着眼于构建自然和人文良性互动的系统。教育文化应蕴涵教育环境、教育对象与教育内容的适应性与选择性，应追求教育发展与自然和文化的平衡，达到人、自然、文化与教育的协调统一。

（二）一体与多元和合范式

教育目的的工具化、教育评价的机械化、教育话语的贫乏、教育过程的注入方式，本质上是由教育文化理论的单一和偏颇造成的。正如维特根斯坦（Ludwig Wittgenstein）所言："我的语言的界限意味着我的世界的界限……。我们不能思我们不能思考的东西；因此我们也不能说我们所不能思考的东西。"教育文化的贫困必然带来教育思想的贫困。中华文化宗派林立、博大精深，力主和谐的整体意识和人伦观念、群体意识、爱国意识，从甲骨文到多民族语言系统，从《周易》到《本草纲目》、从三星堆到兵马俑，无论是精神还是器物无不闪现教化的魅力和张力。由此，一体与多元和合就是应答社会发展与文化进步的诉求，教育文化范式应从一元文化模式转向多元文化模式，即从单一文化理论拓展为过滤和兼容多种文化形态和亚文化表现的多元文化理论，汲取不同民族文化的积极因素，提炼实用主义、科学主义、人文主义、建构主义、现代主义、后现代主义等多种文化积极成分的优化结晶，涵盖多民族的文化方能支撑和解释多维、多极、多层教育内涵，同时，异质文化间的必然碰撞与交融也将导致教育文化的更新，从而引发教育的良性变革。

（三）原生与次生融通范式

原生场与次生场，原本是物理学上的两个概念，用于描述特定物理现象的状态。在这里借鉴物理学中原生场与次生场的概念,用于表达个体生长的背景。

根据对人产生影响的空间场域的原发性与继生性,个体生长的空间场域可划分为原生场和次生场。原生场指的是个体生长的天然而成的空间场域,包括自然环境、本土文化与经济形态等三方面,其核心为民族文化心理场,相对于个体而言,这是无法选择的先在的、自在的环境。次生场指的是个体生长的人工造就的空间场域,包括专门化的学校教育机构和个体自组织系统,其主体为现代学校教育,相对于个体而言,这是继生的、自觉的环境。在现代学校教育出现以前,融人文情怀与自然风景为一体的民族文化心理场是文化传承的重要场域。正是这样深厚、广袤的民族文化心理场,滋润、熏陶着各民族的后代子孙,多姿多彩的民族文化得以生生不息、代代相传。这种教育是内生的、自下而上的,它具有随境式、渗透式、生活化特点,是自然与人文的天然融通。相比之下,现代学校教育是外植的、自上而下的,具有专业化、规范化、制度化的特点,但往往割裂或消解教育对象作为主体生长的原生营养和力量。原生与次生的融通即是对作为教育前提与教育依据的自然与人文资源特点的尊重、了解与分析,对影响个体成长的社会教育与学校教育优势互补、协调统一的提携与主张。

参考文献

[1] 卡西尔. 人论 [M]. 甘阳,译. 北京:西苑出版社,2003:46.
[2] 库恩. 科学革命的结构 [M]. 李宝恒,纪树立,译. 上海:上海科学技术出版社,1980:52-53.
[3] 玛斯特曼. 范式的本质 [M]//拉卡托斯,马斯格雷夫. 批判与知识的增长. 周寄中,译. 北京:华夏出版社,1987:73-113.
[4] 库恩. 必要的张力 [M]. 纪树立,等译. 福州:福建人民出版社,1981:222-236.
[5] 张焕庭. 西方资产阶级教育论著选 [M]. 2版. 北京:人民教育出版社,1979:384.

［6］转引自萧俊明. 文化与社会结构：文化概念解读之二（上）［J］. 国外社会科学，1999（4）：18-22.

［7］同［6］.

［8］同［2］19.

［9］杜威. 杜威教育论著选［M］. 赵祥麟，王承绪，编译. 上海：华东师范大学出版社，1981：148.

（本文原载《教育研究》2009年第9期）

认识何以可能
——现象学教育学研究的思索
宁　虹

现象学教育学是现象学与教育学的结合。这个结合，不论我们怎样称呼它，都应当满足这样的条件：它一定是体现现象学哲学性质的，并且一定是关于教育自身的。它应当保证现象学作为严格的科学不会在与教育学的结合中改变其性质，失去其哲学精神。我们使用"现象学教育学"这个称谓，就是想表达这样一种理解和信念。

一、认识何以可能——现象学与教育学的契合点

现象学是严格的科学。它之所以可以称为科学，相对于自然意义上科学含义的区分，在于它所指向的不是一般事实的科学，而是在一切认识，包括科学认识的源头、来源上追问或者说确立它们何以可能的明证性。在《现象学的观念》中，胡塞尔首先这样提出了问题：存在着两种不同的思维——自然的思维和哲学的思维。"自然的思维对认识可能性的问题是漠不关心的——而哲学的思维则取决于对认识可能性问题的态度。"[1]倪梁康先生在该书的译者引言中述及："自然思维认为，认识深不可测，而认识的可能性则显而易见；而哲学思维则认为，认识虽已结出硕果，但认识的可能性却出现了深不可测的困难。"[2]

这里要解决的问题是：认识如何能够超越自身，它如何能够切中在意

识框架内无法找到的存在？同时，这种认识本身是明白无疑的，并且这种认识在关于"它"自己的认识可能性以及这种认识可能性的切合性上也是绝对明白无疑的。对这个问题的最简单的回答就是："思维的直观认识是内在的"，具有"最初的绝对被给予性"。因为是内在的而避免了超越的嫌疑；作为直观的意识，在最初的觉察、意识到的体验中获得了在认识的可能性及切合性方面的明见性。因此，关于认识的明见性的各种问题，在思维的直观认识中"迎刃而解"。[3]

对于"认识何以可能"这个世代哲学家苦心孤诣的基本问题，胡塞尔以他著名的悬置、"加括号"——现象学还原寻求具有明见性的通达之路。"现象学的还原就意味着：所有超越之物（没有内在地给予我的东西）都必须给以无效的标志。"[4]一切"没有内在地给予我的东西"——那个外在于意识的事实的世界，都被括进括号存而不论，同时还被判为无效——这就是说，括号里的东西不能为括号外的剩余之物提供依据。一切被认识的东西不能为"认识何以可能"提供依据，现象学在这里表现出它严格的科学态度。如果我们确信所有这些都已经被括进括号，那么，剩余的就只有这一切的直接给予。这个给予是被直接地直观到的。直观作为直接、原初觉察的意识状态，是无须证明的。"认识何以可能"的问题在这里获得了原初的明证性，括号里的东西不能为它提供依据；相反，是意识的绽放为括号里的一切的解释提供了具有明证性的起点。这是"一种新的、相对于经验中的自然态度和思想中的自然态度来说是完全改变了的态度方式"[5]，它能够"排除属于每一种自然研究方式本质的认识障碍，并转变它们固有的片面注意方向，直到我们最终获得'先验'纯化的现象的自由视野，从而达到在我们所说的特殊意义上的现象学领域"[6]。

虽然在现象学发展的道路上，对于还原问题，现象学哲学家有着各自的观点，但是，"使他们联合起来的是这样一个共同的信念，即只有返回到直接直观这个最初的来源，回到由直接直观得来的对本质结构的洞察，我们才能运用伟大的哲学传统及其概念和问题；只有这样，我们才能直观地阐明这些概念,才能在直观的基础上重新陈述这些问题,因而最终至少在原则上解决这些问题"[7]。

在这里,我们可以看到一条可以使现象学与教育学结合成为现象学教育学的道路。正是在"认识何以可能"问题的回答上,我们获得现象学与教育学结合的契合点。胡塞尔解决这一问题的独特方式,提供了现象学与教育学结合的启示。

如果说彻底的还原能否实现尚有争议,那么,对教育来说,它似乎拥有一个"天然"的实现的机会。如果我们把每一个人从初生婴儿开始的意识——认识的形成和发展作为广义的理解的教育的实现,那么,在这个教育过程开始时的每一个"人之初"均有发展出人的意识的前提是无可置疑的,他们在意识发生的生活世界中的生存也是无可置疑的,而一切具有超越的嫌疑从而影响认识发生的明见性的事情,那些被括进括号的一切,对于他们而言却恰恰尚未拥有。他们所拥有的,恰恰只是能动的有构成性的直接的直观,是人之为人的对意识的最原初的拥有。在这个意义上,现象学试图以还原的方式获得的哲学的理想,恰恰为教育所现实地面对着。

这样,我们看到教育的实现与现象学还原之间存在着这样一种联系:现象学还原是把一切不是直接给予的括进括号,从而获得认识的明见性;教育则是把括号打开,使括号里的一切,以意识构成的方式显现在意识中[8],实现意识的充盈成长和发展。在关于认识何以可能问题的回答上,教育学与现象学有着不同的面向,却遵循着同一个明见性的要求——直接的直观。教育学因此而得以解释它与现象学的结合:它在现象学中是关于认识何以可能具有明见性的回答的通路,在教育中则是认识何以可能问题具有明见性的实现的通路。在这样的理解关系中,不是恰恰昭示现象学教育学建构与发展的道理吗?它以现象学的道理、方式获得教育本身的实现,并同时保有着现象学作为严格的科学的精神。它严格地要求人类知识的每个成果——教育的每个内容,都经历那个把括号打开、"以意识构成的方式显现在意识中"的过程,被儿童真实地直接地觉察到、体验到,成为他们在意识中的拥有。这时，教育才是真正发生的，而这正是在真实的历史中，一切教育发生的真实状态。

因此，现象学教育学就意味着可以是这样一种探索性的建设：以现象学在认识的可能性及切合性方面的明见性为教育的发生与实现提供依据，并且，总是坚持现象学所坚持的严格的科学态度和哲学反思的方式。人的认识何以可能，这个问题，在现象学是以哲学的反思获得其具有明见性的解释，在教育学则是以实践的过程获得其可以明确解释的真实的实现。在这个契合点上，又昭示着这样一种关系：在"认识何以可能"这个问题上，哲学的明见性提供着教育真实实现的可能性。这里，再次体现了"哲学乃是教育的一般原理"的意义，而现象学在这方面恰恰表现出它特有的魅力。

在这里，我们看到了可以汇聚我们兴趣的现象学与教育学的结合。现象学还原用括号括起来的，正是我们在教育中逐渐向逐渐成长的学生的意识所展开的材料。教育的形式是展开括号里的"事实的世界"，而其实质则在于让括号里的"事实的世界"的每一个内容都能够引起学生直接、原初觉察的意识状态。

二、学校、课堂、教与学的现象学

在生活的经历中，学生总是可以自然地获得意识发生的机会，他们以自己的理解接纳生活中的经历，而每一个经历都可以引起他们直接、原初觉察的意识状态，这种意识的自然发生从未停止过。教育，原本就是这个使意识得以发生的过程——这是指最广义的也是最原初意义上的教育。随着学校教育的产生，班级授课制的普遍实行，教育发生了分化，教育拥有了在学校集中地、专业地实施的场所和过程。但这样的分化只是一个形式的分化，它并不改变教育使得意识发生的性质，也不改变受教育者意识发生的亲身经历。学校是在人类知识发展和积累中逐渐形成的，集中地传授知识的需要成为学校承载教育使命的表象，学校也成为教育集中的代表。但是它同时也承载了教育从其原初形态便拥有的全部意义。与此同时，伴随人类的历史而存在的广义的原初形态的教育，从来也没有在人的社会生活中消失过，它依然故我地充溢在人们的生活中，影响着人的意识形成、变化和发展。

学生在学校里学习的同时，也生活在现实的社会环境之中。社会的影响作为广义的教育与学校教育同时作用于他们，而他们对于教育的选择却不像专业的教育工作者那样集中、明确。几乎每个儿童在这个过程中都会有各种模糊的状态，而此时谁能真正影响他们，就取决于谁拥有着直接的直观形态。在这里，"认识何以可能"的回答，成为教育发生的判据。如果说，环境的影响超过了学校教育，那正是由于它始终保持着直接的直观的生活形态，因而总是可以自然地在生活中为学生所接纳。如果我们期待学校教育真正承担起它所承载的全部教育意义，那么它就应当向生活学习，让学生对于学校教育的接纳如同他们在生活的经历中所发生的那样，总是引起直接、原初觉察的意识状态的获得。如果说，现象学作为严格的科学是以"直接、原初觉察的意识到"作为对人的认识何以可能的探究，那么，教育学作为严格的科学则是以"直接、原初觉察的意识到"作为人的认识何以可能的实现。这使我们不禁想到杜威的名言："教育即生活"。我们这样理解"教育即生活"：它不是仅仅强调以日常生活的经验作为教育的内容，而更是强调教育应当具有生活的形态。学习，原本就是学生的生活，这与他们学习之外的生活经历没有什么不同，只是在学校、课堂、教与学的特定情境与生活的形态相违背时，教育才成为他们生活之外的另一件事情。也只有在这样的情形中，学校教育才与广义的教育有了实质的不同。教育、教学、生活之间，似乎有了一座遮蔽的"围城"，现象学的括号恰可用以比喻这个教育的"围城"，比喻的含义，则在于括号外面的（能动我思）没有进去，括号里面的（知识内容）没有以意识构成的方式显现出来。

我们关于现象学教育学的探讨，正是为了寻求这一问题的解决。努力的方向，正是基于现象学关于"认识何以可能"问题的回答所给予的启示：让教育的每个内容，都经历那个把括号打开、使括号里的一切"以意识构成的方式显现在意识中"的过程，使学生真实地直接地觉察到、体验到，成为他们在意识中的拥有。使学校、课堂、教与学的一切回到教育本身，还原其教育发生的真实形态。现象学教育学应当走进学校、课堂、教与学的真实生活，秉持现象学作为工作哲学的精神而成为一个"学校、课堂、教与学中的现象学"。在这样的努力中，我们尤其关注教育内容引起的学生学习的内心体验。我们这样理解教育的生活体验研究：学生在学校、课堂、教与学中的经历，也是他们的生活，并且是他们成长经历中不可缺少的生活。在这些生活的经历中，他们同样有着每个人的内心体验，如果说它与儿童日常生活经历中的内心体验有什么不同，那就在于，它总是由更具有普遍意义的人类文明的系统知识所引起的，除此之外，它与任何生活体验的生成都不存在任何性质、形态上的差异，它同样是丰富的、富有情感的、具有现象学意向构成意义的，它的内容是公共的、人类的，它的生成又是具体的、个人的、特定的，而它的发展又将走向融入人类文明的共同方向。人类文明就是在这样的构成中得以传承。这原本就是教育最根本的意义，我们可以想象离开这一切仍然可以谈论教育吗？知识不是学生的"洞穴"，而是学生的生活世界。知识的内容同样可以引起学生直接的、原初觉察的意识状态的获得。这正是他们在学习生活中的生活体验。引起这种体验的，不是某种隐秘的情境或是私人情感的作用，但是，我们可以因其并非隐秘而否认它们作为体验的发生吗？它们不像一些隐秘的体验更易于引起人们的好奇与关注，但是，这却是教育所不可回避的。它同样拥有与神圣的责任、具体的内容相伴随的珍贵的情感。不厌其烦地理解、获得、实现这一切正是教育本身如其所是的实现。教育就是这样，在每一个知识的内容所引起的直接地意识到的理解中发生着。

打开括号里的知识，使它们引起学生直接、原初觉察的意识状态的获得，让人类文明向我们的学生敞开，这是我们关于现象学教育学探讨的选择。现象学教育学的研究与建设，将在这里拥有深刻而迫切的现实意义。

三、教育发生的维度

任何理论的探讨，都不仅仅意味着接受这个理论的结论，更重要的是获得理论是如何达至其结论的。这时，理论才对于研究与探讨起着理论应有的作用，它是作为理论原理的展开而不是使用说明书的操作规则。现象学教育学需要以现象学的方式进入。前已述及，现象学展开的是"一种新的、相对于经验中的自然态度和思想中的自然态度来说是完全改变了的态度方式"，它能够"排除属于每一种自然研究方式本质的认识障碍，并转变它们固有的片面注意方向"。现象学教育学应当体现出这样一种哲学反思的态度所带来的改变。胡塞尔曾指出："现象学的任务，或者进一步说它的任务和研究领域，并不是一件似乎只须直观，只须睁开眼睛即可办到的平凡小事。"[9]在我们的选择中，现象学教育学作为"学校、课堂、教与学中的现象学"的任务，主要的，并不是描述这种体验的发生，而是以教师之教自觉地实现这种体验的发生。这是我们关于现象学教育学理论与实践建构的旨趣所在。它的突出特点，是坚定不移地展开教育发生的维度。

我们之所以要坚持这个方向，是因为事情本来如此。这是一个坚持实事求是的科学精神的探索与追求。任何事情都处在发生当中，都是作为一个整体而在发生中存在的，所以，对事情本身的把握，要有发生的维度。如果我们把它比作面积和体积的关系，那么，任何体积都是以所有面积的整体沿着高的维度的运动发生的。同样，在教育关系中，是知识、技能、思想、体验、情感、态度、价值观等为教育所拥有的一切作为一个整体发生着，沿着持续发生的维度发展着。这个道理，其实并不难理解，只是应当看到，在这里发生的，恰恰是胡塞尔所说的"犹如三维空间与二维空间之比"的改变，并适应与习惯这样一种看问题的态度和方式。

当我们以这样的方式看教育，教育就不再是一个可以离开发生的维度，仅仅在一个被切割出来的平面领域可以把握的问题。原本在二维平面描绘的教育图像现在都因发生维度的存在和它在发生的维度上的运动而焕发出更具能动性和本原联系的意义。既然教育作为一个整体沿着发生的维度运动，那么，我们面对的问题则是：怎样把教育组织成一个可以发生、运动的整体，怎样建立它在发生维度上运动的秩序。

我们关于教育作为意识品质养成的理解正是对第一个问题的探索。能够使得教育作为一个整体而发生的这个"整体"，一定是可以把知识、技能、思想、体验、情感、态度、价值观蕴涵于其中的，但又不能是这一切以完成的形态出现，不能是它们的"打包"组合。完成的形态是已经发生过的形态，已经产生边界便不再是浑然一体。在这里，我们需要的是一个使它们能够发育成长建构起来的"种子"。能够满足这一条件的是意识。在意识的层面，教育发生的相关内容：知识、技能、思想、体验、情感、态度、价值观等均处于尚未分离而蕴涵其中的最原初和最根本的形态，一切都是孕育于其中的，它在发生的维度上的生长运动才使这一切都按照自身的秩序生发出来。在意识层面理解教育的发生，是教育发生原本含义的实质，只是在过于关注知识内容的传统中，其真实含义为知识的表面形式所遮掩和替代。任何教育都是以某一内容引起的，但是，"知识的内容"和"知识内容所引起的"并不等同。教育的实质是知识内容可以怎样引起和引起怎样的意识，包括通常所说的情感、态度、价值观，也包括知识内容被理解的意识状态，因为是要引起什么，所以才有怎样引起的过程。对此缺乏应有的关注，只是因为知识传递的传统和知识内容的显性表现掩盖了知识内容所引起的教育的发生。

我们这样探讨教育在发生维度上的运动，亦即其发生和发展的秩序，并由此形成教育发生的具体把握：每一种教育都要有意识的形成；意识形成需要有可以接纳它的内在前提；最根本、最原初的意识前提具有直观、可感的意识形象；不同学科的意识形象体现各自学科性质特点；不同意识发展阶段意识形象的体现可以有不同的形态；成熟的意识状态、抽象概念、逻辑同样可以引起意识形象，但教育同样是意识的养成而不仅仅是引起意识发生的概念、逻辑、内容。因此，这个发生的秩序就是：按照学科性质特点、学生意识水平提供一个恰当的直观形象作为内在前提，使得知识的内容引起意识的发生。在这个提纲性的表述中，我们看到的是意识的、内在的、发生的线索。它同样也体现在学生学习和教师之教的分析之中。

在意识层面分析学生状态，分析教育何以可能发生，重要的是分析学生是否拥有和怎样使学生拥有接纳某一知识内容并内化为相应的意识品质的内在意识前提。对这个问题应有的把握，往往被"学生原有的知识结构"所替代，因此造成在这一问题上的窄化处理。"学生原有的知识结构"可以成为一个内在意识前提，但如果没有看到它作为内在意识前提的意义，只看到一种知识内容方面的联系，那么它并不能起到一种意识准备的作用。同时，意识的联系远比知识的联系丰富、灵动，仅仅从知识结构方面建立联系有可能失去可能的教育机会。意识自身具有建构性质，而每一建构都拥有意识的形态，并成为新的意识建构的内在意识前提，意识就是这样连续地联系着，同时也是这样连续地在经验、认识、科学、哲理、情感、态度、价值观等一切学生在他们成长的阶段和生活的情境里可以发生的一切精神活动中存在和作用着。一直以来，所谓的逻辑顺序和心理顺序在这里是以有内容的意识及其构成性的作用作为同一过程发生的，对于教育它却是无论如何都绕不过去的、不可回避的。自觉地把握这一点，是教育真正发生和成功的准则。

教师之教就是要使教育总是拥有生活的形态，从而使得人类文明的成就——学校教育的内容，这些并非儿童日常生活经历的内容——总是以他们所熟悉的生活的形态向他们呈现，像生活经历一样可以直接、原初觉察地意识到。这就是教师的"专业"。教师教育就是要教师形成这样的专业意识。

关于所教授学科的学习，使教师获得关于教的内容的内在的拥有。教师职业的角色感使他们内在地拥有教的责任、使命和愿望，长期与学生在一起的情感联系使这种角色感更加自然亲切地融入生活化的联系之中。教师对这一切所拥有的整体的理解的意识状态，使他们总是处于一种教的内容和怎样教的统一理解的意识状态。对于每一个教的材料，总是同时产生着对于材料内容本身的理解和关于这样的内容怎样教的理解。这样的理解首先是与一般的理解相一致的，而同时又注入了怎样教的成分。教的成分并不影响这种教师特有的理解与一般理解的一致，而这种一致性也是教的意识所需要的。教原本就要呈现教的内容的本真的面貌，因而不应因为是要教而使内容本身被改变。

　　所有这些都是不可分割地融为一体的，任何一个都不会单独作为教的成分而孤立地存在，而只能是一个同时整体地拥有着期待、愿望、信念、理解和觉察，具有现象学意向性构成意义的教的意识。这是一种能动的"我"教意识，大致与超越论还原的先验主体性相当。这个教的意识，不是经验的结果，而是在"教之先对教的拥有"，是在教之先已经拥有的具有构成性的能动意向。"意识总是关于某物的意识"，因此，这个"教之先对教的拥有"绝不是一个空的形式，它既是一个"教"的"意识一般"，同时又总是关于某个教的内容，使"教"的"意识一般"具体地呈现着。教的经验可以增强这种意识，但教师之教首先由最初的这种意识所引起。

　　以上概略地呈现了教育发生的维度引起的对教育的理解。以"认识何以可能"问题的现象学回答所展开的现象学与教育学结合的探讨，经由哲学的明见性与教育实现的可能性的联系，集中于教育的维度，发生的、整体的、意识的、内在的、严格科学的态度和方式，形成着"学校、课堂、教与学"的现象学，体现着我们在现象学教育学领域走向实践哲学的理论与实践建构。

参考文献

[1] 胡塞尔.现象学的观念[M].倪梁康,译.北京:人民出版社,2007:3.

[2] 同[1]88.

[3] 同[1]4—5.

[4] 同[1]7.

[5] 胡塞尔.纯粹现象学通论:第1卷[M].李幼蒸,译.北京:商务印书馆,1992:44.

[6] 同[5].

[7] 施皮格伯格.现象学运动[M].王炳文,张金言,译.北京:商务印书馆,1995:40.

[8] 同[7]41.

[9] 同[1]13.

(本文原载《教育研究》2011年第6期)

试论教育回归人性的基本方式

涂艳国　周贵礼

一、教育回归人性的基本意蕴

对于人性的内涵，前人的论述实在是丰硕。综而观之，大体存在两种倾向：一是将人性确定为人的基本属性，主要包括自然属性、社会属性和精神属性；二是将人性确定为人的特殊性，进而上升为人的本质属性。笔者认为，从构成上看，人性应是人的所有属性而非仅指本质属性，正是所有属性共同缔造了"人"；从研究指向上看，追问人性的类本质是必需的，但更应关注现实中的人性表现与改善。从历史上看，人们对于人性的研究基本上就是在回答两个问题：人性是什么和人性应该成为什么。因此，无论是从构成还是从研究指向来看，人性本身就是一个事实性与价值性、客观性与主观性并存的复杂范畴。

人，正是基于这种客观事实与主观价值并存的双重特性而思考和构造自我生存世界的。前者表明人性之真——人性是什么、以何种方式和状态存在（本体存在），为人构造自我世界提供客观性前提和基础；后者则表明人性之善与美——人性应该是什么、应该以什么方式和状态存在（价值存在），为人构造自我世界提供价值性方向。

客观性之真，在人的自我构造活动之前，就以物质、规律、关系、精神等形态（身体状况、自然本能、身心发展规律、社会关系、创造意识等），先在地规定了构造的可能方向、路径、范围、方式、程度、状态（尽管社会属性与精神属性从具体内容上讲是主观性的，但从人性的整体构成来看，这两种属性也是人性的客观构成部分，因而对人的自我构造活动具有先在性）。因此，完整地把握、尊重与满足、充分利用人性的客观性之真，是人自我构造活动的前提和基础。

人性不只是一个客观世界，更是一个主观世界，一个情感、意义和价值世界。人的先进性与优越性，就在于人能在客观世界的基础上构造出新的生存格局，实现一种超越。例如，通过赋予自然进食以烹调艺术、赋予两性结合以爱情等方式将生物行为提升为人的行为；通过对趋利避害等本能的认识而构造出道德以协调彼此之间的关系；通过对生命的经验与体悟而追求智慧、有意义和爱的生活。历史上许多强调理性、德性、主体性才是人的本质属性的观点，其核心就是强调人的主观价值世界。因此，情感、德性、意义等善的世界，便成为人天然追逐的目标。

生命存在决定生命意义，生命意义升华生命存在。善的创造，绝非无中生有，必须基于人性之真，否则便会出现伪善。例如，成人按自身的幸福逻辑对儿童的生活进行设计时，却往往背离了儿童的真实世界，造成儿童的痛苦。唯有当主观价值之善同客观事实之真达成历史统一，既合于主观需要又合于客观事实时，才会出现真正意义上的善，才会创造出生命美学与生活艺术意义上完整的人生体验和美善世界。

可以说，客观存在——意义建构——生命体验，是人之存在的完整状态，是人性不断展开与演进的内在逻辑。研究人性，就在于推动这一整体逻辑更好地演进，而非仅为探寻人性的某种形而下的事实或形而上的本质、意义。在此过程中，任何一个环节或不同环节之间的转换出现断裂或阻隔——无论是过分重视价值与意义世界，而对客观世界缺乏必要的认同与尊重、满足与改善，还是过分强调客观世界，而没有很好地创造、丰盈、提升主观世界，都意味着人性问题或问题人性的产生。

人类社会发展的历史证明，要想尽可能好地实现人性的展开与演进，不能将希望寄托于那些自然、自发的方式，而必须以一种具有组织性、计划性、目的性与系统性的活动为基本依靠。从具体的形态而言，这种活动主要是教育。这也是人类的历史选择。因此，关于人性的问题或者人性的培养与提升问题，也就成了一个教育问题。

从人性的视角出发，教育作为人类构造自我及自我生存世界的双重性活动，其本质就在于使人更有人性，在于对人性的尊重、丰盈与提升，在于推动人性的完满演进与生命的完美体验。教育应是基于人性并为着人性的，是人性化的。具体而言，所谓教育人性化，第一，教育必须尊重和充分利用人的所有属性——循真，这是教育得以可能的前提与基础；第二，教育必须在循真时，创造人性、提升人性——向善，这是教育的基本价值规定；第三，教育必须在循真与向善的基础上，努力实现客观事实与主观价值的历史统一，实现个体对生命的完整体验——唯美。总之，教育人性化，抑或教育回归人性，就是要实现真、善、美的统一。

二、教育理论回归人性的基本方式

长期以来，人性一直是很多学科共同关注的话题。作为一门关于教人成人的科学，教育学也理所当然要关注人性。然而，人性本质上属于哲学的研究范畴。哲学研究人性的任务，就在于阐明、论证人性的本质、根源和价值——人性是什么？人性从哪里来？人性将怎么样？这也是人性论的基本问题。与其相比，教育理论的任务则不同，它并不在于为人性及其存在提供某种形而上的本体论理论基础，而主要是在明了人性之于教育的事实性前提、基础和价值性方向意义的基础上，研究教育对于人性在现实生活中完整展开与不断演进的内在意义和作用，以及现实教育与人性关系的实然状态，从整体上对教育提供根本性、基础性、总体性的理论与价值指导，让人性在教育的作用下尽可能地向某种理想状态发展。如果教育理论不能提供有力的证据证明自己已达成了这样的状态，就难以说是人性化的；相应的，以其指导的教育设计、内容选择、活动策划等，也将注定缺乏坚实的人性根基。可以说，教育理论回归人性，最紧要的就是在立足人性之本真状态的基础上，从整体上探寻未来教育之美善方向。

第一，本真状态。人性的本真状态包括两个方面：人性的本体构成与现实表现。无论是人的何种属性，作为人性的本体构成，本质上均具有形而上的原初意义；这些形而上的原初意义，又总是通过各种各样的方式表现在人的现实生活中，形成现实的人性。这两个方面构成了教育的基础，制约着教育的方向。所以，人性的本真状态是教育学回归人性的逻辑起点和科学依据。从另一个角度讲，本真状态的人性，对于教育回归人性的作用既具有时间上的优先性，也具有价值上的优先性。但是，本真状态的人性——无论是本体构成还是现实表现都具有两面性：美善与丑恶、完美与腐败并存，比如自然属性中的兽性与本能"爱"。所以，现实的教育对人性的态度就表现出一种矛盾状态：既要立足本真状态的人性，又不满足于美丑并存的状态；既想摆脱本真状态的丑恶成分，又不得不表示出对它的必要尊重和依赖；既在心中深情地憧憬着理想的画卷，又不得不在一定程度上顺应着现实的状态。在这种状态下，当我们试图直接将本真状态的人性作为教育的前提和基础时，矛盾就产生了：逻辑起点的优先性与价值理想的局限性。因此，如何在逻辑与价值、起点与终点、真与善、现实与理想之间形成合理的张力，便成了必须解决的问题。而要解决这个问题，在了解人性的本真状态后，了解其理想状态——美善状态，便成为教育理论回归人性的又一任务。

第二，理想状态。人性的理想状态，其形成途径与内容也主要源于两个方面：一是人性本真状态的美善成分；二是人在反思自身丑恶成分之表现（甚至也包括美善表现）的基础上构造出的美善成分。从理论上讲，一切美善的东西都值得人类追求，然而，事实并非如此。前一方面的问题在于，本真状态的美善成分并非自觉地发挥作用，更非强大到足以美化和善化后天的丑恶成分，其价值方向、方式与程度，仍受制于后天教育活动的性质与方式。后一方面的问题在于，尽管我们企图抛弃人性中的丑恶成分，但它们往往却是人性的真实存在或表现，甚至是与生俱来的；尽管我们描绘了一些自谓美善的图景，它却往往可能是对自身某些原初成分的否定或背叛。这种状况就容易使教育失去原生态的基础而病体恹恹。比如，对本能的过分否定与压抑往往导致更多的反抗、惩罚，进而造成教育的低效、无效甚至负效。过于纯净的教育往往不得不冒这样的危险：使教育脱离生活的母体而成为乌托邦，使受教育者对生活中的病毒丧失应有的抵抗力。

第三，可能世界。教育理论究竟是选择本真状态还是理想状态？显然，二元逻辑下的"生死抉择"不仅艰难和残忍，也不明智。然而，现实中教育理论总表现出某种偏激和矛盾。例如，研究的科学取向与人文取向的相互指责、研究过程中基于现实的实然批判与理想的应然构建之间的彼此发难等。这种争论，在一定限度内有利于教育理论的繁荣与发展，但当争论走向极端或过分时，便走向了反面：不仅削弱了教育理论的可信度（求真、科学性与现实性），也削弱了教育理论的可爱度（美善、人文性与理想性），更削弱了教育理论的可用度。

作为逻辑起点的本真与作为价值归宿的理想、作为方法的逻辑科学与作为目的的美善理想，本身并不是对立和泾渭分明的，恰恰相反，双方本来就是统一的，并存在重叠世界。"分离"只是源于论述的起点与立场差异罢了。本真状态与理想状态，均是教育理论面对的"真实的人性"问题。教育中真和善的离场与彼此背离必然存在，尤其当社会和教育均处于波动较大的转型时期，一如当前我国社会转型时期意义世界和核心价值的巨大波动对教育带来的巨大冲击。同时，人性的内涵与现实表现如此错综复杂，"人不可能知道，在他身上自然禀赋到底有多大"[1]，教育不可能也无力承担全部责任解决所有问题。事实上，最为重要的是，这种两重性正是教育理论回归人性之美的可能条件与客观基础：使教育理论能够从人性的存在世界中绽放,对其存在本身和教育现实有所为,从而创造出可能的人性化教育思想与教育世界景观。

因而,对于教育理论而言,问题解决的关键就在于,不必在历史或现实中搜寻"证据"以证明某一方的优劣,因为"证据"总是存在的;应转移重心,以明智的观念和合适的方式,充分把握两者内涵及相互间的可能与重叠世界,尊重各自的基本逻辑立场与要求,保持适度张力,为教育提供整体性、根本性观照,以促进教育真正步入人性殿堂,沐浴人性光芒,美化人性世界。

三、教育活动回归人性的基本方式

实践是主观见之于客观的活动。一切美好的教育理念,要想变为现实,都必须借助具体的教育实践,人性化的教育最终也必然体现于具体的教育实践。在丰富多彩的教育实践中,最重要的就是学校师生之间的教育活动。师生之间的人性化教育活动不仅代表了教育人性化的实践路径与方式,而且代表了人性化教育的具体形态。总体上看,教育活动是教育回归人性的最基本的、最直接的实践方式与形态。具体而言,人性化教育意味着真、善、美的统一,教育活动回归人性,就是教育要回归真实、走向至善和充满智慧,即达成完整的生命体验。

(一)回归真实

所谓回归真实,意指人性化的教育活动必须给予人性必要的尊重与满足,这是人性化教育的基本前提。现实生活中,真实的人性总是体现在具体个体多方面的、差异性的表现与需要上。这种尊重与满足主要表现在以下几个方面。

第一,关注具体的个体,审慎、缜密分析个体的身心差异以及现实表现和需要,因材施教,使活动对象化、具体化、个性化,真实合乎个体特征、满足个体需要、推动个体成长与完善,而不是如现代工业集约化的批量生产。

第二,关怀个体多方面的需要,将个体看作一个真实的、丰满的、居于关系世界中不断发展的人,而不是抽象的、片面的、孤立的、静态的人,使活动表现出丰富性、复杂性、动态性、生成性特征与功能,而非囿于科学主义权威以培养知性个体为目标——这恰恰是现实教育活动的病态。

第三,回归生活世界。人性总是融于真实的现实生活之中的。生活是人性之母,是人的生命展开的具体形态、方式和场域。教育者与受教育者的生活,共同构成了教育活动主体人性的主要展开形态、方式和场域。教育活动要实现人性化,就必须源于、基于和改善教育主体的生活尤其是当下的现实生活。学校教育活动对主体生活的贴近和关怀,"从内容上而言,既不是对科学、理性、制度、标准的罢黜,也不是对人文、情感、体验与德性的独尊,而是科技与人性的交融与共生";从性质上讲,既要基于真实的生活现状,"还要不断彰显学校教育生活的美好与意义"。[2]

(二) 走向至善

教育回归人性绝不是简单地、直接地回到人的原始本能甚至兽性状态,不是对未成年人的任性、随欲的盲从,也不是要走向世俗、简单与平庸,而是要在给予人性必要、充分的尊重与满足的基础上,走向超越,升华到一个于人于己均倍感惬意与幸福的善状态,即从存在中绽放并回望、创造新的存在。这正是教育对人性、对生命的深层关怀和意义。人性化的教育活动,是真实与美善的和谐相处:尊重人性,但决不迁就人性;招引、创造美善,抑制、抵抗丑恶,但也相信浪子回头金不换,不全盘否定痛苦、罪恶的教育意义;不否认权威与纪律,但更主张民主与自由;认可必要的节制、规训与惩戒,但更倡导宽容、引导与陶冶。

善,是目的善与过程善的合一。"从根本上来讲,真正的德性在于以一种适当的方式行事,能够将自己身上某种内在的方面加以外化,而根本不在于对高尚的图景和动人的品格问头进行精神构建和个人沉思。"[3]让学校教育活动回归人性,走向美善,就要在课堂内外,以美善的思想、语言、行为、事物、环境、活动,启发、唤醒、引导受教育者的机智、友善、博爱、诚实、公正、乐观、奋进等美善之心,抑制贪婪、卑鄙、刻薄、自私、阴险、放纵、懒惰等恶德恶行,让他们在认知、情感和态度、价值观等方面实现全面成长,成为真正有德性的、健康的人,成为真正受过良好教育的人。尽管强制与惩罚有时是必要的,甚至不失为良策,但如能以善致善、以美致美,岂不更善更美?

(三) 追寻智慧

智慧,是最美的生命之花。生命智慧是美学艺术下生命体验的现实彰显。现实中,人们总在寻找通向人性化教育的道路。在这些林林总总的道路中,有平坦的也有坎坷的,有快乐的也有痛苦的,有大道也有曲径。智慧,就是那条令人梦寻千回的平坦与快乐大道。

智慧是人主动面对人生事务和人生发展的明智的、良好的综合素养与生存方式。在心理学上,它指人的聪明才智与创造性;在社会学上,它指人的明智的、合情合理合法的、切合实际的、有效的思想与言行;在哲学上,它指人在世界观、价值观、人生观方面的才智、德性、知识、学问,也指人的自由自觉的特性与类主体性的充分发展。[4]一方面,智慧是人性的核心内容,"完满的人性是人的理性智慧、价值智慧和实践智慧的有机统一"[5];另一方面,智慧对人性的发展具有完善、统领和导向的作用。智慧的人生,便是对人性的完满、对生命的完美体验。教育活动回归人性,其旨趣在于促使教育主体全面地占有自己的智慧本质,成为理性智慧、价值智慧和实践智慧的统一体,"很好地思想,很好地说话,很好地行动"[6],走向完美的生命体验。

然而,受工具理性和功利主义价值取向的影响,现代教育过于指向知识与技能的授受,过于关注外部世界和生存需要,过于满足单子式的自我实现,忽视了人的心理、伦理、实践等智慧的协调发展,沦落为"半个人的教育"。对此,叶澜教授有着精辟的论述:"死的"教案成了"看不见的手",支配、牵动着"活的"教师与学生,让他们围绕着它转,课堂成了"教案剧"出演的"舞台"。[7]

充满人性的教育活动,应当是一种饱含情感性、审美性与创造性的,"能给学生以智慧的启迪、美的享受和情感陶冶"的艺术,[8]一种引导、激发和唤醒人的智慧成长的心灵体操和精神交流艺术;应当处处充满追求真知的理性之光、崇尚美善的德性之心、品味生命的典雅之韵,充满机智、幽默、豁达、敏锐、博学、灵动、特色、鼓励;应当既要培养学生求真求是的理性智慧、求善求美的价值智慧,又要培养他们直面问题、学会生活、体悟生命的实践智慧。

参考文献

[1] 康德. 论教育学 [M]. 赵鹏,何兆武,译. 上海:上海人民出版社,2005:5.

[2] 周贵礼,靖国平. 学校教育应回归到怎样的生活 [J]. 教育研究与实验,2007(4):29-33.

[3] 涂尔干. 教育思想的演进 [M]. 李康,译. 上海:上海人民出版社,2003:290.

[4] 靖国平. 教育的智慧性格:兼论当代知识教育的变革 [M]. 武汉:湖北教育出版社,2004:56.

[5] 靖国平,周贵礼. 追求生命智慧:让教育踏上幸福之路 [J]. 教育研究与实验,2008(3):19-23.

[6] 北京大学哲学系外国哲学史教研室. 古希腊罗马哲学 [M]. 新1版. 北京:商务印书馆,1961:107.

[7] 叶澜. 新基础教育探索性研究报告集 [M]. 上海:上海三联书店,1999:233.

[8] 涂艳国. 走向自由:教育与人的发展问题研究 [M]. 武汉:华中师范大学出版社,1999:295.

(本文原载《教育研究》2012年第2期)

中国社会发展的"教育尺度"与教育基础

李政涛

"教育与社会的关系"历来是教育基本理论的核心问题,研究者以不同方式提出时代性的理解和观点。因此,"教育与社会"这一对关系的具体性质、内涵和联结路径,随着时代精神和研究者的价值取向、视角与思考方式的不同而处在动态调整之中。当代中国社会依然处在转型与发展的关键期,人们常常运用"政治尺度""经济尺度""文化尺度"等研究中国社会的转型与发展,但唯独缺少"教育尺度"[①]。在当下,时代特质和面临的诸多问题正在通过各种途径与教育世界发生着千丝万缕的联系,教育在社会发展中的特殊作用日益突出且越发不可替代。为此,当代中国社会发展需要一种教育的尺度来衡量,并把它作为判断当前社会发展状态的基本标尺之一。这对我们重新认识教育与社会的关系,无论对于教育本身还是对于当代中国社会发展都不无裨益。

一、"教育尺度"的缺失带来了什么?

"教育尺度"是一种基于教育立场的眼光、视角和参照系。这种尺度的形成和运用来自教育的任务和使命,教育就是要有意识、有计划地促进

---

① "教育尺度"是叶澜教授在 2011 年 6 月 22 日举行的"当代中国社会的教育基础及其改造"研讨会上提出的概念。

人的生命健康、主动地成长和发展。因此,"能否促进并实现人的生命成长和发展",成为"教育尺度"衡量世间万事万物的基本参照系和标准。依据这一尺度,可以提出并回答两个问题:什么才有利于人的生命健康、主动发展?如何为人的生命健康、主动发展创造条件和基础?如果谁能够时时处处带着这样的问题意识,运用这样的眼光和参照系来看待一切事物,谁就有了"教育尺度"。同样是探究人的生命,"教育尺度"有自身的独特性。例如,"经济尺度"考虑的是人的生命如何为经济效益的"最大化"服务,所以,才有所谓"人力资本理论",这是用"资本"的眼光来看待人力的培养和运用的产物,"经济利益"是其中的参照系,在此参照系的观照下,最好的人力资源是能够实现资本最大化的人力资源。与之相比,"教育尺度"下的人的生命,不是手段而是目的,一切资源和活动都指向人的生命成长。这种尺度不只是要考虑如何通过培养人来为社会发展服务,更要去考量社会转型与发展过程中如何为人的成长和发展服务,如何为教育创造适合的条件和基础。对于社会的转型与和谐发展而言,这是不可或缺但却长久以来被遗忘和忽略的尺度。

(一)"教育尺度"缺失的现状考量

近50年来,有关"教育与社会关系"的研究主要以"转型"和"变迁"为视角加以探讨。从研究范式看,主要表现为比较研究、历史研究、个案研究、实证研究等。比较研究侧重于多个国家教育与社会状况、教育与社会转型关系的研究,如卡诺努瓦(Martin Carnoy)和萨莫夫(Joel Samoff)对第三世界教育变革和社会变革的研究,杰米森(D. T. Jamison)对课程政策与社会转型的研究[1];历史研究侧重于特定时期教育的社会基础研究[2];个案研究主要聚焦于单个国家教育与社会发展状态的研究[3];实证研究主要是针对社会与教育现状及其关系的调查研究[4];等等。

从研究思路看,主要包括从社会到教育和从教育到社会两条研究思路。依据"从社会到教育"的思路,研究者大多聚焦于"社会变迁与发展中的教育",遵循的基本假设是社会变迁与发展会引起教育目的、内容以及方式的变革。国内此类研究中既包括宏观的理论分析,也有社会变迁对教育内涵、基础教育和学校的影响分析,还有对社会变迁中教师角色转变的个案研究,以及社会政策对教育机会的影响的实证研究等。国外此类研究关注的主题涵盖社会变革对教育需求的增加,信息社会对教育提出的要求与挑战,多元社会中的多元教育以及自我身份的激励教育,社会变迁与教育教学目标和教学方式的转变,社会变迁过程中教育应对产生的问题等。

依据"从教育到社会"的思路,研究者主要关注"教育对社会变迁与发展的影响",依据的基本假设是教育作为社会中的一个子系统,对社会变迁、变革所产生的推动或阻碍作用。国内学者从历史的维度剖析了科举制、学堂、学生等在推动社会变迁中的作用,也有学者研究了教育思潮、家庭教育等对社会变迁的影响。国外研究中有代表性的选题,包括研究教育在社会转型中扮演的角色和作用,通过课程政策反映社会变迁等。

从学科视角看,以社会学研究为主,经济学研究和历史学研究等其他学科也有涉及。在社会学研究方面,主要研究社会变迁对教育变革和教育成就的影响,社会背景与教育成就、教育公平的关系,教育参与社会再生产,教育系统的社会选择,社会流动性与教育成就的关系,社会不公引起的教育不公平等。经济学研究方面,侧重于不同教育制度与经济福利的关系研究以及转型性经济背景下教育经历与收获之间的关系个案研究等。历史学研究方面则主要是对某一国家、某一历史时期的教育与社会状况及其变迁的研究,如加莱戈斯(B. P. Gallegos)关于新墨西哥的文化、教育与社会的研究[5],奥代伊(Rosemary O'Day)对近代早期英国教育的社会基础问题的研究[6]。

(二)"教育尺度"缺失的具体表现

综观已有研究,在林林总总的范式、思路和观点背后,渗透着迥异的思考尺度，如"政治尺度""经济尺度""文化尺度"等。然而，唯独缺少"教育尺度"，"教育尺度"似乎在该问题域的研究过程中缺席了。不仅非教育研究者漠视这一尺度，而且教育研究者也在思考过程中付诸阙如。由此带来的后果，表现在对此问题研究的运思方式和形成的基本观点等方面。

首先，它产生了诸如"应答式""被动式""单向式"等常见的运思方式。如应答式是指研究者总是强调教育者要有时代关怀，敏锐体察时代精神，在把握时代脉搏中发觉时代对教育的挑战，思考在社会转型与发展过程中教育如何为其提供所需服务、满足社会转型的教育需求。教育的价值与角色缩减为只是为社会转型与发展服务，在对时代挑战和社会需求的应答中，成为社会变迁的附庸和"应声虫"。这种应答必定是被动的：时代挑战不可避免地到来了，只好去被动地迎接它。

其次，导致一些流布已久的观念，如"要求论""先行论""适应论""配套论"等。"要求论"主张教育转型是社会转型的必然要求，它既是社会转型的重要内容，也是社会转型的必要条件。换言之，教育转型是在社会转型的外在"要求"下实现的，它自身并无内在的转型需要，我们只需要探究社会的发展"要求"教育有什么变化，会产生什么影响。"先行论"则强调，社会转型始终先行于教育转型，教育只是亦步亦趋地跟在后面，因此，社会渐变带来的是教育微调，社会剧变催生的是教育重构，社会混变则引发教育失范。这种思考逻辑导向的是"适应论"和"配套论"，即"在后"的教育转型，存在的价值只是为了与"在先"的社会转型"适应"与"配套"，因此有如下观点："面对以经济体制改革为核心的社会转型的新的形势要求，面对世界全球化、信息化、知识化的国际竞争背景，我国教育在教育思想、教育体制、教育结构、人才培养模式以及教育教学的内容和方法等方面还相对滞后，还不能与经济体制、科技体制、政治体制等方面的改革和发展相配套、相适应。"[7]

对于社会发展而言，"教育尺度"的缺失表明社会缺乏对教育的责任，总是强调教育要为社会服务,却忽略了社会如何为教育提供更好的服务,使教育在社会转型与发展中发挥更有利的价值。同时,这也意味着社会各实践领域缺少对教育价值和功能的把握。实际上,长期以来,社会各实践领域没有成为内含教育的责任和为社会成员提供学习内容的平台,许多社会机构也没有能够成为具有教育价值和功能的机构。我们常常听到的只是社会对教育的种种抱怨,却很少感受到社会承担教育责任的意识和行为。对此,英国学者格林(Andy Green)有关"教育与国家形成关系"的研究给予了一些佐证和启示。格林运用马克思主义的国家理论、葛兰西(Antonio Gramsci)的意识形态的霸权理论,揭示了教育的国家意义,即教育能够介入国家形成过程并在其中发挥巨大的独特作用的基本条件,在于建立国家教育制度,规范学校的类型、教育目的、内容和方法。他认为,在有些国家,20世纪60年代以来的教育发展和其国家实体以及民族认同感的建立紧密地联系在一起,教育发挥着与经济发展同等重要的作用。确切地说,快速构建的国民教育体系既是加速国家形成过程的推动因素,又是这一过程的产物。格林发现,在世界主要发达国家中,国家教育体系的建立,大致是在18至19世纪。19世纪可以说是公立教育系统建立的黄金期。美国学者凯茨(Mike Gates)曾提出,到19世纪后半叶,美国的公立学校系统已经逐渐成形。教育不再是家庭和学徒制的随意附属品,而是正规的机构教育,以期在年青一代的社会化、社会秩序的维持及社会发展等方面发挥关键性的作用。但是,正如格林所指出的,在主要发达国家之间,教育成为一项国家事业,以及公立教育系统的形成,其进程并不是一致的。由于各个国家历史、文化、宗教等方面的差异,国家教育系统建立的时间有着很大差别。[8]从传统的角度看,这些差别反映了国家在公共教育体系建设上的不同政策。但若反向思考,我们未尝不可以从这种差异中解读出:恰恰是那些较早地承担起公立教育责任的国家,其"国家形成"过程顺利、经济发展速度超前;而那些在公立教育体系建设方面滞后的国家,即便如最先实现工业化的英国,在其后的发展中也因为教育基础的滞后而被超越。

　　借助格林的分析可以看出，英国作为第一个实现工业化的国家，有其特性：首先，早期的经济成功多半来自殖民地贸易和投资；其次，第一个进行工业化的国家不需要太多技术或正规培训；最后，正因为是第一个，所以它缺乏真正的竞争对手。但是，这些独有特性并不存在于后工业化国家，如德国和法国。在这些国家中，金融和产业资本必须携手前进，当它们面临工业化的时候，不可能像英国那样，依托自由政治就能够自然地实现。先进技术的发展必须要求科学培训，因此必须动用一切国家力量（其中对教育的积极干预，以及将其纳入国家系统是一个重要的举措）争取经济赶超。恰在这个关键时期，英国由于缺乏国家干预教育的充分动机和积极主动的意识，因而几乎成为发达国家中最后一个建立公立国民教育系统的国家。如格林所言，没有国家的全力鼓励，再加上缺少有效的协调，英国的教育由此便在一种缺乏系统性甚至有些混乱的模式下发展起来。教师培训和教学督导都很薄弱，课程和考试改革也异常缓慢，并且缺乏全面和理性的计划，系统内不同部分之间也缺乏有效的协调。

　　这样的教育基础，显然无法应对日益激烈的科技竞争。于是当欧洲大陆和美国经济实现大发展时，英国的经济却在19世纪中期开始走向相对衰退。在这个意义上，以下论断是切中肯綮的："在经济因素促成的社会变迁方面，教育是形成社会变迁的条件；在意识形态因素促成的社会变迁方面，教育是导致社会变迁的动因。"[9]

　　不难看出，仅仅将教育发展作为社会发展附庸，只是一味与其"适应"和"配套"的观点存在很大问题。事实上，一种发展完备的教育体系，其价值不仅在于满足社会的功能需要，更值得关注的是它在国家形成和社会变迁中的主导介入作用。顺此逻辑进一步推进，不难得出这样的结论：不仅教育需要社会，而且社会也需要教育。社会发展对教育的关注，不应仅仅聚焦于教育应当为发展提供什么，更需要深入思考的是社会的发展需要怎样的教育基础，目前的教育基础是否能够支撑起社会发展和国家繁荣的宏观设计与整体实践。这些问题的提出，就是"教育尺度"形成和运用的产物。

二、"教育尺度"的形成和运用改变了什么？

目前中国社会的转型与发展，到了需要转变在社会发展状态的评价尺度中其他尺度强势而"教育尺度"被弱化、被遮蔽、被湮没现状的时候了。当代中国社会发展需要一种教育的尺度来衡量，作为判断当前社会发展状态，包括作为对待教育发展问题局限性的基本标尺。在此尺度下提出的核心问题是：应该怎样去奠基、创造和建设现代的教育基础？例如，要实施终身教育，在这个背景下去考察社会现在缺什么，应该加强什么。这就是采用教育的尺度去衡量社会，追问和回答：需要社会做哪些努力才能为终身教育奠基。

"教育尺度"的提出，不仅为教育与社会关系的问题带来新认识，而且也将为当代中国社会发展研究带来诸多新的改变。

（一）改变研究思路，带来新的思维方式

已有研究大多考虑社会变迁如何影响教育变迁和发展，以及教育发展对于社会基础的依赖，但却很少关注教育的转型和发展如何影响社会变迁，很少将教育变迁作为社会变迁的动因来考察。尽管对于教育在社会转型、经济发展、国家民主化进程等方面的重要作用已有不少重要的研究成果，但也有研究者意识到两者的关系是双向的，认为社会变迁会导致教育变革，教育变革也在一定程度上会引起社会变迁。教育对社会变迁的影响力无论从广度还是强度、从量上还是质上，都表现出与日俱增的趋势。但总体上看，基于教育转型视角研究社会转型和发展的系统研究依然相对单薄，至于将教育作为社会变迁之"基础"的思考同样稀缺。在社会变迁与教育变革的关系问题上，大部分学者习惯性地认为，社会的变动引起社会

结构的变迁，社会结构的变迁导致教育的变革。社会变迁是教育变革的决定因素和根本动力。这说明已有研究思路依然集中在社会的发展对教育会产生何种影响、要求教育发生何种变化。

"教育尺度"的提出，首先带来的是一种反向思路，即反过来理解：中国社会发展到今天的程度，社会内部的教育基础是什么？中国社会作为一个整体而言，它的教育基础应该发生什么变化？它试图打破一种通常的研究视野，即不再立足于社会发展对学校教育提出变化的要求，转而要考虑的是整个社会的发展水平对教育提出什么样的要求，社会内部的教育基础已经和将要发生什么样的转化。例如，古代社会专门的学校教育机构在教育和成人的问题上是一致的，它培养的就是将来到社会上去做官的人，必然有很多道德方面的要求，所以，古代知识大量的是道德知识。但是近代以来，在学科分化的基础上，学校与生活逐步分离，从斯宾塞（Herbert Spencer）主张的"教育为完满生活做准备"到杜威强调的"学校即社会"，提出了学校作为一个小社会的命题，以此来改造学校。但是面对已经改变了的社会的教育基础，杜威还没有进入到人需要终身学习、社会要构建终身教育体系的层面，这恰恰是我们运用反向思路要研究的问题。又如，中国社会走出古代，走进近代后，引发了教育形态的巨大变化，这个变化不仅要求整个教育系统的变化，而且要求整个社会对教育的支持发生变化，要求社会成员呈现出的教育状态发生变化。这意味着社会转型带来的是社会内部的整体的教育基础发生变化，对此我们一直缺乏系统认识。中国 20 世纪的前 30 年，是整个社会的教育基础从古代教育转化到近代教育的一个关键过程。当时传统书院开始向近代学校转型，兴起的教会学校带来了新的科学知识，各种新式学校的出现以及像黄炎培等人主张的职业教育等随之出现，使整个中国社会的教育基础大为改变，但我们仍旧缺少这个层面、这个角度的教育研究。当代中国社会中，最大的变化就是知识社会的来临带来了终身教育和终身学习，从这个意义来讲，社会需要新的教育基础。它提出了新的研究课题：基于整个社会发展的教育基础怎么转变和怎么打造？社会需要为这种变化了的教育基础做些什么？

与反向思路相对应，"教育尺度"的提出还意味着我们的分析单位将从"学校"拓展到"社会"。已有研究更多地聚焦于学校教育的变革，而没有去思考整个社会的教育形态的变化，更没有去设想教育与所有社会生活的关系形态上的变化。采用"教育尺度"将实现分析单位的转向，以学校为载体，转而把目光更多地投向教育与社会的关系。先考察社会缺什么，然后回过来看我们学校可以做什么。这表明研究视野要从微观、中观调整到宏观。此"宏观"不是在"区域"大小的意义上，而是在整个社会的教育基础的结构意义上的宏观。

研究思路的改变，必将带来思维方式的改变，原先那种被动、单向、割裂的思维方式，将被双向式思维和整体式思维取代。基于双向思维方式，我们不仅要关注社会怎么不断地向教育提要求，而且还要研究教育如何向社会提要求，教育发展与社会发展如何形成双向互动的关系。这种关系背后是一种双向意义上的责任追问：社会对教育应该承担什么责任？教育要对社会承担什么责任？基于整体式思维方式，我们将不再把教育与社会视为两个相互割裂的部分，以简单的加减法方式来考察二者的关系，转而把每一方都置于双向式内在关联的关系层面上，对社会发展的教育基础进行统整性研究。

（二）改变研究问题，拓展研究视野

当研究思路转换之后，随之而来的是新的问题域的生成，促使我们思考如下重大的现实问题。

其一，当代中国社会发展过程中，已经有什么样的教育基础？与过去相比，它发生了什么样的变化？目前的教育基础，是否能适应中国社会发展的需要？其二，要促进当代中国社会变迁与发展，需要怎样的教育基础作支撑？其三，已有教育基础怎样转型和重建，才可能成为当代中国社会变迁发展的动力和支撑？社会需要为变化了的教育基础承担什么责任？需要做些什么才能承担其责任?

在新问题提出和解决的过程中,逐渐创造和呈现的不只是问题本身及其具体答案,更可能树立的是新的眼光、新的参照系和新的研究范式,即为当代中国社会发展提供一直被边缘化的来自"教育尺度"的"教育参照系"和"教育范式",它们共同构成研究当代中国社会发展的"教育视角",带来新的研究视野和研究框架。基于新问题、新视野和新眼光,最终将有助于我们重新发现教育与社会的关系,重新审视教育的社会价值和社会的教育基础,在提出教育与社会关系的新理论的基础上,重建教育基本理论。

(三) 改变研究立场,确立当代中国社会发展研究中的教育学立场

一种尺度就是一种立场。如前所述,过去对中国社会发展,及其与教育关系的研究,主要是基于社会学、历史学、人类学等相关学科的立场展开的,但唯独缺少"教育学立场",即"以教育学的研究范式、理论框架、基本观点和方法为依据,以其他学科领域中与教育相关的问题或教育内部与其他领域相关的问题为研究对象,以教育学为本体的、应用性的'内生交叉学科'的缺失"。[10] 与相关学科相比,教育学立场有自己的特殊性。例如,同样是"田野研究",教育学立场和人类学立场存在差异。在研究者的角色和身份上,前者是参与者、介入者,主张研究者要对生命发展进行"实际参与",试图影响、介入和改变研究对象的生命发展进程,因此,研究方式是"介入我、影响我"的置身,研究的最终目的是发展和完善人,致力于完成人,造就完整的人,即在成事中成人;后者是旁观者,强调对研究对象保持客观中立,研究方式则是"离我远去的观察和分析",研究的最终目的常常停留在对人的观察、发现和描述,即成事上。因此,基于教育学立场对中国社会发展的研究,始终关注的是"成事成人",强调通过深度介入式的研究,促进研究现场中人的生存状态和质

量的转变和完善，包括影响社会实践和教育实践的价值选择与教育行为，进而实现对教育基础的改造。目前来看，教育学立场下的研究是当代中国社会发展研究中最缺失的一环，"教育尺度"的提出，在弥补这一缺失的同时，也将会为该领域的研究带来全新格局。

三、"教育尺度"观照下的教育基础是什么？

从"教育尺度"出发对当代中国社会发展诸多问题的思考，都可以聚焦到教育基础这一核心概念之上，由此导向的核心问题是：依然处在快速转型和发展时期的当代中国社会，需要怎样的教育基础作支撑？前提性问题在于如何理解教育基础以及社会发展的教育基础涉及什么？

（一）教育基础的内在构成

1. 人口与教育的关系

人口与教育的关系包括社会目前的人口结构及其分布状态，未来若干年预期的人口结构演变趋势等。它们之所以是基础性的东西，在于人口数量不仅直接影响到了入学人数、学校布局和教育投入，而且还事关经济发展方式、产业布局、法律体系、医疗保障，以及与教育发展方式有关的教育体制、制度、机制等问题。这里的人口状态，除了固定人口状态之外，还有流动人口的发展状态。随着城市化的加深，人口流动日益频繁，以农民工及其子女为代表的流动人口在各大中城市所占比例不断变动，新趋势、新状态频发，这些都是当代中国社会人口状态的基本特征，它们直接成为当代中国社会发展的教育基础的内在构成。以江苏省常州市为例，据统计，2008年常州外来人口减少了18万。[①] 减少的原因有以下四个方面。一是本地经济转型，经历了从劳动密集型到高科技发展的经济发展方式的

---

① 常州市人口资料来自江苏省常州市人口与计划生育委员会和华东师范大学人口研究所共同研究并发布的《常州市人口承载量与人口发展对策研究》，由常州市政府提供。

变化，从传统的第一产业、第二产业为主逐渐演变为以第三产业为主；二是外来人口中大专学历以上的人数明显增加，在一定程度上挤压了低学历外来人口的生存空间；三是全国范围内的产业转移，外来人口的家乡出现了一批新企业，吸引了为数不少的外出务工人员留在家乡就业；四是《中华人民共和国劳动合同法》颁布并实施之后，企业劳动力成本提高，降低了用工需求。

基于"教育尺度"，上述方面折射出的社会发展状态，若以常州为个案进行研究，至少可以提出四个方面的问题。其一，面对常州人口发展状态，常州已经有什么样的教育基础与之相适应？与过去相比，人口分布状态已经发生了什么样的变化？目前的教育基础，是否能适应常州人口变迁和社会发展的需要？其二，要促进基于人口布局调整的常州社会发展，需要怎样的教育基础作支撑？其三，常州社会，包括常州计生委、文化局、劳动局、统计局、公安局、税务局等部门，需要为变化了的常州教育基础承担何种责任，具体应该做些什么？其四，常州教育部门，如常州教育局、各学校如何与其他相关部门合作，自身该做出哪些相应的调整，才能创造出基于人口状态变迁的新的教育基础？

2. 教育机构的构成与发展状态

教育机构包含学校和非学校两大系统，它们各自的结构状态是社会发展的"教育体制"层面上的教育基础。对于学校系统的教育机构而言，要能够成为促进当代中国社会发展的教育基础，学校教育自身要为孩子的终身发展、终身学习打下基础。在学校教育中每一学科都要融入人文的因素，这样才能在育人的价值上有所提升。对此，学校教育内部需要在价值取向、教育目标、教育内容和教育方法等方面进行变革，尤其是要培养受教育者一系列的素养、能力和品质，有利于其在未来的社会生存发展，实现自己的生命价值。

对于非学校系统的教育机构而言，要促使当代中国社会实现科学发展，需要整个社会的教育机构更加丰富多样，促使制度外的新兴教育机构大量涌现。同时，社会各实践领域都应该内含着教育的责任，为社会成员提供学习和发展的平台，每一个社会机构都应该成为具有教育价值和功能的机构。这种社会的教育基础就不再是局限于学校的系统化、制度化的机构中，而是重新回到日常社会生活系统的方方面面，实现教育与生活的合一，这是在高度分化之后的具有高度、深度和广度且具有多功能的新的结合，最终目的是服务于人的一生发展和社会的可持续发展。我们要研究的正是这个意义上的教育基础。在以往，我们着重思考的是学校教育层面的变革，只关注学校教育机构如何发挥教育职能，但没有去研究整个社会层面的教育形态的变革，以及教育与所有的社会生活的关系形态上的变革，导致非学校教育机构如何具有教育功能、如何成为社会发展的教育基础等问题被忽略。

3. 社会对教育的支持

我们需要从教育如何配合、适应和支持社会发展的研究思路，转换到思考社会需要对教育提供哪些方面的支持，以及如何支持。

首先是价值取向的支持。社会关于教育的价值取向，体现在社会如何看待教育的内涵、教育的功能以及是否具有教育的眼光。如果把教育作为职业培训和可以迅速产生经济效益的手段，即用"经济尺度"看待教育，那么，这种基于经济效益和市场价值观的社会，就会以急功近利、竭泽而渔的成事成物方式对待教育。相反，如果社会将教育视为一种启迪智慧、培育人格的在成事中成人成己的事业，那么，社会就会以长远的眼光和态度来策划和推进教育发展。这里的支持，也应当包含社会机构的成员不仅自身要有合理的价值取向，也有在全社会宣传树立并且渗透转化这种价值取向的责任和行为。其次是经费及其配置的支持。适度且足量的教育经费供给及其合理的配置比例，始终是社会对于教育发展应该承担的不可或缺的责任。再次是服务设施与服务方式的支持，具体是指社会创造多种多样的服务教育事业的社会机构设施及其服务方式，并根据发展实际，适时为各种社会机构增添教育性的设施和支持教育的职责性要求，这是社会支持教育的非常重要的方面。这需要明确不同的社会机构应该以什么方式和手段服务于教育发展，社会机构从业人员有没有明确自身的教育责任，有没有宣传、鼓励并参与自愿性的服务教育行动，以改变过去社会机构承担的教育责任和提供的教育服务匮乏的情况。

4. 政府领导与管理教育事业的方式

政府领导与管理教育事业的方式既是政府的基本职能，也是打造社会发展的教育基础的过程中的行政支撑。当代中国社会正处在一个大时代之中，大时代的特征在于转型、变革和问题丛生，其中是一些属于当代中国社会发展的特殊问题，中国各级政府如何为这些问题的解决提供只有政府才能提供的教育基础，是当前中国社会改革与发展中的重要问题。例如，伴随市场经济引发的城市化过程，中国出现了前所未有的人口流动大潮，使原先以人口相对静止为前提的基础教育入学体制受到冲击。贫富差异、城乡差异和地区差异等在新的总体水平上的扩大，要求政府加强薄弱家庭、薄弱农村、薄弱地区的教育投入，同时要求加强城乡之间和不同发展地区之间的教育互动。于是，过去基本不相关，各行其是的基础教育投资、管理等稳定格局被打破，如何使这种互动不成为运动式的和走向形式化，已成为迫切需要解决的教育宏观改革的现实问题，也成为教育理论面临的新的课题。现实迫切要求加强研究，从促进科学合理的新格局与新机制的形成，以及社会的制度改革入手，为人民群众的教育需求和权利的实现提供保障。由此而见，因教育需求及格局变化引发的社会资源配置及流动方式的改革，形成适应当前社会和教育发展的新型教育资源配置体制、制度与机制等，是当前各级政府面临的新的重要任务，是体现、保障并且重建教育基础的根本所在，也是政府支持和管理教育事业的一个关涉全局而又十分具体的表现。

与此同时，当前政府管理教育事业，促进教育改革与发展更为深层次的问题在于：教育宏观改革如何为学校改革创造良好环境，学校改革与教育宏观改革乃至整个社会如何形成良性互动。社会生态、教育宏观改革与学校改革如何在教育改革全局的意义上"协调攻关"，在创造学校教育新的高质量，培养适应当今社会发展需要的新型人才的层次上实现良性互动等。由此可见，必须从社会大系统和教育全系统、学校小系统三个层面形成整体协调、支撑与互补，使不同主体各尽其职，形成整体改革。在此过程中，改变政府管理教育事业的方式，形成有利于教育改革与发展的政策环境支持至关重要。

除此之外，教育基础还包括"对社会成员的生存方式类型和质量的研究"和"文化传统特色及其影响人的成长渠道"。前者涉及对当代中国社会成员在价值取向、思维方式、行为方式等方面的阶层化、类型化状态，还有当代中国人生存质量，尤其是精神生活质量的实证研究等。关于后者，教育之所以是一个"慢"的事业，教育改革的深入和最终成效的取得之所以异常艰巨，在于这是一个文化改造、社会改造和国民性改造的整体工程。在所有事物的背后都有人与文化的问题，不同的文化传统特色会酝酿催生出不同的教育理念和方式，而教育的根本力量和指向正是在对人和文化发展的影响。当前我国的文化处在多元并存、碰撞和激变之中，传统文化的转型与发展依然在路上，层出不穷的新的文化因素中内含着教育的活力，它可能指向创造，也可能指向破坏，直接影响着当代中国社会发展的走向与形态，构成社会发展的教育基础。

（二）"在中国"研究教育基础

教育基础是人类社会发展中共有的问题，但由于受到文化背景的制约，在不同的国家和地区会产生地域性的特殊需求和特殊问题。上述"教育尺度"观照下的不同类型的教育基础，都需要放在当代中国的特殊语境中思考。同样是"教育尺度"和教育基础，我们不仅需要解读其内涵和构成，而且还要进一步思考"教育尺度在中国""教育基础在中国"等当代重大现实问题。

"在中国"之"在"，[11]首先表明的是一种立场，既有时间立场（是在当代，而非近代），也有空间立场（是在中国，而非美国），还有学科立场（是教育学立场，而非社会学立场）；其次，还表明了一种态度和心态，就是用踏踏实实的心态，发现、分析并解决中国自己的问题。它同时是一种尊重的态度：尊重吾国吾民，着眼于本乡本土的中国人真实的生存状态和真实的需要，以此作为衡量中国社会发展的"教育尺度"，发现当代中国社会发展中真实的教育基础。

所谓"在中国"之"中国"，凸显的是"中国自觉"。一方面，自觉把握前述所言的中国社会发展中的教育基础面临的特殊问题和特殊困境。当代学校变革的中国特殊性表现为两种形态："一是世界各国学校变革所面临的共同问题，在当代中国具体环境中的特殊表达。二是中国本身的教育与文化传统、社会发展历程与当前发展水平之复杂交互影响而生成的唯有中国具有的特殊状态，例如，穷国办大教育，教育投入不足；教育因人口基数大，需求旺盛而压力大；历史积淀和教育资源配置倾向造成学校发展严重不均衡等。"[12]在此特殊背景下，如何在大学和中小学的合作研究中，形成研究中国学校改革问题的内在需求和自觉努力，形成以学校改革为单位的教育变革大视野，形成学校变革中理论研究与实践研究内源性的、多元与多层的相互转化和创生机制与策略等，是重建中国社会发展的教育基础所面临的重大挑战。另一方面，对"教育尺度"形成与运用中的中国经验、中国知识和中国道路的自觉提炼与表达，还可以为人类社会发展中"教育尺度"的形成与运用提供"中国参照系"，进而对当代人类社会发展的教育基础重建做出"中国贡献"。

参考文献

[1] Moock P R, Patrinos H A, Venkataraman M. Education and Earnings in a Transition Economy: The Case of Vietnam [J]. Economics of Education Review, 2003（5）: 503-510.

[2] O'Day R. Education and Society, 1500-1800: The Social Foundations of Education in Early Modern Britain [M]. London: Longman, 1982.

[3] Moock P R, Patrinos H A, Venkataraman M. Education and Earnings in A Transition Economy: The Case of Vietnam [J]. Economics of Education Review, 2003（5）: 503-510; Jansen J D. Understanding Social Transition Through the Lens of Curriculum Policy: Namibia/South Africa [J]. Journal of Curriculum Studies, 1995（3）: 245-261.

[4] Costrell R M. Can Centralized Educational Standards Raise Welfare?［J］. Journal of Public Economics，1997（3）：271-293；李书磊. 村落中的"国家"：文化变迁中的乡村学校［M］. 杭州：浙江人民出版社，1999；翁乃群. 村落视野下的农村教育：以西南四村为例［M］. 北京：社会科学文献出版社，2009.

[5] Gallegos B P. Literacy，Education，and Society in New Mexico：1693－1821［M］. Albuquerque：University of New Mexico Press，1992.

[6] 同［2］.

[7] 和学新. 社会转型与当代中国的教育转型［J］. 华中师范大学学报（人文社会科学版），2006（2）：135-140.

[8] 格林. 教育与国家形成：英、法、美教育体系起源之比较［M］. 王春华，等译. 北京：教育科学出版社，2004：337.

[9] 吴康宁. 教育社会学［M］. 北京：人民教育出版社，1998：155.

[10] 叶澜. 当代中国教育学研究"学科立场"的寻问与探究［M］//叶澜. 立场. 桂林：广西师范大学出版社，2008：23-24.

[11] 李政涛. 如何"在中国"进行基础教育改革［J］. 基础教育，2010（9）：3-8，28.

[12] 叶澜. 学校变革的中国问题与研究经验［C］//叶澜."学校变革与教师发展：历史、理论与方法"国际学术研讨会会议论文集. 上海，2009：5.

（本文原载《教育研究》2012年第3期；浙江大学教育学院孙元涛副教授、浙江师范大学教师教育学院李云星讲师参与资料搜集工作，亦对本文做出了贡献）

后　记

为纪念《教育研究》创刊40周年，我们于2018年下半年开始酝酿启动有关工作，编辑出版《〈教育研究〉40年典藏》（以下简称《典藏》）就是这诸多工作的一部分，目的在于反映40年来教育学术研究的知识进步。

40年来，《教育研究》发文近万篇，这些文章代表了不同时期教育学术的风向标和制高点，"粲然如珠贝溢目"。好中选好、优中选优，"标准"和"公认"至为重要。为此，我们为《典藏》选目确立了三个原则：一是按学科、分领域选，分类比较；二是依据客观指标和主观判断选，综合比较；三是充分依靠专家选，专业比较。应该说，入选的文章代表了"最大公约数"。

此事得之不偶然，非力求所不能致。没有一代又一代的作者持续陪伴，《典藏》就没有基础，首先向广大作者表示真诚感谢。编者和作者同在一个学术共同体中，相互成就。《典藏》也是一代又一代编者接续"打磨"的结果，在此特向杂志社各位前辈表示崇高敬意。

《典藏》是在中国教育科学研究院院长崔保师、党委书记殷长春直接指导下进行的。邓友超、金东贤、杨雅文、刘洁、许建争、张平、郭丹丹具体承担了选编任务。北京师范大学教育学部研究生韩梅、李玉娇、武佳妮，中央民族大学信息工程学院研究生魏涵硕，参与了前期数据库建设和资料整理工作。中国教育科学研究院教育理论研究所黄晓磊博士，北京师范大学教育学部研究生高钰雅、刘婕、李琳，中国基础教育质量监测协同创新中心研究生王杉,参与了后期校对工作。

  教育科学出版社大力支持《典藏》出版工作。李东社长、郑豪杰总编辑总体协调,学术著作编辑部具体执行,将《典藏》列为优先级,把编校做到最优化。感佩之私,笔舌难既。

教育研究杂志社

2019 年 11 月 28 日

出版人　李　东
责任编辑　薛　莉　翁绮睿　方檀香
版式设计　杨玲玲
责任校对　贾静芳
责任印制　叶小峰

图书在版编目（CIP）数据

《教育研究》40年典藏：教育学原理／教育研究杂志社编．—北京：教育科学出版社，2019.12（2022.7重印）
ISBN 978-7-5191-2107-5

Ⅰ.①教… Ⅱ.①教… Ⅲ.①教育研究—中国—丛刊 Ⅳ.①G52-55

中国版本图书馆CIP数据核字（2019）第266722号

《教育研究》40年典藏·教育学原理
《JIAOYU YANJIU》40 NIAN DIANCANG·JIAOYUXUE YUANLI

出版发行	教育科学出版社			
社　　址	北京·朝阳区安慧北里安园甲9号	邮　　编	100101	
总编室电话	010-64981290	编辑部电话	010-64981252	
出版部电话	010-64989487	市场部电话	010-64989009	
传　　真	010-64891796	网　　址	http://www.esph.com.cn	
经　　销	各地新华书店			
制　　作	北京金奥都图文制作中心			
印　　刷	中煤（北京）印务有限公司			
开　　本	720毫米×1020毫米　1/16	版　　次	2019年12月第1版	
印　　张	31	印　　次	2022年7月第3次印刷	
字　　数	404千	定　　价	145.00元	

图书出现印装质量问题，本社负责调换。